Die GmbH in der Krise

Schriftenreihe zum deutschen und europäischen Gesellschafts- und Wirtschaftsrecht

Herausgegeben von Christoph Teichmann

Begründet von Günter Christian Schwarz †

Band 8

PL ACADEMIC RESEARCH

Timo Wanner

Die GmbH in der Krise

Geschäftsführerverantwortlichkeit im Vorfeld der Insolvenz

PL ACADEMIC RESEARCH

Bibliografische Information der Deutschen Nationalbibliothek
Die Deutsche Nationalbibliothek verzeichnet diese Publikation in der Deutschen Nationalbibliografie; detaillierte bibliografische Daten sind im Internet über http://dnb.d-nb.de abrufbar.

Zugl.: Würzburg, Univ., Diss., 2014

D 20
ISSN 1614-239X
ISBN 978-3-631-66233-5 (Print)
E-ISBN 978-3-653-05231-2 (E-Book)
DOI 10.3726/978-3-653-05231-2

PL Academic Research ist ein Imprint der Peter Lang GmbH.

Peter Lang – Frankfurt am Main · Bern · Bruxelles · New York · Oxford · Warszawa · Wien

Diese Publikation wurde begutachtet.

www.peterlang.com

Vorwort

Die vorliegende Arbeit wurde im Mai 2014 von der Juristischen Fakultät der Julius-Maximilians-Universität Würzburg als Dissertation angenommen. Später veröffentlichte Rechtsprechung und Literatur konnten bis Januar 2015 für die Drucklegung punktuell berücksichtigt werden.

Für die Betreuung meiner Dissertation schulde ich zuvörderst meinem Doktorvater Professor Dr. Christoph Teichmann Dank. Er hat mich bei der Erstellung der Arbeit wohlwollend und fördernd begleitet, mir gleichzeitig die notwendigen Freiräume gewährt und mir damit viel Vertrauen entgegengebracht. Dank auch an Frau Professorin Dr. Scherer für die zügige und aufmerksame Zweitkorrektur.

Mein größter Dank gilt meinen Eltern, Marja Väyrynen-Wanner und Wolfgang Wanner, die mir durch ihren steten Rückhalt, ihren Zuspruch und ihre Liebe meinen bisherigen Lebensweg erst ermöglichten. Ihnen widme ich diese Arbeit in Liebe und größter Wertschätzung.

Hamburg, im März 2015 Timo Wanner

Inhaltsverzeichnis

Einleitung

A. Der GmbH-Geschäftsführer in der Krise

I. Insolvenzanfälligkeit und Haftungsgrundsätze der GmbH

Die GmbH als Unternehmensrechtsform erfreut sich einer großen und weiterhin steigenden Beliebtheit und ist der Anzahl nach mit ca. einer Million Gesellschaften[1] die bei weitem häufigste Gesellschaftsform in Deutschland[2]. Andererseits ist sie auch die am stärksten von Unternehmensinsolvenzen betroffene Rechtsform[3]. Zwar hat sich die Lage seit dem Höchststand im Jahre 2003 mit 20.034 insolventen GmbHs zwischenzeitlich erheblich verbessert, im Jahre 2008 haben sich beispielsweise nur noch 10.929 GmbHs für insolvent erklärt[4], zuletzt wurden mit der weltweiten Wirtschafts- und Finanzkrise aber wieder neue Rekordzahlen erreicht[5]. Die durch GmbH-Insolvenzen verursachten Schäden (Forderungsausfälle, Verfahrenskosten, Zahlung von Insolvenzgeld etc.) betragen jährlich viele Milliarden Euro[6]. Diese auf die Teilnahme der GmbH am Wirtschaftsleben zurückzuführenden enormen Schäden stehen in einem gewissen Spannungsverhältnis zu dem Prinzip der Haftungsbeschränkung bei der GmbH, wonach den Gesellschaftsgläubigern gegenüber grundsätzlich allein

---

1 Vgl. *Kornblum*, GmbHR 2010, 739, 746, wonach zum Stichtag 1.1.2010 insgesamt 1.016.443 GmbHs und davon 23.369 UGs („haftungsbeschränkte Unternehmergesellschaft") bestanden.

2 *Meyer*, GmbHR 2004, 1417, 1427; vgl. jüngst auch *Wicke*, MittBayNot 2011, 23.

3 *Pape/Uhlenbruck/Voigt-Salus* in: Pape/Uhlenbruck/Voigt-Salus, Insolvenzrecht, 2. Aufl., I, Kap. 5, Rn. 1; vgl. dazu auch *Meyer*, GmbHR 2004, 1417, 1427, der die hohe Insolvenzanfälligkeit der GmbH unter anderem auf die Anreizstruktur der beschränkten Haftung zurückgeführt, die zu (über-) optimistischen Gründungen und zur Ausgliederung risikoreicher Unternehmenssparten verleite; siehe zu den Insolvenzzahlen auch Statistisches Bundesamt (2010): Insolvenzen und Insolvenzhäufigkeiten von Unternehmen nach Rechtsformen, http://www.destatis.de/.

4 Siehe zu den Zahlen etwa *Lutter* in: Lutter/Hommelhoff, GmbHG, 17. Aufl., Einl., Rn. 7; *Haas/Hossfeld* in: Gottwald, Insolvenzrechts-Handbuch, 4. Aufl., § 92, Rn. 1; vgl. auch *Fleischer* in: MüKo-GmbHG, Einl., Rn. 207 ff., der zur Erklärung der rückläufigen GmbH-Insolvenzen die gute Konjunktur und das Ausbleiben größerer Unternehmenszusammenbrüche anführt.

5 *Pape/Uhlenbruck/Voigt-Salus* in: Pape/Uhlenbruck/Voigt-Salus, Insolvenzrecht, 2. Aufl., Kap. 5, Rn. 1.

6 Siehe dazu *Meyer*, GmbHR 2004, 1417, 1420 f.

das Gesellschaftsvermögen haftet, nicht aber der Gesellschafter oder aber der Geschäftsführer persönlich[7]. Um das mit dem Wirtschaften mit beschränkter Haftung verbundene Risiko Dritter zumindest teilweise auszugleichen, hat der deutsche Gesetzgeber ein umfassendes, fein ziseliertes Gläubigerschutzsystem geschaffen: Neben den Kapitalschutzregeln hält das GmbH-Recht ein dichtes Netz an haftungsbewehrten Verantwortlichkeitsregeln zum (mittelbaren und unmittelbaren) Schutz der Gesellschaftsgläubiger bereit. Die Haftungsrollen sind dabei auf Gesellschafter und Geschäftsführer verteilt: Das Risiko von Kapitalaufbringungs- und Kapitalerhaltungsdefiziten tragen primär die Gesellschafter, während die Geschäftsführer das Haftungsrisiko im Fall von corporate governance-Verstößen tragen[8]. Während das Risiko für die Gesellschafter im Insolvenzfall in der Regel auf den Verlust ihrer Stammeinlagen sowie etwaiger Gesellschafterdarlehen beschränkt ist, sieht sich der Geschäftsführer dagegen der unbeschränkten Inanspruchnahme durch Insolvenzverwalter und Gläubiger ausgesetzt, für die der Geschäftsführer dann so etwas wie „der Goldesel im Märchen“[9] ist. Gerät die Gesellschaft in die Insolvenz, wird ex post seine gesamte Geschäftsleitungstätigkeit auf etwaige Fehlentscheidungen und Versäumnisse hin überprüft[10]. Den Geschäftsführer können dann erhebliche Schadensersatzansprüche treffen. Im schlimmsten Fall drohen sogar staatsanwaltschaftliche Ermittlungen. So kann auch für den verantwortungsbewussten Geschäftsführer das unternehmerische Scheitern in der Realität leicht zur persönlichen Tragödie werden. Insbesondere für den angestellten Fremdgeschäftsführer, den klassischen Manager, steht dieses nachträgliche Haftungsrisiko oft in keinem Verhältnis zu seinem früheren Gehalt.

II. Bedeutung der GmbH-Reform für den Geschäftsführer

Dieser Zustand hat sich für den GmbH-Geschäftsführer durch das am 1.11.2008 in Kraft getretene „Gesetz zur Modernisierung des GmbH-Rechts und zur Bekämpfung von Missbräuchen (MoMiG)“[11] noch verstärkt. Während zur Freude der Gesellschafter eine Lockerung des strengen, auch als „Kulturleistung ersten

---

7 *Haas*, Geschäftsführerhaftung und Gläubigerschutz, S. 16.

8 *K. Schmidt*, GmbHR 2008, 449, 450.

9 *Goette*, ZInsO 2001, 529, 537.

10 Vgl. dazu auch *Strohn*, NZG 2011, 1161, der in jüngerer Zeit eine Zunahme von Organhaftungsklagen vor den Gerichten feststellt.

11 Gesetz zur Modernisierung des GmbH-Rechts und zur Bekämpfung von Missbräuchen vom 28.10.2008, BGBl I 2008, 2026.

Ranges"[12] gewürdigten Kapitalschutzsystems stattgefunden hat, ist gleichzeitig eine deutliche Haftungsverschärfung für den Geschäftsführer festzustellen[13]. Der Gesetzgeber hat mit dem MoMiG u. a. das Ziel verfolgt, die Haftungsrisiken der Gesellschafter unter Kontrolle zu halten, um die GmbH für die auf die beschränkte Haftung der Gesellschafter angewiesene Unternehmerpraxis attraktiver zu machen. Gleichzeitig sollte jedoch auch Gläubigerschutzanliegen effektiv Rechnung getragen werden. Der Versuch des Gesetzgebers, diese beiden nur schwer miteinander zu vereinbarenden Reformziele zu verbinden, war, wie noch zu zeigen sein wird, nicht ohne erhebliche Berührung der Interessen der Geschäftsführer möglich[14].

III. Krise und Krisenvorfeld als Auslöser besonderer Pflichten und Risiken

Der GmbH-Geschäftsführer wird als Organ der Gesellschaft in besonderem Maße in der Unternehmenskrise in die Verantwortung genommen. In dieser Phase besteht ein dichtes Netz haftungsbewehrter Verhaltenspflichten. Zu unterscheiden sind dabei unterschiedliche zeitliche Abschnitte, nämlich das Vorfeld der Insolvenz und der Zeitraum nach Eintritt der materiellen Insolvenzreife.

Mit Eintritt der Insolvenzreife bei Überschuldung oder Zahlungsunfähigkeit, also in der zweiten Phase, treffen den GmbH-Geschäftsführer besondere Krisenpflichten. Hier obliegt ihm nicht nur die Pflicht binnen einer Frist von drei Wochen Insolvenzantrag zu stellen (§ 15a InsO), sondern für ihn besteht zudem das Verbot, ab diesem Zeitpunkt Zahlungen zu leisten, die nicht mit der Sorgfalt eines ordentlichen Geschäftsleiters vereinbar sind (§ 64 Satz 1 und Satz 2 GmbHG).

Unter Haftungsgesichtspunkten werden an die Geschäftsführung aber bereits im Vorfeld der Insolvenz erhebliche Herausforderungen gestellt[15]. Neben den

---

12 *Wiedemann*, GesR, Bd1, S. 558.

13 *K. Schmidt*, GmbHR 2008, 449, 458, der insoweit von einer GmbH-Reform auf Kosten der Geschäftsführer spricht; vgl. dazu ferner *Fleischer*, NJW 2009, 2327, 2343; *Geißler*, DZWIR 2011, 309; *Goette* in: Aktuelle Entwicklungen im Gesellschaftsrecht, S. 27; *Kleindiek* in: FS K. Schmidt, S. 893; *Meyer*, BB 2008, 1742, 1746; *Niesert/Hohler*, NZI 2009, 345; *Rodewald*, GmbHR 2009, 1301; *J. Roth*, GmbHR 2008, 1184, 1190.

14 Vgl. *K. Schmidt*, GmbHR 2007, 1072, 1073.

15 Vgl. zur Krisenverantwortlichkeit des GmbH-Geschäftsführers im Vorfeld der Insolvenz z. B. *Bork*, ZIP 2011, 101 ff.; *Drenckhan*, Gläubigerschutz in der Krise der GmbH, S. 38 ff.; *Kleindiek* in: Lutter/Hommelhoff, GmbHG, 17. Aufl., § 43, Rn. 24 ff.; *ders.* in: W. Bayer/E. Koch, Das neue GmbH-Recht, S. 89 ff.; *K. Schmidt* in: Die GmbH-Reform

allgemeinen Pflichten bei laufender Geschäftstätigkeit obliegen der Geschäftsführung schon in dieser Phase zusätzlich besondere Krisenpflichten, die durch das MoMiG zuletzt wesentliche Neuerungen erfahren haben. Im Gesetz finden sich hierzu jedoch nur vereinzelte und nicht aufeinander bezogene Regeln. Damit stellt sich die Frage: Welche Verhaltenspflichten bestehen für den GmbH-Geschäftsführer in dieser Phase? Lassen sich diese Fragmente als Teile eines einheitlichen Krisen-(geschäftsführungs)rechts verstehen? Und wenn ja, welches sind dessen Leitlinien?

B. Abgrenzung des Themas

Die Arbeit untersucht allein die Verantwortlichkeiten des GmbH-Geschäftsführers im Vorfeld der Insolvenz. Die Untersuchung dient dabei dem Ziel, unter Berücksichtigung der neuesten gesellschaftsrechtlichen Entwicklungen die zum Teil nur rudimentär ausgearbeiteten Pflichten und Haftungsrisiken des Geschäftsführers für den Zeitabschnitt „Vorfeld der Insolvenz" systematisch zu erfassen und darzustellen. Dabei soll zugleich der Nachweis geführt werden, dass sich bei einer die Besonderheiten der Unternehmenskrise berücksichtigenden Normanwendung die bruchstückhafte Kodifikation im Wege einer Gesamtschau zu einem in sich schlüssigen Krisen-(geschäftsführungs)recht verbinden lässt.

Angesichts der Stofffülle bleiben die Ausführungen dabei allerdings dort lückenhaft, wo dies aus Sicht des Verfassers zu rechtfertigen ist. So soll im Folgenden etwa allein auf die wesentlichen zivilrechtlichen Pflichten und Risiken des Geschäftsführers eingegangen werden. Strafrechtliche Risiken finden ebenso wenig Berücksichtigung wie die diversen wettbewerbsrechtlichen, immaterialgüterrechtlichen oder steuerrechtlichen Vorschriften, die unter Umständen durch fehlerhaftes Geschäftsführerverhalten im Vorfeld der Insolvenz verletzt werden und damit Schadensersatzansprüche gegen das Geschäftsführungsorgan der GmbH begründen. Außerdem gilt es zu betonen, dass die in der Praxis häufig vorkommende Personalunion von Gesellschafterstellung und Geschäftsführeramt im Folgenden zwar häufig zu berücksichtigen ist, vor allem aber die formale Geschäftsführerstellung Gegenstand der Untersuchung sein wird.

---

in der Diskussion, S. 143 ff.; *Poertzgen*, ZInsO 2010, S. 785 ff.; *Rodewald*, GmbHR 2009, 1301; *Strohn*, NZG 2011, 1161 ff.; *Uwe H. Schneider*, GmbHR 2010, 57 ff.

C. Gang der Arbeit

Grundsätzlich handelt es sich bei der Geschäftsführerverantwortlichkeit im Vorfeld der Insolvenz um keinen klar abgrenzbaren, als Spezialmaterie normierten Pflichtenkreis, sondern vielmehr um einen Ausschnitt der allgemeinen Pflicht zur ordnungsgemäßen Geschäftsführung, die zum Teil modifiziert und zum Teil um spezielle Krisenpflichten erweitert ist[16]. Um die im Gesetz nur fragmentarisch angesprochenen besonderen Verhaltenspflichten im Vorfeld der Insolvenz systematisch zu erfassen und darzustellen, unterscheidet die Arbeit bei ihrer Untersuchung drei Regelungs- bzw. Pflichtenkreise, nämlich die allgemeinen Pflichten des Geschäftsführers mit besonderer Fokussierung auf ihre Ausgestaltung im Hinblick auf die Unternehmenskrise (krisenorientierte Pflichten) (1), die besonderen Pflichten des Geschäftsführers im Zusammenhang mit der Kapitalerhaltung (2) und die besonderen Pflichten des Geschäftsführers im Zusammenhang mit dem Solvenz- und Existenzschutz (3).

Die Erörterung der vorgenannten Regelungs- bzw. Pflichtenkreise und der darin enthaltenen einzelnen Organpflichten setzt zunächst ein klares Verständnis der „Krise" voraus. Deswegen gilt es, in einem ersten Kapitel einen Blick auf den Begriff und den typischen Verlauf der Unternehmenskrise zu werfen.

Im Anschluss daran werden die krisenorientierten Pflichten des GmbH-Geschäftsführers beleuchtet. Neben der allgemeinen Pflicht zur ordnungsgemäßen Geschäftsführung soll hier konkret auf diejenigen Pflichten eines GmbH-Geschäftsführers eingegangen werden, die an sein Verhalten im Hinblick auf eine Krise appellieren.

Im nächsten Kapitel soll die Pflichtaufgabe des GmbH-Geschäftsführers zur Kapitalerhaltung untersucht werden. Wie noch zu zeigen sein wird, hat dieser Pflichtenkreis sowohl durch den Gesetzgeber als auch durch die Rechtsprechung in jüngster Zeit wesentliche Neuerungen und Änderungen erfahren.

Ein weiteres Kapitel geht sodann auf die Pflichtaufgaben des Geschäftsführers im Rahmen des Solvenz- und Existenzschutzes ein. Hier ist ein besonderes Augenmerk auf den durch das MoMiG neu eingeführten § 64 Satz 3 GmbHG zu legen. Außerdem ist die zuletzt zunehmend in den Mittelpunkt des juristischen Interesses gerückte Frage der Organpflichten im Zusammenhang mit sog. Risikoentscheidungen zu behandeln.

In einem abschließenden Kapitel werden die Ergebnisse der Untersuchung nochmals zusammengefasst.

---

16 Vgl. *Uwe H. Schneider*, GmbHR 2010, 57.

2. Kapitel: „Unternehmenskrise“

Der für den GmbH-Geschäftsführer im Hinblick auf die Haftungsverschärfung kritische Zeitraum wird häufig mit dem Begriff der Unternehmenskrise bezeichnet. Eine einheitliche gesetzliche Definition der Unternehmenskrise besteht derzeit nicht (§ 32a Abs. 1 GmbHG a. F. ist als Sonderfall durch das MoMiG aufgehoben worden). Die einzelnen Gesetze verwenden nicht den Begriff der Krise, sondern knüpfen vielmehr ihre Rechtsfolgen an eigene Tatbestände, in denen jeweils besondere Krisenmerkmale eine Rolle spielen[17].

Trotz des verbalen Verzichts auf den Terminus „Krise“ im Gesetz lässt sich dennoch ein „Krisen-(geschäftsführungs)recht“[18] ausmachen. Denn auch wenn der Gesetzgeber an den Begriff der Unternehmenskrise direkt keine Verhaltenspflichten knüpft, lassen sich bei einer Normanwendung, die auf die Besonderheiten der Unternehmenskrise Rücksicht nimmt und die die im Gesetz nur vereinzelt angesprochenen „Krisenpflichten“ (§§ 30, 33, 43 Abs. 3, 49 Abs. 3, 64 Satz 1 u. 3 GmbHG, § 15a InsO) konsequent „weiterdenkt“, zahlreiche weitere ungeschriebene Verhaltenspflichten in Krise und Krisenvorfeld feststellen.

Eine Gesamtbetrachtung dieser einzelnen haftungsbewehrten Verhaltenspflichten in Krise und Krisenvorfeld und die Erörterung eines einheitlichen Haftungskonzepts während dieser Phase setzt aber ein klares Verständnis des Begriffes der „Krise“ voraus.

A. Betriebswirtschaftliche Unternehmenskrise

I. Begriff der betriebswirtschaftlichen Unternehmenskrise

Das Wort „Krise“ ist aus dem Altgriechischen („Crisis“) abgeleitet und beschreibt in gebräuchlicher Übersetzung die kritische Entwicklungsphase einer Krankheit und die kritische Zuspitzung einer Handlungssituation im antiken Drama[19]. Allgemein wird unter einer Krise auch eine unerwartet eintretende Störung

---

17 *Reuter*, BB 2003, 1797.

18 *Reuter*, BB 2003, 1797, der – zwar bezogen auf die börsennotierte AG – insoweit von einem „Krisenrecht“ im Vorfeld der Insolvenz spricht.

19 *Maus* in: K. Schmidt/Uhlenbruck, Die GmbH in Krise, Sanierung und Insolvenz, 4. Aufl., Rn. 1.1.

eines Systems verstanden, die bei ausbleibenden Korrekturmaßnahmen oder deren Misslingen den Fortbestand des Systems bedroht[20].

In der Betriebswirtschaftslehre ist der Krisenbegriff vielfältigen Deutungen unterzogen worden[21]. Überwiegend wird die Krise hier als Zustand definiert, in dem die Existenz des Schuldners bzw. des schuldnerischen Unternehmens bedroht ist[22]. Darüber hinaus haben sich verschiedene zentrale Elemente für eine Unternehmenskrise herausgebildet[23]. So werden Unternehmenskrisen u. a. als „ungeplante und ungewollte Prozesse von begrenzter Dauer und Beeinflussbarkeit sowie mit ambivalentem Ausgang"[24] beschrieben. Die Unternehmensvernichtung darf also nicht zwingende Folge einer Unternehmenskrise sein. Vielmehr ist für den Begriff der Unternehmenskrise die Möglichkeit zur positiven Wende wesensbestimmend[25]. Auch wird eine Unternehmenskrise allein noch nicht damit begründet, dass unerwünschte und bewältigungsbedürftige Probleme bestehen, sondern es müssen Beeinträchtigungen vorliegen, die „den Fortbestand des gesamten Unternehmens substanziell und nachhaltig gefährden oder sogar unmöglich machen"[26]. Dies geschehe, so *Krystek*[27], „durch die Beeinträchtigung dominanter Ziele, deren Gefährdung oder gar Nichterreichung gleichbedeutend ist mit einer nachhaltigen Existenzgefährdung oder Existenzvernichtung des Unternehmens als selbständig und aktiv am Wirtschaftsprozess

---

20 *Drukarczyk/Schöntag* in: Gottwald, Insolvenzrechts-Hdb., 4. Aufl., § 2, Rn. 1 m. w. N.

21 Vgl. dazu u.a. *David*, Externes *Krisenmanagement* aus Sicht der Banken, S. 21 ff.; *Krystek/Moldenhauer*, Hdb. Krisen- und Restrukturierungsmanagement, S. 25 f.

22 Siehe etwa *Bauer*, Die GmbH in der Krise, 3. Aufl., Rn. 5; *Buchalik/Rinker* in: Buth/Hermanns, RSI, 3. Aufl., § 4, Rn. 1; *Maus* in: K. Schmidt/Uhlenbruck, Die GmbH in Krise, Sanierung und Insolvenz, 4. Aufl., Rn. 1.2; *Hafner*, Früherkennung von Unternehmenskrisen, S. 5 ff.; *Picot/Aleth*, Unternehmenskrise und Insolvenz, S. 3; *Witte* in: Bratschitsch/Schnellinger, Unternehmenskrisen – Ursachen, Frühwarnung, Bewältigung, S. 10.

23 Vgl. dazu u.a. *Krystek*, Unternehmenskrisen, S. 6; *Krystek/Moldenhauer*, Hdb. Krisen- und Restrukturierungsmanagement, S. 26 ff; *David*, Externes *Krisenmanagement* aus Sicht der Banken, S. 22 ff.

24 *Evertz/Krystek*, Restrukturierung und Sanierung von Unternehmen, S. 21 f.; *Krystek/Moldenhauer*, Hdb. Krisen- und Restrukturierungsmanagement, S. 26 m.w.N.

25 So auch *Maus* in: K. Schmidt/Uhlenbruck, Die GmbH in Krise, Sanierung und Insolvenz, 4. Aufl., Rn. 1.3.

26 *Evertz/Krystek*, Restrukturierung und Sanierung von Unternehmen, S. 21 f.; *Krystek/Moldenhauer*, Hdb. Krisen- und Restrukturierungsmanagement, S. 26.

27 *Krystek*, Unternehmenskrisen, S. 6; *Evertz/Krystek*, Restrukturierung und Sanierung von Unternehmen, S. 21 f.; *Krystek/Moldenhauer*, Hdb. Krisen- und Restrukturierungsmanagement, S. 26.

teilnehmende Einheit mit ihren bis dahin gültigen Zweck- und Zielsetzungen". Zu den dominanten Zielen zählen insbesondere die Aufrechterhaltung einer jederzeitigen Zahlungsfähigkeit, die (langfristige) Erzielung eines Mindestgewinns sowie die Gewährleistung des Aufbaus oder der Verfügbarkeit (Erhalt / Hinzugewinnung) wesentlicher Erfolgspotenziale[28]. Demnach beginnt eine betriebswirtschaftliche Unternehmenskrise bereits dann, wenn das Unternehmen von dem geplanten Entwicklungsweg nachteilig abweicht und dadurch die wesentlichen Erfolgspotenziale zu erodieren beginnen[29].

Der betriebswirtschaftliche Begriff der Krise ist abzugrenzen von dem Begriff „Risiko", der häufig mit ähnlichem Inhalt verwendet wird[30]. Die Begriffe „Krise" und „Risiko" unterscheiden sich dadurch, dass die Krise, wenn auch abwendbar, immer bestandsgefährdend ist, während unter einem Risiko allgemein lediglich die Möglichkeit ungünstiger künftiger Entwicklungen verstanden wird[31]. Das Risiko begleitet wie die Chance jedes unternehmerische Handeln. Es ist Ausdruck der Unsicherheit über die zukünftige Entwicklung des Unternehmens. In der Krise ist aus dieser Unsicherheit bereits Sicherheit geworden, dass die Entwicklung nachteilig bzw. bestandsgefährdend ist[32].

II. Typischer Verlauf der Unternehmenskrise

Bei einer Unternehmenskrise im betriebswirtschaftlichen Sinne handelt es sich um einen zeitlich begrenzten Prozess. Dieser kann auch durch einen idealtypischen Verlauf gekennzeichnet und unterschieden werden. Gerade die Kenntnis eines solchen idealtypischen Krisenverlaufs mit seinen jeweiligen Phasen ist nicht nur für die Beschreibung, sondern auch für Ergreifung effektiver Krisenfrüherkennungs-, Krisenvermeidungs- oder Krisenbewältigungsmaßnahmen von entscheidender Bedeutung[33]. Denn aus der Darstellung von Krisenprozessen

---

28 *Evertz/Krystek*, Restrukturierung und Sanierung von Unternehmen, S. 22; *Krystek/Moldenhauer*, Hdb. Krisen- und Restrukturierungsmanagement, S. 27 m.w.N.

29 *Drenckhan*, Gläubigerschutz in der Krise der GmbH, S. 39 m.w.N.

30 Siehe zur Abgrenzung auch *Maus* in: K. Schmidt/Uhlenbruck, Die GmbH in Krise, Sanierung und Insolvenz, 4. Aufl., Rn. 1.5; vgl. ferner *Klein*, Anforderungen an Sanierungskonzepte, S. 14 ff., der den Krisenbegriff außerdem abgrenzt zu den Begriffen *Konflikt*, *Störung* und *Katastrophe*.

31 *Maus* in: K. Schmidt/Uhlenbruck, Die GmbH in Krise, Sanierung und Insolvenz, 4. Aufl., Rn. 1.5.

32 *Maus* in: K. Schmidt/Uhlenbruck, Die GmbH in Krise, Sanierung und Insolvenz, 4. Aufl., Rn. 1.5.

33 *Krystek/Moldenhauer*, Hdb. Krisen- und Restrukturierungsmanagement, S. 32.

mit ihren charakteristischen Phasen können wertvolle Ansätze für ein entsprechendes Krisenmanagement gewonnen werden.

Häufig erfolgt die Phaseneinteilung des typischen Krisenverlaufs anhand von Symptomen, an denen man abzulesen versucht, wie weit die Krise bereits fortgeschritten ist[34]. Dabei werden nacheinander die Stadien der *Strategiekrise*, dann der *Ertrags- und Erfolgskrise* und schließlich der *Liquiditätskrise* genannt[35]. Diese Krisenstadien müssen sich zwar nicht zwingend in dieser Verlaufsfolge entwickeln, sie können auch parallel, einzeln oder einander überlappend auftreten, häufig spitzen sie sich aber mit zunehmendem Zeitablauf zu.

In der strategischen Krise wird die Wettbewerbsfähigkeit des Unternehmens geschwächt und das ursprüngliche Erfolgspotenzial angegriffen[36]. Ihre Ursache liegt meist in einer wenig erfolgsträchtigen Ausrichtung des Unternehmens auf seinen Märkten, die sich z. B. in einer unzureichenden Kundenorientierung sowie einer unsystematischen Reaktion auf die Wettbewerbsentwicklungen ausdrückt[37]. Diese Schwäche in der strategischen Ausrichtung, die sich in der Folge immer stärker auswirken wird, ist zu diesem Zeitpunkt oftmals nur für Experten wahrnehmbar.

Bei einer sich daraus entwickelnden Ertrags- oder Erfolgskrise schlägt sich die Wettbewerbsschwäche erstmals in den Büchern der GmbH nieder[38]. Sie wird häufig dadurch definiert, dass im Unternehmen Verluste entstehen, die

34 *R. Müller*, Krisenmanagement, S. 56; vgl. auch *Bauer*, Die GmbH in der Krise, 3. Aufl., Rn. 9 ff.; *Kraus/Buschmann* in: Buth/Hermanns, RSI, 3. Aufl., § 5, Rn. 8; *Steffan* in: Oppenländer/Trölitzsch, Praxishandbuch der GmbH-Geschäftsführung, 2. Aufl., § 37, Rn. 36; siehe zu den Krisenstadien auch IDW S. 6, Rn. 61 ff.; dagegen den typischen Krisenverlauf nach Wahrnehmbarkeit und Beherrschbarkeit der Krise zwischen *potentieller, latenter, akuter beherrschbarer* und *akuter nicht beherrschbarer* Unternehmenskrise unterscheidend: *Krystek*, Unternehmenskrisen, S. 29–32; *Evertz/Krystek*, Restrukturierung und Sanierung von Unternehmen, S. 22 ff.

35 Darüber hinaus in eine *Stakeholderkrise* und eine *Produkt- und Absatzkrise* unterteilend z. B. *IDW S. 6, Rn. 61 ff.*

36 *Kraus/Buschmann* in: Buth/Hermanns, RSI, 3. Aufl., § 5, Rn. 8; *Bauer*, Die GmbH in der Krise, 3. Aufl., Rn. 10.

37 *Kraus/Buschmann* in: Buth/Hermanns, RSI, 3. Aufl., § 5, Rn. 10; *Steffan* in: Oppenländer/Trölitzsch, Praxishandbuch der GmbH-Geschäftsführung, 10. Kap., § 36, Rn. 36; siehe zu den Krisenursachen auch *Maus* in: K. Schmidt/Uhlenbruck, Die GmbH in Krise, Sanierung und Insolvenz, 4. Aufl., Rn. 1.12.

38 *Steffan* in: Oppenländer/Trölitzsch, Praxishandbuch der GmbH-Geschäftsführung, 10. Kap., § 36, Rn. 36.

sukzessive das Eigenkapital aufzehren[39]. Dies führt in der Folge häufig zu einer Unterbilanz bzw. Überschuldung.

Wird dieser negativen Entwicklung nicht entgegengesteuert, führen die Verluste immer stärker zum Kapitalverzehr, der dann schließlich in die sog. Liquiditätskrise führt[40]. Ursache für eine solche Liquiditätskrise können daneben auch Entwicklungen im Umfeld der Gesellschaft sein, wie beispielsweise ausbleibende Zahlungseingänge der Geschäftspartner. In dieser auch als finanzwirtschaftliche Krise bezeichneten dritten Krisenstufe verfügt das Unternehmen nicht mehr über genügend Liquidität, um die fälligen Zahlungsverpflichtungen zu erfüllen[41]. Erfahrungsgemäß wird sich die Geschäftsführung erst jetzt über die akute wirtschaftliche Situation der Gesellschaft bewusst. Zu diesem Zeitpunkt ist es aber meist für ein wirkungsvolles Gegensteuern zu spät, weil der Handlungsspielraum in diesem Stadium weitgehend erschöpft ist.

Egal nach welcher Vorgehensweise man den typischen Krisenverlauf unterteilt, die jeweilige Phaseneinteilung ist in erster Linie als logisch aufeinander folgende Kette von Ereigniskomplexen ohne zwingende zeitliche Reihenfolge zu verstehen. Eine Krise muss allerdings nicht zwingend alle aufgezeigten Phasen durchlaufen. Sie kann vielmehr vor ihrem absoluten Ende durch Krisenbewältigungsmaßnahmen oder durch außerhalb des Unternehmens liegende Umstände gestoppt werden. Sie kann aber auch erst in einer späteren Phase beginnen, im Extremfall sogar erst in der letzten Phase[42].

B. Rechtliche Unternehmenskrise

I. Begriff der rechtlichen Unternehmenskrise

Auch in der Rechtswissenschaft und Rechtsprechung fehlt es an einer trennscharfen Umschreibung des Krisentatbestands. Zwar gehört der Krisenbegriff

---

39 Vgl. *Bauer*, Die GmbH in der Krise, 3. Aufl., Rn. 11; *Kraus/Buschmann* in: Buth/Hermanns, RSI, 3. Aufl., § 5, Rn. 10.

40 *Kraus/Buschmann* in: Buth/Hermanns, RSI, 3. Aufl., § 5, Rn. 10.

41 *Bauer*, Die GmbH in der Krise, 3. Aufl., Rn. 11.

42 *Krystek*, Unternehmenskrisen, S. 32.

sowohl in der Rechtswissenschaft[43] als auch in der Rechtsprechung[44] zum gängigen Sprachgebrauch; ein übergeordneter Rechtsbegriff der Krise, der in allen Rechtsbereichen (z. B. GmbHG, InsO, KWG, WpHG, StGB) gilt, hat sich bisher jedoch nicht herausgebildet.

1. *Krisenbegriff als Umschreibung gesetzlicher Krisensituationen*

Bei dem Versuch die rechtliche Unternehmenskrise zu umschreiben, nimmt die rechtswissenschaftliche Literatur nicht allein die wirtschaftliche Lage der Gesellschaft in den Blick, sondern legt den Fokus auf eine primär rechtliche Betrachtung der Gesellschaftssituation[45]. Für eine rechtliche Krise wird insoweit eine gewisse rechtliche Relevanz der wirtschaftlichen Situation verlangt. Eine rechtlich relevante Krisensituation wird insbesondere angenommen, wenn die betriebswirtschaftliche Krise soweit gediehen ist, dass sie Rechtsfolgen zum unmittelbaren Schutz der Gläubiger auslöst[46]. Warum allerdings nur durch solche Tatbestände eine rechtliche Krise ausgelöst werden soll, deren Rechtsfolgen zum unmittelbaren Schutz der Gläubiger bestimmt sind, erscheint wenig nachvollziehbar[47]. Eingängiger erscheint es bereits dann von einer rechtlichen Krise zu sprechen, wenn die Gefährdung der Gesellschaft selbst (und somit zumindest auch mittelbar der Gläubiger) so stark erhöht ist, dass der Gesetzgeber an diese Situation besondere Rechtsfolgen zum unmittelbaren oder aber auch nur mittelbaren Schutz der Gläubiger knüpft.

---

43 Siehe z. B. *Bork*, ZIP 2011, 101; *Goette*, ZInsO 2001, 529 ff.; *Kleindiek* in, W. Bayer/E. Koch, Das neue GmbH-Recht, S. 89 ff.; *Uwe H. Schneider*, GmbHR 2010, 57 ff.; *Uhlenbruck*, BB 1998, 2009.

44 Siehe z. B. BGH, Urt. v. 12.07.1999 – II ZR 87/98, ZIP 199, 1524; ferner BGH, Urt. v. 07.03.2005 – II ZR 138/03, ZIP 2005, 807; BGH, Urt. v. 03.04.2006 – II ZR 332/05, ZIP 2006, 996.

45 Vgl. hierzu *Maus* in: K. Schmidt/Uhlenbruck, Die GmbH in Krise, Sanierung und Insolvenz, 4. Aufl., Rn. 1.4 f.; *Steffan* in: Oppenländer/Trölitzsch, Praxishandbuch der GmbH-Geschäftsführung, 2. Aufl., § 37, Rn. 4; *Uhlenbruck*, BB 1998, 2009, 2010; vgl. auch *Drenckhan*, Gläubigerschutz in der Krise der GmbH, S. 35 f. die neben der betriebswirtschaftlichen Krise auch von einer „gesellschaftsrechtlichen" und einer „insolvenzrechtlichen" Krise spricht.

46 *Uhlenbruck*, BB 1998, 2009, 2010; vgl. auch *Steffan* in: Oppenländer/Trölitzsch, Praxishandbuch der GmbH-Geschäftsführung, 2. Aufl., § 37, Rn. 4.

47 So aber offensichtlich *Uhlenbruck*, BB 1998, 2009, 2010, der Rechtspflichten im Innenverhältnis (z. B. eingeschränkte Sanierungspflicht) aus dem rechtlichen Krisenbegriff herausnimmt; kritisch insoweit auch *Drenckhan*, Gläubigerschutz in der Krise der GmbH, S. 35 (Fn. 38); siehe zuletzt auch *Bork*, ZIP 2011, 101.

Will man den rechtlich relevanten Krisenzeitraum danach näher umreißen, bieten sich hierfür folgende gesetzliche Krisensituationen an:

- Insolvenzreife (i. S. d. Insolvenzauslösetatbestände der Zahlungsunfähigkeit, § 17 InsO, der drohenden Zahlungsunfähigkeit, § 18 InsO, und der Überschuldung, § 19 InsO)
- Kreditunwürdigkeit (i. S. d. der Rechtsprechung zu § 32a Abs. 1 GmbHG a. F.)
- Unterbilanz (i. S. d. § 30 Abs. 1 GmbHG)
- Hälftiger Stammkapitalverlust (i. S. d. § 49 Abs. 3 GmbHG)
- Bestandsgefährdung (vgl. § 91 Abs. 2 AktG, § 321 Abs. 1 Satz 3 HGB)

2. Insolvenzbezogene Krisensituationen

Die Gefährdung der Gesellschaft und insbesondere der Gläubiger kommt vor allem mit Eintritt der Insolvenzreife, also der Insolvenzantragsvoraussetzungen Zahlungsunfähigkeit, drohende Zahlungsunfähigkeit und/oder Überschuldung zum Ausdruck[48]. Mit Eintritt der Insolvenzreife wird eine zeitliche Grenze der Unternehmenskrise fest markiert. In der Literatur spricht man dann auch von einer insolvenzrechtlichen Krise[49]. Der GmbH-Geschäftsführer wird ab diesem Zeitpunkt in besonderem Maße in die Verantwortung genommen. Ihn trifft hier nicht nur die Pflicht, binnen einer Frist von drei Wochen Insolvenzantrag zu stellen (§ 15a InsO), sondern zudem besteht von hieran das Verbot, Zahlungen zu leisten, die nicht mit der Sorgfalt eines ordentlichen Geschäftsleiters vereinbar sind (§ 64 Satz 1 GmbHG).

3. Krisensituationen im Vorfeld der Insolvenz

Die rechtlich relevante Unternehmenskrise beginnt zeitlich allerdings bereits weit vor Eintritt der Insolvenzreife.

a. Kreditunwürdigkeit i. S. d. § 32a Abs. 1 GmbHG (a. F.)

Bis zur Aufhebung der Regelung über eigenkapitalersetzende Gesellschafterdarlehen (§ 32a Abs. 1 Satz 1 GmbHG a. F.) durch das MoMiG wurde die „Krise der Gesellschaft“ gesetzlich definiert als „Zeitpunkt, in dem die Gesellschafter [der Gesellschaft] als ordentliche Kaufleute Eigenkapital zugeführt hätten“. Das

---

48 Siehe zu den einzelnen Begriffen etwa *Kleindiek* in: Lutter/Hommelhoff, GmbHG, 17. Aufl., Anh. § 64, Rn. 7 ff. und 13 ff.

49 *Bauer*, Die GmbH in der Krise, 3. Aufl., Rn. 5; *Steffan* in: Oppenländer/Trölitzsch, Praxishandbuch der GmbH-Geschäftsführung, 2. Aufl., § 37, Rn. 5.

Tatbestandsmerkmal der Krise war danach bei Insolvenzreife der Gesellschaft erfüllt, konnte aber nach ständiger Rechtsprechung auch bereits im Vorfeld der Insolvenzreife vorliegen, wenn die Gesellschaft von dritter Seite zu marktüblichen Bedingungen keinen Kredit hätte erhalten können und daher ein Misserfolg bei normalem Geschäftsverlauf mit hoher, das gewöhnliche Geschäftsrisiko deutlich übersteigender Wahrscheinlichkeit zu erwarten war (sog. Kreditunwürdigkeit)[50]. Soweit Gesellschafter der Gesellschaft in dieser Situation dringend benötigte Finanzmittel nicht als Eigenmittel, sondern formal als „Fremdkapital" zugeführt haben, wurden diese „Fremdmittel" der Gesellschafter zwangsweise in nachrangiges Haftkapital umqualifiziert. Zahlungen, die auf einer Rückführung von eigenkapitalersetzenden Gesellschafterdarlehen beruhen, hatte der Gesellschafter der GmbH also zu erstatten. Damit sollte der Gläubigerschutz in den Bereich vor Eintritt der Insolvenzreife vorverlegt werden, in dem typischerweise die Entscheidungen getroffen werden müssen, deren Folgen der Gesellschafter nicht einseitig auf die Gesellschaftsgläubiger verlagern darf, sondern für die er im Sinne der das Eigenkapitalersatzrecht prägenden Finanzierungsfolgeverantwortung einstehen muss[51]. Das Merkmal der Kreditunwürdigkeit wurde lange Zeit als rechtliche Legaldefinition für die Krise angesehen. Mit Aufhebung des Eigenkapitalersatzrechts durch das MoMiG hat das Merkmal der „Kreditunwürdigkeit" allerdings seine rechtliche Relevanz verloren. Im Rahmen der nachfolgenden Untersuchung kommt dem Kriterium „Kreditunwürdigkeit" keine gesonderte Bedeutung zu.

b. Unterbilanz i. S. d. § 30 Abs. 1 GmbHG

Als rechtlich relevanter Krisenzeitpunkt wird häufig auch die Unterbilanz angeführt, d. h. der Zeitpunkt, in dem das Reinvermögen der Gesellschaft nicht mehr das Stammkapital deckt[52]. Die Unterbilanz ist kein insolvenzrechtlich bedeutsamer, sondern nur ein gesellschaftsrechtlich erheblicher Vorgang. Nach den Vorstellungen des Gesetzgebers gerät die Gesellschaft mit Herabsinken des zum

---

50 Vgl. BGH, Urt. v. 03.04.2006 – II ZR 332/05, ZIP 2006, 996: „Insolvenzreife einerseits und Kredit- bzw. Überlassungsunwürdigkeit andererseits sind eigenständige, in ihren Anwendungsvoraussetzungen voneinander unabhängige Tatbestände der Krise im Sinne des Eigenkapitalersatzrechts."; ferner BGH, Urt. v. 22.12.2005 – IX ZR 190/02, ZIP 2006, 243; hierzu auch *Goette/Kleindiek*, Gesellschafterfinanzierung nach MoMiG, 6. Aufl., Rn. 116; *Maus* in: K. Schmidt/Uhlenbruck, Die GmbH in Krise, Sanierung und Insolvenz, 4. Aufl., Rn. 1.7 jeweils m. w. N.

51 *Goette/Kleindiek*, Gesellschafterfinanzierung nach MoMiG, 6. Aufl., Rn. 117.

52 *Drenckhan*, Gläubigerschutz in der Krise der GmbH, S. 35; siehe auch *Picot/Aleth*, Unternehmenskrise und Insolvenz, S. 24.

Erhalt des Stammkapitals erforderlichen Reinvermögens in eine Situation, in der die Gefährdung der Gesellschaft, vor allem aber der Gläubiger stark zunimmt. Die Gesellschaft unterliegt nunmehr einer strengen gesetzlichen Vermögensbindung (vgl. §§ 30, 31, 33, 43a GmbHG). Das zur Erhaltung des Stammkapitals erforderliche Vermögen der Gesellschaft darf nicht weiter an die Gesellschafter ausgezahlt werden. Dieser an das Merkmal der Unterbilanz anknüpfende gesetzliche Vermögensschutz hat den Zweck, die Erhaltung des Stammkapitals im Interesse der Gesellschaft, vorzüglich der Gesellschaftsgläubiger und schließlich auch der einzelnen Gesellschafter zu gewährleisten[53].

Nach dem oben beschriebenen rechtlichen Krisenbegriff liegt bei einer Unterbilanz somit stets auch eine rechtliche Krisensituation vor, die – wie noch zu sehen sein wird – auch besondere Rechtspflichten für den GmbH-Geschäftsführer begründet. Eine betriebswirtschaftliche Krise besteht zu diesem Zeitpunkt allerdings nicht zwingend. Insbesondere Gesellschaften mit nur sehr geringem statuarischem Kapital sind nämlich trotz Unterbilanz häufig erfolgreich tätig und haben keine Liquiditätsprobleme, geschweige denn existenzbedrohende Schwierigkeiten[54].

c. Hälftiger Stammkapitalverlust i. S. d. § 49 Abs. 3 GmbHG

Eine besondere Krisensituation liegt nach der Vorstellung des Gesetzgebers aber auch dann vor, wenn mindestens die Hälfte des Stammkapitals verloren ist[55]. In dieser Situation ist der Geschäftsführer einer GmbH gemäß § 49 Abs. 3 GmbHG verpflichtet, unverzüglich eine Gesellschafterversammlung einzuberufen. Die Gesellschafter sollen dadurch rechtzeitig über die kritische wirtschaftliche Situation der Gesellschaft informiert werden, um sachgerecht über die Optionen Sanierung oder Geschäftsaufgabe entscheiden zu können.

Das in § 49 Abs. 3 GmbHG gesetzlich festgeschriebene Krisenwarnsignal dient dabei nicht nur den Interessen der Gesellschafter als Unternehmenseigentümer, sondern zumindest mittelbar auch denen der Gläubiger, deren Aussicht auf Befriedigung ihrer Forderungen betroffen ist[56].

---

53 *Hommelhoff* in: Lutter/Hommelhoff, GmbHG, 17. Aufl., § 30, Rn. 1.

54 *K. Schmidt* in: *K. Schmidt/Uhlenbruck*, Die GmbH in Krise, Sanierung und Insolvenz, 4. Aufl., Rn. 1.22.

55 Vgl. etwa *Römermann* in: Michalski, GmbHG, 2. Aufl., § 49, Rn. 8, der insoweit auch von einem gesetzlich festgeschriebenen „Krisensignal" spricht.

56 *Bayer* in: Lutter/Hommelhoff, GmbHG, 17. Aufl., § 49, Rn. 14 mwN; siehe auch zum Streit über die Frage, wen die Norm konkret schützt, *Römermann* in: Michalski, GmbHG, 2. Aufl., § 49, Rn. 8 ff.

Das Merkmal „hälftiger Stammkapitalverlust" i. S. d. § 49 Abs. 3 GmbHG markiert insoweit eine weitere gesetzliche Krisensituation im Vorfeld der Insolvenz, bei deren Eintritt besondere Geschäftsführerpflichten ausgelöst bzw. verschärft werden.

d. Bestandsgefährdung i. S. d. § 91 Abs. 2 AktG

Anders als §§ 30, 31 GmbHG oder § 49 Abs. 3 GmbHG, die an objektiv feststellbare Schwellenwerte anknüpfen, begnügt sich § 91 Abs. 2 AktG mit einer relativ unscharfen Formulierung: Danach hat der Vorstand einer AG geeignete Maßnahmen zu treffen, insbesondere ein Überwachungssystem einzurichten, damit „den Fortbestand der Gesellschaft gefährdende Entwicklungen" früh erkannt werden. Ähnlich formuliert ist auch § 321 Abs. 1 Satz 3 HGB: Danach setzt die sog. Rede- und Warnpflicht eines Abschlussprüfers ein, wenn Tatsachen vorliegen, „die den Bestand des geprüften Unternehmens oder des Konzerns gefährden oder seine Entwicklung wesentlich beeinträchtigen können"[57].

Sowohl § 91 Abs. 2 AktG als auch § 321 Abs. 1 Satz 3 HGB verwenden in ihrem Tatbestand zwar nicht den Begriff der „Krise", beide Regelungen gebrauchen jedoch Formulierungen, die als eine, wenn auch nur unscharfe, Umschreibung einer weiteren Krisensituation, der „Bestandsgefährdung", zu werten sind[58]. Während § 91 Abs. 2 AktG versucht, den Vorstand einer AG zu einer punktgenaueren und zeitigeren Erkennung einer Unternehmenskrise anzuhalten, zielt die rechtzeitige Berichtspflicht des Prüfers gem. § 321 Abs. 1 Satz 3 HGB in erster Linie auf eine frühzeitige (externe) Krisenwarnung ab. Der Abschlussprüfer soll im Rahmen der Prüfungsdurchführung eine Bestandsgefährdung sowie Sachverhalte, die eine solche auslösen können, nicht nur erkennen, sondern diese Erkenntnisse im Rahmen seiner Rede- und Warnpflicht auch weiterleiten.

Bei den vorgenannten aktienrechtlichen und handelsrechtlichen Regelungen zur „Bestandssicherungsverantwortung"[59] des Vorstands einer AG bzw. zur Prüfungs- und Berichtpflicht des externen Abschlussprüfers geht es in erster Linie darum, den langfristigen Bestand des Unternehmens zu sichern; es sollen frühzeitige Kurskorrekturen im unternehmerischen Konzept ermöglicht werden, die

57 Vgl. bereits zum alten § 166 Abs. 2 AktG 1965, der dem jetzigen § 321 Abs. 1 Satz 3 HGB entsprach, *Timm*, Die Sanierung von Unternehmen, S. 24.

58 Vgl. *Maus* in: K. Schmidt/Uhlenbruck, Die GmbH in Krise, Sanierung und Insolvenz, 4. Aufl., Rn. 1.4, der insoweit u. a. auch auf § 322 HGB hinweist; siehe auch § 48a KWG, der die Einleitung eines Reorganisationsverfahrens u. a. an das Vorliegen einer *Bestandsgefährdung* knüpft.

59 *Hüffer*, AktG, 9. Aufl., § 91, Rn. 4.

möglichst weit vor dem Eintritt einer akuten Krise greifen können. Die Regelungen dienen also einer punktgenaueren Krisenvorsorge, -früherkennung und -bewältigung und liegen damit im vorrangigen Interesse der Gesellschaft. Die Interessen der Gläubiger werden durch sie zumindest mittelbar geschützt, denn auch die Gläubiger profitieren von einem möglichst früh ansetzenden gesetzlichen Frühwarnsystem.

Es stellt sich also die Frage, was unter einer „Bestandsgefährdung" i. S. d. §§ 91 Abs. 2 AktG und 321 Abs. 1 Satz 3 HGB zu verstehen ist[60]. Der Begriff der Bestandsgefährdung hat sich in der Betriebswirtschaftslehre und in der Unternehmenspraxis mittlerweile als zentrales Element der Unternehmenskrise durchgesetzt[61]. In Anlehnung an die dort entwickelten Deutungen wird unter einer Bestandsgefährdung i. S. d. §§ 91 Abs. 2 AktG und 321 Abs. 1 Satz 3 HGB allgemein eine Situation verstanden, die ernsthaft in Frage stellt, dass das Unternehmen in absehbarer Zeit noch fortgeführt werden kann und damit die Gefahr einer Insolvenz oder einer Liquidation besteht[62]. Ähnlich definiert neuerdings auch der durch das sog. Restrukturierungsgesetz vom 9.12.2010[63] neu ins Kreditwesengesetz eingeführte § 48b Abs. 1 Satz 1 KWG das Merkmal der Bestandsgefährdung[64]. Danach ist eine Bestandsgefährdung „die Gefahr eines insolvenzbedingten Zusammenbruchs des Kreditinstituts für den Fall des Unterbleibens korrigierender Maßnahmen". Eine Situation, die lediglich an der dauerhaften

---

60 Vgl. *Morck* in: Koller/Roth/Morck, HGB, 7. Aufl., § 321, Rn. 3, der in § 321 Abs. 1 Satz 3 HGB die *Bestandsgefährdung* in Abgrenzung zur *Gefährdung der zukünftigen Entwicklung* des Unternehmens als fließend ansieht.

61 Siehe zum betriebswirtschaftlichen Krisenbegriff bereits 2. Kap., A, I; vgl. dazu ferner *Maus* in: K. Schmidt/Uhlenbruck, Die GmbH in Krise, Sanierung und Insolvenz, 4. Aufl., Rn. 1.3.

62 *Winkeljohann/Poullie* in: BeckBilKomm, 7. Aufl., § 321, Rn. 34; *Ebke* in: MüKo-HGB, 2. Aufl., § 321, Rn. 37; vgl. auch *Morck* in: Koller/Roth/Morck, HGB, 7. Aufl., § 321, Rn. 3 der eine *Bestandsgefährdung* in Abgrenzung zur *Gefährdung der zukünftigen Entwicklung* des Unternehmens als fließend ansieht; vgl. zu § 91 Abs. 2 AktG auch *Spindler* in: MüKo-AktG, 3. Aufl., § 91, Rn. 21 m. w. N.

63 *Gesetz zur Restrukturierung und geordneten Abwicklung von Kreditinstituten, zur Errichtung eines Restrukturierungsfonds für Kreditinstitute und zur Verlängerung der Verjährungsfrist der aktienrechtlichen Organhaftung* vom 09.12.2010, BGBl. I 2010, S. 1900.

64 Das Merkmal der *Bestandsgefährdung* wird in § 48a KWG als Voraussetzung für eine möglichst frühzeitige Einleitung eines Restrukturierungsverfahrens herangezogen. Siehe zum Restrukturierungsverfahren nach dem KWG etwa *Schelo*, NJW 2011, 186, 188.

Rentabilität der Gesellschaft zweifeln lässt, ohne existenzbedrohend zu sein, reicht insoweit für eine Bestandsgefährdung (noch) nicht aus. Auch reicht die bloße Möglichkeit einer ungünstigen künftigen Entwicklung (bloßes „Risiko"[65]) noch nicht für die Annahme einer Bestandsgefährdung aus[66]. Vielmehr muss bereits Sicherheit darüber erlangt worden sein, dass die Entwicklung den Bestand des Unternehmens bedroht. Da es an fest umrissenen, subsumtionsfähigen Tatbestandsmerkmalen für das Vorhandensein einer Bestandsgefährdung fehlt, sind Indizien heranzuziehen, die den Rückschluss darauf zulassen, dass die Gesellschaft in eine entsprechende Situation geraten ist. Als Anzeichen für eine bestandsgefährdende Situation kommen etwa in Frage: drohende und erhebliche Forderungsausfälle, Probleme bei der Kreditbeschaffung oder nur schwer zu beeinflussende Marktveränderungen, die sich wesentlich auf die Vermögens-, Ertrags- oder Finanzlage der Gesellschaft auswirken[67]. Eine Unterbilanz oder der Verlust der Hälfte des Stammkapitals i. S. d. § 49 Abs. 3 GmbHG sowie das vorgenannte Kriterium der Kreditunwürdigkeit sind bei der Beurteilung einer Bestandsgefährdung ebenfalls als „Indiz" heranzuziehen[68].

Das GmbHG verwendet den Begriff der Bestandsgefährdung bislang nicht bzw. nicht ausdrücklich[69]. Das Krisenmerkmal der Bestandsgefährdung hat allerdings über die gesetzlichen Generalklauseln zu den Organpflichten des Geschäftsführers (§§ 43 Abs. 1 bzw. § 49 Abs. 2 GmbHG) und die dort überwiegend verorteten besonderen Krisenbewältigungspflichten zumindest mittelbar

---

65 Siehe zur Abgrenzung der Begriffe „Krise" und „Risiko" bereits 2. Kap., A., I.

66 *Spindler* in: MüKo-AktG, 3. Aufl., § 91, Rn. 21 m. w. N.; siehe dagegen zu § 321 Abs. 1 Satz 3 HGB *Wiedmann* in: Ebenroth/Boujong/Joost/Strohn, HGB, 2. Aufl., § 321, Rn. 20, der richtigerweise darauf hinweist, dass der Abschlussprüfer im Rahmen des § 321 Abs. 1 Satz 3 HGB bereits über *entwicklungsbeeinträchtigende oder bestandsgefährdende Tatsachen* zu berichten hat, die den Bestand des geprüften Unternehmens oder des Konzerns gefährden oder seine Entwicklung wesentlich beeinträchtigen *können*, und nicht erst über den Eintritt einer Bestandsgefährdung bzw. einer gefährdenden Entwicklung des geprüften Unternehmens selbst.

67 Vgl. *Winkeljohann/Poullie* in: BeckBilKomm, 7. Aufl., § 321, Rn. 35; *Wiedmann* in: Ebenroth/Boujong/Joost/Strohn, HGB, 2. Aufl., § 321, Rn. 20 mit Verweis auf *IDW* PS 450 („Grundsätze ordnungsmäßiger Berichterstattung bei Abschlussprüfungen"); ferner mit Blick auf § 91 Abs. 2 AktG *Spindler* in: MüKo-AktG, 3. Aufl., § 91, Rn. 21.

68 Vgl. *Winkeljohann/Poullie* in: BeckBilKomm, 7. Aufl., § 321, Rn. 34.

69 Für eine unmittelbare Anknüpfung der Krisenwarnpflicht des § 49 Abs. 3 GmbHG an das Merkmal der „erhebliche Gefährdung" oder „bestandsgefährdendes Risiko" etwa *Haas* in: Verhandlungen des 66. DJT, Bd. I, E 112; ferner *Kleindiek* in: W. Bayer/E. Koch, Das neue GmbH-Recht, S. 103.

Eingang in das GmbH-Recht gefunden. Denn wie im Rahmen dieser Arbeit noch eingehend zu erläutern sein wird, begründet der Eintritt in eine den Bestand der Gesellschaft gefährdende Situation auch besondere krisenorientierte Geschäftsführerpflichten; neben einer besonderen Krisenwarn- und Berichtspflicht[70] besteht bei eintretender Bestandsgefährdung zudem eine Verpflichtung zur Sanierungsprüfung (eingeschränkte Sanierungspflicht).

So unscharf der Begriff der Bestandsgefährdung auch ist, so markiert er doch einen weiteren rechtlich relevanten Krisenzeitpunkt[71].

II. Typischer Verlauf der Unternehmenskrise

Wie vorangehend dargestellt fasst die rechtliche Krise unterschiedliche Zeitpunkte zusammen, in denen nach den Vorstellungen des Gesetzgebers die Gefährdung der Gesellschaft und somit zumindest auch mittelbar der Gläubiger stark erhöht ist. Sie gibt dabei keinen starren Zustand, sondern eine sich zuspitzende Entwicklung wieder.

Die Feststellung des Krisenbeginns und damit des risikoträchtigen und eine potenzielle Haftung auslösenden Zeitpunkts bereitet dabei erhebliche Schwierigkeiten. Eine rechtliche Krise – davon gehen die nachfolgenden Ausführungen aus – beginnt grundsätzlich bereits mit eintretender Bestandsgefährdung i. S. v. § 91 Abs. 2 AktG (bzw. § 321 Abs. 1 Satz 3 HGB). Werden keine Maßnahmen zur Krisenbewältigung ergriffen, schreitet die Krise regelmäßig bis zur drohenden Insolvenz fort. Das Endstadium der wirtschaftlichen Talfahrt ist erreicht, wenn die Gesellschaft überschuldet oder zahlungsunfähig ist. Bis zur Insolvenzreife durchläuft das Unternehmen dabei in der Regel verschiedene gesetzliche Krisensituationen. Zu nennen sind hier insbesondere die an die Stammkapitalziffer

---

70 *Roth* in: Roth/Altmeppen, GmbHG, § 49, Rn. 18 sieht eine eintretende „sonstige Bestands- bzw. Existenzgefährdung" als Auslöser einer Krisenwarn- und Berichtspflicht i. S. d. § 49 Abs. 2 GmbHG; ebenfalls für die Anknüpfung einer Einberufungspflicht des Geschäftsführers ein situatives Krisenwarnsignal („erheblichen Gefährdung" oder „bestandsgefährdendes Risiko"), *Haas* in: Verhandlungen des 66. DJT, Bd. I, E 112; ähnlich auch *Kleindiek* in: W. Bayer/E. Koch, Das neue GmbH-Recht, S. 103.

71 Vgl. *Timm*, Die Sanierung von Unternehmen, S. 24, der zur Kennzeichnung des Krisenbeginns an das Merkmal der „Bestandsgefährdung" im Sinne des § 166 Abs. 2 AktG (a.F.) anknüpft; vgl. jüngst auch *Geißler*, DZWIR 2011, 309, der im Rechtsalltag von einer krisenhaften Entwicklung jedenfalls dann ausgeht, „wenn – bei durchaus noch bestehender Zahlungsfähigkeit – die Ziele eines Unternehmens erkennbar bedroht oder aber bereits nicht mehr zu erreichen sind".

anknüpfenden Krisensituationen Unterbilanz i. S. d. § 30 Abs. 1 GmbHG und hälftiger Stammkapitalverlust i. S. d. § 49 Abs. 3 GmbHG.

Regelmäßig wird sich die rechtliche Krise in der beschriebenen Art und Weise fortentwickeln. Zwingend ist diese zeitliche Abfolge allerdings nicht.

C. Ergebnis zum 2. Kapitel

Will man die Verantwortlichkeiten des GmbH-Geschäftsführers im Vorfeld der Insolvenz erörtern, ist hierfür ein klares Verständnis der Unternehmenskrise erforderlich. Es ist nämlich nicht zu verkennen, dass sich die Anforderungen an den Geschäftsführer einer GmbH ändern, wenn eine Unternehmenskrise eintritt: Die allgemeine Pflicht zur ordnungsgemäßen Geschäftsführung wird ab diesem Zeitpunkt zum Teil modifiziert und zum Teil um spezielle Krisenpflichten erweitert. An die Stelle des normalen Geschäftsgangs tritt dann die Abwehr oder Überwindung der Krise („krisenorientierte Pflichten"). Außerdem erlangen in dieser Phase die Pflichtenkreise „Kapitalerhaltung" und „Solvenz- und Existenzschutz" zunehmend an Bedeutung.

Die vorangegangenen Ausführungen haben aber gezeigt, dass es an einer allgemeinverbindlichen Definition und Darstellung der Unternehmenskrise fehlt. Denn dem Phänomen Unternehmenskrise liegt zumeist ein komplexes prozesshaftes Geschehen zu Grunde, welches – je nach methodischer Sicht und konkreter Eigenheit des Unternehmens (z. B. Größe, Komplexität etc.) – unterschiedlich bewertet werden kann[72].

So hat der Terminus der Unternehmenskrise sowohl bei Ökonomen als auch bei Juristen verschiedene Deutungen und Auslegungen erfahren. Während die Betriebswirtschaftslehre bei der Beschreibung der Unternehmenskrise ihren Blick allein auf die wirtschaftliche Situation des Unternehmens richtet, legt die Rechtswissenschaft ihren Fokus primär auf eine rechtliche Betrachtung der Gesellschaftssituation. Zwischen beiden Krisenbegriffen sind allerdings keine großen Unterschiede festzustellen. Denn auch eine rechtliche Krise ist eng verbunden mit der wirtschaftlichen Situation der Gesellschaft. Sie liegt – nach dem hier vertretenen weiten Verständnis – vor, wenn die Gefährdung der Gesellschaft und somit zumindest auch mittelbar der Gläubiger so stark erhöht ist, dass der Gesetzgeber an diese Situationen besondere Rechtsfolgen zum unmittelbaren oder auch nur mittelbaren Schutz der Gläubiger knüpft. Zu den gesetzlichen Krisensituationen, die gleichzeitig auch besondere Verhaltenspflichten des

72 *Geißler*, DZWIR 2011, 309.

GmbH-Geschäftsführers zum (mittelbaren und unmittelbaren) Gläubigerschutz auslösen, zählen insbesondere die oben dargestellten Merkmale Zahlungsunfähigkeit oder Überschuldung i. S. d. § 15a Abs. 1 InsO, Unterbilanz i. S. d. § 30 Abs. 1 GmbHG, hälftiger Stammkapitalverlust i. S. d. § 49 Abs. 3 GmbHG und Bestandsgefährdung i. S. d. § 91 Abs. 2 AktG.

Will man den frühestmöglichen Zeitpunkt einer rechtlich relevanten Krise kennzeichnen, in dem den Geschäftsführer einer GmbH erstmals haftungsbewehrte Krisen(bewältigungs)pflichten treffen, scheint hierfür – trotz seiner nur geringen Objektivität – das situative Merkmal der Bestandsgefährdung i. S. v. § 91 Abs. 2 AktG am besten geeignet[73]. Würde man den Krisenbeginn nämlich allein an die oben dargestellten (Krisen-)Merkmale Kreditunwürdigkeit, Unterbilanz oder hälftiger Stammkapitalverlust knüpfen, wäre damit ein zuverlässiger Rückschluss auf den Beginn der Unternehmenskrise häufig nicht möglich. So kann beispielsweise eine Gesellschaft trotz Vorliegens einer Unterbilanz ohne Liquiditätsprobleme, geschweige denn existenzbedrohende Schwierigkeiten, werblich tätig sein, während sich dieselbe Gesellschaft bei Feststellung der Kreditunwürdigkeit oder bei Verlust des hälftigen Stammkapitals bereits in einer akuten Krise befindet.

Begründet man die rechtliche Krise mit dem (unbestimmten) Krisenmerkmal der Bestandsgefährdung i. S. d. § 91 Abs. 2 AktG, wird sich die rechtliche Krise regelmäßig mit der betriebswirtschaftlichen Krise decken. Sie beginnt grundsätzlich bereits dann, wenn Tatsachen vorliegen, die ernsthaft in Frage stellen, dass das Unternehmen in absehbarer Zeit noch fortgeführt werden kann. Das Endstadium der Unternehmenskrise ist in der Regel damit erreicht, dass die Gesellschaft überschuldet oder zahlungsunfähig ist.

Ist in den folgenden Ausführungen von einer Unternehmenskrise die Rede, sind damit grundsätzlich solche Sachverhalte gemeint, die zeitlich im Bereich zwischen dem Beginn einer Bestandsgefährdung i. S. v. § 91 Abs. 2 AktG einerseits und den Insolvenzauslösetatbeständen der Zahlungsunfähigkeit, § 17 InsO, der drohenden Zahlungsunfähigkeit, § 18 InsO, und der Überschuldung, § 19 InsO, andererseits angesiedelt sind.

---

73 Vgl. auch *Haas* in: Verhandlungen des 66. DJT, Bd. I, E 112 f., der die geringe Objektivität eines solchen situativen Warnsignals als nicht problematisch erachtet.

3. Kapitel: Krisenorientierte Pflichten

In der Unternehmenskrise, aber auch bereits in ihrem Vorfeld bestehen für den GmbH-Geschäftsführer eine Vielzahl an Verhaltenspflichten. Welche Pflichten der Geschäftsführer im Einzelnen zu beachten hat, definiert das Gesetz nicht abschließend[74]. Denn bei den Geschäftsführerpflichten in und vor der Unternehmenskrise handelt es sich nicht um einen abgrenzbaren, als Spezialmaterie normierten Pflichtenkreis, sondern lediglich um einen Teilbereich der allgemeinen Pflicht zur ordnungsgemäßen Geschäftsführung, die in der Unternehmenskrise teilweise modifiziert und teilweise um spezielle Krisenpflichten (vgl. §§ 30, 33, 43 Abs. 3, 49 Abs. 3, 64, 84 GmbHG, § 15a InsO) erweitert ist[75]. Die Pflicht zur ordnungsgemäßen Geschäftsführung ist insofern als Grundpflicht anzusehen, die sowohl in als auch außerhalb der Unternehmenskrise gilt. Aus dieser „Grundpflicht" lassen sich u. a. zahlreiche krisenorientierte Unterpflichten entnehmen bzw. entwickeln, die teils Verbote bestimmten Handelns sind, teils Handlungsgebote und teils Organisationsgebote. Im Folgenden soll daher unterschieden werden zwischen der Pflicht zur ordnungsgemäßen Geschäftsführung im Allgemeinen und denjenigen Pflichten, die im Besonderen an das Verhalten des GmbH-Geschäftsführers im Hinblick auf die unternehmerische Krise appellieren.

A. Ordnungsgemäße Geschäftsführung

Sowohl in als auch außerhalb der Unternehmenskrise ist der GmbH-Geschäftsführer zur ordnungsgemäßen Geschäftsführung verpflichtet. Die Pflicht zur ordnungsgemäßen Geschäftsführung wird allgemein dahingehend umschrieben, dass der Geschäftsführer im Rahmen des Gesetzes, des Gesellschaftsvertrages, der für die Geschäftsführung verbindlichen Beschlüsse anderer Gesellschaftsorgane und unter Berücksichtigung öffentlicher Interessen die Gesellschaft zu fördern hat, d. h. ihre Vorteile wahrt und Schaden von ihr abwendet[76]. Inhaltlich

---

74 Insofern mit einer Konkretisierung der krisenorientierten Geschäftsführerpflichten sympathisierend *Kleindiek* in: Verhandlungen des 66. DJT, Bd. II/1, P 66; *ders.* in: W. Bayer/E. Koch, Das neue GmbH-Recht, S. 103.

75 *Uwe H. Schneider*, GmbHR 2010, 57; vgl. ferner auch *Haas* in: Heintzen/Kruschwitz, Unternehmen in der Krise, S. 74 ff.

76 *Haas/Ziemons* in: Michalski, GmbHG, 2. Aufl., § 43, Rn. 42; *Ebenroth/Lange*, GmbHR 1992, 69 ff.

lässt sich die Pflicht zur ordnungsgemäßen Geschäftsführung insoweit einteilen in die Pflicht zur Einhaltung des äußeren Handlungsrahmens sowie die Pflicht zur sorgfältigen Unternehmensleitung i. e. S.[77].

I. Beachtung des äußeren Handlungsrahmens – Legalitätspflicht

Eine inhaltliche Bestimmung und gleichzeitig auch Begrenzung erfährt die Pflicht zur ordnungsgemäßen Geschäftsführung durch die Legalitätspflicht, d. h. die Pflicht des Geschäftsführers zur Beachtung des sog. „äußeren Handlungsrahmens".

1. Beachtung gesetzlicher Ge- und Verbote

Zu den Kardinalpflichten eines GmbH-Geschäftsführers gehört allen voran die Pflicht, sich bei Erfüllung seiner Geschäftsführungsaufgabe gesetzestreu zu verhalten[78]. Dabei hat der Geschäftsführer nicht nur die an ihn persönlich adressierten gesetzlich ausformulierten oder richterrechtlich konturierten Normen des GmbH-Rechts zu befolgen, sondern darüber hinaus auch für die Erfüllung von Pflichten der Gesellschaft zu sorgen, welche dieser etwa im einschlägigen Verbandsrecht, im Bürgerlichen Recht (rechtsgeschäftliche Pflichten sowie Verkehrspflichten), im Insolvenzrecht, im Wirtschaftsrecht (z. B. Kartellrecht) oder auf (sonstiger) öffentlich-rechtlicher Grundlage auferlegt sind[79]. Die Legalitätspflicht als Grenze des unternehmerischen Handelns ist jederzeit zwingend. Speziell vor und in der Unternehmenskrise werden dem GmbH-Geschäftsführer durch das Gesellschafts- und Insolvenzrecht zusätzliche Handlungsge- und -verbote auferlegt (vgl. §§ 30, 33, 43 Abs. 3, 49 Abs. 3, 64 GmbHG, § 15a InsO).

2. Beachtung geschäftsinterner, nichtgesetzlicher Vorgaben

Über die externe Pflichtenbindung hinaus unterliegt der Geschäftsführer einer GmbH auch einer internen Pflichtenbindung. Insbesondere die Gesellschafterversammlung kann dem Geschäftsführer allgemeine, aber auch detaillierte

---

77 Siehe zu dieser Zweiteilung auch *Haas/Ziemons* in: Michalski, GmbHG, 2. Aufl., § 43, Rn. 43 ff.

78 *Kleindiek* in: Lutter/Hommelhoff, GmbHG, 17. Aufl., § 43, Rn. 8; *Fleischer* NJW 2009, 2337.

79 *Kleindiek* in: Lutter/Hommelhoff, GmbHG, 17. Aufl., § 43, Rn. 8; *Raiser/Veil*, Recht der Kapitalgesellschaften, 5. Aufl., § 14, Rn. 81; *Fleischer*, BB 2008, 1070; kritisch hinsichtlich der Fülle an öffentlich-rechtlichen Pflichten *Uwe H. Schneider* in: Scholz, GmbHG, 10. Aufl., § 43, Rn. 12 f.

Vorgaben hinsichtlich seiner unternehmerischen Geschäftsführungstätigkeit erteilen. Ihr stehen hierzu mehrere Instrumentarien zur Verfügung. So können etwaige Vorgaben bereits im Anstellungsvertrag oder Gesellschaftsvertrag erteilt werden[80]. Der Geschäftsführer kann aber auch aufgrund von einzelnen Gesellschafterbeschlüssen angewiesen werden, wie er sich zu verhalten hat.

a. Vorgaben aus vertraglichem Sonderrecht – Anstellungsvertrag

Neben der organschaftlichen Verknüpfung des Geschäftsführers mit der Gesellschaft wird im deutschen GmbH-Recht durch den Anstellungsvertrag ein selbständig bestehendes dienstrechtliches Anstellungsverhältnis zwischen dem Geschäftsführer und der Gesellschaft begründet[81]. Im Rahmen eines solchen Anstellungsvertrages können dem Geschäftsführer besondere Pflichten auferlegt, bestehende Pflichten inhaltlich konkretisiert oder Handlungsbefugnissen Grenzen gesetzt werden[82]. Unabhängig von der Wirksamkeit dieser Verpflichtungen Dritten gegenüber sind sie im Verhältnis zwischen Gesellschaft und Geschäftsführer bindend.

b. Vorgaben aus dem Gesellschaftsvertrag

Wie der Anstellungsvertrag kann auch die Satzung die interne Pflichtenbindung näher ausformen. Sie kann bestimmte gesellschaftsinterne Zuständigkeitsregelungen enthalten oder dem Geschäftsführer aufgeben, satzungsmäßige Zustimmungserfordernisse der Gesellschafter (oder auch des Aufsichtsrates) zu berücksichtigen. So kann die Satzung einen Katalog von Geschäften aufführen, die vorlagepflichtig sind und vom Geschäftsführer nur mit Zustimmung der Gesellschafterversammlung vorzunehmen sind[83]. Fraglos stellt auch der in der Satzung zu bezeichnende Zweck und der Gegenstand des Unternehmens (§ 3 GmbHG) für den Geschäftsführer eine bindende Schranke dar[84]. Ein Fahrzeughandel beispielsweise berechtigt den Geschäftsführer grundsätzlich nicht zur Devisenspekulation. Entsteht der GmbH durch die Missachtung solcher Vorgaben ein

80 *Kleindiek* in: Lutter/Hommelhoff, GmbHG, 17. Aufl., § 43, Rn. 8.

81 Dazu näher *Goette*, DStR 1998, 938 ff.

82 *Kleindiek* in: Lutter/Hommelhoff, GmbHG, 17. Aufl.., § 43, Rn. 8; zum Verhältnis der organschaftlichen Sorgfaltspflichten zum Anstellungsvertrag siehe auch *Lenz* in: Michalski, GmbHG, 2. Aufl., § 35, Rn. 122 ff.

83 *Zöllner* in: Baumbach/Hueck, GmbHG, 20. Aufl., § 46, Rn. 94.

84 *Lutter*, GmbHR 2000, 301, 303.

Schaden, macht sich der Geschäftsführer gegenüber der Gesellschaft schadensersatzpflichtig[85].

c. Vorgaben aus Gesellschafterbeschlüssen, insbesondere Ad-hoc-Weisungen

Im Rahmen des Anstellungsvertrags oder auch der Satzung können dem Geschäftsführer besondere Pflichten auferlegt sein, Pflichten inhaltlich konkretisiert werden oder seinen Handlungsbefugnissen Grenzen gesetzt sein. Solche Vorgaben im Anstellungsvertrag oder in der Satzung haben den Nachteil, dass sie starr sind, die Umgestaltung solcher Vorgaben bedarf einer Satzungsänderung, § 59 Abs. 1 GmbHG. Um flexibler handeln zu können, besteht für die Gesellschafterversammlung daher die Möglichkeit, durch Gesellschafterbeschlüsse Weisungen zu erteilen[86].

Anders als in der hierarchisch nicht geschichteten AG mit ihrem eigenverantwortlichen Vorstand (§ 76 Abs. 1 AktG) leitet der Geschäftsführer der GmbH die Gesellschaft nämlich nicht in eigener Verantwortung. Im deutschen GmbH-Recht ist es eine Selbstverständlichkeit, dass die Gesellschafter bei der Unternehmensleitung das letzte Wort haben. Der Geschäftsführer besitzt einerseits im Außenverhältnis unbeschränkte Vertretungsmacht, muss aber im Innenverhältnis Weisungsbeschlüsse der Gesellschafterversammlung beachten (Grundsatz der Weisungsabhängigkeit). Das Weisungsrecht der Gesellschafter einer GmbH findet seine gesetzliche Grundlage in § 37 Abs. 1 GmbHG und ist zwingende Folge der dominierenden Stellung der Gesellschafterversammlung in der Organisationsverfassung der GmbH. Eine mittels Gesellschafterbeschluss erteilte Weisung kann dabei sowohl genereller als auch konkreter Art sein[87]. Während durch eine generelle Weisung etwa einzelne Maßnahmen des Tagesgeschäfts an die Zustimmung der Gesellschafter gebunden werden, können auch einzelne Maßnahmen von konkreten Weisungen betroffen sein[88]. Ob, wann und auf welche Maßnahmen bezogen die Gesellschafter Weisungen erteilen wollen, steht letztlich in ihrem Belieben[89]. Erforderlich ist allein ein Beschluss mit einfacher

---

85 Zur Pflichtwidrigkeit bei Spekulationsgeschäften und sonstigen Risikoentscheidungen siehe im Einzelnen noch unter Kap. 5, C.

86 Zu den Besonderheiten bei einem Alleingesellschafter-Geschäftsführer vgl. BGH, Urt. v. 26.10.2009 - II ZR 222/08, NJW 2010, 64; *Wicke*, GmbHG, 2. Aufl., § 43, Rn. 15.

87 *Kleindiek* in: Lutter/Hommelhoff, GmbHG, 17. Aufl., § 37, Rn. 17.

88 *Uwe H. Schneider* in: Scholz, GmbHG, 10. Aufl., § 43, Rn. 78.

89 OLG Düsseldorf, Urt. v. 15.11.1984 -8 U 22/84, ZIP 1984, 1476, 1478; *Kleindiek* in: Lutter/Hommelhoff, GmbHG, 17. Aufl., § 37, Rn. 18.

Mehrheit der Gesellschafterversammlung[90]. Mit dem Weisungsrecht korrespondiert die Pflicht des Geschäftsführers, Weisungen der Gesellschafter bis zur Grenze der Gesetzwidrigkeit – insbesondere der Verletzung des Kapitals – zu befolgen, mag ihm ihr Inhalt sachlich auch noch so verfehlt erscheinen (Grundsatz der Folgepflicht)[91]. Allerdings trifft den GmbH-Geschäftsführer eine Pflicht zur Transparenz und sorgfältigen Entscheidungsvorbereitung[92]. Der Geschäftsführer hat insofern Bedenken hinsichtlich der Weisung den Gesellschaftern vorzutragen und darf ihnen notwendige Informationen nicht vorenthalten. Handelt der Geschäftsführer aufgrund einer zulässigen Weisung und hält er die durch Gesetz und Gesellschaftsvertrag gesetzten Grenzen ein, ist er von jeder Haftung frei[93]. Durch einen entsprechenden Gesellschafterbeschluss wird die Verantwortung für die Maßnahme von der Geschäftsführung auf die Gesellschafter verlagert.

d. Grenzen nichtgesetzlicher Vorgaben

Die Folgepflicht des Geschäftsführers besteht nicht schrankenlos. Sie endet dort, wo die geschäftsinternen Vorgaben, insbesondere die Gesellschafterweisungen, als unverbindlich zu qualifizieren sind[94]. Für die Frage, wann eine Weisung unverbindlich und somit von dem Geschäftsführer nicht zu befolgen ist, sind nach h. M. die Nichtigkeits- und Anfechtungsgründe in §§ 241 ff. AktG in modifizierter analoger Anwendung heranzuziehen[95]. Die Einzelheiten hierbei sind strittig.

aa. Nichtige Gesellschafterweisung

Nur Beschlussmängel der allerschwersten Art machen den Beschluss ipso iure nichtig, § 241 AktG[96]. An nichtige Beschlüsse ist der Geschäftsführer nicht

---

90 *Zöllner* in: Baumbach/Hueck, GmbHG, 19. Aufl., § 46, Rn. 91.

91 OLG Frankfurt a.M., Urt. v. 07.02.1997–24U 88/95, GmbHR 1997, 346; *Lutter*, GmbHR 2000, 301, 303 f.; *Paefgen* in: Ulmer/Habersack/Winter, GmbHG, § 43, Rn. 114.

92 *Paefgen* in: Ulmer/Habersack/Winter, GmbHG, § 43, Rn. 121.

93 *Paefgen* in: Ulmer/Habersack/Winter, GmbHG, § 43, Rn. 114.

94 *Uwe H. Schneider* in: Scholz, GmbHG, 10. Aufl., § 43, Rn. 122; *Zöllner* in: Baumbach/Hueck, GmbHG, 19. Aufl.,§ 37, Rn. 22 ff.

95 BGH, Urt. v. 25.11.2002 - II ZR 69/01, GmbHR 2003, 271; *Bayer* in: Lutter/Hommelhoff, GmbHG, 17. Aufl., Anh. zu § 47, Rn. 1; *K. Schmidt* in: Scholz, GmbHG, 10. Aufl., § 45, Rn. 35; *Roth* in: Roth/Altmeppen, GmbHG, 6. Aufl., § 47, Rn. 91; *Sandmann*, Die Haftung von Arbeitnehmern, Geschäftsführern und leitenden Angestellten, S. 273 jeweils m. w. N.

96 *Zöllner* in: Baumbach/Hueck, GmbHG, 19. Aufl., Anh. § 47, Rn. 44.

gebunden, sie entfalten keine Rechtswirkungen[97]. Von den Nichtigkeitstatbeständen des § 241 AktG sind Nr. 3 und 4 hervorzuheben.

Entsprechend § 241 Nr. 3 AktG sind Beschlüsse als nichtig zu qualifizieren, wenn sie mit dem Wesen der GmbH unvereinbar sind oder wenn sie durch ihren Inhalt Vorschriften verletzen, die ausschließlich oder überwiegend im öffentlichen und/oder im Gläubigerinteresse liegen[98]. Die Konkretisierung dieser Norm bereitet schon im Aktienrecht erhebliche Schwierigkeiten. Besonders die Abgrenzung zwischen der ersten und der zweiten Alternative des § 241 Nr. 3 AktG bleibt in der Rechtsprechung und Literatur häufig unklar[99]. Der Versuch, einzelne Fälle eindeutig unter die in der Vorschrift verwendeten abstrakten Formulierungen „Wesen der Gesellschaft", „zum Schutz der Gläubiger" oder „öffentliches Interesse" zu subsumieren, ist mit erheblichen Schwierigkeiten verbunden und führt in der Regel nicht weiter. Insoweit erscheint der Weg über eine wertende Analyse typischer Fälle und Fallgruppen vorzugswürdig[100]. Die wertende Analyse muss dabei davon ausgehen, dass die Vorschrift den Zweck hat, den Tatbestand der Nichtigkeit von dem der Anfechtbarkeit abzugrenzen. Nach dem Willen des Gesetzgebers sind Gesellschafterbeschlüsse nur ausnahmsweise dann nichtig, „wenn sie an einem so schweren Mangel leiden, dass die Rechtsordnung ihre Wirksamkeit keinesfalls hinnehmen kann, selbst dann nicht, wenn sich kein Gesellschafter mit der Anfechtung gegen den Beschluss wehrt"[101].

Bei der Frage nach der Nichtigkeit eines Gesellschafterbeschlusses sind die relevanten Normen danach abzugrenzen, ob der Gesetzgeber ihnen zwingenden Charakter beigelegt hat. Normen, die das Gesetz zur Disposition stellt, können für das Wesen der GmbH nicht maßgeblich sein, und Abweichungen können weder gegen den Gläubigerschutz verstoßen noch sonstige öffentliche Interessen verletzen.

Nichtigkeit ipso iure nach § 241 Nr. 3 AktG wird danach unstrittig bei Verstößen gegen die Regelungen zur Kapitalaufbringung und Kapitalerhaltung (§§ 9a,

---

97 *Uwe H. Schneider* in: Krieger/Uwe H. Schneider, 2. Aufl., § 2, Rn. 28 m. w. N.

98 *Altmeppen* in: Roth/Altmeppen, GmbHG, 6. Aufl., § 37, Rn. 6; siehe dazu auch *Bayer* in: Lutter/Hommelhoff, GmbHG, 17. Aufl., Anh. § 47, Rn. 16 ff.; *Raiser* in: Hachenburg, GmbHG, 8. Aufl., Anh. § 47, Rn. 45.

99 Siehe dazu im Einzelnen *Römermann* in: Michalski, GmbHG, 2. Aufl., Anh. § 47, Rn. 125 ff.

100 *Raiser* in: Hachenburg, GmbHG, 8. Aufl., Anh. § 47, Rn. 46.

101 *Raiser* in: Hachenburg, GmbHG, 8. Aufl., Anh. § 47, Rn. 46.

9b, 19, 30, 31, 33, 43 Abs. 3 GmbHG) bejaht[102]. Diesen Regelungen wird eine wesentliche Bedeutung für den Gläubigerschutz beigemessen, der Gläubigerschutzgedanke ist insoweit nicht nur Nebenwirkung.

Ungeklärt ist jedoch die Frage, ob darüber hinaus auch Verstöße gegen sonstige zwingende Vorschriften des GmbH-Rechts stets die Nichtigkeit des Gesellschafterbeschlusses begründen. Im Gegensatz zum AktG enthält das GmbH-Recht überwiegend dispositive Vorschriften. Dies deutet darauf hin, dass der Gesetzgeber in den wenigen der Satzungsautonomie bzw. dem Weisungsrecht nicht zugänglichen, sondern zwingenden Vorschriften Strukturprinzipien der GmbH festschreiben wollte und diese zumindest im (vorrangig) öffentlichen Interesse bestehen[103]. Zu nennen sind hier insbesondere die dem Geschäftsführer vom Gesetz ausdrücklich zugewiesenen (krisenbezogenen) Einzelaufgaben. So hat der Geschäftsführer nicht nur die Einhaltung der Vorschriften zur Kapitalerbringung und Kapitalerhaltung zu überwachen (§§ 9a, 9b, 19, 30, 31, 33, 43 Abs. 3 GmbHG), sondern auch für eine ordnungsgemäße Buchführung und Bilanzierung der Gesellschaft zu sorgen (§ 41, 42 GmbHG), die Gesellschafterversammlung einzuberufen (§§ 49 Abs. 2 und 3 GmbHG), sicherzustellen, dass keine unzulässigen Zahlungen i. S. d. § 64 Satz 1 und 3 GmbHG geleistet werden, und, wenn die Voraussetzungen dafür vorliegen, Insolvenzantrag zu stellen (§ 15a Abs. 1 InsO)[104]. Die besondere Bedeutung, die der Gesetzgeber diesen Vorschriften beimisst, zeigt sich etwa daran, dass bei ihrer Missachtung der Geschäftsführer als Adressat über die Binnenhaftung hinaus auch mit z. T. strafrechtlichen (vgl. § 84 GmbHG; §§ 283, 283b StGB) Sanktionen belegt wird[105].

---

102 Siehe z. B. BGH, Beschl. v. 09.12.1954 – II ZB 15/54, WM 1955, 68 ff.; BGH, Urt. v. 19.06.2000 – II ZR 73/99, NJW 2000, 2819 ff.; BGH, Urt. v. 26. 10. 2009 – II ZR 222/08, NJW 2010, 64; *Bayer* in: Lutter/Hommelhoff, GmbHG, 17. Aufl., Anh. § 47, Rn. 18; *K. Schmidt* in: Scholz GmbHG, 10. Aufl., § 45, Rn. 74; *Konzen*, NJW 1989, 2977, 2982; *Roth* in: Roth/Altmeppen, GmbHG, 6. Aufl., § 47, Rn. 97; *Zöllner* in: Baumbach/Hueck, GmbHG, 19. Aufl., Anh. § 47, Rn. 53; inwieweit allerdings diese Annahme vollständiger Nichtigkeit mit der Regelung des § 43 Abs. 3 S. 3 GmbHG (Unwirksamkeit der haftungsbefreienden Weisung nur insoweit, als der Schadensersatzbetrag zur Gläubigerbefriedigung erforderlich ist) vereinbar ist, darüber schweigt sich das Schrifttum überwiegend aus, siehe dazu aber *Haas/Ziemons* in: Michalski, GmbHG, 2. Aufl., § 43, Rn. 220 ff.; *Pauker*, Unternehmen-Risiko-Haftung, S. 162 ff.

103 *Raiser* in: Hachenburg, GmbHG, 8. Aufl., Anh. § 47, Rn. 51.

104 Vgl. *Geißler*, GmbHR 2009, 1071, 1074; *Kleindiek* in: Lutter/Hommelhoff, GmbHG, 17. Aufl., § 37, Rn. 5.

105 *Geißler*, GmbHR 2009, 1071, 1074.

Wenn der Geschäftsführer aber schon in solcher Intensität organschaftlich in die Pflicht genommen wird, widerstritte es der gesetzlichen Konzeption, wenn die Wahrnehmung dieser dem Geschäftsführer auferlegten obligatorischen Mindestaufgaben mittels Gesellschafterbeschluss nach Belieben beschränkbar bzw. abänderbar wäre.

Zumindest für § 64 Satz 1 und 3 GmbHG[106] sowie § 15a Abs. 1 InsO[107] wird überwiegend vertreten, dass ein Gesellschafterbeschluss, der den Geschäftsführer zu einer Verletzung dieser Vorschriften anweist, per se nichtig ist, die Weisung für den Geschäftsführer mithin keine haftungsbefreiende Wirkung hätte. Darüber hinaus wird von Teilen der Literatur vertreten, dass § 241 Nr. 3 AktG der Weisungsfreiheit der Gesellschafter im Einzelfall auch dort Grenzen setzt, wo die zwingenden Pflichten aus §§ 41[108] und 49 Abs. 2, 3[109] GmbHG betroffen sind, wo der Geschäftsführer also zur Buchführung und zur rechtzeitigen Einberufung der Gesellschafterversammlung verpflichtet ist[110].

Im Übrigen kommt eine Nichtigkeit ipso iure wegen Sittenverstoßes in Betracht. In Anlehnung an § 241 Nr. 4 AktG wird ein Beschluss auch dann als nichtig qualifiziert, wenn er durch seinen Inhalt gegen die guten Sitten verstößt[111]. Die Sittenwidrigkeit tritt allerdings grundsätzlich erst beim Verstoß gegen

---

106 BGH, Urt. v. 26. 10. 2009 - II ZR 222/08, NJW 2010, 64; *Haas* in: Baumbach/Hueck, GmbHG, 19. Aufl., § 64 Rn. 1 f.; *Haas/Ziemons* in: Michalski, GmbHG, 2. Aufl., § 43, Rn. 61; *K. Schmidt* in: Scholz, GmbHG, 10. Aufl., § 45, Rn. 74.

107 *Haas/Ziemons* in: Michalski, GmbHG, 2. Aufl., § 43, Rn. 61; *K. Schmidt* in: Scholz, GmbHG, 10. Aufl., § 45, Rn. 74; noch zum § 64 Abs. 1 GmbHG a.F.; *Konzen*, NJW 1989, 2977, 2982.

108 *Haas/Wiegand* in: Krieger/Uwe H. Schneider, Hdb. Managerhaftung, 2. Aufl., § 16, Rn. 54; *Ziemons/Haas* in: Michalski, GmbHG, 2. Aufl. § 43, Rn. 57a; *Konzen*, NJW 1989, 2977, 2982; wohl auch *Drenckhan*, Gläubigerschutz in der Krise der GmbH, S. 309.

109 *Haas/Wiegand* in: Krieger/Uwe H. Schneider, Hdb. Managerhaftung, 2. Aufl., § 16, Rn. 54; vgl. auch *Bayer* in: Lutter/Hommelhoff, GmbHG, 17. Aufl., § 49, Rn. 55.

110 Berechtigte Zweifel an dem reichlich diffusen Abgrenzungskriterium, ob eine Vorschrift (überwiegend) dem Schutz der öffentlichen- bzw. Gläubigerinteressen oder aber vorrangig dem der (Mit-)Gesellschafter dient: *Haas/Wiegand* in: Krieger/Uwe H. Schneider, Hdb. Managerhaftung, 2. Aufl., § 16, Rn. 31; ferner *Raiser* in: Hachenburg, GmbHG, 8. Aufl., Anh. § 47, Rn. 51, der zu Recht auf das Fehlen hierfür notwendigen Fallmaterials hinweist.

111 *Raiser* in: Hachenburg, GmbHG, 8. Aufl., Anh. § 47, Rn. 53; *Sandmann*, Die Haftung von Arbeitnehmern, Geschäftsführern und leitenden Angestellten, S. 275 f.; *Zöllner* in: Baumbach/Hueck, GmbH, 19. Aufl., Anh. § 47, Rn. 55.

zwingende Gebote der Rechtsordnung von hoher Tragweite ein[112]. Die Schwelle ist hoch. Erforderlich ist demnach ein unschwer erkennbarer Verstoß gegen die Grundsätze von Treu und Glauben. Dies wird insbesondere dann angenommen, wenn der Beschluss in der Absicht gefasst wird, einzelne oder die Gesamtheit der Gesellschaftsgläubiger zu schädigen[113]. Darunter fallen etwa Weisungsbeschlüsse zur „Existenzvernichtung" oder zur „Bestattung" der GmbH, d. h. solche Weisungen, die zum Zusammenbruch des Unternehmens und zur Umgehung der Liquidationsvorschriften führen[114]. Besonders in der Phase der unternehmerischen Krise, in der von einem Gleichlauf der Gesellschafter- und Gläubigerinteressen häufig nicht mehr gesprochen werden kann, wird man als Geschäftsführer auch den „inneren Gehalt" eines Beschlusses im Einzelfall kritisch hinterfragen müssen[115].

Beruht eine Weisung auf einem nichtigen Gesellschafterbeschluss, ist die Weisung für den GmbH-Geschäftsführer unverbindlich[116]. Befolgt der Geschäftsführer eine Weisung aufgrund eines wegen seines Inhalts nichtigen Gesellschafterbeschlusses, handelt er pflichtwidrig und kann sich auf die Weisungen nicht berufen[117]. Der Geschäftsführer unterliegt insofern einer Prüfungspflicht und kann bzw. muss sich den Weisungen der Gesellschafter widersetzen, wenn diese gegen gesetzliche Regelungen verstoßen.

Mit Blick auf die Evidenz der Nichtigkeitsgründe des § 241 Nr. 3 u. 4 AktG wird sich der Geschäftsführer auch regelmäßig nicht darauf berufen können, er habe die Nichtigkeit trotz Anwendung der gebotenen Sorgfalt nicht erkannt[118]. Im Einzelfall kann ein Geschäftsführer aber dem Ersatzanspruch der Gesellschaft bei Handeln aufgrund eines nichtigen (einstimmigen) Gesellschafterbeschlusses

---

112 Vgl. *Sandmann*, Die Haftung von Arbeitnehmern, Geschäftsführern und leitenden Angestellten, S. 275: „Beschlussnichtigkeit analog § 241 Nr. 4 AktG ist restriktiv zu sehen".

113 *Bayer* in: Lutter/Hommelhoff, GmbHG, 17. Aufl., Anh. § 47, Rn. 20.

114 *Bayer* in: Lutter/Hommelhoff, GmbHG, 17. Aufl., Anh. § 47, Rn. 20; *Zöllner* in: Baumbach/Hueck, GmbHG, 19. Aufl., Anh. § 47, Rn. 55; siehe im Einzelnen auch *Malk*, Geschäftsführerverantwortlichkeit und Auswirkungen der Existenzvernichtungshaftung, S. 128; ferner *Drenckhan*, Gläubigerschutz in der Krise der GmbH, S. 313 ff.

115 Siehe zur sittenwidrigen Gläubigerschädigung aufgrund eines Beschlussinhalts auch *Roth* in: Roth/Altmeppen, GmbHG, 6. Aufl., § 47, Rn. 100.

116 *Zöllner/Noack* in: Baumbach/Hueck, GmbHG, 19. Aufl., § 43, Rn. 35 m. w. N.

117 *Zöllner/Noack* in: Baumbach/Hueck, GmbHG, 19. Aufl., § 43, Rn. 35.

118 Siehe zum fehlenden Verschulden des Geschäftsführers bei nichtigen Weisungsbeschlüssen: *Haas/Ziemons* in: Michalski, GmbHG, 2. Aufl., § 43, Rn. 234 f.

den Einwand der unzulässigen Rechtsausübung entgegenhalten; denn es verstößt gegen Treu und Glauben, wenn die Gesellschafter die Ergebnisse ihres eigenen rechtswidrigen Tuns auf jemanden abwälzen, der sich als Werkzeug hat einsetzen lassen[119]. Aus Allgemein- und Gläubigerschutzgründen gilt dieser Einwand jedoch nicht unbegrenzt. Nach h. M. kann sich der Geschäftsführer auf den Einwand der unzulässigen Rechtsausübung dort nicht berufen, wo der Anwendungsbereich des § 43 Abs. 3 GmbHG betroffen ist[120]. Inwieweit die Arglisteinrede auch bei sonstigen im öffentlichen oder im Gläubigerinteresse bestehenden zwingenden Bestimmungen (§§ 64 Satz 1 u. 3; 41, 49 Abs. 3 GmbHG) ausgeschlossen ist, ist weitgehend ungeklärt. Erkennt man §§ 64 Satz 1 u. 3; 41, 49 Abs. 3 GmbHG als Vorschriften i. S. d. § 241 Nr. 3 AktG an, so wird man dem Geschäftsführer konsequenterweise auch die Arglisteinrede nicht gewähren, selbst wenn er aufgrund eines einstimmigen Gesellschafterbeschlusses gehandelt hat.

bb. Anfechtbare Gesellschafterweisung

Ein Gesellschafterbeschluss kann auch, wenn er nicht bereits nichtig ist, gem. § 241 Abs. 1 AktG analog angefochten werden. Eine einfache Rechtswidrigkeit und Anfechtbarkeit des Beschlusses wird etwa begründet durch einfache Gesetzes- oder Satzungsverstöße, insbesondere durch formelle Mängel (z. B. zu kurze Ladungsfrist, Einberufung an einen unzulässigen Ort oder zur Unzeit, eine fehlende oder nicht fristgerecht mitgeteilte Tagesordnung). Ein wirksam angefochtener Weisungsbeschluss ist nichtig.

Ist ein Weisungsbeschluss anfechtbar, wird die Mangelhaftigkeit des Beschlusses aber nicht oder nicht rechtzeitig im Wege der Anfechtungsklage geltend gemacht, ist die Weisung grundsätzlich als gültig zu behandeln, sie ist insoweit für den Geschäftsführer verbindlich[121]. Ist ein Weisungsbeschluss anfechtbar, erkennt der Geschäftsführer aber, dass mit der Anfechtung noch zu rechnen ist, darf der Geschäftsführer sie nur umsetzen, sofern die Weisung

---

119 *Haas/Ziemons* in: Michalski, GmbHG, 2. Aufl., § 43, Rn. 234; *Zöllner/Noack* in: Baumbach/Hueck, GmbHG, 19. Aufl., § 43, Rn. 35 m. w. N.

120 *Haas/Ziemons* in: Michalski, GmbHG, 2. Aufl., § 43, Rn. 235; *Zöllner/Noack* in: Baumbach/Hueck, GmbHG, 19. Aufl., § 43, Rn. 35 m. w. N.

121 *Zöllner/Noack* in: Baumbach/Hueck, GmbHG, 19. Aufl., 37, Rn. 20 m. w. N.

im Interesse des Unternehmens liegt[122]. Ihm steht hierbei aber ein gewisser Ermessensspielraum zu[123].

cc. Fehlerhafte Gesellschafterweisung

Verpflichtend, aber nicht haftungsbefreiend ist dagegen eine fehlerhafte Gesellschafterweisung. Voraussetzung hierfür ist, dass der Geschäftsführer die Gesellschafter nicht hinreichend informiert, ihre Entscheidungen nicht in dem erforderlichen Maß vorbereitet, auf mögliche Risiken nicht hingewiesen hat oder sein persönliches Interesse an der Maßnahme verschweigt[124].

e. Zwischenergebnis

Ein Hauptmerkmal der privat gehaltenen Kapitalgesellschaft in Form der GmbH ist der weitgehende und unmittelbare Einfluss der Gesellschafter auf die Organisation und Geschäftsführung. Die Bindung an die geschäftsinternen Vorgaben ist zwingende Folge der dominierenden Stellung der Gesellschafterversammlung in der Verfassung der GmbH. Sie endet regelmäßig erst dort, wo die Vorgaben als unverbindlich zu qualifizieren sind. Die Abgrenzung zwischen verbindlichen und unverbindlichen, weil rechtswidrigen Vorgaben, kann für den Geschäftsführer im Einzelnen – speziell im Vorfeld der Insolvenz – schwierig und haftungsträchtig sein. Missachtet der Geschäftsführer eine (rechtmäßige) interne Vorgabe, macht er sich schadensersatzpflichtig; befolgt er dagegen eine unverbindliche, weil rechtswidrige interne Vorgabe, kommt gegebenenfalls ebenfalls eine Schadensersatzpflicht in Betracht. Im Wesentlichen für den Fremdgeschäftsführer einer GmbH besteht insofern stets die Gefahr einer „Zwickmühle" zwischen der bindenden Weisung der Gesellschafter, seiner eigenen wirtschaftlichen Abhängigkeit sowie seiner persönlichen Haftung.

---

122 *Kleindiek* in: Lutter/Hommelhoff, GmbHG, 17. Aufl., § 37, Rn. 22; *Zöllner/Noack* in: Baumbach/Hueck, GmbHG, 19. Aufl., § 43, Rn. 35; kritisch z. T. *Paefgen* in: Ulmer/Habersack/Winter, GmbHG, § 43 Rn. 130.

123 Siehe im Einzelnen hierzu: *Ziemons*, Die Haftung der Gesellschafter für Einflussnahmen auf die Geschäftsführung der GmbH, S. 31.

124 OLG Jena, Urt. v. 01. 09. 1998–5 U 1816/97 NZG 1999, 122; *Altmeppen* in: Roth/Altmeppen, GmbHG, 6. Aufl., § 43, Rn. 16; *Kleindiek* in: Lutter/Hommelhoff, GmbHG, 17. Aufl., § 43, Rn. 32; *Krause*, BB 2009, 1370, 1373; vgl. auch *Drenckhan*, Gläubigerschutz in der Krise der GmbH, S. 308; siehe im Einzelnen zur Vorbereitungs- und Informationspflicht im Rahmen von Risikoentscheidungen 5. Kap., C.

II. Ordnungsgemäße Geschäftsführung i. e. S.

Die dem Geschäftsführer obliegende Pflicht zur ordnungsgemäßen Geschäftsführung erfährt wie vorstehend beschrieben durch Gesetz, Satzung und Weisungsbeschlüsse eine inhaltliche Bestimmung und gleichzeitig auch eine Begrenzung. Was aber innerhalb dieser Grenzen zulässig oder unzulässig ist, bereitet große Schwierigkeiten.

1. Pflichten- und Sorgfaltsmaßstab

Die durch Gesetz, Satzung oder Organbeschlüsse konkretisierten Geschäftsführerpflichten werden in § 43 Abs. 1 GmbHG um die Pflicht des GmbH-Geschäftsführers ergänzt, im Rahmen seiner allgemeinen Geschäftsführungstätigkeit stets die Sorgfalt eines ordentlichen Geschäftsmannes anzuwenden. Unter der Sorgfalt eines ordentlichen Geschäftsmannes wird allgemein die Sorgfalt verstanden, die ein ordentlicher Geschäftsmann in verantwortlich leitender Position bei selbständiger Wahrnehmung fremder Vermögensinteressen zu wahren hat[125]. Der anzuwendende Maßstab erfährt seine Ausgestaltung durch die Umstände des konkreten Einzelfalls, zu berücksichtigen sind insbesondere die Art, Größe und Situation des Unternehmens sowie die Bedeutung der Geschäftsführungsmaßnahme[126]. So sind an den Geschäftsführer des kleinen Handwerksbetriebs „an der Ecke" naturgemäß andere Anforderungen zu stellen als an den Geschäftsführer eines sich in der Unternehmenskrise befindenden großen Industrieunternehmens. Auf individuelle Eigenschaften des Geschäftsführers wie Alter, Unerfahrenheit oder Unkenntnis kommt es bei der Beurteilung des anzuwendenden Sorgfaltsmaßstabs nicht an[127]. Der GmbH-Geschäftsführer kann sich also nicht darauf berufen, ihm habe es an den notwendigen wirtschaftlichen Erfahrungen, rechtlichen oder sonstigen Kenntnissen oder an der notwendigen Reife gefehlt,

---

125 OLG Zweibrücken, Urt. v. 22. 12. 1998–8 U 98/98, NZG 1999, 506, 507; *Ebenroth/Lange*, GmbHR 1992, 69, 70; Roth/Altmeppen, GmbHG, 6. Aufl., § 43, Rn. 3; diese Formulierung als nicht mehr zeitgemäß kritisierend: *Schuhmann*, GmbHR 2009, 535 ff.

126 OLG Zweibrücken, Urt. v. 22. 12. 1998–8 U 98/98, NZG 1999, 506, 507; *Kleindiek* in: Lutter/Hommelhoff, GmbHG, 19. Aufl., § 43, Rn. 6; *Zöllner/Noack* in: Baumbach/Hueck, GmbHG, 19. Aufl., § 43, Rn. 9 m. w. N.

127 BGH, Urt. v. 14. 03. 1983 – II ZR 103/82, NJW 1983, 1856, 1857; *Kleindiek* in: Lutter/Hommelhoff, GmbHG, 17. Aufl. § 43, Rn. 6; *Zöllner/Noack* in: Baumbach/Hueck, GmbHG, 19. Aufl. § 43, Rn. 11 m. w. N.

um sein Amt auszuüben, oder er sei mit der ihm auferlegten Arbeitsbelastung nicht fertig geworden[128].

Der Sorgfaltsmaßstab des § 43 Abs. 1 GmbHG spezialisiert somit den allgemein zu beachtenden Sorgfaltsstandard des § 276 Abs. 2 BGB („im Verkehr erforderliche Sorgfalt") und liefert zugleich den Maßstab für die Konkretisierung der dem Geschäftsführer obliegenden Organpflichten, soweit sie nicht schon durch Gesetz, Satzung oder Organbeschlüsse ausformuliert sind[129].

2. *Grundregeln ordnungsgemäßer Unternehmensführung und Corporate-Governance-Grundsätze*

Die Bestimmung und Abgrenzung der ordnungsgemäßen Geschäftsführung i. e. S. bereitet nicht nur den Juristen, sondern insbesondere auch den Betriebswirten erhebliche Schwierigkeiten. Wie sich ein Geschäftsführer im Einzelnen zu verhalten hat, was also letztlich einer ordnungsgemäßen Geschäftsführung i. S. d. § 43 Abs. 1 GmbHG entspricht, wird in der Betriebswirtschaftslehre daher mit konkretisierenden Regelwerken zu erfassen versucht.

So wurde etwa die Häufung spektakulärer Unternehmenskrisen Mitte der neunziger Jahre zum Anlass genommen, eine grundsätzliche Diskussion um ein effizientes, funktionsfähiges System von Unternehmenslenkung und deren Überwachung zu führen und verallgemeinerungsfähige „Grundsätze ordnungsgemäßer Unternehmensleitung" (GoU) und Grundsätze ordnungsgemäßer Überwachung zu entwickeln[130]. Diesem Versuch, die Entwicklung allgemeiner betriebswirtschaftlicher Grundsätze normativ zu erfassen, wird jedoch entgegengehalten, dass manches davon „betriebswirtschaftlichem Hang zum Überkategorisieren"[131] entspringt und die diskutierten Verhaltensanforderungen mit den rechtlichen Möglichkeiten normativer Erfassbarkeit sowie mit der unternehmensspezifischen Notwendigkeit meist wenig gemein haben; denn die Anforderungen an das Verhalten der Organmitglieder variieren von Situation zu Situation und sind von einer Vielzahl an Faktoren abhängig[132]. Die rechtliche

---

128 *Paefgen* in: Ulmer/Habersack/Winter, GmbHG, § 43, Rn. 18.

129 *Kleindiek* in: Lutter/Hommelhoff, GmbHG, 17. Aufl., § 43, Rn. 7.

130 Siehe hierzu z. B. *v. Werder*, DB 1995, 2177 ff.; *Hommelhoff/Schwab* in: v. Werder, Grundsätze der Unternehmensführung, S. 151 f.:

131 *Zöllner/Noack* in: Baumbach/Hueck GmbHG, 19. Aufl., § 43, Rn. 19.

132 *V. Werder*, DB 1995, 2177, 2179; in diesem Sinne auch *Zöllner/Noack* in: Baumbach/Hueck GmbHG, 19. Aufl., § 43, Rn. 19; ferner *Haas/Ziemons* in: Michalski, GmbHG, 2. Aufl., § 43, Rn. 65 m. w. N.

Verbindlichkeit dieser „Grundsätze ordnungsgemäßer Unternehmensleitung" wird daher ganz überwiegend abgelehnt[133].

In den darauf folgenden Jahren haben sich die Überlegungen zum Thema „richtiges Unternehmensmanagement" jedoch unaufhaltsam weiterentwickelt. Gesellschaftsrechtlich spezifischer sind dabei die in der Diskussion um die „Corporate Governance" entwickelten Grundsätze. Neben der mit dem KonTraG[134] von 1998 gesetzlich in § 91 Abs. 2 AktG verankerten Rechtspflicht zur Einrichtung eines auf betriebswirtschaftlichen Erkenntnissen basierenden Frühwarnsystems für bestandsgefährdende Entwicklungen – hierauf wird im Rahmen der Organisationspflichten noch im Einzelnen eingegangen[135] – sind die Empfehlungen der Regierungskommission[136] Deutscher Corporate Governance Kodex besonders hervorzuheben.

Beim Deutschen Corporate Governance Kodex (DCGK) handelt es sich um ein Regelwerk, das vor allem Vorschläge enthält, was eine gute Corporate Governance ausmacht. Die Kodex-Bestimmungen sind „Sollbestimmungen", die lediglich Empfehlungen und Anregungen für börsennotierte Unternehmen enthalten, ohne dass ihnen Normcharakter zukommt, weshalb sie häufig auch als „soft law"[137] bezeichnet werden[138]. Der Gesetzgeber hat mit § 161 AktG allerdings versucht, den im Kodex niedergelegten Grundsätzen über eine reine

133 *Paefgen* in: Ulmer/Habersack/Winter, GmbHG, § 43, Rn. 72; *Zöllner/Noack* in: Baumbach/Hueck GmbHG, 19. Aufl., § 43, Rn. 19; ferner *Haas/Ziemons* in: Michalski, GmbHG, 2. Aufl., § 43, Rn. 65 m. w. N.

134 Gesetz zur Kontrolle und Transparenz im Unternehmensbereich vom 27.4.1998, BGBl. I 1998, 786.

135 3. Kap., B, II, 3.

136 Die von der Bundesministerin für Justiz im September 2001 eingesetzte Regierungskommission hat am 26. Februar 2002 den Deutschen Corporate Governance Kodex verabschiedet und bestand damals aus folgenden Mitgliedern: Klaus-Peter Müller (Vorsitzender), Prof. Dr. Dr. Ann-Kristin Achleitner, Prof. Dr. Theodor Baums, Dr. Hans-Friedrich Gelhausen, Dr. Dr. h.c. Manfred Gentz, Dietmar Hexel, Ulrich Hocker, Prof. Dr. Henning Kagermann, Max Dietrich Kley, Dr. Stefan Schulte, Christian Strenger, Prof. Dr. Axel v. Werder, Daniela Weber-Rey, Prof. Dr. Beatrice Weder di Mauro.

137 Diese Bezeichnung „soft law" versucht deutlich zu machen, dass es sich bei den Kodex-Bestimmungen – in Abgrenzung von rechtlich unverbindlichen Verhaltensmustern – um „Recht" handelt, und negativ, dass es sich nicht um Gesetzesrecht, Verordnungsrecht oder sonstiges gesetzesgleiches Recht gesetzgebender Institute handelt, *Kort* in: FS K. Schmidt, S. 951; zur Bezeichnung „soft law" siehe auch, *Semler* in: MüKo-AktG, 2. Aufl., § 161, Rn. 28.

138 Vgl. dazu auch *Hüffer*, AktG, 8. Aufl., § 161, Rn. 3 m. w. N.

Signalwirkung hinaus Nachdruck zu verleihen, indem er Vorstand und Aufsichtsrat kapitalmarktorientierter Gesellschaften zur jährlichen Abgabe einer sog. Entsprechenserklärung verpflichtet, § 161 AktG. Danach ist zu erklären, ob den Empfehlungen des Kodex entsprochen wurde und wird oder welche Empfehlungen nicht angewendet wurden oder werden[139].

Mit Blick auf den GmbH-Geschäftsführer ist jedoch festzustellen, dass sich die Kodex-Bestimmungen, auf die hier im Einzelnen nicht eingegangen werden soll, weder partiell noch gar *in toto* auf die GmbH übertragen lassen. Zum einen fehlt es bereits an der Erklärungspflicht nach § 161 AktG, zum anderen ist die überwiegende Zahl der im Kodex enthaltenen Bestimmungen für die typische GmbH gänzlich ungeeignet[140]. Einzelne Bestimmungen können lediglich dort Bedeutung erlangen, wo sie ohnehin bestehende Standards ordnungsgemäßer Unternehmensführung konkretisieren[141] oder wo sie in Zukunft eventuell den Charakter eines Handelsbrauchs annehmen[142].

Festzuhalten bleibt, dass sowohl den Grundsätzen ordnungsgemäßer Unternehmensleitung als auch den Corporate-Governance-Regeln aktuell keine abschließend rechtliche Verbindlichkeit zukommt, sie im Einzelfall aber einen Anhalt für Art und Weise sowie Intensität der Erfüllung von Verhaltenspflichten, insbesondere im organisatorischen Bereich, geben können.

3. *Allgemeine Geschäftsführungsaufgabe*

Die wichtigste Verhaltensnorm für einen GmbH-Geschäftsführer liegt in der eigentlichen Geschäftsführungsaufgabe[143]. Die Geschäftsführungsaufgabe ist

---

139 Siehe dazu z. B. die Entscheidung des BGH, der festgestellt hat, dass Beschlüsse über die Entlastung des Aufsichtsrats oder Vorstands nichtig sein können, wenn in der Entsprechenserklärung ein kodexgemäßer Umgang mit Interessenkonflikten behauptet worden war, dieser aber tatsächlich nicht durchgeführt worden ist, und die unterbliebene Information für einen objektiv urteilenden Aktionär relevant war, BGH, Urt. v. 21.09.2009 – II ZR 174/08, NZG 2009, 1270 ff.; siehe ferner zur Unrichtigkeit der gem. § 161 AktG vom Vorstand und Aufsichtsrat abzugebenden „Entsprechenserklärung", BGH, Urt. v. 16. 2. 2009 – II ZR 185/07, NZG 2009, 342 ff.

140 Über einen eigenen Kodex für die GmbH nachdenkend *Buck-Heeb* in: FS Westermann, S. 845, 853 ff.

141 *Kort* in: FS K. Schmidt, S. 963; *Zöllner/Noack* in: Baumbach/Hueck GmbHG, 19. Aufl., Vor. § 35, Rn. 13.

142 *Kort* in: FS K. Schmidt, S. 960.

143 *Zöllner/Noack* in: Baumbach/Hueck, GmbHG, 19. Aufl., § 43, Rn. 17.

nach der gesetzlichen Grundkonzeption die Geschäftsführung[144]. Das Gesetz erwähnt dies nicht eigens, drückt durch die Bezeichnung aber bereits hinlänglich aus, dass es von der Betrauung des Geschäftsführers mit dieser Aufgabe ausgeht (vgl. §§ 35 Abs. 1, 37 GmbHG)[145]. Die Geschäftsführung der GmbH ist dabei weit zu verstehen. Als Leitmaxime jedweden Geschäftsführerhandelns dient das Unternehmensziel, der Gegenstand des Unternehmens und das Unternehmensinteresse[146].

a. Orientierung am Unternehmensziel und -gegenstand

Der Unternehmensgegenstand ist nach ganz überwiegender Auffassung vom Unternehmensziel zu unterscheiden[147]. Beim Unternehmensziel handelt es sich um das Formalziel der Gesellschaft. Es umschreibt also das „Wozu" der Gesellschaft. In Betracht kommen hier wirtschaftliche, ideelle und öffentliche Ziele (z. B. Gewinnerzielung, Zielsetzung karikativer, wissenschaftlicher oder religiöser Art etc.)[148]. Der Unternehmensgegenstand hingegen beschreibt den Geschäftsbereich der einzelnen Gesellschaft und definiert damit den Tätigkeitsrahmen, in dem sich die Gesellschaft zu bewegen hat. Er bestimmt im Normalfall also das Mittel („Wie"), mit dem das Ziel erreicht werden soll[149].

Unternehmensziel und der Gegenstand des Unternehmens sind als Teil des Gesellschaftszwecks meist zumindest mittelbar der Satzung zu entnehmen und werden bei der GmbH somit von den Gesellschaftern festgelegt[150]. Sie stellen für den GmbH-Geschäftsführer eine unverrückbare Grenze der Geschäftsführungsaufgabe nach innen dar[151]. Die Geschäftsführung ist berufen, den

---

144 *Mertens* in: Hachenburg, GmbHG, 8. Aufl., § 35, Rn. 105; *Zöllner/Noack* in: Baumbach/Hueck, GmbHG, 19. Aufl., § 35, Rn. 28.

145 *Zöllner/Noack* in: Baumbach/Hueck, GmbHG, 19. Aufl., § 35, Rn. 28.

146 *Uwe H. Schneider* in: Scholz, GmbHG, 10. Aufl., § 43, Rn. 64.

147 Siehe z. B. *Bayer* in: Lutter/Hommelhoff, GmbHG, 17. Aufl., § 1, Rn. 2; *Wicke*, GmbHG, 2. Aufl., § 1, Rn. 2.

148 Vgl. dazu *Uwe H. Schneider* in: Scholz, GmbHG, 10. Aufl., § 43, Rn. 64; ferner *Haas/Ziemons* in: Michalski, GmbHG, 2. Aufl., Rn. 63 m. w. N.

149 *Bayer* in: Lutter/Hommelhoff, GmbHG, 17. Aufl., § 1, Rn. 3.

150 *Bayer* in: Lutter/Hommelhoff, GmbHG, 17. Aufl., § 1, Rn. 3 f.; *Uwe H. Schneider* in: Scholz, GmbHG, 10. Aufl., § 43, Rn. 64.

151 BGH, Urt. v. 14.11.1994 - II ZR 160/93, BB 1995, 2180, 2182; *Zöllner/Noack* in: Baumbach/Hueck, GmbHG, 19. Aufl., § 35, Rn. 30; ferner *Haas/Ziemons* in: Michalski, GmbHG, 2. Aufl., § 43, Rn. 63 m. w. N.

Unternehmensgegenstand weder auszuweiten noch die Geschäftstätigkeit auf andere Felder zu verlagern[152].

b. Wahrnehmung des „Unternehmensinteresses"

Streitig und besonders im Vorfeld der Insolvenz von zunehmendem Interesse ist die Frage, ob es ein „Unternehmensinteresse" als normativen Verhaltensmaßstab für die Geschäftsführer gibt, und wenn ja, ob der Geschäftsführer auch verpflichtet ist, andere Interessen als die der Gesellschafter bei der Verfolgung des Unternehmensziels zu berücksichtigen[153].

aa. „Unternehmensinteresse"

Nach der h. M. handelt es sich beim „Unternehmensinteresse"[154] um einen unbestimmten Rechtsbegriff, der unter Anerkennung des Grundsatzes des unternehmerischen Ermessens den Rahmen für die Leitungsaufgabe der Geschäftsführer festlegt („Unternehmensinteresse als materieller und prozeduraler Begriff")[155].

Hinter dem Rechtsbegriff des „Unternehmensinteresses" steht die Überlegung, dass nicht nur die Interessen der Gesellschaft und Gesellschafter, sondern darüber hinaus auch die Interessen sonstiger Personen (z. B. Arbeitnehmer, Kreditgeber, Lieferanten, Abnehmer und sonstige Geschäftspartner) von der wirtschaftlichen Unternehmung betroffen sind[156]. Im Normalfall geht das Unternehmensinteresse danach dahin, dass die Gesellschaft Gewinne erzielt und dadurch über ausreichende finanzielle Rücklagen verfügt, wodurch sich das von

---

152 *Haas/Ziemons* in: Michalski, GmbHG, 2. Aufl., § 43, Rn. 63.

153 Vgl. dazu z. B. *Fleischer*, GmbHR 2010, 1307 ff.; *Leinekugel/Skauradszun*, GmbHR 2011, 1121.

154 BGH, Urt. v. 21.04.1997 – II ZR 175/95, BB 1997, 1169, 1171: „Unternehmenswohl"; *Goette*, Die GmbH, 2. Aufl., S. 303, spricht von „Wohl der Gesellschaft"und „Gesellschaftszielen"; ferner „Unternehmensinteresse" als Synonym für Gesellschaftsinteresse verwendend: *Hanke*, Grundlagen und Grenzen der Geschäftsleiterhaftung in Deutschland und England, S. 47.

155 Vgl. z. B BGH, Urt. v. 21.04.1997 - II ZR 175/95, BB 1997, 1169, 1171; ferner *Kleindiek* in: Lutter/Hommelhoff, GmbHG, 17. Aufl., § 43, Rn. 17; *Haas/Ziemons* in: Michalski, GmbHG, 2. Aufl., § 43, Rn. 71a; *Uwe H. Schneider* in: Scholz, GmbHG, 10. Aufl., § 43, Rn. 65 jeweils m. w. N.

156 *Haas/Ziemons* in: Michalski, GmbHG, 2. Aufl., § 43, Rn. 63; ferner *Ziemons*, Die Haftung der Gesellschafter für Einflussnahmen auf die Geschäftsführung der GmbH, S. 86 f.

ihr betriebene Unternehmen dauerhaft am Markt halten kann[157]. Insofern sind regelmäßig auch nur solche Geschäfte mit dem Unternehmensinteresse vereinbar, deren Erfolgsaussichten in einem vernünftigen Verhältnis zum Risiko stehen; nicht aber solche, die überproportionale Risiken in sich bergen. Aus diesem auf Bestandserhaltung und Rentabilität der Gesellschaft gerichteten Unternehmensinteresse und aus der Tatsache, dass der Geschäftsführer als Treuhänder fremden Vermögens tätig ist, lassen sich zahlreiche ungeschriebene Unternormen entwickeln, die für den GmbH-Geschäftsführer teils Verbote bestimmten Handelns, teils Handlungsgebote und teils Organisationsgebote begründen[158].

Da Unternehmenskrisen die Weiterexistenz eines Unternehmens bedrohen, zählt es insofern auch zu den herausragenden Leitungsaufgaben eines jeden Geschäftsführers, Unternehmenskrisen möglichst zu vermeiden und, falls trotz aller Krisenvermeidungs- und Früherkennungsmaßnahmen dennoch eine Krise eintreten sollte, gegebenenfalls insolvenz(verfahrens)vermeidende Maßnahmen zu ergreifen (sog. Krisenbewältigungsmaßnahmen)[159].

bb. Unternehmensinteresse versus Gesellschafterinteresse

Bei der GmbH als Privatgesellschaft besteht allerdings die Besonderheit, dass die Verbandstätigkeit eine „Veranstaltung" der Gesellschafter ist, auch wenn sie anderen Subjekten die Gelegenheit der Teilhabe an dieser Veranstaltung einräumen (Verschaffung von Arbeitsplätzen, Absatzmöglichkeiten oder Steuereinnahmen)[160]. Es stellt sich insofern die Frage, ob der Geschäftsführer zur Berücksichtigung von Stakeholderinteressen, d. h. von Interessen anderer Interessensträger der Gesellschaft (Geschäftspartner, Arbeitnehmer, Kunden etc.), verpflichtet oder – im Sinne eines bloßen Dürfens – berechtigt ist. Hier gehen die Meinungen teilweise auseinander. Nach überwiegender Ansicht gebührt den Gesellschafterinteressen grundsätzlich Vorrang[161]. Das Unternehmensinteresse

157 Vgl. *Teichmann*, Binnenmarktkonformes Gesellschaftsrecht, S. 484, der insofern auch vom „unternehmerischen Normalbereich" spricht.

158 *Zöllner/Noack* in: Baumbach/Hueck, GmbHG, 19. Aufl., § 43, Rn. 17; exemplarische Aufzählung auch bei *Haas/Ziemons* in: Michalski, GmbHG, 2. Aufl., § 43, Rn. 77 ff.

159 *Bauer*, Die GmbH in der Krise, Rn. 3.; *Leinekugel/Skauradszun*, GmbHR 2011, 1121; *Maus* in: K. Schmidt/Uhlenbruck, Die GmbH in Krise, Sanierung und Insolvenz, Rn. 1.20; vgl. auch *Drenckhan*, Gläubigerschutz in der Krise der GmbH, S. 40.

160 *Goette*, DStR 2010, 64 f.; *Pauker*, Unternehmen-Risiko-Haftung, S. 151.

161 Vgl. z. B. BGH, Urt. v. 07.04.2003 – II ZR 193/02, GmbHR 2003, 712; *Haas/Ziemons* in: Michalski, GmbHG, 2. Aufl., § 43, Rn. 71a; *Klöhn* in: Bork/Schäfer, GmbHG, § 43 Rn. 4; *Fleischer*, GmbHR 2010, 1307, 1309; *Uwe H. Schneider* in: Scholz, GmbHG,

kann danach von der Gesellschafterversammlung eigenständig definiert werden[162]. Bei der Berücksichtigung anderer Interessen bestehen für die Unternehmensführung der GmbH – im Gegensatz zur AG – insoweit engere Grenzen[163]. Der Geschäftsführer einer GmbH hat grundsätzlich weder das Recht, noch trifft ihn die Pflicht, besondere Belange (z. B. sozial ausgerichtetes Engagement oder besonders risikoaverses Geschäftsführerverhalten) anderer Interessensträger der Gesellschaft zu berücksichtigen, wenn dadurch gegen den Willen der Gesellschafter gehandelt wird[164]. Der Schutz der Arbeitnehmer, der Gläubiger und der Allgemeinheit wird in diesen Fällen nämlich nicht durch die Ausrichtung der Geschäftsführung am Unternehmensinteresse, speziell dem Stakeholderinteresse, gewährleistet, sondern weitestgehend durch das allgemeine Vertragsrecht, das Arbeits-, Steuer- und Sozialrecht sowie das sonstige zwingende Recht[165]. So stellt beispielsweise die Insolvenzgrenze eine besondere Grenze im Recht der GmbH dar, mit der sich ein Wechsel der Gesellschafter- zum Allgemein- und/oder Gläubigerinteresse erklären lässt[166]. Der GmbH-Geschäftsführer hat mit Eintritt der Insolvenz als Treuhänder fremden Vermögens dann regelmäßig nicht mehr im Interesse der Gesellschafter, sondern vorrangig in dem der Gläubigergesamtheit zu handeln[167].

Aber auch jenseits der materiellen Insolvenz können die Gesellschafter das Unternehmensinteresse nicht schrankenlos definieren. Beispielsweise sind den Gesellschafterinteressen auch dort Grenzen gesetzt, wo es um den Schutz des Stammkapitals sowie den Schutz vor existenzvernichtenden Eingriffen

10. Aufl. § 43 Rn. 68; *Zöllner/Noack* in: Baumbach/Hueck, GmbHG, 19. Aufl., § 43 Rn. 20.

162 *Haas/Ziemons* in: Michalski, GmbHG, 2. Aufl., § 43, Rn. 71a m. w. N.

163 *Pauker*, Unternehmen-Risiko-Haftung, S. 150; *Uwe H. Schneider* in: Scholz, GmbHG, 10. Aufl., § 43, Rn. 65 ff.; *Hommelhoff/Kleindiek* in: Lutter/Hommelhoff, 16. Aufl. 2004, § 43, Rn. 13; *Zöllner/Noack* in Baumbach/Hueck, 18. Aufl. 2005 § 43 GmbHG, Rn. 20; dies gilt grundsätzlich auch für die GmbH im Anwendungsbereich des MitbestG: siehe dazu *Uwe H. Schneider* in: Scholz, 10. Aufl. 2007, § 37, Rn. 42.

164 *Schall*, Kapitalgesellschaftsrechtlicher Gläubigerschutz, S. 314, siehe zur Anerkennung des Gläubigerinteresses als Bezugspunkt der „fiduciary duties" im englischen Recht auch S. 267 f.

165 *Fleischer*, GmbHR 2010, 1307, 1312; *Pauker*, Unternehmen-Risiko-Haftung, S. 151 m. w. N.

166 *Schall*, Kapitalgesellschaftsrechtlicher Gläubigerschutz, S. 320.

167 *Schall*, Kapitalgesellschaftsrechtlicher Gläubigerschutz, S. 320.

geht[168]. Ob darüber hinaus allerdings auch ein „Eigeninteresse der Gesellschaft", gerichtet auf ihren Bestand, anzunehmen ist, oder ob die Gesellschafter befugt sind, das Interesse der Gesellschaft zu modifizieren, indem sie eine bestands- oder rentabilitätsgefährdende Weisung erteilen, ist umstritten[169]. Für den Geschäftsführer kann diese Fragestellung speziell im Vorfeld der Insolvenz Bedeutung erlangen, weshalb auf dieses Problem noch gesondert im Rahmen der haftungsrechtlichen Bewertung von Risikogeschäften einzugehen sein wird[170].

4. Unternehmerisches Ermessen – Business Judgement Rule

Zur ordnungsgemäßen Geschäftsführung i. e. S. zählt im Wesentlichen auch, geschäftliche und unternehmerische Entscheidungen zu treffen. Unternehmerische Entscheidungen, mögen sie auch noch so sorgfältig vorbereitet und noch so sorgfältig getroffen und ausgeführt worden sein, bergen immer auch das Risiko eines Fehlschlags[171]. Dem wird dadurch Rechnung getragen, dass dem Geschäftsführer zumindest in bestimmten Grenzen ein haftungsfreier Handlungsspielraum (unternehmerisches Ermessen) zuerkannt wird, „ohne den unternehmerische Tätigkeit schlechterdings nicht denkbar ist"[172]. Erstmalig wurden die Voraussetzungen und Grenzen des unternehmerischen Ermessens vom BGH im sog. ARAG/Garmenbeck-Urteil ausformuliert[173]. Solange sich der Geschäftsführer innerhalb seines unternehmerischen Ermessens bewegt, macht

---

168 BGH, Urt. v. 31. 01. 2000 – II ZR 189/99, NZG 2000, 544 = NJW 2000, 1571 = NZI 2000, 212; *Koppensteiner* in: Rowedder/Schmidt-Leithoff, GmbHG, 4. Aufl., § 43, Rn. 5; ferner *Haas/Ziemons* in: Michalski, GmbHG, 2. Aufl., § 43, Rn. 19, die insoweit vom „Eigeninteresse der Gesellschaft" sprechen.

169 Ein weitergehendes Eigeninteresse der GmbH verneinend BGH, Urt. v. 31. 01. 2000 – II ZR 189/99, NZG 2000, 544, NJW 2000, 1571, NZI 2000, 212; *Koppensteiner* in: Rowedder/Schmidt-Leithoff, GmbHG, 4. Aufl., § 43, Rn. 5; dagegen ein weitergehendes Eigeninteresse der GmbH im Einzelfall bejahend *Haas/Ziemons* in: Michalski, GmbHG, 2. Aufl., § 43, Rn. 19 u. 76; *Ziemons*, Haftung der Gesellschafter für Einflussnahmen auf die Geschäftsführung der GmbH, S. 97 ff., 135; *ders.* in: Oppenländer/Trölitzsch, Praxishandbuch der GmbH-Geschäftsführung, 2. Aufl., § 22, Rn. 10; *Leinekugel/Skauradszun*, GmbHR 2011, 1121; grundlegend auch *Priester*, ZGR 1993, 513, 518.

170 Siehe dazu im Einzelnen 5. Kap., C.

171 *Haas/Ziemons* in: Michalski, GmbHG, 2. Aufl., § 43, Rn. 66.

172 BGH, Urt. v. 21.04.1997 – II ZR 175/95, BB 1997, 1169, 1171, NJW 1997, 1926, 1927; *Haas/Ziemons* in: Michalski, GmbHG, 2. Aufl., § 43, Rn. 66b.

173 BGH, Urt. v. 21.04.1997 – II ZR 175/95, BB 1997, 1169 ff., NJW 1997, 1926 ff.

er sich nicht schadensersatzpflichtig[174]. Eine Schadensersatzpflicht könne erst dann in Betracht kommen, wenn „die Grenzen, in denen sich ein von Verantwortungsbewusstsein getragenes, ausschließlich am Unternehmenswohl orientiertes, auf sorgfältigen Ermittlungen beruhendes unternehmerisches Handeln bewegen muss, deutlich überschritten sind, die Bereitschaft, unternehmerische Risiken einzugehen, in unverantwortlicher Weise überspannt worden ist“[175].

Die „Überzeugungskraft dieses Richterspruches“[176] hat den Gesetzgeber dazu veranlasst, diese für den AG-Vorstand aufgestellte Richtlinie durch das Gesetz zur Unternehmensintegrität und Modernisierung des Anfechtungsrechts vom 22.09.2005 (UMAG)[177] in § 93 Abs. 1 Satz 2 AktG zu kodifizieren. Danach liegt eine Pflichtverletzung nicht vor, „wenn das Vorstandsmitglied bei einer unternehmerischen Entscheidung vernünftiger Weise annehmen durfte, auf der Grundlage angemessener Information zum Wohle der Gesellschaft zu handeln“. Auch wenn § 43 Abs. 1 GmbHG keine dem § 93 Abs. 1 Satz 2 AktG vergleichbare Regelung enthält, nimmt die ganz herrschende Meinung an, dass die für den AG-Vorstand aufgestellten Grundsätze zur deutschen „Business Judgement Rule“ entsprechend auch für den GmbH-Geschäftsführer gelten[178]. Generalisierungsfähige Kriterien dafür, wo die Grenzen des unternehmerischen Leitungsermessens liegen, fehlen allerdings[179]. Im Rahmen seiner Gesetzesbegründung zum UMAG hat der Gesetzgeber allerdings einzelne Merkmale angeführt, die unwiderlegbar ein pflichtgemäßes Geschäftsführerhandeln vermuten lassen[180].

174 *Kleindiek* in: Lutter/Hommelhoff, GmbHG, 17. Aufl., § 43, Rn. 16.

175 BGH, Urt. v. 21.04.1997 – II ZR 175/95, BB 1997, 1169, 1171, NJW 1997, 1926, 1928.

176 *Fleischer*, NJW 2009, 2337, 2338.

177 Gesetz zur Unternehmensintegrität und Modernisierung des Anfechtungsrechts vom 01. 11. 2005, BGBl I 2005, 2802.

178 BGH, Urteil v. 04.11.2002 – II ZR 224/00, AG 2003, 381; *Altmeppen* in: Roth/Altmeppen, GmbHG, 6. Aufl., § 43, Rn. 12; *Hauschka*, GmbHR 2007, 11; *Kleindiek* in: Lutter/Hommelhoff, GmbHG, 17 Aufl., § 43, Rn. 16; *Kuntz*, GmbHR 2008, 121; *Lutter* in: Krieger/Uwe H. Schneider, Hdb. Managerhaftung, 2. Aufl., § 1, Rn. 16; *Zöllner/Noack* in: Baumbach/Hueck, GmbHG, 19. Aufl. § 43, Rn. 22; a. A. *Jungmann* in: FS K. Schmidt, S. 831 ff. der eine analoge Anwendung von § 93 Abs. 1 Satz 2 AktG im GmbH-Recht allenfalls im Einzelfall, nämlich bei kapitalistisch strukturierten GmbHs und bei 100%igen Töchtern von Aktiengesellschaften annimmt.

179 *Kleindiek* in: Lutter/Hommelhoff, GmbHG, 17. Aufl., § 43, Rn. 20.

180 Begr. RegE UMAG, BT-Drucks. 15/5092, S. 11; vgl. dazu auch *Freund*, GmbHR 2009, 1185 ff.

a. Unternehmerische Entscheidung

Das Privileg der Business Judgement Rule gilt nur für unternehmerische Entscheidungen[181]. Eine unternehmerische Entscheidung ist die bewusste Auswahl eines Organs der Gesellschaft aus mehreren tatsächlich möglichen und rechtlich zulässigen Verhaltensalternativen, bei der im Zeitpunkt der Entscheidungsfindung wegen unvorhersehbarer Sachverhaltsentwicklung noch nicht absehbar ist, welche der zur Verfügung stehenden Alternativen sich als die im Nachhinein für das Unternehmen wirtschaftlich vorteilhafteste herausstellen wird und deshalb die Gefahr besteht, dass die getroffene Wahl im Nachhinein von Dritten als von Anfang an erkennbar falsch angesehen wird[182]. Unternehmerische Entscheidungen sind also infolge ihrer Zukunftsbezogenheit durch Prognosen und nicht justiziable Einschätzungen geprägt[183]. Demgegenüber kommt dem Geschäftsführer bei gebundenen Entscheidungen kein unternehmerisches Ermessen zu[184]. Hierzu zählen Verletzungen von Treuepflichten, die Nichtbeachtung gesetzmäßiger Weisungen der Gesellschafterversammlung sowie generell Verstöße gegen die Rechtsordnung und die Satzung[185]. Bei gebundenen Entscheidungen kommt dann regelmäßig nur ein unternehmerisches Ermessen hinsichtlich Art und Weise der Pflichterfüllung in Betracht.

b. Zum Wohle der Gesellschaft

Als zentraler Maßstab für die pflichtkonforme Wahrnehmung des Ermessensspielraums bei unternehmerischen Entscheidungen gilt die Orientierung am „Wohle der Gesellschaft“[186]. Der Geschäftsführer muss sein Handeln ausschließlich am Unternehmensinteresse ausrichten[187]. Das Unternehmensinteresse als Schranke des unternehmerischen Leitungsermessens erhält besonders dort Relevanz, wo es um Risikoentscheidungen mit bestandsgefährdendem Charakter

---

181 Begr. RegE UMAG, BT-Drucks. 15/5092, S. 11.

182 *Sven H. Schneider*, DB 2005, 707, 711; übernommen von *Uwe H. Schneider* in: Scholz, GmbHG, 10. Aufl., § 43, Rn. 56.

183 Begr. RegE UMAG, BT-Drucks. 15/5092, S. 11.

184 *Uwe H. Schneider* in: Scholz, GmbHG, 10. Aufl., § 43, Rn. 56.

185 Begr. RegE UMAG, BT-Drucks. 15/5092, S. 11; *Uwe H. Schneider* in: Krieger/Uwe H. Schneider, Hdb. Managerhaftung, 2. Aufl., § 2, Rn. 15; *Zöllner/Noack* in: Baumbach/Hueck, GmbHG, 19. Aufl., § 43, Rn. 22b m. w. N.

186 *Zöllner/Noack* in: Baumbach/Hueck, GmbHG, 19. Aufl., § 43, Rn. 22d.

187 Begr. RegE UMAG, BT-Drucks. 15/5092, S. 11; siehe auch *Ziemons* in: GmbH-Geschäftsführung, 2. Aufl., § 22, Rn. 53; siehe zum Unternehmensinteresse bei der GmbH bereits oben 3. Kap., A, II, 3, b.

geht. Wegen der besonderen Bedeutung für die Krisen- bzw. Insolvenzvermeidung soll hierauf noch gesondert eingegangen werden[188].

c. Sonderinteressen und sachfremde Einflüsse

Die Entscheidung des Geschäftsführers darf im Übrigen nicht durch Sonderinteressen und sachfremde Erwägungen beeinflusst werden. Vielmehr muss der Geschäftsführer in seinem Handeln unbefangen und unabhängig sein[189]. Die Gesetzesbegründung nennt hier insbesondere das Handeln des Geschäftsleiters zum eigenen oder zum Nutzen ihm nahestehender Personen oder Gesellschaften[190]. Ein eigener Vorteil, der sich nur mittelbar aus dem Wohl der Gesellschaft ableitet, schadet aber nicht[191].

d. Informierte Entscheidung

Ferner muss die Entscheidung auf der Grundlage angemessener Informationen erfolgt sein. Dieses Erfordernis wird auch als wichtigste Voraussetzung des Haftungsprivilegs bei unternehmerischen Entscheidungen angesehen[192]. Der BGH[193] hat für den Geschäftsführer einer GmbH dazu jüngst festgestellt, dass das unternehmerische Ermessen grundsätzlich auf einer sorgfältigen Ermittlung der Entscheidungsgrundlagen beruhen müsse. Der Geschäftsführer habe demzufolge „in der konkreten Entscheidungssituation alle verfügbaren Informationsquellen tatsächlicher und rechtlicher Art auszuschöpfen und auf dieser Grundlage die Vor- und Nachteile der bestehenden Handlungsoptionen sorgfältig abzuschätzen und den erkennbaren Risiken Rechnung zu tragen“[194]. Die Entscheidung des BGH wurde im Schrifttum daraufhin erheblich kritisiert und überwiegend als zu weit angesehen[195]. Im Mittelpunkt der Kritik steht die Formulierung „alle verfügbaren Informationsquellen tatsächlicher und rechtlicher Art“. Abgesehen von Fällen besonderer Eilbedürftigkeit stünden einem Geschäftsführer in der freien Marktwirtschaft nämlich regelmäßig eine Vielzahl von Informationsquellen

---

188 5. Kap., C.

189 *Zöllner/Noack* in: Baumbach/Hueck, GmbHG, 19. Aufl., § 43, Rn. 22d.

190 Begr RegE UMAG BT-Drucks 15/5092 S. 11.

191 *Altmeppen* in: Roth/Altmeppen, GmbHG, 6. Aufl., § 43, Rn. 13.

192 *Ziemons* in: GmbH-Geschäftsführung, 2. Aufl., § 22, Rn. 52; siehe zu dieser Voraussetzung zuletzt ausführlich *Freund*, GmbHR 2011, 238, 239 f.

193 BGH, Beschl. v. 14. 7. 2008 – II ZR 202/07, NZG 2008, 751 ff.

194 BGH, Beschl. v. 14. 7. 2008 – II ZR 202/07, NZG 2008, 751, 752.

195 *Fleischer*, NJW 2009. 2337, 2339; *Kleindiek* in: Lutter/Hommelhoff, GmbHG, 17. Aufl., § 43, Rn. 18; *Redeke*, NZG 2009, 496.

tatsächlicher und rechtlicher Art offen, die von dem Geschäftsführer ausgeschöpft werden können. Wäre der Geschäftsführer in der konkreten Entscheidungssituation stets dazu verpflichtet, alle verfügbaren Informationsquellen auszuschöpfen, um in den Genuss der Haftungsprivilegierung zu kommen, würde das den Pflichtenkreis der Geschäftsführer regelmäßig erheblich überdehnen[196]. Dem ist zuzustimmen. Weder den Vorgaben der ARAG/Garmenbeck-Entscheidung des BGH noch der – auf GmbH-Geschäftsführer entsprechend anwendbaren – Regelung des § 93 Abs. 1 Satz 2 AktG und der zugehörigen Gesetzesbegründung ist die Verpflichtung, *alle* verfügbaren Informationsquellen auszuschöpfen, zu entnehmen[197]. Die Formulierung des BGH geht insofern zu weit.

Die unternehmerische Entscheidung soll nicht verrechtlicht oder (schein-) objektiviert werden[198]. Maßstab kann insofern nicht die objektiv erforderliche Information, sondern nur diejenige Information sein, die ein in den Grenzen seiner Sorgfaltspflicht handelnder Geschäftsführer im konkreten Einzelfall für „angemessen"[199] oder besser „notwendig"[200] halten durfte. Letztlich stellt nämlich die Beurteilung, wie viel Information benötigt wird, selbst eine unternehmerische Entscheidung dar[201]. Dabei ist das Ausmaß der gebotenen Information von verschiedenen Umständen abhängig: dem zeitlichen Vorlauf, der Art und Bedeutung der zu treffenden Entscheidung, den tatsächlichen und rechtlichen Möglichkeiten des Informationszugang und letztlich dem Verhältnis von Informationsbeschaffungskosten und dem voraussichtlichen Informationsnutzen[202]. Je höher der mögliche Schaden und je wahrscheinlicher der Schadenseintritt ist, umso gründlicher bedarf es der Ausschöpfung aller Erkenntnismöglichkeiten[203]. Angesichts der Vielschichtigkeit und zum Teil hohen Komplexität eines zu

---

196 *Redeke*, NZG 2009, 496 f.

197 *Fleischer*, NJW 2009. 2337, 2339; *Redeke*, NZG 2009, 496, 497.

198 Begr. RegE UMAG, BT-Drucks. 15/5092, S. 11.

199 *Uwe H. Schneider* in: Scholz, GmbHG, 10. Aufl., § 43, Rn. 58; *Haas/Ziemons* in: Michalski, GmbHG, 2. Aufl., § 43, Rn. 70; vgl. auch *Redeke*, NZG 2009, 496, 497.

200 *Freund*, GmbHR 2011, 238, 239.

201 *Uwe H. Schneider* in: Scholz, GmbHG, 10. Aufl., § 43, Rn. 58.

202 *Haas/Ziemons* in: Michalski, GmbHG, 2. Aufl., § 43, Rn. 70; *Uwe H. Schneider* in: Scholz, GmbHG, 10. Aufl., § 43, Rn. 58; vgl. auch *Fleischer* in: FS Wiedemann, 827, 840 f.; *ders.* ZIP 2004, 685, 691.

203 *Kleindiek* in: Lutter/Hommelhoff, GmbHG, 17. Aufl., § 43, Rn. 18; *Zöllner/Noack* in: Baumbach/Hueck, GmbHG, 19. Aufl., § 43, Rn. 22c; ferner *Haas/Ziemons* in: Michalski, GmbHG, 2. Aufl., § 43, Rn. 70a m. w. N.

behandelnden Sachverhalts kann sich für den Geschäftsführer einer GmbH auch schnell eine Verpflichtung ergeben externen sachkundigen Rat beizuziehen[204].

e. Gutgläubigkeit

Der Geschäftsführer hat schließlich auch im guten Glauben zu handeln. Der gute Glaube muss sich dabei sowohl auf den angemessenen Informationsstand als auch auf das Wohl der Gesellschaft beziehen und ist mit der Sorgfalt eines ordentlichen Geschäftsmannes zu bilden[205]. Für die Beurteilung des „objektiv" guten Glaubens ist von besonderem Interesse, ob sämtliche entscheidungserhebliche Erkenntnisquellen erschlossen wurden, ob alle Möglichkeiten zur Risikosenkung wahrgenommen wurden und ob das Für und Wider ausreichend abgewogen wurde. Außerdem kommt entscheidendes Gewicht auch dem Umstand zu, welche Schäden der Gesellschaft drohen, wenn sich das Risiko verwirklicht, und wie sich diese auf die Gesellschaft und deren Marktstellung, insbesondere auf deren Überlebensfähigkeit, auswirken[206]. Handeln im guten Glauben ist etwa ausgeschlossen, wenn der Geschäftsführer das mit der unternehmerischen Entscheidung verbundene Risiko in völlig unverantwortlicher Weise falsch beurteilt[207] oder auch wenn die Existenz der Gesellschaft aufs Spiel gesetzt wird[208].

f. Zusammenfassung

Der GmbH-Geschäftsführer hat bei der Vorbereitung und Durchführung seiner unternehmerischen Entscheidungen, also bei der Erhebung der für seine Entscheidung maßgeblichen Informationen, einem strengen und auch kontrollierbaren Sorgfaltsmaßstab zu genügen; die hieraus gezogene Schlussfolgerung, d. h. die unternehmerische Entscheidung selbst, ist in sein weites unternehmerisches Ermessen gestellt und wird nur auf die dargestellten Merkmale hin kontrolliert. Die Business Judgement Rule bewirkt somit eine unwiderlegliche Vermutung objektiv rechtmäßigen Verhaltens und dient jenseits gesetzlicher und geschäftsinterner Vorgaben der Konkretisierung einzelner Geschäftsführungsaufgaben. Ob die Business Judgement Rule mit ihren weit gefassten Grenzen auch elastisch

---

204 *Haas/Ziemons* in: Michalski, GmbHG, 2. Aufl., § 43, Rn. 70a; siehe zur Problematik der externen Beratung auch ausführlich *Fleischer*, ZIP 2009, 1397 ff.; *Freund*, GmbHR 2011, 238, 239 f.

205 *Altmeppen* in: Roth/Altmeppen, GmbHG, 6. Aufl., § 43, Rn. 12.

206 *Kleindiek* in: Lutter/Hommelhoff, GmbHG, 17 Aufl., § 43, Rn. 20; siehe zu den Grenzen des Leitungsermessens bei Risikoentscheidungen 5. Kap., C, II.

207 Begr RegE UMAG BT-Drucks 15/5092 S. 11.

208 *Haas/Ziemons* in: Michalski, GmbHG, 2. Aufl., § 43, Rn. 72.

genug ist, um den Besonderheiten einer unternehmerischen Krise gerecht zu werden, gilt es noch gesondert zu prüfen[209].

III. Zwischenergebnis

Die Pflicht zur ordnungsgemäßen Geschäftsführung ist als „Grundpflicht" ständiger Begleiter des GmbH-Geschäftsführers; sie gilt in und außerhalb der Unternehmenskrise und ist gekennzeichnet durch einen hohen Abstraktionsgrad. Der Geschäftsführer ist danach im Rahmen seiner Organtätigkeit jederzeit verpflichtet, den durch Gesetz, Gesellschaftsvertrag und Gesellschafterbeschlüsse festgelegten äußeren Handlungsrahmen zu beachten und innerhalb dieser Grenzen den Vorteil der Gesellschaft zu wahren und Schaden von ihr abzuwenden. Die konkreten Pflichten hängen letztlich vom Einzelfall ab, insbesondere von der Branche und der Größe der Gesellschaft. Soweit es um unternehmerische Entscheidungen geht, muss sich der Geschäftsführer an die Kriterien der Business Judgement Rule halten. Nur dann handelt er nicht pflichtwidrig, gleichgültig, ob das Geschäft gelingt oder scheitert und gleichgültig, ob Gewinn oder Verlust erzielt wird.

B. Krisenvorsorge, -früherkennung und -vermeidung

Aus der „Grundpflicht" des GmbH-Geschäftsführers, die Gesellschaft ordnungsgemäß zu führen, lassen sich zahlreiche Unterpflichten entnehmen bzw. entwickeln, die teils Verbote bestimmten Handelns sind, teils Handlungsgebote und teils Organisationsgebote. Im Folgenden soll konkret auf diejenigen Pflichten eingegangen werden, die an das Verhalten des GmbH-Geschäftsführers im Hinblick auf eine Krise appellieren.

Eine gesetzliche Konkretisierung jener Verhaltenspflichten fehlt weitestgehend. Der allgemeinen Pflicht zur ordnungsgemäßen Geschäftsführung lässt sich jedoch das vorrangige Gebot entnehmen, das Unternehmen in seinem Bestand zu erhalten und nach Möglichkeit den Unternehmenserfolg zu fördern. Da Unternehmenskrisen die Existenz eines Unternehmens bedrohen, wird es insoweit auch als herausragende Leitungsaufgabe eines jeden Geschäftsführers angesehen, eine (zukünftige) Unternehmenskrise zu vermeiden, zumindest aber ihre Signale frühzeitig zu erkennen und, falls eine Krise trotz aller Krisenvermeidungs- und Früherkennungsmaßnahmen dennoch eintreten sollte,

209 Siehe dazu 5. Kap.,C, III.

Krisenbewältigungsmaßnahmen zu ergreifen[210]. Nachfolgend gilt es zunächst diejenigen Geschäftsführerpflichten zu erörtern, die bereits vor und gegebenenfalls in der unternehmerischen Krise bestehen und darauf abzielen, den Eintritt der Krise zu vermeiden und Krisensignale frühzeitig zu erkennen[211].

I. Ordnungsgemäße Unternehmensplanung

Als beste Form der Zukunftsgestaltung und damit implizit auch der Vorsorge gegenüber potenziellen Unternehmenskrisen wird die ordnungsgemäße Unternehmensplanung gesehen[212]. Eine Vielzahl von Unternehmenskrisen lassen sich nämlich auf Mängel in der Unternehmensplanung zurückführen[213]. Unternehmensplanung meint dabei die Vorgabe der Unternehmensaktivitäten im (kurz- und mittelfristigen) strategischen und operativen Bereich[214]. Die Unternehmensplanung besteht aus einer Vielzahl von Detailplänen wie Absatzplan, Beschaffungsplan, Investitionsplan, Kostenplan, Ertragsplan etc.[215] Aus allen diesen Teilplänen ergibt sich der Unternehmensgesamtplan. Ausgehend vom Normalstatut der GmbH muss dabei zwischen den Zuständigkeiten der Gesellschafter und denen der Geschäftsführer unterschieden werden. Über die Grundsätze der Unternehmenspolitik entscheiden nach dem gesetzlichen Grundkonzept grundsätzlich die Gesellschafter[216]. Den Geschäftsführern fallen dagegen die typischen

---

210 Siehe bereits 3. Kap., A, II, 3, b, aa.

211 Siehe dazu *Drenckhan*, Gläubigerschutz in der Krise der GmbH, S. 40 ff.; *Haas* in: Verhandlungen des 66. DJT, Bd. I, E 104 ff; *Kleindiek* in: Lutter/Hommelhoff, GmbHG, 17. Aufl., § 43, Rn. 24 ff.; *ders.* in: W. Bayer/E. Koch, Das neue GmbH-Recht, S. 101 ff.; siehe auch ZGR-Symposion 2006 zur Krisenvermeidung und Krisenbewältigung in der GmbH abgedruckt in ZGR 2006, 259 ff.

212 *Krystek/Moldenhauer*, Hdb. Krisen- und Restrukturierungsmanagement, S. 134 f.; vgl. zum Pflichtenkreis der Unternehmensplanung auch *Drenckhan*, Gläubigerschutz in der Krise der GmbH, S. 47 f.; siehe zum Aufgabenfeld der Unternehmensplanung auch *Fleischer* in: MüKo-GmbHG, § 43, Rn. 57.

213 *Wellensiek/Schluck-Amend* in: K. Schmidt/Uhlenbruck, Die GmbH in Krise, Sanierung und Insolvenz, 4. Aufl., Rn. 1.86.

214 *Wellensiek/Schluck-Amend* in: K. Schmidt/Uhlenbruck, Die GmbH in Krise, Sanierung und Insolvenz, 4. Aufl., Rn. 1.85.

215 *Hoffmann/Liebs*, Der GmbH-Geschäftsführer, 3. Aufl., Rn. 1060.

216 BGH, Urt. v. 25.02.1991 – II ZR 76/90, GmbHR 1991, 197; OLG Düsseldorf, Urt. v. 15.11.1984–8 U 22/84, ZIP 1984, 1479; *Kleindiek* in: Lutter/Hommelhoff, GmbHG, 19. Aufl., § 37, Rn. 8; *Uwe H. Schneider* in: Scholz, GmbHG, 10. Aufl. § 37 Rn. 10 ff. m. w. N.; differenzierend *Zöllner/Noack* in: Baumbach/Hueck, GmbHG, 19. Aufl., § 37 Rn. 13 ff.

Managementfunktionen zu, wozu auch die sachgerechte Vorbereitung der Unternehmensplanung zählt[217]. Die Geschäftsführer haben demnach entsprechende Vorschläge auszuarbeiten. Sie haben sich dabei mit der Frage zu beschäftigen, wie das Unternehmen und die Geschäftsfelder grundsätzlich ausgerichtet sein sollen, welche Potenziale es gibt und welche Chancen und Risiken damit verbunden sind. Eine feststehende Kategorie der Unternehmensplanung gibt es dabei jedoch nicht. Betriebswirtschaftlich entwickelte Grundsätze ordnungsgemäßer Unternehmensführung können hier nur bedingt herangezogen werden, da sie mangels Normcharakters nicht als rechtlich bindende Maßstäbe gelten können, sondern nur als Hinweise auf mögliche Konkretisierungen.

Haben die Gesellschafter die Grundsätze der Unternehmenspolitik festgelegt, ist es Aufgabe der Geschäftsführer, die festgelegten nah- und mittelfristigen Ziele des Unternehmens wirtschaftlich in die Tat umzusetzen. Ihnen obliegt etwa die Organisation der Arbeitsabläufe, die grundsätzliche Regelung der Personalpolitik, die Aufstellung von Führungsgrundsätzen sowie die fortlaufende Finanzplanung[218]. Letztere spielt für den Erfolg eines Unternehmens und somit auch für die Krisenvermeidung eine zentrale Rolle, weil viele Insolvenzen schlicht auf Finanzierungsfehlern beruhen[219]. Aufgabe des Finanzplans ist es, die Liquidität und die Stabilität des Unternehmens aufrechtzuerhalten[220]. Der Finanzplan dient dabei der Untersuchung, ob die Zukunft des Unternehmens unter Beibehaltung der Zahlungsfähigkeit finanzierbar ist. Der Geschäftsführer muss daher über einen kurzfristigen, mittelfristigen und langfristigen Finanzplan verfügen und Planabweichungen permanent analysieren. Die Finanzplanung setzt dabei nicht erst im Vorfeld der Insolvenz ein, sondern ist ständiger Begleiter des GmbH-Managements. Mit Eintritt in die unternehmerische Krise kommt ihr allerdings besondere (auch zunehmend rechtliche) Bedeutung zu. Kommt es zu Liquiditätsengpässen, gehört es beispielsweise zu den Sorgfaltspflichten eines GmbH-Geschäftsführers, rechtzeitig Verhandlungen mit der Hausbank über notwendige

---

217 *Uwe H. Schneider* in: Scholz, GmbHG, 10. Aufl., § 43, Rn. 88; vgl. hierzu auch *Drenckhan*, Gläubigerschutz in der Krise der GmbH, S. 47; *Fleischer* in: MüKo-GmbHG, § 43, Rn. 57.

218 OLG Karlsruhe, Urt. v. 28.05.1995–15 U 286/94, GmbHR 1996, 208, 209; *Geißler*, GmbHR 2009, 1071, 1072; *Zöllner/Noack* in: Baumbach/Hueck, GmbHG, 19. Aufl., § 37, Rn. 2.

219 *Hoffmann/Liebs*, Der GmbH-Geschäftsführer, 3. Aufl., Rn. 1055.

220 Dazu im Folgenden *Maus* in: K. Schmidt/Uhlenbruck, Die GmbH in Krise, Sanierung und Insolvenz, 4. Aufl., Rn. 1.69.

Kreditlinien zu führen und im Falle einer Kreditunfähigkeit die Gesellschafter einzuschalten[221].

Entscheidend für den wirtschaftlichen Erfolg eines Unternehmens ist insoweit eine schlüssige Unternehmensplanung, welche nicht allein bei der Aufnahme der Geschäftstätigkeit vorliegen muss, sondern kontinuierlich überprüft und den veränderten Rahmenbedingungen entsprechend anzupassen ist. Eine hinreichende Anfangsplanung sowie eine kontinuierliche Nachhaltigkeitsplanung zählen insoweit zu den maßgebenden Säulen einer Krisenvermeidung. Bei wesentlichen Abweichungen von der Planung kommt eine (haftungsbewehrte) Informationspflicht der Geschäftsführer i. S. d. § 43 GmbHG in Betracht[222].

II. Krisenvermeidende Unternehmensorganisation und Kontrolle

Im Interesse eines präventiven Krisenmanagements gehört es zu den wesentlichen Pflichten eines GmbH-Geschäftsführers, innerhalb der Gesellschaft für den Aufbau und die Erhaltung einer ordnungsgemäßen Organisation sowie für eine angemessene Überwachung und Kontrolle zu sorgen[223]. Das Unternehmen ist in betrieblicher und personeller Hinsicht so zu organisieren, dass der Gesellschaftszweck am besten realisiert werden kann[224]. Eine durchdachte Organisation kann dabei einen wichtigen Beitrag zur Krisenabwehr leisten, während dagegen eine ineffiziente Aufbauorganisation oder eine schwerfällige Ablauforganisation erheblich zur Krisenanfälligkeit eines Unternehmens beitragen kann[225]. Welche Pflichten für den Geschäftsführer einer GmbH konkret bestehen, wie also das Unternehmen zu organisieren ist, lässt sich aus dem Gesetz

---

221 *K. Schmidt* in: K. Schmidt/Uhlenbruck, Die GmbH in Krise, Sanierung und Insolvenz, 4. Aufl., Rn. 1.72.

222 *Drenckhan*, Gläubigerschutz in der Krise der GmbH, S. 48; auf ein Planungs- und Kontrollsystem hinweisend *Wellensiek/Schluck-Amend* in: K. Schmidt/Uhlenbruck, Die GmbH in Krise, Sanierung und Insolvenz, 4. Aufl., Rn. 1.87.

223 *Uwe H. Schneider* in: Scholz, GmbHG, 10. Aufl., § 43, Rn. 95; *Wellensiek/Schluck-Amend* in: K. Schmidt/Uhlenbruck, Die GmbH in Krise, Sanierung und Insolvenz, 4. Aufl., Rn. 1.91 ff; vgl. auch *Trölitzsch* in: Oppenländer/Trölitzsch, Praxishandbuch der GmbH-Geschäftsführung, 2. Aufl., § 18, Rn. 4.

224 *Koppensteiner* in: Rowedder/Schmidt-Leithoff, GmbHG, § 43, Rn. 16; *Paefgen* in: Ulmer/Habersack/Winter, GmbHG, § 43, Rn. 67; *Uwe H. Schneider* in: Scholz, GmbHG, 10. Aufl., § 43, Rn. 95; *Zöllner/Noack* in: Baumbach/Hueck, GmbHG, 19. Aufl., § 43, Rn. 17 m. w. N.

225 *Wellensiek/Schluck-Amend* in: K. Schmidt/Uhlenbruck, Die GmbH in Krise, Sanierung und Insolvenz, 4. Aufl., Rn. 1.91; siehe zur krisenvermeidenden Organisation auch *Picot/Aleth*, Unternehmenskrise und Insolvenz, S. 64 f.

nicht unmittelbar ableiten, weil sich die Pflicht zur Unternehmensorganisation und -kontrolle letztlich aus der allgemeinen Pflicht zur ordnungsgemäßen Geschäftsführung ergibt. Die konkreten Anforderungen an die Unternehmensorganisation und -kontrolle hängen somit ganz wesentlich von der Realstruktur des jeweiligen Unternehmens ab und lassen sich insofern nicht allgemein bestimmen; die Organisation einer GmbH mit 40 Mitarbeitern und 20 Millionen Euro Umsatz weicht naturgemäß von der einer GmbH mit 400 Mitarbeitern und 200 Millionen Euro Umsatz ab – von ganz kleinen Gesellschaften einmal abgesehen[226]. Auch können die Anforderungen zwischen Industrie-, Handels- und Dienstleistungsunternehmen stark variieren[227].

Eine zunehmende Größe und Komplexität des Unternehmens kann jedoch insbesondere eine vertikale und/oder horizontale Aufteilung der Geschäftsführeraufgaben sowie eine entsprechende Unternehmenskontrolle erforderlich machen. In diesem Zusammenhang stellt sich auch die Frage, ob und inwieweit der Geschäftsführer einer GmbH zur Implementierung eines sog. Managementsystems zur Krisenfrüherkennung sowie zu dessen Überwachung verpflichtet sein kann.

1. Horizontale Organisation und Kontrolle

Die horizontale Organisation und Kontrolle betrifft das Verhältnis der GmbH-Geschäftsführer untereinander[228]. Bei der GmbH gilt das Prinzip der Gesamtverantwortung aller Geschäftsführer. Sind mehrere Geschäftsführer bestellt, steht ihnen die Geschäftsführung grundsätzlich nur gemeinschaftlich zu[229]. Die Geschäftsführer können allerdings, sofern dem nicht der Gesellschaftsvertrag oder eine Gesellschafterweisung entgegensteht, auch ohne dahingehende Ermächtigung die Geschäftsführeraufgaben untereinander aufteilen (etwa Geschäftsführungsressorts bilden)[230]. Denn ab einer gewissen Unternehmensgröße ist eine Aufteilung der Verantwortlichkeitsbereiche unabdingbar. Hier kann aus der

---

226 Vgl. *Lutter*, GmbHR, 2000, 301, 304; *Haas/Ziemons* in: Michalski, GmbHG, 2. Aufl., § 43, Rn. 75.

227 *Trölitzsch* in: Oppenländer/Trölitzsch, Praxishandbuch der GmbH-Geschäftsführung, 2. Aufl., § 18, Rn. 4.

228 *Pauker*, Unternehmen – Risiko – Haftung, S. 157.

229 *Hoffmann/Liebs*, Der GmbH-Geschäftsführer, Aufl. 3, Rn. 3039.

230 *Kleindiek* in: Lutter/Hommelhoff, GmbHG, 17 Aufl., § 37, Rn. 29; *Zöllner/Noack* in: Baumbach/Hueck, GmbH, 19. Aufl. § 37, Rn. 29; siehe zur Geschäftsverteilung zwischen den GmbH-Geschäftsführern auch *Leuering/Rubner*, NJW-Spezial 2009, 239 ff.

allgemeinen Leitungsaufgabe sogar die Pflicht (§ 43 Abs. 1 GmbHG) für die Geschäftsführer folgen, sich eine sinnvolle Geschäftsverteilungsregelung entweder mittels einer Geschäftsordnung oder eines (ausdrücklichen oder konkludenten) Beschlusses zu geben[231]. Eine wirksame Geschäftsverteilung liegt allerdings nicht bereits bei der rein faktischen Aufteilung der Ressorts unter den Geschäftsführern vor. Es bedarf vielmehr eines förmlichen Beschlusses oder aber zumindest eines tatsächlichen Einvernehmens aller Gesellschafter mit einer bestimmten Geschäftsverteilung[232]. Eine Geschäftsverteilung kann dabei nach Sparten oder nach Niederlassungen erfolgen oder es kann eine Matrix-Organisation gewählt werden, d. h. eine Organisation, bei der bestimmte Funktionen wie Finanzwesen, Controlling, Rechtswesen, Datenverarbeitung, Ingenieurwesen und dergleichen quer durch die Produktsparten hindurch wirken[233]. Haben mehrere Geschäftsführer laufende, nicht zwingend der Gesamtzuständigkeit unterliegende Geschäftsführungsaufgaben untereinander aufgeteilt, so ist jeder Geschäftsführer in erster Linie für das ihm zugewiesene Ressort verantwortlich[234]. Daneben bleibt eine unentziehbare und unverzichtbare Verantwortung aller Geschäftsführer für die Führung der Geschäfte im Ganzen (nicht ressortfähige Aufgaben)[235]. Das heißt, die Geschäftsführer können die entsprechenden Maßnahmen nur gemeinsam vornehmen. Jeder Geschäftsführer ist insoweit in erhöhtem Maße verpflichtet, dafür zu sorgen, dass er über ausreichende Informationen aus den anderen Geschäftsbereichen verfügt, um die Tätigkeit der anderen Geschäftsführer überwachen bzw. kontrollieren zu können[236]. Die Überwachungs- und Kontrollpflichten können dabei so weit gehen, dass bei Kenntnis von Geschäften, die die Gesellschaft erheblich zu schädigen geeignet sind, ein Zustimmungsvorbehalt nicht mehr genügt, sondern Rücksprache beim Personal zu halten ist, Auskünfte bei Vertragspartnern über weitere vom Mitgeschäftsführer abgeschlossene Geschäfte einzuholen sind und notfalls sogar durch einstweilige Verfügung die weitere Geschäftsführung des Mitgeschäftsführers zu untersagen ist[237]. Grundsätzlich

---

231 Dazu jüngst *Leuering/Dornhegge*, NZG 2010, 13, 14.

232 *Leuering/Daniel*, NJW-Spezial 2009, 239; *Leuering/Dornhegge*, NZG 2010, 13, 14; siehe dazu auch *Paefgen* in: Ulmer/Habersack/Winter, GmbHG, § 35, Rn. 113 m. w. N.

233 *Hoffmann/Liebs*, Der GmbH-Geschäftsführer, Aufl. 3, Rn. 3040.

234 *Kleindiek* in: Lutter/Hommelhoff, GmbHG, 17. Aufl., § 43, Rn. 21.

235 *Leuering/Dornhegge*, NZG 2010, 13, 15.

236 *Hoffmann/Liebs*, Der GmbH-Geschäftsführer, Aufl. 3, Rn. 3041; *Leuering/Dornhegge*, NZG 2010, 13, 15 m. w. N.

237 *Spindler*, Unternehmensorganisationspflichten, S. 910.

muss es allerdings ausreichen, wenn sich die Geschäftsführer im Rahmen der Geschäftsleitungssitzungen über die Ereignisse in den anderen Ressorts informieren. Solange hier keine Auffälligkeiten zutage treten, können die Geschäftsführer auch in aller Regel darauf vertrauen, dass der betreffende Ressortkollege seine Pflichten ordnungsgemäß erfüllt[238].

Gerät die GmbH in eine unternehmerische Krise, sind jedoch erhöhte Anforderungen an die Organisation und die gegenseitige Kontrolle zu stellen[239]. Die Informations-, Erkundigungs- und Beratungspflicht verdichtet sich in einer solchen Situation zu einer „wahren Interventions- und Eingriffspflicht“[240]. Besteht eine horizontale Geschäftsverteilung, hat demnach jeder Geschäftsführer darauf hinzuwirken, dass die Ressortzuständigkeit aufgehoben und die betreffende Angelegenheit in die Entscheidungszuständigkeit des Gesamtgremiums geholt, dort beraten und gegebenenfalls auch dort entschieden wird[241]. In der unternehmerischen Krise haben die Geschäftsführer insbesondere auch ein besonderes Augenmerk auf die wirtschaftliche Situation der Gesellschaft zu legen. Der zuständige Geschäftsführer kann dann etwa angehalten sein, das Geschäftsführergremium regelmäßig mit detaillierten Informationen zur finanziellen Lage auszustatten; im Gegenzug dazu haben die anderen Geschäftsführermitglieder hierauf hinzuwirken (Interventions- und Eingriffspflicht). So soll u. a. verhindert werden, dass ein überforderter, den sachlichen und persönlichen Anforderungen seines Geschäftsführungsbereichs nicht gewachsener Geschäftsführer die Gesellschaft in die Krise oder gar in die Insolvenz führt. Letztlich sollte hier aber auch kein allzu strenger Maßstab angelegt werden, andernfalls besteht die Gefahr, dass die Vorteile der Arbeitsteilung aufgezehrt werden[242]. Verletzt ein Geschäftsführer seine ihm im Falle der Geschäftsverteilung treffenden Beobachtungs- und Überwachungspflichten gegenüber dem Mitgeschäftsführer, kann

238 *Freund*, GmbHR, 2009, 1185, 1188.

239 Vgl. z. B. BGH, Urt. v. 20.02.1995 – II ZR 9/94, GmbHR 1995, 299; ferner BGH, Urt. v. 09.01.2001 – VI ZR 407/99, GmbHR 2001, 236, 237; *Haas/Ziemons* in: Michalski, GmbHG, 2. Aufl., § 43, Rn. 163a; *Kleindiek* in: Lutter/Hommelhoff, GmbHG, 17 Aufl., § 37, Rn. 31; siehe auch *Drenckhan*, Gläubigerschutz in der Krise der GmbH, S. 81 f.; die hohen Anforderungen kritisierend: *Frings*, GmbHR 2001, 241.

240 *Haas/Ziemons* in: Michalski, GmbHG, 2. Aufl., § 43, Rn. 163a.

241 *Hoffmann/Liebs*, Der GmbH-Geschäftsführer, Aufl. 3, Rn. 3041; *Kleindiek* in: Lutter/Hommelhoff, GmbHG, 17 Aufl., § 37 GmbHG, Rn. 31; *Haas/Ziemons* in: Michalski, GmbHG, 2. Aufl., § 43, Rn. 163a m. w. N.

242 *Pauker*, Unternehmen – Risiko – Haftung, S. 157.

dieses Versäumnis zu einer Haftung nach § 43 Abs. 2 GmbHG führen[243]. Die Haftung kann dabei aber immer nur auf persönlicher Verantwortung kraft eigener Pflichtverletzung beruhen[244].

2. *Vertikale Organisation und Kontrolle*

Die Aufgaben der Geschäftsführung können von den Geschäftsführern auch auf nachgeordnete Unternehmensebenen delegiert werden. Je nach Größe und Komplexität des Unternehmens ist die Geschäftsleitung bereits aus rein tatsächlichen Gründen nicht in der Lage, sämtliche Aufgaben, die mit der Unternehmensführung einhergehen, selbst wahrzunehmen. Gerade bei kleinen und mittleren GmbHs wird häufig eine unzureichende Aufgabendelegation festgestellt, wodurch die Geschäftsleitung vielfach mit Routinearbeiten überlastet wird und dadurch die eigentlichen Führungsaufgaben vernachlässigt werden[245]. In diesem Fall ist sie gehalten, Aufgaben auf nachgeordnete Unternehmensangehörige zu delegieren[246]. Die Überwachungs- und Kontrollpflichten der Geschäftsführer beziehen sich dann auch auf die Funktionsträger unterhalb der Geschäftsführungsebene, d. h. im Vertikalverhältnis[247]. Hierzu gehört es, die unmittelbar nachgeordneten Mitarbeiter sorgfältig auszuwählen, sie in ihren Aufgabenbereich einzuweisen und einer ausreichenden Kontrolle zu unterwerfen[248]. In der Unternehmenspraxis gewinnt diese auch unter den neumodischen Begriff „Compliance“ fallende Leitungsaufgabe der Geschäftsführung zunehmend an Bedeutung. So hebt etwa der Deutsche Corporate Governance Kodex in Ziff. 4.1.3. nunmehr ausdrücklich hervor: „Der Vorstand hat für die Einhaltung der gesetzlichen Bestimmungen und der unternehmensinternen Richtlinien zu sorgen und wirkt auf deren Beachtung durch Konzernunternehmen hin (Compliance).“ Auch wenn sich diese Kodex-Bestimmung weder partiell noch gar *in toto* auf die GmbH übertragen lässt und sie insofern für den GmbH-Geschäftsführer auch keine unmittelbare haftungsrechtliche Bedeutung hat[249], kann sie doch

243 *Leuering/Daniel*, NJW-Spezial 2009, 239, 240.
244 *Kleindiek* in: Lutter/Hommelhoff, GmbHG, 17 Aufl., § 43, Rn. 21.
245 *Wellensiek/Schluck-Amend* in: K. Schmidt/Uhlenbruck, Die GmbH in Krise, Sanierung und Insolvenz, 4. Aufl., Rn. 1.98.
246 *Haas/Ziemons* in: Michalski, GmbHG, 2. Aufl., § 43, Rn. 54; *Pauker*, Unternehmen – Risiko – Haftung, S. 157 f.
247 *Pauker*, Unternehmen –Risiko – Haftung, S. 157.
248 *Kleindiek* in: Lutter/Hommelhoff, GmbHG, 17. Aufl., § 43, Rn. 22; *Pauker*, Unternehmen – Risiko – Haftung, S. 158.
249 2. Kap., A, II, 2.

im Einzelfall einen Anhalt für Art und Weise sowie Intensität der dem GmbH-Geschäftsführer nach §§ 35 Abs. 1, 43 Abs. 1 GmbHG obliegenden vertikalen Organisations- und Kontrollpflicht geben[250].

Gerät die GmbH in eine unternehmerische Krise, erhöhen sich für die Geschäftsführer die Anforderungen an die Organisation und die gegenseitige Kontrolle hin zu einer gesteigerten Überwachungs-, Interventions- und Eingriffspflicht[251]. Die delegierten Aufgaben sind hier zwar nicht zwingend in den eigenen Zuständigkeitsbereich zurückzuholen, der Geschäftsführer darf in dieser Situation aber auch nicht mehr allein auf die Ordnungsgemäßheit der Tätigkeit seiner Mitarbeiter vertrauen. Er hat vielmehr durch entsprechende Weisungen und Kontrollen bis hin zur Auswechslung der zuständigen Mitarbeiter die ordnungsgemäße Erledigung der Aufgaben sicherzustellen[252].

3. *Früherkennungs- und Überwachungssystem i. S. d. § 91 Abs. 2 AktG*

Der Geschäftsführer einer GmbH ist – wie gesehen – zur krisenvermeidenden Organisation der Gesellschaft verpflichtet. Der BGH[253] hat hierzu festgestellt, dass der Geschäftsführer einer GmbH für eine Organisation zu sorgen hat, die ihm die dafür erforderliche Übersicht über die wirtschaftliche und finanzielle Situation der Gesellschaft jederzeit ermöglicht. „Wie" der Geschäftsführer dieser (Organisations-)Pflicht nachzukommen hat, ist dem GmbH-Gesetz nicht zu entnehmen, sondern richtet sich gemäß dem Vorgenannten vor allem nach Größe, Branche und den Umständen des betreffenden Unternehmens; dem GmbH-Geschäftsführer wird danach ein weites unternehmerisches Ermessen zugebilligt[254].

Die Diskussion zur richtigen Unternehmensorganisation hat in der Vergangenheit allerdings zur Herausbildung von Normungen zu sog. Managementsystemen geführt. So wurde durch das KonTraG[255] § 91 AktG erweitert, der die Buchführung der Leitungspflicht des Vorstands unterstellt. Danach wird der Vorstand einer Aktiengesellschaft ausdrücklich verpflichtet, geeignete Maßnahmen zu ergreifen, die

---

250 Siehe zum „Compliance"-Begriff bei der GmbH auch *Zöllner/Noack* in: Baumbach/Hueck, GmbHG, 19. Aufl., § 35, Rn. 68a.

251 Vgl. *Haas/Ziemons* in: Michalski, GmbHG, 2. Aufl., § 43, Rn. 171b.

252 *Haas/Ziemons* in: Michalski, GmbHG, 2. Aufl., § 43, Rn. 171b.

253 BGH, Urt. v. 20.02.1995 – II ZR 9/94, GmbHR 1995, 299; dazu auch *Haas/Ziemons* in: Michalski, GmbHG, 2. Aufl., § 43, Rn. 75c m. w. N.

254 *Zöllner/Noack* in: Baumbach/Hueck, GmbHG, 19. Aufl., § 43, Rn. 17; *Paefgen* in: Ulmer/Habersack/Winter, GmbHG, § 43, Rn. 67 f; *Lutter*, GmbHR 2000, 301, 304.

255 Gesetz zur Kontrolle und Transparenz im Unternehmensbereich vom 27.4.1998, BGBl. I 1998, 786.

eine effektive systematische Früherkennung bestandsgefährdender Entwicklungen gewährleisten, und dieses Früherkennungssystem ständig zu überwachen. Hintergrund dieser Neuregelung war eine Vielzahl von Unternehmenskrisen in der Vergangenheit, in denen Unkorrektheiten oder geschäftliche Schieflagen erst so spät erkannt wurden, dass die Unternehmen bereits in die Insolvenz beziehungsweise zumindest in die bedrohliche Nähe einer solchen geraten waren[256]. Mit Hilfe eines Managementsystems sollen derartige Unternehmenskrisen künftig früher erkannt und das Insolvenzrisiko deutlich reduziert werden.

Auf eine gesetzliche Verpflichtung zur Schaffung eines solchen Managementsystems, wie es § 91 Abs. 2 AktG für die Vorstandsmitglieder einer Aktiengesellschaft vorsieht, wurde im GmbH-Recht allerdings verzichtet. Bevor auf die Frage einzugehen ist, welche Auswirkungen § 91 Abs. 2 AktG auf das weite Ermessen des GmbH-Geschäftsführers bei der Unternehmensorganisation hat, soll zunächst untersucht werden, welche konkreten Pflichten § 91 Abs. 2 AktG den Geschäftsleitern der unmittelbar der Regelung unterliegenden Aktiengesellschaften abverlangt. Denn bereits hier sind die Einzelheiten (weiterhin) unklar[257].

a. Früherkennungs- und Überwachungssystem bei der AG

Bei der AG gehört es bereits zu den Pflichten eines ordentlichen und gewissenhaften Vorstands i. S. d. §§ 76 Abs. 1, 93 Abs. 1 AktG, Entwicklungen aufzuspüren und zu erkennen, die den Fortbestand der Gesellschaft gefährden[258]. Inwieweit sich durch die Regelung des § 91 Abs. 2 AktG etwas an dieser Pflicht geändert hat, geht aus der Vorschrift selbst nicht hervor. § 91 Abs. 2 AktG ist vom Gesetzgeber allgemein und knapp gehalten worden. Besonders zwischen der Rechtswissenschaft und der Wirtschaftswissenschaft besteht Uneinigkeit über den Umfang der Vorschrift.

aa. „Juristische Sicht"

Mit Blick auf die Aktiengesellschaft wird in der Rechtswissenschaft vorwiegend vertreten, dass § 91 Abs. 2 AktG lediglich deklaratorische Bedeutung beizumessen sei[259]. Die explizite Kodifizierung im AktG durch das KonTraG habe nur

256 *Drygala/Drygala*, ZIP 2000, 297, 298.

257 Siehe dazu jüngst *Bork*, ZIP 2011, 101, 104 f.

258 *Hommelhoff/Mattheus*, BB 2007, 2787; *Hommelhoff* in: FS Sandrock, S. 373; so auch für den GmbH-Geschäftsführer: *Altmeppen* in: Roth/Altmeppen, GmbHG, 6. Aufl., § 41, Rn. 15.

259 *Blasche*, CCZ 2009, 62, 63; *Dreher* in: FS Hüffer, S. 162; *Geißler*, DZWIR 2011, 309, 310; Hoffmann-Becking, ZGR 1998, 497, 513; *Hommelhoff/Mattheus*, AG 1998,

das Ziel, die Vorstandspflichten für einen besonders bedeutsamen Bereich der Unternehmensführung zu konkretisieren und die Geschäftsleitung für diesen Verantwortlichkeitsbereich nachdrücklich zu sensibilisieren[260]. Es genüge der Pflicht i. S. d. § 91 Abs. 2 AktG daher, wenn die Geschäftsleitung Maßnahmen trifft, mittels derer erfahrungsgemäß zu erwarten ist, dass der Geschäftsleitung die für die Früherkennung bestandsgefährdender Entwicklungen erforderlichen Informationen rechtzeitig zugehen[261]. Zu diesem Zweck sei ein entsprechendes „Frühwarnsystem"[262] einzurichten. Die Früherkennung einer eintretenden Krise dürfe demzufolge nicht vom Zufall abhängen, sondern erfordere eine systematische Vorgehensweise. Mit dem Wort „System" in § 91 Abs. 2 AktG sei dabei keine gesetzliche Vorgabe für die sachliche oder personelle Unternehmensorganisation gemeint, sondern lediglich „die planmäßige Aufbereitung, Zusammenstellung, die einheitliche Zusammenfassung der im Unternehmen bestehenden Früherkennungsinstrumente"[263]. Die durch § 91 Abs. 2 AktG konkretisierte organschaftliche Organisations- und Kontrollpflicht erfordere demnach zumindest, dass Zuständigkeiten unmissverständlich begründet werden, ein engmaschiges Berichtswesen existiert und eine ausführliche Dokumentation erfolgt[264]. Die genaue Ausgestaltung und der Umfang des Frühwarn- bzw. Früherkennungssystems, d. h. das „Wie" der systematischen Vorgehensweise, hänge nach herrschender Auffassung grundsätzlich von der Größe des Unternehmens und seiner Nähe zu den Kapitalmärkten sowie davon ab, in welcher Lage sich die Gesellschaft befindet und wie hoch das Risikopotenzial der Märkte ist, auf denen das Unternehmen tätig ist[265]. Dem Vorstand wird hierbei insoweit ein

---

249, 251; *dies.* BB 2007, 2787, *Kuhl/Nickel*, DB 1999, 133; *Hüffer*, AktG, 9. Aufl., § 91, Rn. 7; *Kort*, ZGR 2010, S. 470; *ders.* in: Großkomm. z. AktG, 4. Aufl., § 91, Rn. 55; *Krieger/Sailer* in: K. Schmidt/Lutter, AktG, § 91, Rn. 15; *Preußner/Becker* NZG 2002, 846, 847; *Seibert* in: FS Bezzenberger, S. 427, 437 f.

260 *Hommelhoff/Mattheus*, BB 2007, 2787; kritisch dagegen *Hüffer*, AktG, 9. Aufl., § 91, Rn. 8.

261 *Krieger/Sailer-Coceani* in: K. Schmidt/Lutter AktG, 2. Aufl., § 91, Rn. 12; *Hüffer*, AktG, 9. Aufl., § 91, Rn. 7; *Kort* in: Großkomm. z. AktG, 4. Aufl., 91, Rn. 46.

262 *Hommelhoff* in: FS Sandrock, S. 373; ebenfalls von einem „Frühwarnsystem sprechend *Seibert* in: FS Bezzenberger, S. 437.

263 *Seibert* in: FS Bezzenberger, S. 438.

264 *Hüffer*, AktG, 9. Aufl., § 91, Rn. 8; *Spindler* in: MüKo-AktG, 3. Aufl., § 91, Rn. 25; siehe dazu ausführlich auch *Baums*, ZGR 2011, 218, 270 ff. m. w. N..

265 *Blasche*, CCZ 2009, 62, 63; Hoffmann-Becking ZGR 1998, 497, 513; *Hommelhoff/* Matheus AG 1998, 249, 251; *Hüffer*, AktG, 9. Aufl., § 91, Rn. 8; *Kort*, ZGR 2010, S. 443; *ders.* in: Großkomm. z. AktG, 4. Aufl., § 91, Rn. 47; *Krieger/Sailer-Coceani* in:

weites Leitungsermessen zugestanden[266]. Die Grenzen des Ermessens seien dabei grundsätzlich erst dann überschritten, wenn der Vorstand ein Früherkennungssystem schafft, welches eine Früherkennung bestandsgefährdender Entwicklungen nicht gewährleistet. Neben dem sog. Früherkennungssystem, welches die Früherkennung bestandsgefährdender Entwicklungen gewährleisten soll, wird auf zweiter Stufe zudem ein sog. Überwachungssystem verlangt, welches die Einhaltung dieser Maßnahmen überwachen soll[267]. Auch hier komme es für die Frage der Ausgestaltung entscheidend auf die Größe, Struktur und Lage des Unternehmens, das Risikopotenzial der Märkte, auf dem das Unternehmen tätig ist, sowie die Art des Kapitalmarktzugangs an[268].

bb. „Betriebswirtschaftliche Sicht"

Einem Großteil der betriebswirtschaftlichen Forschung und Prüfungspraxis geht diese Interpretation des § 91 Abs. 2 AktG dagegen nicht weit genug. Sie sieht in der Implementierung des § 91 Abs. 2 AktG nicht lediglich eine klarstellende Funktion, sondern eine darüber hinausgehende Verpflichtung zur Einrichtung eines sog. Risikomanagementsystems (allgemeines „risk management")[269]. Gegenstand eines sog. Risikomanagementsystems sei danach nicht lediglich die Früherkennung konkreter bestandsgefährdender Entwicklungen, d. h. solcher Entwicklungen, die mit hoher Wahrscheinlichkeit zur Insolvenz des Unternehmens führen, weil sie die Vermögens-, Finanz- oder Ertragslage des Unternehmens wesentlich beeinträchtigen. Die Betriebswirtschaftslehre und Prüfungspraxis geht vielmehr von einem umfassenden Risikobegriff aus. Unter Risiko wird dabei die lediglich die Möglichkeit verstanden, dass im Rahmen der Geschäftstätigkeit Verluste entstehen[270]. So seien von dem „System" nach § 91 Abs. 2 AktG

K. Schmidt/Lutter, AktG, 2. Aufl., § 91, Rn. 14; *Seibert* in: FS Bezzenberger, S. 427, 437 f.

266 *Hommelhoff* in: FS Sandrock, S. 373 f.; *Hüffer*, AktG, 9. Aufl., § 91, Rn. 7; *Spindler* in: MüKo-AktG, 3. Aufl., § 91, Rn. 24; vgl. ferner *Gernoth*, NZG 2010, 292, 293.

267 *Drygala/Drygala*, ZIP 2000, 297, 299; *Hüffer*, AktG, § 91, Rn. 7 f.; *Krieger/Sailer-Coceani* in: K. Schmidt/Lutter AktG, 2. Aufl., § 91, Rn. 13; *Spindler* in: MüKo-AktG, 3. Aufl., § 91, Rn. 25 ff.

268 Vgl. *Spindler* in: MüKo-AktG, 3. Aufl., § 91, Rn. 28 m. w. N.

269 Vgl. z. B. *Brebeck/Herrmann*, WPg 1997, 381, 387 ff.; *Eggemann/Konradt*, BB 2000, 503, 504 ff., *Füser/Gleißner*, DB 1999, 753 ff.; *Lück*, DB 2000, 1473; *Scharp*, DB 1997, 737, 739; *Zunk*, FB 2000, 754 ff; dies übernehmend *Preußner/Becker*, NZG 2002, 846, 847; *Preußner/Zimmermann*, AG 2002, 658, 659.

270 Vgl. z. B. *Lück*, DB 1998, 1573; *Scharp*, DB 1997, 737, 739; siehe zum Risikobegriff bereits 2. Kap., A, I.

alle denkbaren Risiken zu erfassen, die die dauerhafte Rentabilität der Gesellschaft gefährden. Betriebswirtschaftslehre und Prüfungspraxis verlangen für § 91 Abs. 2 AktG insoweit die Einrichtung eines alle Unternehmensbereiche und alle Einzelrisiken umfassenden Risikomanagementsystems[271]. Die Beschränkung auf lediglich bestandsgefährdende Entwicklungen reiche danach nicht aus.

Teile der betriebswirtschaftlichen Forschung und Praxis gehen sogar noch weiter und verstehen § 91 Abs. 2 AktG im Sinne eines Chancen- und Risikomanagements, welches neben Risiken auch Chancen erfassen soll[272]. So gehe gerade in heutiger Zeit schon vom Nichterkennen einer Chance ein beträchtliches Risikopotenzial aus. Als Risikomanagement wird danach die Gesamtheit aller organisatorischen Regelungen und Maßnahmen zur Risikoerkennung und zum Umgang mit den Risiken unternehmerischer Betätigung bezeichnet[273]. § 91 Abs. 2 AktG wird insoweit nicht lediglich als Klarstellung bisher ungeschriebener Verhaltenspflichten gesehen, sondern als Verpflichtung zur Errichtung eines darüber hinausgehenden allumfassenden Risikomanagementsystems. Es soll demnach die Systemverantwortlichkeit der Geschäftsleitung herausgestellt werden. Bei der Frage nach der jeweiligen Ausgestaltung solcher Risikomanagementsysteme besteht auch zwischen Betriebswirtschaftlern keine Einigkeit. Die Betriebswirtschaftslehre hat in den Einzelheiten durchaus umstrittene allgemeine Modelle für das Risikomanagement entwickelt, deren Erörterung oftmals nicht deutlich erkennen lässt, ob es sich dabei bloß um die Bereitstellung eines möglicherweise aus Sicht der Betriebswirtschaftslehre idealen Instruments handeln soll oder aber mit der Beschreibung solcher Modelle offen oder versteckt zum Ausdruck kommen soll, dass sie normative Geltung entweder als verbindliche Auslegung von § 91 Abs. 2 AktG aus Sicht der Betriebswirtschaftslehre haben sollen oder aber zumindest als Standard oder als „best practice" möglicherweise haftungsrechtlich relevant sein sollen[274]. Insoweit soll hier auch nur auf die von

---

271 Siehe im Einzelnen dazu z. B. *Brebeck/Herrmann*, WPg 1997, 381, 387 ff; *Gernoth*, DStR 2001, 299.

272 Siehe z. B. *Preußner/Becker*, NZG 2002, 846, 848 f.; *Weber/Weißenberger/Liekweg*, DStR 1999, 1710, 1711 f.

273 IDW PS 340, Ziff. 4, WPg 1999, 658; vgl. ferner *Wellensiek/Schluck-Amend* in: K. Schmidt/Uhlenbruck, Die GmbH in Krise, Sanierung und Insolvenz, 4. Aufl., Rn. 1.118.

274 *Kort*, ZGR 2010, 440, 443.

der Betriebswirtschaftslehre herausgearbeiteten Systeme[275] verwiesen werden, ohne auf diese im Einzelnen einzugehen.

cc. Stellungnahme

Wie gesehen, gesteht das Gesetz dem Geschäftsleiter ein weites Ermessen bei der Auswahl der richtigen Unternehmensorganisation zu. Gleichwohl darf nicht unbeachtet bleiben, dass der Gesetzgeber mit dem KonTraG den Vorständen von Aktiengesellschaften auferlegt hat, geeignete Maßnahmen zu treffen, damit den Fortbestand der Gesellschaft gefährdende Entwicklungen frühzeitig erkannt werden. Zwar lässt der Gesetzgeber offen, welche konkreten Maßnahmen der Vorstand einer AG zu ergreifen hat, die aktienrechtliche Novellierung macht jedoch die besonderen Anforderungen an die Krisenfrüherkennung und die dafür erforderliche Unternehmensorganisation sowie dessen Kontrolle deutlich.

(1) Pflicht zur Errichtung eines Früherkennungs- und Überwachungssystems („Ob")

Die betriebswirtschaftliche Auffassung eines unternehmensweiten Chancen- und Risikomanagementsystems ist in ihrer Auslegung des § 91 Abs. 2 AktG allerdings richtigerweise als zu weit anzusehen. Zwar kann ein solch umfassendes, auch Chancen erfassendes Risikomanagementsystem besonders bei großen und komplexen Aktiengesellschaften empfehlenswert sein; eine grundsätzliche Verpflichtung begründet die Vorschrift jedoch nicht[276]. *Seibert* weist zu Recht darauf hin, dass ein Blick auf die „dürren Worte der Gesetzesbestimmung" viele Diskussionen um das angeblich in § 91 Abs. 2 GmbHG geregelte „riskmanagement" hinfällig machen würde[277]. Denn der „nackte Text des KonTraG" setze gar nicht an abstrakten „Risiken" (oder gar Chancen) an, sondern an konkreten bestandsgefährdenden „Entwicklungen". Es spricht insofern genau genommen nicht von einer hypothetischen und noch latenten Möglichkeit ungünstiger

---

275 Studien über den Stand der Umsetzung von Riskmanagement-Systemen finden sich bei *Wolz*, WPg 2001, 789, 794 ff.; allgemeine Grundsätze der ordnungsgemäßen Risikoüberwachung speziell für § 91 Abs. 2 AktG entwickelnd: *Huth*, Die Vorstandspflicht zur Risikoüberwachung, S. 147 ff.

276 *Kort*, ZGR 2010, 440, 470; *Seibert* in: FS Bezzenberger, S. 427, 437; dagegen neuerdings für kapitalmarktorientierte Aktiengesellschaften i. S. d. § 264 HGB n.F. ein Risikomanagementsystem fordernd: *Hommelhoff/Mattheus* BB 2007, 2787, 2791; etwas zurückhaltender: *Zöllner/Noack* in: Baumbach/Hueck, GmbHG, 19. Aufl., § 35, Rn. 34.

277 *Seibert* in: FS Bezzenberger, S. 427, 436 f.

künftiger Entwicklungen[278], sondern von der bereits anlaufenden negativen Entwicklung selbst, die es frühzeitig zu erkennen gilt[279]. Allerdings wird nur selten ein einziger Vorgang bereits eine solche negative Entwicklung begründen. Der Vorstand muss daher sicherstellen, dass sämtliche Vorgänge frühzeitig erkannt werden, die – auch in ihrer Kumulierung – potenziell bestandsgefährdend sein können[280].

In Übereinstimmung mit der ganz überwiegenden Ansicht im Aktienrecht können § 91 Abs. 2 AktG somit keine zusätzlichen organisatorischen Mindestanforderungen im Sinne eines „riskmanagements" entnommen werden[281]. § 91 Abs. 2 AktG fordert insbesondere keine systematische Erfassung und Quantifizierung aller wesentlichen Ausfall- und Liquiditätsrisiken eines Unternehmens mittels hierfür geeigneter Verfahren und Messmethoden[282]. Die Vorschrift ist lediglich als Klarstellung und Präzisierung der bereits bestehenden organschaftlichen Unternehmensorganisationspflicht zu interpretieren und soll die Vorstandsmitglieder für das Erfordernis einer systematischen Erfassung bestandsgefährdender Entwicklungen sensibilisieren[283]. Der Gesetzgeber hat dies im Übrigen kürzlich selbst im Rahmen seiner Gesetzesbegründung zum BilMoG[284] ausdrücklich klargestellt. So bleibe es dem geschäftsführenden Organ selbst eines kapitalmarktorientierten Unternehmens weiterhin überlassen, „ein internes Risikomanagementsystem nach den vorhandenen Bedürfnissen unter Berücksichtigung der Unternehmensstrategie, des Geschäftsumfangs und anderer wichtiger Wirtschaftlichkeits- und Effizienzgesichtspunkte einzurichten"[285]. Mit der Betonung dieses unternehmerischen Ermessensspielraums des Vorstands verdeutlicht der Gesetzgeber, dass für den Vorstand einer „normalen"

278 Siehe zum Risikobegriff z. B. *Maus* in: K. Schmidt/Uhlenbruck, Die GmbH in Krise, Sanierung und Insolvenz, 4. Aufl., Rn. 1.5.

279 *Seibert* in: FS Bezzenberger, S. 427, 436 f.

280 Vgl. *Krieger/Sailer-Coceani* in: K. Schmidt/Lutter AktG, 2. Aufl., § 91, Rn. 9; *Seibert* in: FS Bezzenberger, S. 427, 437; *Spindler* in: MüKo-AktG, 3. Aufl., § 91, Rn. 21.

281 *Hoffmann-Becking*, ZGR 1998, 497, 513; *Hommelhoff* in: FS Sandrock, S. 373 f.; *Hommelhoff/Mattheus*, AG 1998, 249, 251; *Hüffer, AktG, 9. Aufl., § 91, Rn.* 8; *Kort* in Großkomm. z. AktG, 4. Aufl., § 91, Rn. 50 ff.; *Krieger/Sailer-Coceani* in: K. Schmidt/Lutter AktG, 2. Aufl., § 91, Rn. 14; *Kuhl/Nickel*, DB 1999, 133; *Preußner/Becker*, NZG 2002, 846, 847; *Spindler* in: MüKo-AktG, 3. Aufl., § 91, Rn. 27.

282 *Baums*, ZGR 2011, 218, 270.

283 Mißverständlich insofern die Bezeichnung des IDW-Prüfungsstandards 340 (Fn. 4) als „Prüfung des *Risiko*früherkennungssystems nach § 317 Abs. 4 HGB".

284 Gesetz zur Modernisierung des Bilanzrechts vom 25. Mai 2009, BGBl, 2009, 1102.

285 Reg. Begr., BT-Drucks. 16/10067, S. 76.

Aktiengesellschaft außerhalb des Bank-, Versicherungs- und Wertpapieraufsichtsrechts[286] gerade nicht die dort obligatorischen, hohen Anforderungen an Risikomanagementsysteme gelten sollen[287].

(2) Ausgestaltung des Früherkennungs- und Überwachungssystems („Wie")
„Wie" der Vorstand letztlich das Früherkennungs- und Überwachungssystem ausgestaltet, liegt je nach Eigenart des Unternehmens grundsätzlich in seinem Leitungsermessen. Konkrete Maßnahmen, die unabhängig von den jeweiligen Besonderheiten des betroffenen Unternehmens als allgemein verbindlich qualifiziert werden können, lassen sich nur sehr schwer herausarbeiten. Weder bildet § 91 Abs. 2 AktG hierfür ein festes Fundament, noch enthalten die vorrangig von der Betriebswirtschaftslehre formulierten Methoden[288] feste Vorgaben für die Zuweisung der Aufgaben des Früherkennungs- und Überwachungssystems[289].

Zur Früherkennung von bestandsgefährdenden Entwicklungen hat der Vorstand einer AG auf der ersten Stufe organisatorisch eine „Risikocontrollingfunktion" zu schaffen[290]. Das Gesetz gibt hierfür keine verbindliche Organisation vor. Um der Gefahr entgegenzuwirken, dass das Krisensignal vom Vorstand – bewusst oder unbewusst – unterdrückt wird, sollte möglichst eine von der operativen Geschäftsleitung getrennte Stabsabteilung gebildet werden[291]. Diese hat insbesondere für ein geordnetes Rechnungswesen sowie einen Finanzplan zu sorgen. Finanzplanung sowie die Buchhaltung müssen dabei so organisiert sein, dass sie jederzeit einen zuverlässigen Einblick in den Zustand und die finanzielle Entwicklung des Unternehmens erlauben. Bei Aktiengesellschaften wird man bereits in normalen Zeiten die zumindest monatliche Bilanzierung sowie den zumindest monatlichen Ziel-Ist-Vergleich aller für die Lage des Unternehmens wichtigen Daten als unverzichtbar ansehen müssen, in der unternehmerischen

286 Diese Unternehmen unterliegen den branchenspezifischen Sonderregelungen wie §§ 25a KWG, 64a VAG, dazu *Weber-Rey*, AG 2008, 345, 350 ff.

287 *Dreher* in: FS Hüffer, S. 165; *Gernoth*, NZG 2010, 292, 293; *Kort*, ZGR 2010, 440, 470.

288 Vgl. z. B. IDW PS 340 zur Prüfung des Risikofrüherkennungssystems nach § 317 Abs. 4 HGB z. B. abgedruckt in: WPg 16/1999, S. 658 ff.

289 *Dreher* in: FS Hüffer, S. 165; *Spindler*, Unternehmensorganisationspflichten, S. 384; zu den möglichen Ausgestaltungen von Managementsystemen siehe auch *Bauer*, Die GmbH in der Krise, 2. Aufl., S. 5 ff.

290 Zum Begriff der Risikocontrollingfunktion und deren Anforderungen siehe z. B. *Dreher* in: FS Hüffer, S. 167.

291 *Dreher* in: FS Hüffer, S. 167; *Wellensiek/Schluck-Amend* in: K. Schmidt/Uhlenbruck, GmbH in Krise, Sanierung und Insolvenz, 4. Aufl., Rn. 1.103.

Krise braucht der Vorstand kürzere Abstände. Die Planung muss anhand der aktuellen Daten laufend fortgeschrieben werden.

Auf der zweiten Stufe ist ein Überwachungssystem verpflichtend, durch das die Einhaltung der auf Stufe eins eingeleiteten Maßnahmen zur Früherkennung kontrolliert wird[292]. Zu diesem Zweck muss das Unternehmen über eine interne Controlling- und Revisionsabteilung verfügen, dem die Überwachung und Kontrolle der betrieblichen Tätigkeit obliegt[293]. Erforderlich ist dabei ein „System", das zumindest klare, unmissverständliche Zuständigkeiten begründet und ein engmaschiges Berichtswesen[294] sowie eine entsprechende Dokumentation enthält[295]. Dieses „System" muss jederzeit gewährleisten, dass der Vorstand über bestandsgefährdende Entwicklungen in Kenntnis gesetzt wird.

Ein diese Mindestanforderungen gewährleistendes Früherkennungs- und Überwachungssystem kann insoweit als gesetzliche Pflicht angesehen werden, ein darüber hinausgehendes sog. Risikomanagementsystem stellt dagegen die „Kür" dar[296]. Je nach konkreter Eigenheit des Unternehmens (Größe, Branche, Struktur, Kapitalmarktzugang) können sich die Organisationsanforderungen an das jeweilige System jedoch teilweise erheblich unterscheiden. So kann man nicht allgemein bereits darin eine Organisationspflichtverletzung sehen, dass etwa der Geschäftsleiter einer Einmann-AG oder einer nicht börsennotierten, kleinen AG eine Risikoermittlung im Wege einer „formularmäßigen Erfassung" unterlassen hat[297] oder für Aufgaben einer internen Revision keine separate

---

292 *Dreher* in: FS Hüffer, S. 175.

293 Vgl. Begr. RegE. BT-Drucks. 13/9712, S. 15: „Die Verpflichtung des Vorstands, für ein angemessenes Risikomanagement und eine angemessene interne Revision zu Sorgen, soll verdeutlicht werden"; vgl. auch *Dreher* in: FS Hüffer, S. 167; *Wellensiek/Schluck-Amend* in: K. Schmidt/Uhlenbruck, GmbH in Krise, Sanierung und Insolvenz, 4. Aufl., Rn. 1.104; weniger eindeutig dagegen *Spindler* in: MüKo-AktG, 3. Aufl., § 91, Rn. 28.

294 Siehe zum Informationsmanagement auch *Pauker*, Unternehmen – Risiko – Haftung, S. 153 m. w. N.

295 LG München I, Urt. v. 05.04. 2007–5 HKO 15964/06, NJW 2008, S. 319; a. A. *Theusinger/Liese*, NZG 2008, 289, 290, die eine Rechtspflicht zur Dokumentation von Risikoüberwachungssystemen i. S. d. § 91 Abs. 2 AktG ablehnen.

296 *Maus* in: K. Schmidt/Uhlenbruck, GmbH in Krise, Sanierung und Insolvenz, 4. Aufl., Rn. 1.118.

297 *Krieger/Sailer* in: K. Schmidt/Lutter, AktG, 1. Aufl., § 91 AktG, Rn. 14; *Spindler*, Unternehmensorganisationspflichten, S. 384; *ders.* in: MüKo-AktG, 3. Aufl., § 91, Rn. 28; a. A. *Preußner/Becker*, NZG 2002, 846, 848.

Stabsabteilung eingerichtet wurde[298]. In einer kapitalmarktorientierten AG, etwa im Bankensektor, wird man darin jedoch in aller Regel bereits eine Pflichtverletzung sehen müssen. Einer Normung der Unternehmensorganisation steht insoweit nur ein sehr schmaler Bereich offen[299]. Die Grenzen des Leitungsermessens werden meist erst bei einer leichtfertigen und unverantwortlichen Unternehmensorganisation überschritten sein.

b. Ausstrahlungswirkung des § 91 Abs. 2 AktG auf die GmbH

Nachdem soeben festgestellt wurde, dass § 91 Abs. 2 AktG für die AG die Errichtung eines Früherkennungs- und Überwachungssystems verpflichtend klarstellt, die Entscheidung über die organisatorische Ausgestaltung dieses „Systems" allerdings weitestgehend dem unternehmerischen Leitungsermessen des Vorstands unterliegt, stellt sich nun die Frage, welche Aussagen die Vorschrift für die GmbH trifft.

Der Gesetzgeber hat bei Erlass des KonTraG darauf verzichtet, eine dem § 91 Abs. 2 AktG entsprechende Regelung im GmbH-Gesetz aufzunehmen. Wie der Regierungsbegründung zu entnehmen ist, geschah dies auch bewusst[300]. In der Begründung heißt es allerdings, es sei „davon auszugehen, dass für die GmbH je nach ihrer Größe, Komplexität ihrer Struktur etc. nichts anderes gilt und die Neuregelung Ausstrahlungswirkung auf den Pflichtenrahmen der Geschäftsführer auch anderer Gesellschaftsformen hat"[301].

Ausgehend davon, dass auch der Geschäftsführer einer GmbH verpflichtet ist, für eine krisenvermeidende Unternehmensorganisation zu sorgen, und die konkrete Ausformung der Anforderungen an die organisatorische Ausgestaltung dabei ganz wesentlich von dem jeweiligen Geschäftsbetrieb der GmbH abhängig ist, wird in der rechtswissenschaftlichen Literatur zum Teil eine uneingeschränkte Anwendung des § 91 Abs. 2 AktG auf die GmbH befürwortet[302]. Nach dieser Ansicht ist der vom GmbH-Geschäftsführer zu beachtende Sorgfaltsmaßstab nach § 43 Abs. 1 GmbHG inhaltlich deckungsgleich mit dem des Vorstands einer AG nach § 93 Abs. 1 Satz 1 AktG[303]. Demnach werde durch

---

298 Vgl. *Dreher* in: FS Hüffer, S. 168.

299 *Spindler*, Unternehmensorganisationspflichten, S. 403.

300 Begr. RegE. BT-Drucks. 13/9712, S. 15.

301 Begr. RegE. BT-Drucks. 13/9712, S. 15.

302 *Altmeppen* in: Roth/Altmeppen, GmbHG, 6. Aufl., § 41, Rn. 15; *ders.*, ZGR 1999, 291, 301 f.

303 *Altmeppen* in: Roth/Altmeppen, GmbHG, 6. Aufl., § 41, Rn. 15; *ders.*, ZGR 1999, 291, 301; so wohl auch *Haas* in: Verhandlungen des 66. DJT, Bd. I, E105, der vorschlägt eine entsprechende Regelung auch im GmbH-Gesetz zu verankern.

die Neuregelung im Grunde auch nur eine den Geschäftsführer einer GmbH ohnehin schon aufgrund seiner Organstellung treffende Früherkennungs- und Überwachungspflicht präzisiert.

Gegen eine uneingeschränkte Erstreckung des § 91 Abs. 2 AktG auf die GmbH wird allerdings vorgebracht, dass es sich bei § 91 Abs. 2 AktG allein um eine aktienrechtliche Regelung handele und der Gesetzgeber für die GmbH bewusst keine gleichartige Regelung getroffen habe[304]. Auch bestehe bei der AG gerade wegen ihrer Größe und der damit einhergehenden Komplexität die Gefahr, dass ohne eine interne Organisationseinheit zur Regelung und Überwachung auf nachgeordneter Entscheidungsebene entstehende Risiken der Unternehmensleitung verborgen bleiben[305]. Bei der Mehrzahl der GmbHs sei die Situation jedoch anders. So seien bei dem Großteil der kleinen und mittleren GmbHs die Verhältnisse so übersichtlich und die Entscheidungswege so kurz, dass die notwendige Überwachung der Mitarbeiter auch ohne ein extra organisiertes Früherkennungs- und Überwachungssystem und insbesondere auch ohne Beschäftigung von eigens zu diesem Zweck eingestelltem Personal (z. B. Revisions-, Controllingabteilung etc.) erfolgen kann.

Eine etwas differenziertere Auffassung argumentiert mit dem vom Gesetzgeber verwendeten Ausstrahlungsbegriff[306]. Danach würde im Falle einer Ausstrahlungswirkung eine bestimmte Norm auf einen bestimmten Regelungskomplex zwar nicht analog angewendet, sie beeinflusse ihn aber allein durch ihre Existenz dahingehend, dass Rechtsfragen gleich oder zumindest ähnlich zu entscheiden seien wie in dem Regelungskomplex, für den die fragliche Norm unmittelbar gelte. Hintergrund dieses Vorgangs sei das Streben nach systematischer Geschlossenheit des Rechts[307]. Demzufolge sei vorliegend auch nicht die Rechtsform eines Unternehmens für das Bestehen bestimmter Pflichten maßgebend, sondern die jeweilige Interessenlage, die „kontextfaktorabhängig" ist[308]. In diesem Sinne seien auch bei der GmbH erhöhte Anforderungen an die krisenvermeidende Organisation anzunehmen, wenn deren Risikostruktur einer gesetzestypischen Aktiengesellschaft entspricht[309]. Bezogen auf die GmbH wird dabei den Kontextfaktoren Größe i. S. d. § 267 HGB und Komplexität des

304 *Hommelhoff*, FS Sandrock, S. 373, 376 f.
305 *Drenckhan*, Gläubigerschutz in der Krise der GmbH, S. 60.
306 *Drygala/Drygala*, ZIP 2000, 297 ff.
307 *Drygala/Drygala*, ZIP 2000, 297, 300.
308 *Drygala/Drygala*, ZIP 2000, 297, 300.
309 *Hirte*, Kapitalgesellschaftsrecht, 5. Aufl., § 3, Rn. 3.52.

Unternehmens besondere Bedeutung beigemessen[310]. Überwiegend wird daher erst bei einer „großen" GmbH i. S. d. § 267 Abs. 3 HGB eine Pflicht zur Einrichtung eines besonders organisierten Früherkennungs- und Überwachungssystems angenommen[311]. Bei kleinen und mittleren GmbHs i. S. d. § 267 Abs. 1, 2 HGB wird dagegen überwiegend die Ansicht vertreten, dass deren Geschäftsführer grundsätzlich nicht systempflichtig sei, es sei denn, die Gesellschaft gehört zu den wenigen, die zugleich einen Aufsichtsrat nach dem MitBestG einzurichten haben oder den organisierten Kapitalmarkt beanspruchen[312].

Letzterer Ansicht ist weitestgehend zuzustimmen. Wie der Vorstand einer AG ist auch der GmbH-Geschäftsführer aufgrund seiner Leitungspflicht und der sie konkretisierenden Sorgfaltspflicht gemäß § 43 Abs. 1 GmbHG zur ordnungsgemäßen Unternehmensorganisation und -kontrolle verpflichtet. Daraus ergibt sich aber nicht zwingend auch eine Pflicht zur Errichtung eines komplexen Früherkennungs- und Überwachungssystems. Bei der AG (und auch KGaA) besteht dagegen – wie weiter oben bereits dargestellt – bezüglich des „Ob" eines Früherkennungs- und Überwachungssystems kein Spielraum; § 91 Abs. 2 AktG macht diese Pflicht deutlich, und zwar unterschiedslos für alle Aktiengesellschaften. Gleiches kann bei der GmbH in dieser Allgemeinheit nicht gelten, wenngleich sich § 91 Abs. 2 AktG bloß auf die Forderung nach Zuweisung eindeutiger Zuständigkeiten, nach einem engmaschigen Berichtswesen und einer Dokumentation reduziert. Bei einem Großteil der deutschen GmbHs würde ein solches „System" die Gefahr des Leerlaufs heraufbeschwören. Die Geschäftsführer müssten Maßnahmen ergreifen, deren es nach der unternehmensspezifischen Risikolage häufig gar nicht bedarf[313]. Insbesondere bei einem Großteil der kleinen und mittleren GmbHs im Sinne des § 267 Abs. 1, 2 HGB kann der Geschäftsführer seine Pflichten wegen der Übersichtlichkeit der Verhältnisse meist

---

310 *Hillebrandt*, Das Früherkennungs- und Überwachungssystem bei Kapitalgesellschaften, S. 77.

311 *Altmeppen*, ZGR 1999, 291, 300; *Drescher*, Die Haftung des GmbH-Geschäftsführers, 6. Aufl., § 1, Rn. 71; *Drygala/Drygala*, ZIP 2000, 297, 298; *Steffan* in: Oppenländer/Trölitzsch, Praxishandbuch der GmbH-Geschäftsführung, 2. Aufl., § 37, Rn. 14; von der Ausstrahlungswirkung auch auf mittlere GmbHs ausgehend: *Maus* in: K. Schmidt/Uhlenbruck, Die GmbH in Krise, Sanierung und Insolvenz, 4. Aufl., Rn. 1.114.

312 *Hillebrandt*, Das Früherkennungs- und Überwachungssystem bei Kapitalgesellschaften, S. 98 ff.; vgl. dazu auch *Drygala/Drygala*, ZIP 2000, 297, 302; *Steffan* in: Oppenländer/Trölitzsch, Praxishandbuch der GmbH-Geschäftsführung, 2. Aufl., § 37, Rn. 14.

313 *Drygala/Drygala* ZIP 2000, 297, 300 f.

auch „im Kopf“ und ohne besondere zusätzliche Vorkehrungen ordnungsgemäß erfüllen[314]. Sind aber keine systematischen Anforderungen an die Früherkennung von bestandsgefährdenden Entwicklungen zu stellen, kann auch ein extra eingerichtetes „System“ zur Überwachung und Kontrolle der Wirksamkeit der Maßnahmen zur Früherkennung (Controlling- und Revisionsabteilung) nicht verpflichtend sein.

Vor dem Hintergrund einer sich verschärfenden Rechtsprechung, die vom Geschäftsführer einer GmbH fordert, dass er zur Erfüllung seiner Aufgaben für eine Organisation sorgen muss, „die ihm die dafür erforderliche Übersicht über die wirtschaftliche und finanzielle Situation der Gesellschaft jederzeit ermöglicht“[315], ist aber zumindest dem Geschäftsführer einer großen GmbH im Sinne von § 267 Abs. 3 HGB neben der betriebswirtschaftlichen Notwendigkeit auch aus haftungsrechtlichen Gesichtspunkten zur Einrichtung eines adäquaten Früherkennungs- und Überwachungssystems aus den Teilsegmenten Risikoidentifikation, -bewertung, -kommunikation, -steuerung und -überwachung zu raten. Mündet eine unternehmerische Krise nämlich in der Insolvenz, muss der Geschäftsführer darlegen können, dass ein Verzicht auf die Einrichtung eines derartigen Systems angesichts der Risikolage seines Unternehmens keinen Verstoß gegen die gesetzlichen Sorgfaltspflichten darstellt bzw. die Grenzen verantwortlichen Handelns eines gewissenhaften Unternehmensleiters nicht überschritten wurden.

c. Zwischenergebnis

§ 91 Abs. 2 AktG schreibt zwar nur für Aktiengesellschaften vor, dass geeignete Maßnahmen zu treffen sind, um Entwicklungen rechtzeitig zu erkennen, die den Fortbestand des Unternehmens gefährden können. Die Einrichtung eines so organisierten Früherkennungs- und Überwachungssystems ist jedoch keine Spezialaufgabe für Vorstände von Aktiengesellschaften, sondern Pflicht eines jeden Unternehmensleiters, also auch die des GmbH-Geschäftsführers. Die Ausfüllung dieses Pflichtenrahmens orientiert sich dabei stets am konkreten Fall.

Erfordert die GmbH mangels Größe und Komplexität keine systematische Vorgehensweise durch den GmbH-Geschäftsführer, etwa durch Zuweisung eindeutiger Zuständigkeiten, Einrichtung eines engmaschigen Berichtswesens sowie einer von der operativen Geschäftsführung getrennten Controlling- und Revisionsabteilung, begründet allein das Fehlen entsprechender Maßnahmen noch

---

314 *Drygala/Drygala* ZIP 2000, 297, 301.

315 BGH, Urt. v. 20.02.1995 – II ZR 9/94, GmbHR 1995, 299.

keine Verletzung der Pflicht zur krisenvermeidenden Organisation und Kontrolle[316]. Denn für die Entlastung eines GmbH-Geschäftsführers reicht es aus, dass er jederzeit über eine ausreichende Übersicht hinsichtlich der wirtschaftlichen und finanziellen Situation der GmbH verfügt. Für die Frage, „Wie" der GmbH-Geschäftsführer im Einzelfall die ausreichende Übersicht gewährleistet, obliegt ihm grundsätzlich ein weites Leitungsermessen. Der Ermessensspielraum des GmbH-Geschäftsführers kann sich aber dann (ausnahmsweise) zur Pflicht zur Einrichtung eines Früherkennungs- und Überwachungssystems gegebenenfalls mit den Teilsegmenten aus Risikoidentifikation, -bewertung, -kommunikation, -steuerung und –überwachung reduzieren, wenn die Eigenheit bzw. Risikolage des konkreten Unternehmens dies erfordert.

III. Wirtschaftliche Selbstprüfungspflicht

Eng verzweigt mit der (krisenvermeidenden) Unternehmensorganisationspflicht des GmbH-Geschäftsführers ist die Pflicht zur wirtschaftlichen Selbstprüfung. Der GmbH-Geschäftsführer muss in seiner Funktion als Unternehmensleiter jederzeit in der Lage sein, das Unternehmen auf seine Wirtschaftlichkeit und Rentabilität zu kontrollieren[317]. Dafür hat er nicht nur ausreichende Informationen über die wirtschaftlichen Verhältnisse der GmbH zu sammeln, sondern muss die gewonnenen Informationen auch zweckorientiert aufbereiten und auswerten[318]. In der Literatur wird die wirtschaftliche Selbstprüfungspflicht auch unter den Schlagwörtern „Pflicht zur Selbstinformation"[319], „Vermögens- oder auch Selbstbeobachtungspflicht"[320] zusammengefasst. Auch wenn sich die

---

316 So auch *Bauer*, Die GmbH in der Krise, 2. Aufl., S. 5; in diesem Sinne auch *Wellensiek/Schluck-Amend* in: K. Schmidt/Uhlenbruck, Die GmbH in Krise, Sanierung und Insolvenz, 4. Aufl., Rn. 1.104.

317 Vgl. dazu BGH, Urt. v. 20.02.1995 – II ZR 9/94, GmbHR 1995, 299, 300; *Förster*, System einer Insolvenzauslösung bei der GmbH, S. 435; *Goette*, ZInsO 2001, 529 f.; *Haas*, Geschäftsführerhaftung und Gläubigerschutz, S. 128; *ders.* in: Heintzen/Kruschwitz, Unternehmen in der Krise, S. 74; *Haas/Hossfeld* in: Gottwald, Insolvenzrechts-Hdb., 4. Aufl., § 92, Rn. 7; *Hopt* in: Birk/Kreuzer, Das Unternehmen in der Krise, S. 29 f.; *Kleindiek* in: Lutter/Hommelhoff, GmbHG, 17. Aufl., § 43, Rn. 25; *Lutter*, GmbHR 2000, 301, 305; *Pauker*, Unternehmen – Risiko – Haftung, S. 154 ff.; *Schneider*, GmbHR 2010, 57, 59; *Veil*, ZGR 2006, 374, 375.

318 *Pauker*, Unternehmen – Risiko – Haftung, S. 155.

319 *Hopt* in: Birk/Kreuzer, Das Unternehmen in der Krise, S. 30; *Pauker*, Unternehmen – Risiko – Haftung, S. 154; *Steffek*, Gläubigerschutz in der Kapitalgesellschaft, S. 302.

320 *Mattheus*, ZGR 2006, 281, 284.

wirtschaftliche Selbstprüfungsaufgabe zunehmend zu einer der elementaren Pflichtaufgaben eines GmbH-Geschäftsführers herauskristallisiert hat, fehlt es bislang, trotz entsprechender Vorschläge in der Literatur[321], an einer eigenständigen Regelung hierzu. Hieran hat sich – auch für die GmbH – nach Einführung des § 91 Abs. 2 AktG nichts geändert.

Abgesehen von den gesetzlich normierten Buchführungs- und Bilanzierungspflichten (§§ 238 ff., 242 ff., 264 ff. HGB i. V. m. § 41 GmbHG) ist die Pflicht zur wirtschaftlichen Selbstprüfung vor allem auf die Generalklausel des § 43 Abs. 1 GmbHG zurückzuführen[322]. Denn die spezifischen Haftungstatbestände, die das Gesetz an anderer Stelle normiert (§§ 49 Abs. 3, 64 Satz 3 GmbHG, § 15a Abs. 1 InsO, § 823 Abs. 2 i. V. m. § 64 S. 1 GmbHG), erwähnen die Selbstprüfungspflicht nicht ausdrücklich, setzen sie aber stillschweigend voraus[323].

1. Buchführung und Bilanzierung

Lange Zeit spielte der Aspekt der Selbstinformation der Unternehmensleitung im Zusammenhang mit den gesetzlichen Rechnungslegungsvorschriften in der Rechtswissenschaft nur eine untergeordnete Rolle. Sie sah die Rechnungslegungs- bzw. Publizitätsvorschriften herkömmlicherweise als Marke zwischen Geheimhaltungsinteresse des Unternehmens und Offenlegungsinteresse verschiedener Publizitätsadressaten[324]. Heutzutage ist jedoch unbestritten, dass die Rechnungslegungspflicht, insbesondere bei der GmbH, auch eine Verpflichtung zur Selbstinformation darstellt und als Instrument der unternehmerischen Selbstkontrolle erheblich zur Insolvenzprophylaxe beiträgt[325]. Das zeigt sich

---

321 *Goette*, ZGR 2006, 261, 269; *Kleindiek* in: W. Bayer/E. Koch, Das neue GmbH-Recht, S. 103; vgl. ferner *Westermann*, DZWIR 2006, 485, 487; auch die wirtschaftliche Abteilung des 66. DJT hat sich überwiegend dafür ausgesprochen die Binnenpflichten des GmbH-Geschäftsführers im Vorfeld der Insolvenz durch eine gesetzliche Verpflichtung zur systematischen und kontinuierlichen Risikobeobachtung und Solvenzprüfung auszubauen, siehe dazu Beschlüsse der Wirtschaftlichen Abteilung des 66. DJT 2006, Ziff. 13.

322 *Haas*, Geschäftsführerhaftung und Gläubigerschutz, S. 129 ff.; *ders.* in: Heintzen/Kruschwitz, Unternehmen in der Krise, S. 74; *Haas/Hossfeld* in: Gottwald, Insolvenzrechts-Hdb., 4. Aufl., § 92, Rn. 7; *Pauker*, Unternehmen – Risiko – Haftung, S. 154.

323 *Haas/Hossfeld* in: Gottwald, Insolvenzrechts-Hdb., 4. Aufl., § 92, Rn. 7; *Kleindiek* in: Lutter/Hommelhoff, GmbHG, 17. Aufl., § 43, Rn. 24.

324 *Hopt* in: Birk/Kreuzer, Das Unternehmen in der Krise, S. 29 m. w. N.

325 *Hopt* in: Birk/Kreuzer, Das Unternehmen in der Krise, S. 29; vgl. dazu auch *Haas* in: Verhandlungen des 66. DJT, Bd. I, E105; *Zöllner/Noack* in: Baumbach/Hueck,

etwa daran, dass Schätzungen zufolge gerade eine fehlende oder nur unzureichende Dokumentation überproportional häufig die Insolvenz des Unternehmens nach sich zieht[326]. Besonders im Vorfeld der Insolvenz, in dem allgemein die Pflicht zur wirtschaftlichen Selbstprüfung als elementar anzusehen ist, wird die ordnungsgemäße Buchführung und Bilanzierung von den hierfür zuständigen Geschäftsführern häufig vernachlässigt[327].

a. Gesetzliche Buchführungspflicht gem. § 41 GmbHG

Zur wirtschaftlichen Selbstprüfungspflicht eines Geschäftsführers zählt insbesondere, den wirtschaftlichen Vermögensstatus der Gesellschaft ständig zu überwachen[328]. Hierzu dient allen voran die sorgfältige Führung der Bücher[329]. Sie hat in § 41 GmbHG i. V. m. §§ 238 ff. HGB im GmbH-Recht eine gesetzliche Grundlage gefunden. Danach ist der GmbH-Geschäftsführer als zuständiges Organ verpflichtet, Bücher zu führen und in diesen seine Handelsgeschäfte und die Lage seines Vermögens nach den Grundsätzen ordnungsgemäßer Buchführung ersichtlich zu machen[330]. Erst die ordnungsgemäß, insbesondere lückenlos geführten Geschäftsbücher gewährleisten der Geschäftsführung einen jederzeit zuverlässigen Einblick in die Finanzlage der Gesellschaft und ermöglichen ihr so eine kontinuierliche (erforderlichenfalls täglich durchzuführende) Liquiditätskontrolle und damit Früherkennung einer Krise der Gesellschaft.

Der Bereich der Buchführung liegt dabei zwingend in der (Gesamt-) Verantwortung der Geschäftsführung, damit die wirtschaftliche und finanzielle Lage der GmbH ständig zu erkennen ist[331]. Der BGH hat aber klargestellt, dass es bei einer mehrköpfigen Geschäftsführung durchaus auch praktikabel und zulässig ist, „die

GmbHG, 19. Aufl., § 35, Rn. 51; vgl. für den Vorstand einer AG auch *Reuter*, BB 2003,1797, 1799.

326 *Reuter*, BB 2003, 1797, 1799.

327 Schätzungen zufolge sind in Deutschland vor 2007 nur ca. 5% der zur Offenlegung verpflichteten Gesellschaften ihrer gesetzlichen Verpflichtung nachkommen, vgl. hierzu *Merkt* in: Baumbach/Hopt, HGB, 34. Aufl., § 335, Rn. 1.

328 *Haas*, Geschäftsführerhaftung und Gläubigerschutz, S. 129.

329 *Haas*, Geschäftsführerhaftung und Gläubigerschutz, S. 129; *Drenckhan*, Gläubigerschutz in der Krise der GmbH, S. 50.

330 *Gelhausen* in: Krieger/Uwe H. Schneider, Hdb. Managerhaftung, 2. Aufl., § 30, Rn. 29; zu den allgemeinen Ansatz- und Bewertungsgrundsätzen siehe auch *Haas* in: Baumbach/Hueck, GmbHG, 19. Aufl., § 42, Rn. 15 f.

331 BGH, Urt. v. 26.06.1995 - II ZR 109/94, NJW 1995, 2850, 2851; *Kleindiek* in: Lutter/Hommelhoff, GmbHG, 17. Aufl., § 41, Rn. 2; *Zöllner/Noack/Haas* in: Baumbach/Hueck, GmbHG, 19. Aufl., § 41, Rn. 3.

Buchführung im Wege der Geschäftsverteilung zu delegieren“[332]. Insbesondere kann die Buchführung auch auf ein externes qualifiziertes Fachpersonal (z. B. Steuerberater) übertragen werden[333]. Dies entbindet den GmbH-Geschäftsführer aber nicht von seiner Pflicht, die Buchführung auf ihre Richtigkeit hin zu überprüfen[334]. Auf die Richtigkeit einer von dritter Seite erstellten Bilanz darf sich der Geschäftsführer dabei ausnahmsweise nur dann verlassen, wenn er auch bei Anwendung der erforderlichen Sorgfalt eine Unrichtigkeit nicht hat erkennen können[335].

b. Aufstellung eines Jahresabschlusses

Gem. §§ 242 Abs. 1 und 2, 264 Abs. 1 HGB haben alle Kapitalgesellschaften jährlich einen Jahresabschluss zu erstellen. Durch den Jahresabschluss erhält der Geschäftsführer (sowie auch die Gesellschafter) Auskunft über die Höhe und Zusammensetzung des Vermögens, insbesondere über den Eigenkapitalanteil, sowie über die Liquidität und den Erfolg des Unternehmens. In § 264 Abs. 2 HGB wird dieses Informationsziel für die Kapitalgesellschaft deutlich formuliert. Der Jahresabschluss einer Kapitalgesellschaft hat danach unter Beachtung der Grundsätze ordnungsgemäßer Buchführung ein den tatsächlichen Verhältnissen entsprechendes Bild der Vermögens-, Finanz- und Ertragslage der Gesellschaft zu vermitteln. Die Geschäftsführer einer GmbH sowie deren Gesellschafter sollen dadurch die notwendigen Informationen über die Unternehmensergebnisse erhalten, um darauf gestützt Entscheidungen treffen oder Korrekturen nach betriebswirtschaftlichen Kriterien vornehmen zu können.

Gem. § 252 Abs. 1 Nr. 2 HGB hat der Geschäftsführer bei der Jahresabschlussbewertung u. a. auch zu prüfen, ob tatsächliche oder rechtliche Gegebenheiten einer Fortführung der Unternehmenstätigkeit entgegenstehen[336]. Bei der Jahresabschlussbewertung ist nämlich grundsätzlich nur dann von der Fortführung des Unternehmens auszugehen („Going-Concern-Prinzip“), sofern nicht tatsächliche oder rechtliche Umstände entgegenstehen (z. B. wirtschaftliche Schwierigkeiten, bevorstehende Auflösung und Liquidation etc.)[337]. Diese der Aufstellung

---

332 BGH, Urt. v. 26.06.1995 – II ZR 109/94, NJW 1995, 2850, 2851; siehe zur Organisations- und Überwachungspflicht des Geschäftsführers 3. Kap., B, II.

333 *Petzke/Tietje* in: Rischbieter/Gröning, Gründung und Leben der GmbH nach dem MoMiG, 9. Kap., Rn. 90.

334 Vgl. z. B. BGH, Urt. v. 14.05.2007 – II ZR 48/06, GmbHR 2007, 757, 759.

335 *K. Schmidt* in: Scholz, GmbHG, 10. Aufl., Anh. § 64 Rn. 48.

336 *Hennrichs*, Der Konzern 2008, 42, 44.

337 Siehe dazu *Merkt* in: Baumbach/Hopt, HGB, 34. Aufl., § 252, Rn. 7.

eines Jahresabschlusses immanente (handelsbilanzielle) Fortführungsprognose ist somit ebenfalls Teil der wirtschaftlichen Selbstprüfungspflicht.

c. Aufstellung eines Lageberichts

Der Selbstinformation dienlich ist auch die für Geschäftsführer von großen und mittelgroßen GmbHs bestehende Verpflichtung, einen Lagebericht zu erstellen (§ 264 Abs. 1 HGB)[338]. Im Lagebericht sind aufzuführen: der Geschäftsverlauf einschließlich des Geschäftsergebnisses, die Lage des Unternehmens sowie dessen voraussichtliche Entwicklung, seine Forschungs- und Entwicklungstätigkeit und schließlich Vorgänge von besonderer Bedeutung, die nach Schluss des Geschäftsjahres eingetreten sind, §§ 264 Abs. 1, 289 HGB. Der Lagebericht soll unter Einbeziehung der „bedeutsamsten finanziellen Leistungsindikatoren" ein den tatsächlichen Verhältnissen entsprechendes Bild vermitteln und eine „ausgewogene und umfassende, dem Umfang und der Komplexität der Geschäftstätigkeit entsprechende Analyse des Geschäftsverlaufs" enthalten, § 289 HGB[339]. Sinn und Zweck dieser neben den Jahresabschluss tretenden weiteren Form der Berichterstattung soll es sein, die Lage der Gesellschaft „zukunftsbezogen" darzustellen, um die weitgehend stichtagsbezogene Aussagekraft des Jahresabschlusses zu ergänzen"[340]. Zur ordnungsgemäßen Aufstellung des Lageberichts hat der Geschäftsführer danach insbesondere auch über bestandsgefährdende Risiken oder sonstige Risiken mit wesentlichem Einfluss auf die Vermögens-, Finanz- und Ertragslage zu berichten[341]. Die Pflicht zur ordnungsgemäßen Bilanzierung verpflichtet zumindest den Geschäftsführer einer mittleren und großen GmbH i. S. d. § 267 Abs. 1 HGB dazu, jährlich eine Risikoanalyse durchzuführen, mittels derer er bestandsgefährdende Risiken und somit erst recht auch bereits anlaufende bestandsgefährdende Entwicklungen für das Unternehmen erkennen kann[342].

---

338 Seit 1986 gilt aufgrund der Umsetzung der vierten gesellschaftsrechtlichen EG-Richtlinie (Bilanzrichtlinie) eine „Drei-Klassen-Teilung" in große, mittelgroße und kleine Kapitalgesellschaften. Die Größenordnungen ergeben sich aus § 267 HGB i. d. F. des BilMoG.

339 Vgl. dazu *Raiser/Veil*, Recht der Kapitalgesellschaften, 5. Aufl., § 36, Rn. 6.

340 *Haas*, Geschäftsführerhaftung und Gläubigerschutz, S. 139 m. w. N.

341 *Merkt* in: Baumbach/Hopt, HGB, 34. Aufl., § 289, Rn. 1; *Wiedmann* in: Ebenroth/Boujong/Joost/Strohn, HGB, 2. Aufl., § 289, Rn. 23.

342 Vgl. *Haas* in: Verhandlungen des 66. DJT, Bd. I, E 112; siehe zum Risikobegriff bereits 2. Kap., A., I.

d. Vorlage an den Abschlussprüfer

Das Gesetz sieht zumindest für die mittelgroßen und großen GmbHs i. S. d. § 267 Abs. 2, 3 HGB schließlich auch eine Pflicht zur externen Revision vor (§ 316 Abs. 1 HGB). Die Geschäftsführer dieser GmbHs sind danach verpflichtet, die Ordnungsmäßigkeit des Rechnungswesens und die Richtigkeit der finanziellen Berichterstattung durch unabhängige Wirtschaftsprüfer überprüfen zu lassen. Dafür sind dem Abschlussprüfer Jahresabschluss und Lagebericht unverzüglich nach der Aufstellung vorzulegen. Die Anforderungen an die Abschlussprüfung hat der Gesetzgeber mit dem Gesetz zur Kontrolle und Transparenz im Unternehmensbereich vom 27.04.1998 (KonTraG) und dem Gesetz zur Transparenz und Publizität vom 19.07.2002 (TransPuG)[343] kontinuierlich erhöht. Gem. § 321 Abs. 1 HGB hat der Abschlussprüfer neuerdings nicht nur über das Ergebnis seiner Prüfung schriftlich zu berichten, sondern er hat darüber hinaus auch zur Beurteilung der Unternehmenslage durch die Geschäftsführer Stellung zu nehmen, wobei insbesondere auf die Beurteilung des Fortbestandes und der künftigen Entwicklung des Unternehmens einzugehen ist. Gem. § 321 Abs. 1 Satz 3 und Abs. 2 HGB ist in dem Prüfungsbericht neuerdings auch aufzuzeigen, welche Auffälligkeiten festgestellt worden sind[344]. Die Abschlussprüfer nehmen somit zunehmend die Rolle als „Unternehmenskontrolleure zur Vermeidung von Unternehmenskrisen“ ein[345]. Für die überwiegende Anzahl an kleinen GmbHs i. S. d. § 267 Abs. HGB ist eine entsprechende Verpflichtung wegen des unverhältnismäßig hohen Kosten- und Bürokratieaufwands dagegen häufig nicht praktikabel und daher auch nicht als verpflichtend anzusehen.

e. Zwischenergebnis

Vor und in der Unternehmenskrise kommt den ganz allgemeinen Buchführungs- und Bilanzierungspflichten besondere Bedeutung zu. Werden Buchführung und Bilanzierung ordnungsgemäß durchgeführt, trägt dies erheblich zur Krisen(früh)erkennung und somit auch zur Krisen- bzw. Insolvenzprophylaxe bei. Während die gesetzliche Buchführung sowie die Aufstellung des Jahresabschlusses weitgehend stichtagsbezogene Informationen über die wirtschaftliche und finanzielle Lage der GmbH geben, sind dem Lagebericht sowie dem

---

343 Transparenz- und Publizitätsgesetz vom 19.7.2002, BGBl. I 2002, 2681.

344 *Wellensiek/Schluck-Amend* in: K. Schmidt/Uhlenbruck, Die GmbH in Krise, Sanierung und Insolvenz, 4. Aufl., Rn. 1.102.

345 *Wellensiek/Schluck-Amend* in: K. Schmidt/Uhlenbruck, Die GmbH in Krise, Sanierung und Insolvenz, 4. Aufl., Rn. 1.101.

Prüfungsbericht i. S. d. § 316 Abs. 1 HGB zudem auch „zukunftsbezogene" Geschäftsentwicklungs- und Geschäftslageinformationen zu entnehmen.

Besonders im Vorfeld der Insolvenz zeigt die Erfahrung, dass die Buchführungs- und Bilanzierungspflichten häufig vernachlässigt werden. Da das Sanktionssystem bei Rechnungslegungs- und Offenbarungspflichtverletzungen bereits umfassend ausgestaltet ist[346], sollte hier verstärkt an das Rechtsbewusstsein der Geschäftsführer appelliert werden. Denn den Geschäftsführern, vorrangig von kleinen Gesellschaften, ist häufig nicht bewusst, welche herausragende Bedeutung eine ordnungsgemäße Buchführung und Bilanzierung für eine erfolgreiche Krisenvermeidung und/oder Krisenbewältigung haben kann.

2. Kontinuierliche Beobachtung der Finanz- und Vermögenslage

Im Hinblick auf die allgemeine Pflicht zur wirtschaftlichen Selbstprüfung ist eine ordnungsgemäße Buchführung und Bilanzierung jedoch nur von begrenztem Nutzen. Denn die Erkenntnisse aus der Rechnungslegung beziehen sich immer nur auf die letzten Rechnungsperioden. Besteht die Rechnungslegung gem. §§ 242, 264 HGB aber immer nur in einem Jahresabschluss am Ende eines jeden Geschäftsjahres, können kurzfristige Veränderungen der gesellschaftlichen Vermögenssituation nicht rechtzeitig erkannt werden. Der Geschäftsführer hat in Erfüllung seiner Pflicht, in den Angelegenheiten der Gesellschaft die Sorgfalt eines ordentlichen Geschäftsmannes anzuwenden (§ 43 Abs. 1 GmbHG), die Finanz- und Vermögenslage der Gesellschaft laufend zu beobachten[347]. Die

---

346 Als mögliche Sanktion kommt eine Schadensersatzpflicht nach § 43 Abs. 2 GmbHG gegenüber der Gesellschaft in Betracht. Flankiert wird diese (vergleichsweise schwache) zivilrechtliche Haftung insbesondere durch die §§ 331 ff. HGB. § 331 HGB droht Geschäftsführern eine Freiheitsstrafe bis zu drei Jahren oder eine Geldstrafe an, wenn sie die Verhältnisse der GmbH in der Eröffnungsbilanz, im Jahresabschluss oder im Lagebericht unrichtig wiedergeben oder verschleiern, § 334 HGB sieht Ordnungswidrigkeitsbestände vor und § 335 HGB enthält die Möglichkeit, Zwangsgeld festzusetzen; siehe zur strafrechtlichen und haftungsrechtlichen Verantwortung des Geschäftsführers *Gelhausen* in: Krieger/Uwe H. Schneider, Hdb. Managerhaftung, 2. Aufl. § 30, Rn. 56 ff.

347 BGH, Urt. v. 20.02.1995 – II ZR 9/94, GmbHR 1995, 299, 300; OLG Schleswig, Urt. v. 11. 2. 2010–5 U 60/09, NZI 2010, 492, 494; *Bork*, ZIP 2011, 101, 102; *Goette*, ZInsO 2001, 529, 530; *Haas*, Geschäftsführerhaftung und Gläubigerschutz, 28 f, 128 ff.; *ders.* in: Heintzen/Kruschwitz, Unternehmen in der Krise, S. 73, 74 f.; *Kleindiek* in: Lutter/Hommelhoff, GmbHG, 17. Aufl., § 43, Rn. 25; *Veil*, ZGR 2006, 374, 375; *Wellensiek/Schluck-Amend* in K. Schmidt/Uhlenbruck, Die GmbH in Krise, Sanierung und Insolvenz, 4. Aufl., Rn. 1.73 ff.; siehe auch bereits *Hommelhoff*, ZIP 1983, 383, 391.

wirtschaftliche Selbstprüfungspflicht erfordert demnach in der Regel eine über die gesetzliche Pflicht zur jährlichen Bilanzanalyse hinausgehende laufende Selbstprüfung durch den Geschäftsführer.

Die Art und Weise einer solchen laufenden Selbstprüfungspflicht schreibt das Gesetz wiederum nicht vor, es setzt diese an verschiedenen Stellen allerdings stillschweigend voraus, so dass eine Konkretisierung der Selbstprüfungspflicht nur anhand dieser spezifischen Vorschriften erfolgen kann. So hat der Bundesgerichtshof in einer Entscheidung aus dem Jahr 1995[348] klargestellt, dass der Geschäftsführer einer GmbH bei „Anzeichen einer krisenhaften Entwicklung" eine Zwischenbilanz oder einen Vermögensstatus aufzustellen habe. Andernfalls könne er die haftungsbewehrte Insolvenzantragspflicht nach § 15a Abs. 1 InsO (§ 64 Abs. 1 GmbHG a. F.), das Masseerhaltungsgebot ab materieller Insolvenzreife nach Maßgabe von § 64 Satz 1 und 2 GmbHG sowie die Informationspflicht bei hälftigem Verlust des Stammkapitals nach § 49 Abs. 3 GmbHG nicht erfüllen. Daraus ist zu entnehmen, dass ein Geschäftsführer auch bereits in der Lage sein muss, die „Anzeichen einer krisenhaften Entwicklung" überhaupt zu erkennen[349]. Erforderlich ist hierfür eine kontinuierliche Beobachtung der Finanz- und Vermögenslage. Das Rechnungswesen, das wesentliche Kennzahlen (Eigenkapitalquote, Schuldentilgungsdauer, Gesamtkapitalrentabilität, Cash-Flow-Leistungsrate) liefert, ist dabei von besonderer Bedeutung[350]. Mit ihrer Hilfe lassen sich die Ertragskraft und finanzielle Lage der Gesellschaft relativ verlässlich eingrenzen. Daneben bedarf es regelmäßig eines laufenden Soll-Ist-Vergleichs. Die heute verfügbaren Datenverarbeitungssysteme erlauben es, täglich eine Bilanz und einen Liquiditätsstatus abzurufen[351]. Dafür müssen die Daten laufend und zuverlässig gesammelt und erfasst werden. Ob eine solche Selbstinformation über eine monatlich oder vierteljährlich aktualisierte Vermögens-, Finanz- und Ertragsplanung geschehen sollte, wird man allgemein und unternehmensfern nicht bestimmen können[352]. Das hängt ganz vom konkreten Zuschnitt des Unternehmens und von der Situation seiner Märkte ab. Bei mittelgroßen und großen GmbHs kann die kontinuierliche Beobachtung der Finanz- und Vermögenslage gegebenenfalls auch die Einrichtung eines (oben bereits

348 BGH, Urt. v. 20.02.1995 – II ZR 9/94, GmbHR 1995, 299.

349 *Veil*, ZGR 2006, 374, 376; *Westermann*, DZWIR 2006, 485, 487, insoweit auch *Bork*, ZIP 2011, 101, 102.

350 BGH, Urt. v. 20.02.1995 – II ZR 9/94, GmbHR 1995, 299; *Geißler*, DZWIR 2011, 309.

351 *Hoffmann/Liebs*, Der GmbH-Geschäftsführer, 3. Aufl., Kap. 6, Rn. 6004.

352 Vgl. hierzu auch *Bork*, ZIP 2011, 101, 102.

beschriebenen) Früherkennungs- und Überwachungssystems i. S. d. § 91 Abs. 2 AktG erfordern[353].

3. *Eingehende Solvenzkontrolle in der Krise*

Zeichnen sich wirtschaftliche Schwierigkeiten (z. B. Einbruch der Konjunktur, Umsatzrückgänge etc.) oder gar eine Krise der Gesellschaft ab, sind erhöhte Anforderungen an die Selbstprüfungsaufgabe zu stellen[354]. Wirft das Ergebnis der (ständigen) wirtschaftlichen Selbstprüfung Zweifel an der Solvenz der Gesellschaft auf, verdichtet sich die allgemeine Pflicht zur wirtschaftlichen Selbstprüfung zu einer Pflicht zur eingehenden Solvenzkontrolle. Die laufende Beobachtung der wirtschaftlichen Situation allein reicht dann nicht mehr aus. Die Geschäftsführer müssen die wirtschaftliche Lage der Gesellschaft noch sorgfältiger überwachen und gegebenenfalls in kurzen Abständen Vermögensstatus und (Zwischen-)Bilanzen erstellen[355]. Wird so das Vorliegen einer unternehmerischen Krisensituation erkannt, hat der GmbH-Geschäftsführer über eine umfassende betriebliche und finanzielle Sanierungsprüfung nachzudenken[356].

Spätestens wenn ein „nicht durch Eigenkapital gedeckter Fehlbetrag" nach § 268 Abs. 3 HGB ausgewiesen werden muss, hat der Geschäftsführer zusätzlich

---

353 BGH, Urt. v. 20.02.1995 – II ZR 9/94, GmbHR 1995, 299; *Zöllner/Noack* in: Baumbach/Hueck, GmbHG, 19. Aufl., § 35, Rn. 33, 51; vgl. dazu auch *Haas* in: Verhandlungen des 66. DJT, Bd. I, E105 f. der eine Normierung dieser zentralen Geschäftsführerpflicht im GmbHG nach dem Vorbild des österreichischen § 22 Abs. 1 GmbHG vorschlägt, wonach die Geschäftsführer der GmbH *„dafür zu sorgen (haben), dass ein Rechnungswesen und ein internes Kontrollsystem geführt werden, die den Anforderungen des Unternehmens entsprechen"*.

354 Vgl. z. B. BGH, Urt. v. 20.02.1995 – II ZR 9/94, GmbHR 1995, 299; ferner BGH, Urt., v. 06. 06. 1994 – II ZR 292/91, NJW 1994, 2220, 2224; OLG Oldenburg, Urt. v. 24. 04. 2008–8 U 5/08, NZG 2008, 778, 779; *Hennrichs*, Der Konzern 2008, 42, 44; *Veil*, ZGR 2006, 374, 375; *Ziemons* in: Oppenländer/Trölitzsch, Praxishandbuch der GmbH-Geschäftsführung, 2. Aufl., § 22, Rn. 18.

355 BGH, Urt. v. 20.02.1995 – II ZR 9/94, GmbHR 1995, 299; BGH, Urt. v. 06. 06. 1994 – II ZR 292/91, NJW 1994, 2220, 2224; OLG Schleswig, Urt. v. 11. 2. 2010–5 U 60/09, NZI 2010, 492, 494; OLG Oldenburg, Urt. v. 24. 04. 2008–8 U 5/08, NZG 2008, 778, 779; *Hennrichs*, Der Konzern 2008, 42, 44; *Kleindiek* in: Lutter/Hommelhoff, GmbHG, 17. Aufl. § 43, Rn. 25; *Ziemons* in: Oppenländer/Trölitzsch, Praxishandbuch der GmbH-Geschäftsführung, 2. Aufl., § 22, Rn. 18.

356 *Drenckhan*, Gläubigerschutz in der Krise der GmbH, S. 67; *Picot/Aleth*, Unternehmenskrise und Insolvenz, S. 77 f.; *Schluck-Amend/Walker*, GmbHR 2001, 375, 377; im Einzelnen dazu auch 3. Kap., C, III.

das Vorliegen der Insolvenztatbestände Überschuldung und Zahlungsunfähigkeit beständig zu überprüfen[357]. Neben der regulären Jahresbilanz hat der Geschäftsführer eine Überschuldungsbilanz zu erstellen und regelmäßig fortzuschreiben.

Verfügt der Geschäftsführer über nicht genügend Fachkenntnis, etwa zur Aufstellung einer (insolvenzrechtlichen) Fortführungsprognose[358], hat er notfalls fachkundigen Rat einzuholen[359]. Die Anforderungen hierbei sind hoch. Eine schlichte Anfrage bei einer von dem Geschäftsführer für fachkundig gehaltenen Person reicht dabei nicht aus[360]. Es wird für erforderlich gehalten, dass sich der Geschäftsführer unter umfassender Darstellung der Gesamtverhältnisse und Offenlegung der erforderlichen Unterlagen von unabhängigen und fachlich spezialisierten Berufsträger beraten lässt[361]. Bei dem unabhängigen und fachlich spezialisierten Berufsträger muss es sich aber nicht zwingend um einen Wirtschaftsprüfer oder einen Rechtsanwalt handeln, wenn nach den konkreten Umständen des jeweiligen Einzelfalls (z.B. Größe des zu beurteilenden Unternehmens) die Beratung auch durch geeignete Angehörige anderer Berufsgruppen genügt[362].

4. *Solvenzprüfung bei Auszahlung*

Die Pflicht zur wirtschaftlichen Selbstprüfung wurde zuletzt mit dem neuen § 64 Satz 3 GmbHG und dem ihm zugrunde liegenden Verbot von Zahlungen an Gesellschafter, welche (erkennbar) zur Zahlungsunfähigkeit der Gesellschaft führen mussten, ausdrücklich um eine konkrete auf eine Auszahlung bezogene Solvenzprüfung erweitert[363]. Die Verpflichtung aus § 64 Satz 3 GmbHG verlangt vom Geschäftsführer vor jeder Auszahlung an einen Gesellschafter eine auf den

---

357 OLG Celle, Urt. v. 07.05.2008–9 U 191/07, GmbHR 2008, 1034, 1035; *Casper* in: Ulmer/Habersack/Winter, GmbHG, § 64, Rn. 50; *Haas* in: Baumbach/Hueck, GmbHG, 19. Aufl., § 64, Rn. 61.

358 BGH, Urt. v. 27.03.2012 – II ZR 171/10, NZG 2012, 672, 673; siehe dazu auch z. B. *Casper* in: Ulmer/Habersack/Winter, GmbHG, § 64, Rn. 50 f.

359 BGH, Urt. v. 27.03.2012 – II ZR 171/10, NZG 2012, 672, 673; BGH, Urt. v. 14.05.2007 – II ZR 48/06, BB 2007, 1801, 1803; *Haas* in: Baumbach/Hueck, GmbHG, 19. Aufl., § 64, Rn. 61.

360 BGH, Urt. v. 14.05.2007 – II ZR 48/06, BB 2007, 1801, 1803.

361 BGH, Urt. v. 14.05.2007 – II ZR 48/06, BB 2007, 1801, 1803.

362 BGH, Urt. v. 27.03.2012 – II ZR 171/10, NZG 2012, 672, 673.

363 *Kleindiek* in: Lutter/Hommelhoff, GmbHG, 17. Aufl. § 43, Rn. 25; *Ziemons* in: Oppenländer/Trölitzsch, Praxishandbuch der GmbH-Geschäftsführung, 2. Aufl., § 22,

Zahlungszeitpunkt bezogene Solvenz- oder Liquiditätsprognose[364]. Sie enthält dabei die Prüfung, ob und inwieweit die Gesellschaft auch in Zukunft und unter Berücksichtigung der Zahlung ihre fälligen Verbindlichkeiten wird erfüllen können.

5. *Zwischenergebnis*

Bis auf die gesetzliche Pflicht zur ordnungsgemäßen Buchführung und Bilanzierung steht der Inhalt und Umfang der wirtschaftlichen Selbstprüfungspflicht weitestgehend im Ermessen des GmbH-Geschäftsführers. Für die konkrete Ausgestaltung der Pflicht ist insoweit der jeweilige Einzelfall, insbesondere die Größe, Struktur, aber auch die wirtschaftliche Situation der Gesellschaft von Bedeutung[365]. So kann etwa die Pflicht zur wirtschaftlichen Selbstprüfung in einem Fall eine Bilanzanalyse in monatlichen Abständen oder weitergehende organisatorische Maßnahmen erforderlich machen, während in einem anderen Fall etwaige Maßnahmen wegen des Arbeits- und Kostenaufwands unverhältnismäßig wären und die Beobachtung der Finanz- und Vermögenslage durch den Geschäftsführer auch gleichsam „im Kopf" nebenher mitlaufen kann. Einem GmbH-Geschäftsführer sollte allerdings bewusst sein, dass sich die wirtschaftliche Selbstprüfungspflicht nicht auf die alljährliche Buchführung und Bilanzierung reduziert, sondern darüber hinaus auch weitere Prüfungspflichten enthält, die ständige Begleiter des GmbH-Managements sind und – entgegen den Vorstellungen vieler Geschäftsführer – nicht erst in unmittelbarer Insolvenznähe einsetzen. Die Anforderungen an die Selbstprüfungspflichten erhöhen sich allerdings mit Zuspitzung der Unternehmenskrise. Insoweit kann man auch von einer gleitenden Intensität sprechen: angefangen bei einer kontinuierlichen Beobachtung der Finanz- und Vermögenslage durch die Geschäftsführung bis hin zu einer eingehenden Solvenzkontrolle bei Anlass für Zweifel an der Solvenz und schließlich einer konkreten Solvenzprüfung bei Auszahlungen an Gesellschafter.

IV. Zwischenergebnis

Wie aus den bisherigen Ausführungen deutlich wird, sind der allgemeinen Geschäftstätigkeit einige krisenorientierte Pflichten zu entnehmen, die frühzeitig

Rn. 18; bereits vor der Einführung des § 64 S. 3 GmbHG eine entsprechende Pflicht bejahend *Hennrichs*, Der Konzern 2008, 42, 44.

364 *Kleindiek* in: Lutter/Hommelhoff, GmbHG, 17. Aufl. § 43, Rn. 25; dazu im Einzelnen noch 5. Kap., A, II, 6.

365 *Haas* in: Verhandlungen des 66. DJT, Bd. I, E 105 m. w. N.

an das Verhalten im Hinblick auf eine Krise appellieren. Dabei fällt auf, dass die Pflichtaufgaben zur Krisenvorsorge und Krisenvermeidung weitestgehend keine Konkretisierung im GmbH-Gesetz finden. Zwar sind die Pflichten zur krisenvermeidenden Organisation und Kontrolle wie auch zur wirtschaftlichen Selbstprüfung elementar für eine ordnungsgemäße Geschäftsführung im Vorfeld der Insolvenz, auch in Theorie und Praxis sind sie im Grundsatz anerkannt, in der Kodifikation kommen sie aber lediglich unvollkommen und vielfach auch nur mittelbar zum Ausdruck[366]. Eine rechtliche Grundlage erfahren diese (ungeschriebenen) Geschäftsführerpflichten zur Krisenfrüherkennung und Krisenvermeidung meist erst durch Ableitung aus der allgemeinen Pflicht zur ordnungsgemäßen Geschäftsführung und vor dem Hintergrund spezifischer Organpflichten, die das Gesetz an anderer Stelle normiert (z. B. §§ 49 Abs. 3, 64 Satz 1 u. 3 GmbHG, § 15a Abs. 1 InsO).

C. Krisenbewältigung

Für den Fall, dass eine unternehmerische Krise nicht vermieden werden konnte, aber noch rechtzeitig erkannt wurde, stellt sich die Frage, welche Vorgaben das Gesellschaftsrecht vorsieht, um die bereits eingetretene Krise zu überwinden. Können etwa die Geschäftsführer einer GmbH das Unternehmen tatenlos auf die Insolvenz zutreiben lassen und erfüllen sie ihre Rechtspflichten korrekt, wenn sie nur rechtzeitig den Insolvenzantrag stellen? Oder anders gefragt: Ist der GmbH-Geschäftsführer möglicherweise verpflichtet, besondere Maßnahmen in die Wege zu leiten, um die eingetretene Krise zu bewältigen, bzw. hat er Überlegungen und Planungen zur Bewältigung der Krise anzustellen oder darf er sich auf „business as usual" beschränken?

Die Frage nach den Krisenabwehr- und Krisenbewältigungsmaßnahmen beschäftigt nicht nur die betriebswirtschaftliche Methodik, sondern ist auch Gegenstand der (neueren) rechtspolitischen Diskussion[367]. Besondere Rechtspflichten zur Krisenabwehr und Krisenbewältigung bestehen aber auch bereits de lege lata; sie kommen in der Kodifikation allerdings nur bruchstückhaft und teilweise auch nur mittelbar zum Ausdruck. Diese krisenorientierten Pflichten bestehen

---

366 *Kleindiek* in: Lutter/Hommelhoff, GmbHG, Aufl. 19, § 43, Rn. 24; *ders.* in: W. Bayer/E. Koch, Das neue GmbH-Recht, S. 101.

367 Vgl. u. a. *Haas* in: Verhandlungen des 66. DJT, Bd. I, E 104 ff; *Kleindiek* in: Lutter/Hommelhoff, GmbHG, 17. Aufl., § 43, Rn. 24 ff.; *ders.* in: W. Bayer/E. Koch, Das neue GmbH-Recht, S. 101 ff.; siehe auch ZGR-Symposion 2006 zur Krisenvermeidung und Krisenbewältigung in der GmbH abgedruckt in ZGR 2006, 259 ff.

dabei wiederum nur gegenüber der GmbH. Dennoch werden die Gläubiger durch sie zumindest mittelbar geschützt. Denn wird die eingetretene Krise nicht gestoppt, ist auch die Aussicht auf Befriedigung ihrer Forderungen betroffen. Rechtzeitige Krisenbewältigungsmaßnahmen schützen somit nicht nur die Existenz der Gesellschaft, sondern auf diesem Wege mittelbar auch die Gläubiger.

I. Eingehende Solvenzkontrolle

Mit Eintritt der Krise verschärft sich die wirtschaftliche Selbstprüfungspflicht des Geschäftsführers. In dieser Phase reicht die laufende Beobachtung der wirtschaftlichen Situation der Gesellschaft allein nicht mehr aus. Vielmehr ist eine gewissenhafte Prüfung in Form einer eingehenden Solvenzkontrolle erforderlich[368]. Neben der Aufstellung einer Zwischenbilanz oder eines Vermögensstatus hat der Geschäftsführer gegebenenfalls eine Überschuldungsbilanz festzustellen und laufend fortzuschreiben. Mangels gesetzlicher Konkretisierung steht der Inhalt und Umfang der wirtschaftlichen Selbstprüfungspflicht, d. h. auch der konkrete Zeitpunkt einer eingehenden Solvenzkontrolle, weitestgehend im Ermessen des GmbH-Geschäftsführers.

II. Krisenwarn- und Berichtspflicht, § 49 Abs. 2, 3 GmbHG

1. Besonderes Informationsbedürfnis der Gesellschafter in der unternehmerischen Krise

Bestehen Anzeichen für eine Krisensituation oder ist diese bereits eingetreten, kommt der loyalen, kooperativen und vertrauensvollen Zusammenarbeit der Geschäftsführer mit den anderen Gesellschaftsorganen eine besondere Bedeutung zu. Gerät die Gesellschaft nämlich in eine unternehmerische Krise, besteht aus Sicht der GmbH-Gesellschafter ein besonderer krisenspezifischer Informationsbedarf[369]. Die Gesellschafter benötigen dann nicht nur Informationen über die Krisenlage als solche, sondern müssen auch Kenntnis über alle beurteilungsrelevanten Umstände erlangen, um Unternehmenskrisen frühzeitig zu erkennen und darauf sachgerecht reagieren zu können[370]. In dieser Phase gehört es daher

---

368 Siehe dazu bereits 3. Kap., B, III, 3.

369 Vgl. *Bork*, ZIP 2011, 101, 108.

370 *Hoffmann/Liebs*, Der GmbH-Geschäftsführer, 3. Aufl., Kap. 4, Rn. 4032; vgl. ferner *Kleindiek* in: Lutter/Hommelhoff, GmbHG, 17. Aufl., § 43, Rn. 26; *Roth* in: Roth/Altmeppen, GmbHG, 6. Aufl., § 49, Rn. 18; *Schneider*, GmbHR 2010, 57, 59; *Veil*, ZGR 2006, 374, 380.

zu den zentralen Pflichten eines Geschäftsführers, die Gesellschafter über die wirtschaftliche Situation rechtzeitig und umfassend zu informieren, damit diese Gelegenheit erhalten, über das weitere Schicksal der Gesellschaft zu entscheiden[371].

Im deutschen Recht ist bei der Krisenbewältigung insoweit eine Aufgabenteilung zwischen Geschäftsführer und Gesellschafter zu erkennen: Während dem Geschäftsführer die Früherkennung einer unternehmerischen Krise, die Krisenwarnung sowie die Ermittlung aller entscheidungserheblichen Daten obliegt, kommt den Gesellschaftern die Letztentscheidungsbefugnis zu. Nicht die Geschäftsführer, sondern die Gesellschafter entscheiden über die Unternehmenspolitik und kontrollieren das unternehmerische Geschehen, um – falls nötig – steuernd und lenkend einzugreifen[372]. Eine reibungslose Zusammenarbeit beider Organe ist insoweit zwingende Voraussetzung für eine effektive Krisenbewältigung. Bei einer Vielzahl der deutschen Ein- oder Zweipersonen-GmbHs erscheint dies, wegen der hier regelmäßig vorherrschenden Personenidentität von Geschäftsführer und Gesellschafter, unproblematisch. Die Gesellschafter-Geschäftsführer müssen über etwaige Krisensignale nicht gesondert informiert werden; etwaige Konsequenzen können auch ohne förmliche Krisenversammlung beraten werden[373]. Handelt es sich jedoch um Fälle der Fremdorganschaft, tut sich eine organtrennende Kluft auf, so dass ein grundsätzlich erhöhter Informationsbedarf besteht[374]. Meist wird nämlich der Geschäftsführer derjenige sein, der mit der aktuellen wirtschaftlichen Lage der Gesellschaft am besten vertraut ist[375]. Die Gesellschafter sind dann von den Informationen des Geschäftsführers abhängig.

2. *Informations- und Berichterstattungspflichten bei der GmbH im Allgemeinen*

Bevor die krisenspezifischen Informationspflichten im Besonderen näher untersucht werden, ist zunächst ein kurzer Blick auf die allgemeinen Informations- und Berichterstattungspflichten im GmbH-Recht zu werfen. Eine dem § 90

---

371 *Raiser/Veil*, Recht der Kapitalgesellschaft, § 33, Rn. 16.

372 *Hommelhoff*, ZIP 1983, 383, 385; *Leinekugel* in: Oppenländer/Trölitzsch, Praxishandbuch der GmbH-Geschäftsführung, 2. Aufl., § 18, Rn. 46.

373 *Zöllner* in: Baumbach/Hueck, GmbHG, 18. Aufl., § 49 Rn. 21.

374 *Hommelhoff*, ZIP 1983, 383, 386; siehe dazu auch *Wellensiek/Schluck-Amend* in: K. Schmidt/Uhlenbruck, GmbH in Krise, Sanierung und Insolvenz, 4. Aufl., Rn. 1.103.

375 *Westermann*, DZWIR 2006, 485, 487.

AktG entsprechende Vorschrift, wonach die Geschäftsführung etwa verpflichtet ist, von sich aus periodisch über die Verhältnisse der GmbH zu berichten, damit der Gesellschafterversammlung genug Informationen zur Verfügung stehen, um Unternehmenskrisen frühzeitig zu erkennen und darauf reagieren zu können, ist dem GmbH-Recht unbekannt. Auch sonst schweigt das GmbHG weitgehend zu der Frage, wie die Geschäftsführer die Gesellschafter allgemein über die Verhältnisse der GmbH zu informieren haben[376]. Etwaige Pflichten lassen sich lediglich mittelbar einzelnen Bestimmungen entnehmen. So wurde etwa mit § 51a im Jahre 1980 eine Vorschrift in das GmbHG eingefügt, die den Geschäftsführern die Pflicht auferlegt, die Gesellschafter auf Verlangen unverzüglich über die Angelegenheiten der Gesellschaft und Einsicht in die Bücher und Schriften der Gesellschaft zu informieren[377]. Ein ähnlich umfassendes Informations- und Auskunftsrecht wird auch der Gesellschafterversammlung als Kollektiv nach § 46 Nr. 6 GmbHG eingeräumt. Sowohl bei § 51a Abs. 1 GmbHG als auch bei § 46 Nr. 6 GmbHG liegt die Informationsinitiative allerdings bei den Gesellschaftern; die Gesellschafter sind gehalten, durch Mehrheitsbeschluss oder gar erst durch Ausübung des individuellen Auskunftsrechts die Geschäftsführer „zum Reden zu bringen“[378]. Nehmen sie ihre Überwachungs- und Kontrollfunktion nicht wahr, sind sie weitestgehend auf die selbständige Information durch die Geschäftsführer angewiesen.

Die Frage, ob und inwieweit die Geschäftsführer auch zur selbständigen Information der Gesellschafter verpflichtet sind, wird allerdings nicht einheitlich beantwortet[379]. Eine selbständige Berichtspflicht des GmbH-Geschäftsführers wird überwiegend nur dort angenommen, wo die Gesellschafter auf Informationen angewiesen sind, um ihre Kompetenzen wahrnehmen zu können (beispielsweise Vorbereitung von Gesellschafterbeschlüssen oder Einberufung einer Versammlung)[380]. So haben die Geschäftsführer die Gesellschafter naturgemäß immer dann selbständig zu informieren, wenn die Gesellschafterversammlung den Jahresabschluss feststellt, wenn sie über die Gewinnverwendung beschließt (§§ 46 Nr. 1, 29 Abs. 2 GmbHG) oder wenn die Gesellschafterversammlung

376 *Hoffmann/Liebs*, Der GmbH-Geschäftsführer, 3. Aufl., Kap. 4, Rn. 4032.

377 Siehe zur Kritik an § 51a GmbHG *Hoffmann/Liebs*, Der GmbH-Geschäftsführer, 3. Aufl., Kap. 4, Rn. 4036 ff.

378 *Hommelhoff*, ZIP 1983, 383, 390.

379 Siehe dazu z. B. *Haas/Ziemons* in: Michalski, 2. Aufl., § 43, Rn. 53a.

380 *Hüffer* in: Ulmer/Habersack/Winter, GmbHG, § 51a, Rn. 10; *Roth* in: Roth/Altmeppen, GmbHG, 6. Aufl., § 51a, Rn. 2; *Zöllner* in: Baumbach/Hueck, GmbHG, Aufl. 19, § 51a, Rn. 56, 59.

aus einem sonstigen Grund nach § 49 GmbHG einzuberufen ist. Eine darüber hinausgehende Verpflichtung des GmbH-Geschäftsführers zur selbständigen Information der Gesellschafter kann dem Gesetz nicht entnommen werden und ist daher richtigerweise abzulehnen[381].

Allein die einmal jährlich einzuberufende ordentliche Gesellschafterversammlung, auf der der Jahresabschluss festgestellt und über die Gewinnverwendung beschlossen wird (§§ 46 Nr. 1, 29 Abs. 2 GmbHG), kann als selbständige gesetzliche Mindestgrundlage eines (Krisen-)Berichts- und Warnsystems jedoch nicht ausreichen[382]. Zwar werden die Gesellschafter hier detailliert über die Geschäftsvorfälle der zurückliegenden Rechnungsperiode informiert, einen punktgenauen Beitrag zur Krisenbewältigung kann dieser nur einmal im Jahr verpflichtend abzugebende „Grundsatzbericht“ jedoch nicht leisten. Besonders im Falle einer plötzlich eintretenden unternehmerischen Krise käme eine Krisenwarnung der Gesellschafter häufig zu spät. Um dieses krisenspezifische Informationsdefizit der Gesellschafter auszugleichen, sind dem GmbH-Recht in der unternehmerischen Krisensituation besondere Krisenwarn- und Berichtspflichten der GmbH-Geschäftsführer zu entnehmen.

3. Besondere Krisenwarn- und Berichtspflicht nach § 49 Abs. 3 GmbHG

Nach dem gesetzlichen Leitbild steht im Mittelpunkt des deutschen Krisenwarn- und Abwehrsystems § 49 Abs. 3 GmbHG[383].

a. Hälftiger Verlust des Stammkapitals als Auslöser einer Krisenwarn- und Berichtspflicht

Gemäß § 49 Abs. 3 GmbHG hat der GmbH-Geschäftsführer die Gesellschafterversammlung unverzüglich einzuberufen, wenn sich aus der Jahresbilanz oder aus einer im Laufe des Geschäftsjahres aufgestellten Bilanz ein hälftiger

---

381 *Mertens* in: Hachenburg, GmbHG, 8. Aufl., § 43, Rn. 8, 10; *Roth* in: Roth/Altmeppen, GmbHG, 6. Aufl., § 51a, Rn. 2; *Zöllner* in: Baumbach/Hueck, GmbHG, Aufl. 19, § 51a, Rn. 59; *Wellensiek/Schluck-Amend* in: Die GmbH in Krise, Sanierung und Insolvenz, 4. Aufl., Rn. 1.100; dagegen für eine umfassende kontinuierliche Berichtspflicht des GmbH-Geschäftsführers über den Jahresabschluss und Lagebericht hinaus z. B. *Hommelhoff*, ZIP 1983, 383, 390; in der Tendenz auch *Drenckhan*, Gläubigerschutz in der Krise der GmbH, S. 65; *Haas/Ziemons* in: Michalski, 2. Aufl., § 43, Rn. 53a; *Uwe H. Schneider* in: Scholz GmbHG, Aufl. 10, § 43, Rn. 143.

382 *K. Schmidt*: in: K. Schmidt/Uhlenbruck, Die GmbH in Krise, Sanierung und Insolvenz, Rn. 1.100.

383 *Haas*, DStR 2006, 993, 997.

Stammkapitalverlust ergibt[384]. Die Verlustanzeige soll dabei den spätesten Beginn einer Krise markieren, um so den Gesellschaftern die rechtzeitige Inangriffnahme einer Reorganisation oder Liquidation vor Eintritt der Insolvenz zu ermöglichen.

b. Aufstellen einer Jahres- oder Zwischenbilanz

Fraglich ist hierbei, ob und inwieweit es einer vorherigen außerordentlichen Jahres- oder Zwischenbilanz bedarf. Gemäß dem Wortlaut ist die Versammlung unverzüglich einzuberufen, wenn sich „aus der Jahresbilanz oder aus einer im Laufe des Geschäftsjahres aufgestellten Bilanz" die Halbierung des Stammkapitals ergibt. Der Wortlaut lässt insoweit vermuten, dass es im Rahmen des Abs. 3 einer vorherigen förmlichen Jahres- oder Zwischenbilanz bedarf. Die heute h. M.[385] nimmt aber über den Wortlaut des Abs. 3 hinaus an, dass die Einberufungspflicht unabhängig vom Vorliegen einer förmlichen Jahres- oder Zwischenbilanz immer auch schon dann entsteht, wenn der Geschäftsführer von einem entsprechenden Absinken des Stammkapitals tatsächlich Kenntnis erlangt bzw. ein solcher Verlust bei pflichtgemäßem Ermessen anzunehmen ist; einer vorherigen förmlichen Bilanzaufstellung bedarf es insofern nicht zwingend. Sind den Geschäftsführern allerdings Tatsachen bekannt, die Verdacht auf Verlust des halben Stammkapitals nahelegen, sind sie verpflichtet, ihre Annahme durch die Aufstellung einer zumindest groben Zwischenbilanz oder eines Vermögensstatus sogleich zu überprüfen[386]. Ist der hälftige Stammkapitalverlust

---

384 Diese Regel wird für die UG aufgehoben und durch § 5a Abs. 4 GmbHG auf die „drohende Zahlungsunfähigkeit" umgestellt.

385 BGH, Urt. v. 20. 02. 1995 - II ZR 9/94, GmbHR 1995, 298; *Bayer* in: Lutter/Hommelhoff; GmbHG, 17. Aufl., § 49, Rn. 16; *Bork*, ZIP 2011, 101, 108f., *Geißler*, GmbHR 2010, 457, 458; *Hommelhoff*, ZIP 1983, 383, 39; *Römermann* in: Michalski, GmbHG, 2. Aufl., § 49, Rn. 102; *Müller*, ZGR 1985, 191, 211; *Wellensiek/Schluck-Amend* in: K. Schmidt/Uhlenbruck, Die GmbH in Krise, Sanierung und Insolvenz, Rn. 1.76; *Wicke*, GmbHG, 2. Aufl., § 49, Rn. 6; *Zöllner* in: Baumbach/Hueck, GmbHG, 19. Aufl., § 49, Rn. 20; a. A. *Tiedemann* in: Scholz, GmbHG-Nachtrag MoMiG, § 84, Rn. 3, wonach erst der bilanzielle Ausweis die Pflichten des Geschäftsführers formalisiere und sie zur Einberufungspflicht konkretisiert.

386 BGH, Urt. v. 20.02.1995 – II ZR 9/94, GmbHR 1995, 298, 299 ff., BB 1995, 957 ff.; *Bayer* in: Lutter/Hommelhoff, GmbHG, 17. Aufl., § 49, Rn. 16; *Bork*, ZIP 2011, 101, 108f.; *Römermann* in: Michalski, GmbHG, 2. Aufl. § 49, Rn. 102; *Tiedemann* in: Scholz, GmbHG-Nachtrag MoMiG, § 84, Rn. 3; *Zöllner* in: Baumbach/Hueck, GmbHG, 19. Aufl., § 49, Rn. 20; siehe zur eingehenden Solvenzkontrolle in der Krise bereits 3. Kap., B, III, 3.

jedoch bereits evident, genügt nach richtiger Ansicht eine „Bilanz im Kopf des Geschäftsführers“[387].

Für letztere Ansicht sprechen neben dem Wortlaut der strafrechtlichen Parallelvorschrift des § 84 Abs. 1 GmbHG und der entsprechenden Vorschrift im Aktienrecht (§ 92 Abs. 1 AktG) auch die Grundsätze zur wirtschaftlichen Selbstprüfungspflicht[388].

Nach § 84 Abs. 1 GmbHG macht sich ein Geschäftsführer strafbar, wenn er es unterlässt, „den Gesellschaftern einen Verlust in Höhe der Hälfte des Stammkapitals anzuzeigen“. Einen Zusatz, dass sich der Verlust aus einer Jahres- oder Zwischenbilanz zu ergeben hat, enthält der Straftatbestand gerade nicht[389].

Gegen das zwingende Erfordernis einer vorherigen Bilanz wird darüber hinaus auch auf die Parallelvorschrift des Aktienrechts, § 92 Abs. 1 AktG verwiesen[390]. Danach kann sich die Einberufungspflicht auch bereits dann ergeben, wenn der Vorstand bei pflichtgemäßem Ermessen eine Halbierung des Stammkapitals annehmen muss. Wie der Verlust festgestellt wird, ist also letztlich unerheblich[391].

Gleiches muss auch für den GmbH-Geschäftsführer gelten, insbesondere wenn man die oben bereits dargestellte Pflicht zur wirtschaftlichen Selbstprüfung berücksichtigt[392]. Wie gesehen, ist der GmbH-Geschäftsführer bereits aufgrund der Pflicht zur wirtschaftlichen Selbstprüfung zur kontinuierlichen Beobachtung der Finanz- und Vermögenslage angehalten. Die konkrete Ausgestaltung der Selbstprüfung kann dabei nach den besonderen Verhältnissen der Gesellschaft variieren. So ist etwa in größeren Unternehmen die Aufstellung monatlicher Zwischenbilanzen (sog. betriebswirtschaftlicher Auswertungen) zu empfehlen. Hierzu besteht jedoch gerade keine grundsätzliche Rechtspflicht. Der Geschäftsführer muss lediglich in der Lage sein, die ersten Anzeichen einer Krise zu erkennen. Welche konkreten Vorkehrungen er letztlich trifft, liegt in

---

387 *Bayer* in: Lutter/Hommelhoff, GmbHG, 17. Aufl., § 49, Rn. 16; *Römermann* in: Michalski, GmbHG, 2. Aufl. § 49, Rn. 102; *Tiedemann* in: Scholz, GmbHG-Nachtrag MoMiG, § 84, Rn. 3; *Zöllner* in: Baumbach/Hueck, GmbHG, 19. Aufl., § 49, Rn. 20.

388 Vgl. BGH, Urt. v. 20.02.1995 – II ZR 9/94, GmbHR 1995, 298, 299; *Drenckhan*, Gläubigerschutz in der Krise der GmbH, S. 112.

389 Vgl. dazu *Haas* in: Baumbach/Hueck, GmbHG, 19. Aufl., § 84, Rn. 14.

390 *Wellensiek/Schluck-Amend* in: K. Schmidt/Uhlenbruck, Die GmbH in Krise, Sanierung und Insolvenz, Rn. 1.76.

391 *Hommelhoff*, ZIP 1983, 383, 391; *Hüffer* in: Hüffer, AktG, 8. Aufl., § 92, Rn. 3.

392 *Geißler*, GmbHR 2010, 457, 458.

seinem Leitungsermessen. Gleiches muss insoweit auch für § 49 Abs. 3 GmbHG gelten. Wenn der Geschäftsführer die Halbierung des Stammkapitals, auch ohne förmliche Zwischenbilanz, „im Kopf" zu erkennen in der Lage ist, muss das für den Tatbestand des Abs. 3 ausreichen. Der Geschäftsführer muss insofern auch ohne Zwischenbilanz sofort nach Abs. 3 verfahren dürfen. Wie der Geschäftsführer den Verlust feststellt, ist also im Ergebnis unerheblich.

Verlässt sich der Geschäftsführer bei der Selbstprüfung jedoch nur auf sein Bauchgefühl, ohne sich dabei in Form einer stichtagsbezogenen Zwischenbilanz abzusichern, kann das im Falle eines späteren Haftungsprozesses problematisch sein. Denn den GmbH-Geschäftsführer trifft im Rahmen eines Haftungsanspruchs nach § 43 Abs. 2 GmbHG regelmäßig die Darlegungs- und Beweislast[393]. Der Geschäftsführer wird somit in der Regel darlegen und beweisen müssen, dass er seinen Sorgfaltspflichten nachgekommen ist, d. h., dass er die Gesellschafter rechtzeitig über den hälftigen Verlust des Stammkapitals informiert hat. Den Vorwurf, er habe die Gesellschafter erst viel zu spät informiert, wird er ohne dokumentierte Zwischenbilanz nur schwerlich entkräften können. Auf eine „Bilanzierung im Kopf" sollte sich der Geschäftsführer daher nur in eindeutigen Fällen verlassen[394].

c. Objektive Bewertungsgrundsätze

Weiter stellt sich die Frage, welchen Maßstab der Geschäftsführer an die Bewertung des Verlustes anzulegen hat, insbesondere ob das Vermögen nach den Buchwerten der Jahresbilanz festzustellen ist oder ob stille Reserven durch Ansatz der Verkehrswerte der Vermögensgegenstände aufgelöst werden dürfen.

Nach ganz überwiegender Ansicht ist der Verlust der Hälfte des Stammkapitals nach den Ansatz- und Bewertungsregeln der Jahresbilanz zu ermitteln[395]. Danach sind „erhoffte" Gewinne, die möglicherweise doch nicht eintreten, sowie

---

393 Zur Beweislastverteilung für das Vorliegen einer schuldhaften Pflichtverletzung durch die Geschäftsführung im Rahmen des § 43 Abs. 2 GmbHG vgl. z. B. BGH, Urt. v. 04.11.2002 – II ZR 224/00, NZG 2003, 81 ff., BB 2003, 273 ff.

394 So z. B. *Bayer* in: Lutter/Hommelhoff, GmbHG, 17. Aufl., § 49, Rn. 16, der insofern von „evidenten" Fällen spricht.

395 *Bayer* in: Lutter/Hommelhoff, GmbHG, 17. Aufl., § 49, Rn. 15; *Geißler*, GmbHR 2010, 457, 458; *Haas* in: Baumbach/Hueck, GmbHG, 19. Aufl., § 84, Rn. 10; *Hüffer* in: Hachenburg, GmbHG, 8. Aufl., § 49, Rn. 23; *Priester*, ZGR 1999, 533, 539; *Roth* in: Roth/Altmeppen, GmbHG, 84, Rn. 10; *Tiedemann* in: Scholz, GmbHG-Nachtrag MoMiG, § 84, Rn. 3; a. A. zur Anzeigepflicht des Vorstandes nach AktG 1937 § 83 Abs. 1 z. B. BGH, Urt. v. 09.10.1958 - II ZR 348/56, BB 1958, 1181 f.; für das österreichische Recht *Nowotny*, in: FS Semler, S. 231, 243 f.

Verluste, die wahrscheinlich eintreten, ebenso wenig in die Bewertung einzubeziehen wie die einem Aktivierungsverbot unterliegenden stillen Reserven oder der selbst geschaffene Geschäfts- oder Firmenwert. Für diese Ansicht spricht neben dem Wortlaut, der für die Ermittlung des Tatbestandes expressis verbis auf die Bilanz verweist, insbesondere der Zweck des § 49 Abs. 3 GmbHG[396]. Denn die von § 49 Abs. 3 GmbHG bezweckte Warnsignalfunktion gebietet die Objektivierung der Wertansätze, die insbesondere durch die Auflösung nicht realisierter stiller Reserven, also eine im Ermessen des Geschäftsführers liegende Neubewertung, vereitelt würde.

d. Kritik an § 49 Abs. 3 GmbHG

Der starre Schwellenwert des § 49 Abs. 3 GmbHG ist in der Vergangenheit vermehrt in die rechtspolitische Kritik geraten. So sei der Schwellenwert als Mittel der Krisenbewältigung, insbesondere bei geringem statutarischem Kapital, wenig geeignet[397]. Der Verlust des hälftigen Stammkapitals markiere in diesen Fällen regelmäßig nicht erst den Beginn der Krise, sondern stelle häufig bereits eine „qualifizierte" Krisensituation dar. Das Auslösemoment greife in diesen Fällen erst viel zu spät, so dass die Gesellschaft dann meist bereits kurz vor der Insolvenz steht[398]. Insofern wurde im juristischen Schrifttum zuletzt auch mehrfach über eine Neubestimmung des Schwellenwerts des § 49 Abs. 3 GmbHG nachgedacht[399]. So wird gefordert, die Krisenwarn- und Berichtspflicht auch bereits dann anzunehmen, wenn die formalisierten Voraussetzungen des § 49 Abs. 3 GmbHG (noch) nicht vorliegen[400].

Für eine solche textliche Erweiterung bzw. Neugestaltung der Einberufungspflicht nach § 49 Abs. 3 GmbHG sprechen allerdings vorwiegend pädagogische

---

396 Vgl. *Geißler*, GmbHR 2010, 457, 458; *Haas* in: Baumbach/Hueck, GmbHG, 19. Aufl., § 84, Rn. 10; *Hüffer* in: Hachenburg, GmbHG, 8. Aufl., § 49, Rn. 23; *Müller*, ZGR 1985, 191, 204.

397 *Haas* in: Verhandlungen des 66. DJT, Bd. I, E112; *Veil*, ZGR 2006, 374, 381 f.

398 *Goette*, ZGR 2006, 261, 269; *Veil*, ZGR 2006, 374, 380; „bescheiden und praktisch wenig effektiv", so *Roth* in: Roth/Altmeppen, GmbHG, 6. Aufl., § 49, Rn. 11.

399 Für eine Neugestaltung des § 49 Abs. 3 GmbHG z. B. *Haas* in: Verhandlungen des 66. DJT, Bd. I, E112; *Veil*, ZGR 2006, 374, 380; sympathisierend auch *Kleindiek* in: W. Bayer/E. Koch, Das neue GmbH-Recht, S. 103.

400 *Bayer* in: Lutter/Hommelhoff, GmbHG, 17. Aufl., § 49, Rn. 13; *K. Schmidt/Seibt* in: Scholz, GmbHG, 10. Aufl., § 49, Rn. 23; *Kleindiek* in: W. Bayer/E. Koch, Das neue GmbH-Recht, S. 102 f.; *Nowotny* in: FS Semler, S. 231, 245; *Veil*, ZGR 2006, 374, 381; *Westermann*, DZWIR 2006, 485, 488; zur Notwendigkeit einer Vorverlegung der Reaktionsschwelle siehe auch *Roth*, ZGR 1993, 170.

Gründe[401], rechtlich gesehen ist sie nicht zwingend notwendig. Nach der h. M. besteht durch § 49 Abs. 2 GmbHG bereits de lege lata ein normativer Rahmen für entsprechende Geschäftsführerpflichten[402]. Dem steht auch § 49 Abs. 3 GmbHG nicht entgegen, vielmehr wird durch das Wort „insbesondere" klargestellt, dass sich eine Einberufungspflicht bereits zu einem früheren Zeitpunkt im Interesse der Gesellschaft ergeben kann[403]. Dies scheint auch der Gesetzgeber als ausreichend anzusehen. Anders ist es nämlich nicht zu erklären, dass er in der „großen" GmbH-Reform zwar in vielen wesentlichen Regelungsbereichen des GmbH-Rechts grundlegende Neuerungen eingeführt hat, die Einberufungspflicht bei Verlust des hälftigen Stammkapitals nach § 49 Abs. 3 GmbH aber unangetastet gelassen hat. Lediglich für die neu eingeführte UG wurde die Verlustanzeige nach § 49 Abs. 3 GmbHG bei Halbierung des Stammkapitals für unzweckmäßig erachtet und durch § 5a Abs. 4 GmbHG aufgehoben. In der Gesetzesbegründung wird dazu nur lapidar erklärt, dass die Einberufung der Gesellschafterversammlung sich nicht wie sonst an den Verlust der Hälfte des Stammkapitals knüpfen lasse[404]. Die Einberufungspflicht des UG-Geschäftsführers hat der Gesetzgeber stattdessen auf die „drohende Zahlungsunfähigkeit" umgestellt[405]. Im Hinblick auf das regelmäßig sehr niedrige Stammkapital leuchtet die Änderung des § 49 Abs. 3 GmbHG durch § 5a Abs. 4 GmbHG grundsätzlich ein; dass eine

---

401 Nach *Veil* soll mittels einer Neubestimmung des Schwellenwertes der Gleichklang zwischen der Pflicht zur Sanierungsprüfung sowie zur Information der Gesellschafter betont und den Geschäftsführer vor Augen geführt werden, *Veil*, ZGR 2006, 374, 380; in diesem Sinne auch *Kleindiek* in: W. Bayer/E. Koch, Das neue GmbH-Recht, S. 103.

402 Vgl. z. B. *Bayer* in: Lutter/Hommelhoff, GmbHG, 17. Aufl., § 49 GmbHG, Rn. 13; *Drenckhan*, Gläubigerschutz in der Krise der GmbH, S. 76; *Geißler*, DZWIR 2010, 98, 101; *Kleindiek* in: Lutter/Hommelhoff, GmbHG, 17. Aufl., § 43, Rn. 26; *Römermann* in: Michalski, GmbHG, 2. Aufl., § 49, Rn. 102; *Veil*, ZGR, 2006, 374, 381; *Roth* in: Roth/Altmeppen, GmbHG, 6. Aufl. § 49, Rn. 18; ferner bereits *Timm*, Die Sanierung von Unternehmen, S. 515 f.

403 *Haas/Hossfeld* in: Gottwald, Insolvenzrechts-Hdb., 4. Aufl., § 92, Rn. 27.

404 Begr. RegE. BT-Drucks. 13/9712, S. 32; für eine ergänzende Anwendbarkeit der Verlustanzeige des § 49 Abs. 3 GmbHG auch bei der UG, *Wicke*, GmbHG, 2. Aufl., § 5a, Rn. 13.

405 Eine „drohende Zahlungsunfähigkeit" liegt wird angenommen, wenn die der Schuldner voraussichtlich nicht in der Lage sein wird, die bestehenden Zahlungspflichten im Zeitpunkt ihrer Fälligkeit zu erfüllen (§ 18 Abs. 2 InsO).

Gesellschafterversammlung zu diesem Zeitpunkt aber häufig ebenfalls zu spät kommt, wiederholt nur das oben bereits erwähnte Problem[406].

4. Besondere Krisenwarn- und Berichtspflicht nach § 49 Abs. 2 GmbHG

Ist das an das Stammkapital anknüpfende Krisenwarnsignal i. S. d. § 49 Abs. 3 GmbHG nicht geeignet, einen ausreichenden Beitrag zur Krisenbewältigung zu leisten, stellt sich die Frage, ob sich für diese Fälle nicht ein besseres Kriterium finden lässt. Dass der GmbH-Geschäftsführer auch jenseits der Regelung des § 49 Abs. 3 GmbHG zur Kriseninformation der Gesellschafterversammlung verpflichtet sein kann, geht bereits aus Abs. 2 derselben Vorschrift hervor[407].

Nach dem Wortlaut des § 49 Abs. 2 GmbHG ist die Gesellschafterversammlung außer in den „ausdrücklich bestimmten Fällen" (Abs. 2 Hs. 1) einzuberufen, wenn es „im Interesse der Gesellschaft" (Abs. 2 Hs. 2) erforderlich erscheint. Die Einberufungspflicht nach Absatz 2 zweiter Halbsatz („im Interesse der Gesellschaft") wird auch als Konkretisierung der allgemeinen Sorgfaltspflicht der Geschäftsführer nach § 43 Abs. 1 GmbHG angesehen[408]. Es gelten insoweit auch die Grundsätze der Verhältnismäßigkeit und der Rücksichtnahme auf die Belange der Gesellschafter[409]. Eine Einberufungspflicht ist danach in der Regel erst dann angezeigt, wenn besondere Entwicklungen bzw. Risiken eine Information, einen Meinungsaustausch oder eine Willensbildung der Gesellschafter erforderlich erscheinen lassen[410].

Wann bzw. unter welchen Voraussetzungen die Gesellschafterversammlung auch jenseits der Verlustanzeige des § 49 Abs. 3 GmbHG nach Abs. 2 „im Interesse der Gesellschaft" einzuberufen ist, ist bisher nicht abschließend geklärt[411]. Die nur „rudimentären" Ausarbeitungen hierzu lassen sich zum einen mit der

---

406 Siehe im Einzelnen zur Einberufungspflicht in der Krise der UG (haftungsbeschränkt) *Geißler*, DZWIR 2010, 98 ff.

407 *Bayer* in: Lutter/Hommelhoff, GmbHG, 17. Aufl., § 49, Rn. 13; *Geißler*, DZWIR 2010, 98, 101; *Kleindiek* in: Lutter/Hommelhoff, GmbHG, 17. Aufl., § 43, Rn. 26; *Picot/Aleth*, Unternehmenskrise und Insolvenz, S. 76; *Römermann* in: Michalski, GmbHG, 2. Aufl., § 49, Rn. 102; *Veil*, ZGR, 2006, 374, 381; *Roth* in: Roth/Altmeppen, GmbHG, 6. Aufl. § 49, Rn. 18.

408 *K. Schmidt/Seibt* in: Scholz, GmbHG, 10. Aufl., § 49, Rn. 1.

409 *K. Schmidt/Seibt* in: Scholz, GmbHG, 10. Aufl., § 49, Rn. 2; *Zöllner*, in: Baumbach/Hueck, Rn. 14.

410 *Roth* in: Roth/Altmeppen, GmbHG, 6. Aufl., § 49, Rn. 9; *Drenckhan*, Gläubigerschutz in der Krise der GmbH, S. 111.

411 Siehe dazu aber *Drenckhan*, Gläubigerschutz in der Krise der GmbH, S. 111 ff.

regelungstechnischen Interdependenz zu § 49 Abs. 3 GmbHG erklären, denn in § 49 Abs. 3 GmbHG wird die unverzügliche Einberufung einer Krisenversammlung bereits ausdrücklich angeordnet, und zum anderen damit, dass das originäre Verständnis des § 49 Abs. 2 GmbHG Fallgestaltungen einer unzureichenden Finanzausstattung bzw. einer finanziellen Bedrängnis eigentlich nicht erfasst[412]. Als die Interessen der Gesellschaft berührend werden hier regelmäßig bedeutsame oder außergewöhnliche Geschäfte angesehen, deren Einverständnis durch die Gesellschafter objektiv zweifelhaft ist, weil sie in ihrer Struktur und Größenordnung über den bisherigen Geschäftsbetrieb hinausgehen[413]. Als typische Beispiele zu nennen sind etwa Geschäftsvorfälle, die nicht mehr vom Unternehmensgegenstand gedeckt sind oder aus anderen Gründen nachhaltigen Einfluss auf die Interessen der Gesellschafter oder des Unternehmens haben (beispielsweise Insolvenz eines wichtigen Geschäftspartners, Verdacht von Industriespionage gegen die Gesellschaft)[414].

a. Unternehmenskrise als Auslöser einer Krisenwarn- und Berichtspflicht

Sieht man § 49 Abs. 2 GmbH allerdings auch als Rechtsgrundlage einer flankierenden Kriseninformationspflicht, um eine zeitigere Verständigung der Gesellschafter besser gewährleisten zu können, stellt sich die Frage, ab welchem kritischen Befund die Interessen der Gesellschaft als generell tangiert i. S. d. Vorschrift anzusehen sind. Als Anknüpfungspunkt werden hierbei insbesondere die Krisensituationen Unterbilanz, d. h. die Auszahlung des Stammkapitals gem. §§ 30, 31 GmbHG, materielle Überschuldung i. S. d. § 268 Abs. 3 HGB, Kreditunwürdigkeit i. S. d. §§ 32a, b GmbHG a. F. und auch materielle Unterkapitalisierung diskutiert[415]. Wie bereits oben beim Krisenbegriff dargestellt, ermöglicht das situative Krisenmerkmal der „Bestandsgefährdung“ dagegen jedoch eine punktgenauere Kennzeichnung der Krisensituation und erscheint somit auch für die folgenden Untersuchungen zur situativen Krisenwarn- und Berichtspflicht besser geeignet[416]. Würde man die Einberufung der Krisenversammlung nämlich allein an die anerkannten (Krisen-)Merkmale der Unterbilanz oder etwa der Kreditunwürdigkeit knüpfen, wäre die Kriseninformation der Gesellschafter häufig noch nicht oder aber nicht mehr erforderlich i. S. d.

---

412 *Geißler*, DZWIR 2010, 98, 100.

413 *Bayer* in: Lutter/Hommelhoff, GmbHG, 17. Aufl., § 49, Rn. 13 m. w. N.

414 *Bayer* in: Lutter/Hommelhoff, GmbHG, 17. Aufl., § 49, Rn. 13; *Geißler*, DZWIR 2010, 98, 100.

415 Siehe dazu z. B. *Drenckhan*, Gläubigerschutz in der Krise der GmbH, S. 111 ff.

416 Siehe zum Begriff der Bestandsgefährdung bereits 2. Kap., B, I, 3, d.

§ 49 Abs. 2 GmbHG. So kann beispielsweise eine Gesellschaft trotz Unterbilanz ohne Liquiditätsprobleme oder existenzbedrohende Schwierigkeiten werblich tätig sein, während sie sich bei Feststellung der Kreditunwürdigkeit bereits in einer akuten Krise befindet und eine Krisenwarn- und Berichtspflicht somit zu spät ansetzen würde. Zwar ist der Gesetzgeber entsprechenden Vorschlägen[417], § 49 Abs. 3 GmbHG hin zu einem situativen Warnsignal textlich zu erweitern bzw. neu zu gestalten, bislang nicht gefolgt, diese gesetzgeberische Entscheidung spricht jedoch nicht dagegen, das situative Krisenmerkmal einer Bestandsgefährdung als Auslöser einer zeitigeren Krisenwarn- und Berichtspflicht auf der Rechtsgrundlage des § 49 Abs. 2 GmbHG fruchtbar zu machen[418].

b. Feststellung des Krisenbeginns – Prognoseentscheidung

Ist der GmbH-Geschäftsführer bereits bei Eintritt in eine bestandsgefährdende Situation der Gesellschaft zur Einberufung der Gesellschafterversammlung i. S. d. § 49 Abs. 2 GmbHG verpflichtet, muss er auch in der Lage sein, eine eintretende Bestandsgefährdung überhaupt zu erkennen[419]. Die hierfür nötige Prüfung, ob die Gesellschaft in eine ihren Bestand gefährdende Situation geraten ist, kann in vielen Fällen schwierig sein. Während nämlich § 49 Abs. 3 GmbHG mit dem Verlust der Hälfte des Stammkapitals einen objektiv feststellbaren Schwellenwert statuiert, ist die Feststellung einer eintretenden Bestandsgefährdung wegen der geringen Objektivität häufig mit erheblichen Unabwägbarkeiten verbunden[420].

Das Erkennen einer Bestandsgefährdung zählt jedoch zur wirtschaftlichen Selbstprüfungspflicht eines jeden GmbH-Geschäftsführers, weshalb hier weitestgehend auf die dort gemachten Ausführungen verwiesen werden kann[421]. Danach ist der Geschäftsführer einer mittleren und großen Gesellschaft i. S. d. § 267 Abs. 1 HGB im Rahmen seiner wirtschaftlichen Selbstprüfungspflicht jährlich zur Aufstellung eines Lageberichts verpflichtet (§ 289 HGB). Auf der

---

417 Siehe z. B. das viel beachtete Gutachten von *Haas* für den 66. Deutschen Juristentag, in dem *Haas* vorschlägt, die Einberufungspflicht des Geschäftsführer allein an das situative (Krisen-)Warnsignal einer „erheblichen Gefährdung“ oder eines „bestandsgefährdenden“ Risikos für das Unternehmen zu koppeln, *Haas* in: Verhandlungen des 66. DJT, Bd. I, E112.

418 So auch *Roth* in: Roth/Altmeppen, GmbHG, 6. Aufl., § 49, Rn. 18.

419 *Roth* in: Roth/Altmeppen, GmbHG, 6. Aufl., § 49, Rn. 18.

420 *Haas* in: Verhandlungen des 66. DJT, Bd. I, E113.

421 3. Kap., B, III; vgl. dazu auch *Haas* in: Verhandlungen des 66. DJT, Bd. I, E112; *Veil*, ZGR 2006, 374, 376; *Westermann*, DZWIR 2006, 485, 487 f.

Grundlage der vorhandenen unternehmensinternen Daten hat der Geschäftsführer darin die voraussichtliche Entwicklung des Unternehmens mit ihren wesentlichen Chancen und Risiken zu beurteilen, insbesondere ist darin über bestandsgefährdende Risiken, aber auch über sonstige Risiken mit wesentlichem Einfluss auf die Vermögens-, Finanz- und Ertragslage zu berichten[422]. Der GmbH-Geschäftsführer einer mittleren oder großen Gesellschaft i. S. d. § 267 Abs. 2, 3 HGB muss insofern bereits anhand seiner jährlich durchzuführenden Risikoanalyse in der Lage sein bestandsgefährdende Risiken und somit erst recht bereits anlaufende bestandsgefährdende Entwicklungen zu erkennen[423].

Die wirtschaftliche Selbstprüfungsaufgabe verpflichtet den GmbH-Geschäftsführer aber auch jenseits der Buchführungspflicht, laufend die Finanz- und Vermögenslage des Unternehmens zu überprüfen und bei Anzeichen einer krisenhaften Situation eine – wenn auch nicht entsprechend formalisierte – Risikoanalyse durchzuführen. Der GmbH-Geschäftsführer muss also auch unabhängig von der Eigenart des Unternehmens – gegebenenfalls mittels eines umfassenden (Krisen-)Früherkennungssystems – ständig in der Lage sein, bestandsgefährdende Entwicklungen zu erkennen, die ernsthaft in Frage stellen, dass das Unternehmen in absehbarer Zeit noch fortgeführt werden kann. Dies gilt unabhängig von der jeweiligen Gesellschaft, also auch für die Geschäftsführer einer typischerweise kleinen GmbH i. S. d. § 267 Abs. 1 HGB.

Da es an fest umrissenen, subsumtionsfähigen Tatbestandsmerkmalen für das Vorhandensein einer Bestandsgefährdung fehlt, sind für die Bewertung im Rahmen der Risikoanalyse regelmäßig Indizien heranzuziehen[424]. In Frage kommen etwa: drohende Forderungsausfälle, Probleme bei der Kreditbeschaffung, nur schwer zu beeinflussende Marktveränderungen oder auch Gesetzesänderungen, die den Bestand des Unternehmens erheblich gefährden[425]. Eine Unterbilanz oder eine drohende Zahlungsstockung allein dürften dagegen regelmäßig noch nicht ausreichen, um eine Bestandsgefährdung anzunehmen.

---

422 Dazu ferner *Merkt* in: Baumbach/Hopt, HGB, 34. Aufl., § 289, Rn. 1; *Wiedmann* in: Ebenroth/Boujong/Joost/*Strohn*, HGB, 2. Aufl., § 289, Rn. 23.

423 *Haas* in: Verhandlungen des 66. DJT, Bd. I, E 112; zur Unterscheidung zwischen bestandsgefährdenden „Risiken“ und bestandsgefährdenen „Entwicklungen“ siehe auch *Seibert* in: FS Bezzenberger, S. 427, 436 f.; zum Krisenbegriff siehe auch *Maus* in: K. Schmidt/Uhlenbruck, Die GmbH in Krise, Sanierung und Insolvenz, 4. Aufl., Rn. 1.5.

424 Siehe dazu bereits 2. Kap., B, I, 3, d.

425 *Geißler*, DZWIR 2010, 98, 101.

Um die bei Prognoseentscheidungen regelmäßig bestehenden Unabwägbarkeiten aufzufangen, obliegt dem GmbH-Geschäftsführer bei seiner Einschätzung allerdings ein Beurteilungsspielraum[426]. Durch die Formulierung „erforderlich erscheint" in § 49 Abs. 2 GmbHG bringt das Gesetz außerdem zum Ausdruck, dass es auf die Einschätzung der Situation durch den Geschäftsführer ex ante ankommt[427]. Eine Fehlbeurteilung der Umstände durch den Geschäftsführer dürfte demnach nur in den seltensten Fällen zu einer Haftung wegen Verletzung der Krisenwarn- und Berichtspflicht i. S. d. § 49 Abs. 2 GmbHG führen.

5. *Umfang der Krisenwarn- und Berichtspflicht*

Wurde eben festgestellt, dass den GmbH-Geschäftsführer eine besondere Krisenwarn- und Berichtspflicht im unmittelbaren zeitlichen Zusammenhang mit dem Eintritt einer unternehmerischen Krise trifft, stellt sich nun die Frage nach dem Umfang dieser Pflicht.

a. Warn- und Informationspflicht

Stellt der GmbH-Geschäftsführer den Verlust des halben Stammkapitals – genauer gesagt, das Absinken des Eigenkapitals infolge von Verlusten auf den Betrag des halben Stammkapitals – fest oder wird bereits vorher der Eintritt in eine sonstige bestandsgefährdende Situation erkannt, sind die Gesellschafter zu warnen, d. h. über die kritische wirtschaftliche Situation der Gesellschaft zu informieren[428]. Die Krisenwarnpflicht hat demnach insbesondere eine „Warnlampenfunktion"[429]. Ihr Sinn und Zweck ist es, die Gesellschafter auf die bestandsgefährdende Situation der Gesellschaft hinzuweisen, und es ist ihnen dadurch die Möglichkeit zu gewähren, über etwaige Konsequenzen beraten und entscheiden zu können.

b. Einberufungspflicht

Der Krisenwarn- und Berichtspflicht nach § 49 Abs. 2 und 3 GmbHG wird grundsätzlich nur durch die Einberufung einer Krisenversammlung Genüge

---

426 *Römermann* in: Michalski, GmbHG, Aufl. 2, § 49, Rn. 83.

427 *Hüffer* in: Hachenburg, GmbHG, 8. Aufl., § 49, Rn. 20; *Römermann* in: Michalski, GmbHG, Aufl. 2, § 49, Rn. 83.

428 Vgl. z. B. *Haas/Hossfeld* in: Gottwald, Insolvenzrechts-Hdb., 4. Aufl., § 92, Rn. 27; *Kleindiek* in: Lutter/Hommelhoff, GmbHG, 17. Aufl., § 43, Rn. 26; *Roth* in: Roth/Altmeppen, GmbHG, 6. Aufl., § 49, Rn. 18; *Veil*, ZGR 2006, 374, 380.

429 Zum Begriff „Warnlampenfunktion" siehe bereits *Lutter*, AG 1998, 375, 376.

getan[430]. Mittels einer Krisenversammlung soll die Zuständigkeit der Gesellschafterversammlung herbeigeführt werden. Der Geschäftsführer hat insoweit nicht allein für die Berichterstattung über die Krisenlage der Gesellschaft zu sorgen, sondern er muss den Gesellschaftern auch die Möglichkeit zum Meinungsaustausch und zur Willensbildung verschaffen, damit diese in Kenntnis aller beurteilungsrelevanten Umstände sachgerecht über die Sanierung der Gesellschaft „letztentscheiden" können. Die bloße Kontaktierung eines Mehrheitsgesellschafters kann zwar bei Vorüberlegungen helfen, wird der (Krisen-)Warn- und Berichtspflicht aber ebenso wenig gerecht wie die formlose Information der Gesellschafter und/oder die bloße Einleitung eines Abstimmungsverfahrens nach § 48 Abs. 2 GmbHG[431]. Die Einberufung der Krisenversammlung ist insofern nicht nur bei hälftigem Verlust des Stammkapitals nach § 49 Abs. 3 GmbHG[432], sondern richtigerweise auch im Rahmen der Krisenwarn- und Berichtspflicht nach § 49 Abs. 2 GmbHG als erforderlich anzusehen[433].

Sowohl der Zeitpunkt der Einberufung als auch der Termin der Gesellschafterversammlung hat dabei „unverzüglich", d. h. „ohne schuldhaftes Zögern" i. S. d. § 121 Abs. 1 Satz 1 BGB zu erfolgen[434]. Den Gesellschaftern soll die Möglichkeit einer raschen Entscheidungsfindung gewährt werden. Versucht der Geschäftsführer zwischenzeitlich die Krisensituation zu beheben oder zumindest

430 *Römermann* in: Michalski, GmbHG, 2. Aufl. § 49 Rn. 119; *Zöllner* in: Baumbach/Hueck, GmbHG, Aufl. 19., § 49, Rn. 18, 21 f; ferner *Geißler*, GmbHR 2010, 457, 459 m. w. N.

431 *Römermann* in: Michalski, GmbHG, 2. Aufl., § 49, Rn. 129; *Zöllner* in: Baumbach/Hueck, GmbHG, Aufl. 19., § 49, Rn. 21; ferner *Bayer* in: Lutter/Hommelhoff, GmbHG, 17. Aufl., § 49, Rn. 17.

432 *Bayer* in: Lutter/Hommelhoff, GmbHG, 17. Aufl., § 49, Rn. 17; *Römermann* in: Michalski, GmbHG, 2. Aufl., § 49, Rn. 144; *Zöllner* in: Baumbach/Hueck, GmbHG, Aufl. 19., § 49, Rn. 18, 21f; a. A. *Wicke*, GmbHG, 2. Aufl., § 49, Rn. 4.

433 *Drenckhan*, Gläubigerschutz in der Krise der GmbH, S. 77; vgl. auch *Haas/Hossfeld* in: Gottwald, Insolvenzrechts-Hdb., 4. Aufl., § 92, Rn. 27; Kleindiek in: Lutter/Hommelhoff, GmbHG, 17. Aufl., § 43, Rn. 26; offen lassend etwa *Bayer* in: Lutter/Hommelhoff, GmbHG, 17. Aufl., § 49, Rn. 13.

434 H. M.; *Bayer* in: Lutter/Hommelhoff, GmbHG, 17. Aufl., § 49, Rn. 17; *Römermann* in: Michalski, GmbHG, 2. Aufl., § 49, Rn. 125; *Zöllner* in: Baumbach/Hueck, GmbHG, Aufl. 19., § 49, Rn. 21; *Wicke*, GmbHG, 2. Aufl., § 49, Rn. 6; a. A. *K. Schmidt/Seibt* in: Scholz, GmbHG, 10. Aufl., § 49, Rn. 29, der „unverzüglich" als „so bald wie möglich" oder „ohne längere Verzögerung als objektiv vertretbar" interpretiert.

entsprechende Vorschläge zu erarbeiten, ändert das nichts an der „unverzüglichen" Einberufungspflicht[435].

c. Grenzen der Krisenwarn- und Berichtspflicht

Eine Krisenwarnung und -berichterstattung im Rahmen einer förmlichen Gesellschafterversammlung wird ausnahmsweise allerdings dann nicht für erforderlich gehalten, wenn alle Gesellschafter als Geschäftsführer tätig sind[436] oder wenn alle Gesellschafter in Kenntnis des Einberufungserfordernisses auf dessen Abhaltung verzichten[437]; denn eine Versammlung gegen den ausdrücklichen Willen der betreffenden Organträger wäre letztlich ohne Sinn. Schließlich ist es nicht verpflichtend, in dieser Versammlung besondere Beschlüsse zu fassen. Sinn und Zweck der Krisenwarn- und Einberufungspflicht ist es primär, den Gesellschaftern ein Warnsignal zu geben, damit diese über geeignete Maßnahmen zur Krisenabwehr beratschlagen können.

Vorherige Erklärungen der Gesellschafter, von einem zukünftigen Kapitalverlust und von der Höhe dieses Verlustes nichts wissen zu wollen, sind für den Geschäftsführer dagegen ebenso wenig bindend wie eine entsprechende Satzungsbestimmung[438]. Nur weil die Gesellschafter im Falle einer Krisensituation auf eine erforderliche Sanierung verzichten dürfen, können sie nicht auch darauf verzichten, von der Krisensituation unterrichtet zu werden[439]. Dies würde der Leitungsfunktion des Geschäftsführers entgegenstehen und im Ergebnis dazu führen, dass der Geschäftsführer die Gesellschaft zu schädigen berechtigt wäre[440]. Die h. M. sieht insofern zumindest die in § 49 Abs. 3 GmbHG (aber auch in § 84 Abs. 1 Nr. 1 GmbHG) verankerte Krisenwarn- und Berichtspflicht als zwingend und somit als nicht abdingbar an[441]. Wegen gleicher Interessenslage ist richtigerweise aber auch der Krisenwarn- und Berichtspflicht nach

---

435 *Römermann* in: Michalski, GmbHG, 2. Aufl., § 49, Rn. 126.

436 *Zöllner* in: Baumbach/Hueck, GmbHG, Aufl. 19., § 49, Rn. 21.

437 *Zöllner* in: Baumbach/Hueck, GmbHG, Aufl. 19., § 49, Rn. 21; ferner *Geißler*, GmbHR 2010, 457, 459; *K. Schmidt/Seibt* in: Scholz, GmbHG, 10. Aufl., § 49, Rn. 33; *Römermann* in: Michalski, GmbHG, 2. Aufl., § 49, Rn. 127.

438 *Bayer* in: Lutter/Hommelhoff, GmbHG, 17. Aufl., § 49, Rn. 20; *Roth* in: Roth/Altmeppen, GmbHG, 6. Aufl., § 49, Rn. 17; *Römermann* in: Michalski, GmbHG, 2. Aufl., § 49, Rn. 144; *Zöllner* in: Baumbach/Hueck, GmbHG, Aufl. 19., § 49, Rn. 22; a. A. wohl *Tiedemann* in: Scholz, GmbHG-Nachtrag MoMiG, § 84, Rn. 42.

439 So aber *Tiedemann* in: Scholz, GmbHG-Nachtrag MoMiG, § 84, Rn. 42.

440 *K. Schmidt/Seibt* in: Scholz, GmbHG, 10. Aufl., § 49, Rn. 32.

441 *Bayer* in: Lutter/Hommelhoff GmbHG, 17. Aufl., § 49, Rn. 17; *K. Schmidt/Seibt* in: Scholz, GmbHG, 10. Aufl., § 49, Rn. 23; *Römermann* in: Michalski, GmbHG, 2.

§ 49 Abs. 2 GmbHG bei eintretender sonstiger Bestandsgefährdung zwingender Charakter beizumessen[442].

6. *Zwischenergebnis*

Gerät die GmbH in eine Krise, besteht für die Gesellschafter ein besonderer Informationsbedarf. Sie benötigen frühzeitig Informationen, um die Unternehmenskrise zu erkennen und darauf reagieren zu können. Nach dem gesetzlichen Leitbild steht dabei § 49 Abs. 3 GmbHG im Mittelpunkt eines Krisenwarn- und Informationssystems. Danach hat der Geschäftsführer die Gesellschafterversammlung unverzüglich einzuberufen, wenn er aus der Jahresbilanz, einer im Laufe des Geschäftsjahres aufgestellten außerordentlichen Zwischenbilanz oder „im Kopf" vom Verlust des halben Stammkapitals Kenntnis erlangt; ein Ermessensspielraum verbleibt ihm hierbei nicht.

Je nach der individuellen Höhe des Stammkapitals und der Risikostruktur der Gesellschaft kann eine unternehmerische Krisensituation aber auch schon vor dem hälftigen Verlust des Kapitals eintreten und somit die Einberufung der „Krisenversammlung" im Interesse der Gesellschaft erforderlich machen. Insofern wird eine selbständige (haftungsbewehrte) Krisenwarn- und Berichtspflicht der GmbH-Geschäftsführer auch bereits dann für erforderlich, angemessen und somit gerechtfertigt gehalten, wenn der Geschäftsführer im Rahmen seiner wirtschaftlichen Selbstprüfungsaufgabe von einer eintretenden sonstigen Bestandsgefährdung Kenntnis erlangt. Bei der Beurteilung, ob eine Bestandsgefährdung und somit eine rechtlich relevante Krise der Gesellschaft eingetreten ist, obliegt dem Geschäftsführer ein gewisser Beurteilungsspielraum.

Eine darüber hinausgehende, dem § 90 AktG vergleichbare regelmäßige Informations- und Berichtspflicht besteht für den GmbH-Geschäftsführer, falls dies nicht in Satzung oder Geschäftsordnung extra niedergelegt ist, nicht.

III. Eingeschränkte Sanierungspflicht

Gerät die GmbH in eine Krisensituation, hat der Geschäftsführer richtigerweise nicht nur die Krisenlage als solche zu benennen, sondern er muss auch über

---

Aufl., § 49, Rn. 129; *Zöllner* in: Baumbach/Hueck, GmbHG, Aufl. 19., § 49, Rn. 18, 21 f. a. A. *Wicke*, GmbHG, 2. Aufl., § 49, Rn. 4.

442 Ebenso z. B. *Bayer* in: Lutter/Hommelhoff, GmbHG, 17. Aufl., § 49, Rn. 20; *Zöllner* in: Baumbach/Hueck, GmbHG, Aufl. 19., § 49, Rn. 22; offensichtlich a. A. *Römermann* in: Michalski, GmbHG, 2. Aufl., § 49, Rn. 142; *Wicke*, GmbHG, 2. Aufl., § 49, Rn. 6.

Ursachen und Ausgleichsmaßnahmen und die dafür erheblichen wirtschaftlichen Verhältnisse berichten[443]. Er hat insbesondere Wege zur Krisenbewältigung sorgsam zu prüfen, auszuloten, aufzuzeigen und vorzubereiten, damit die Gesellschafter in Kenntnis aller beurteilungsrelevanten Umstände über die Zukunft der Gesellschaft entscheiden können[444]. Die grundlegenden Sanierungsentscheidungen sind nach dem Kompetenzgefüge des GmbH-Rechts nämlich nicht den Geschäftsführern, sondern allein den Gesellschaftern vorbehalten[445]. Diese sog. eingeschränkte Sanierungspflicht des GmbH-Geschäftsführers lässt sich dabei nicht allein § 49 Abs. 2 bzw. 3 GmbHG entnehmen, sondern bildet einen weiteren Ausschnitt aus der allgemeinen Pflicht des Geschäftsführers zur ordnungsgemäßen Unternehmensleitung (§§ 35 Abs. 1, 43 Abs. 1 GmbHG)[446]. Sie kann insofern bereits im Vorfeld der Insolvenztatbestände eine Schadensersatzpflicht des GmbH-Geschäftsführers gem. § 43 Abs. 2 GmbHG begründen[447]. Eine gesetzliche Präzisierung der Sanierungsverpflichtung des Geschäftsführers im Vorfeld der Insolvenz ist trotz dahingehender Überlegungen in der Literatur

443 *Haas* in: Heintzen/Kruschwitz, Unternehmen in der Krise, S. 87.

444 *Kleindiek* in: Lutter/Hommelhoff, GmbHG, 17. Aufl., § 43, Rn. 27, *ders.* in: W. Bayer/E. Koch, Das neue GmbH-Recht, S. 89, 102; *K. Schmidt/Seibt* in: Scholz GmbHG, 10. Aufl., § 49, Rn. 23; *Haas.* in: Heintzen/Kruschwitz, Unternehmen in der Krise, S. 87; *ders.* in: Verhandlungen des 66. DJT, Bd. I, E 114; *Haas/Hossfeld* in: Gottwald, Insolvenzrechts-Hdb., 4. Aufl., § 92, Rn. 28; *Picot/Aleth*, Unternehmenskrise und Insolvenz, S. 3, 85; *Uwe H. Schneider*, GmbHR 2010, 57, 59; *Schluck-Amend/Walker*, GmbHR 2001, 375, 376 ff; *Veil*, ZGR 2006, 374, 378 ff; *Westermann*, DZWiR 2006, 485, 487 ff; monographisch *Drenckhan* Gläubigerschutz in der Krise der GmbH, 2006, S. 38 ff.

445 *Kleindiek* in: W. Bayer/E. Koch, Das neue GmbH-Recht, S. 89, 102; im Einzelnen hierzu *Drenckhan*, Gläubigerschutz in der Krise der GmbH, S. 75 f.

446 *Bauer*, Die GmbH in der Krise, 3. Aufl., Rn. 199; *K. Schmidt/Seibt* in: Scholz, GmbHG, 10. Aufl., § 49, Rn. 23; *Veil*, ZGR 2006, 374, 378; *Schluck-Amend/Walker*, GmbHR 2001, 375, 376; vgl. auch *Bork*, ZIP 2011, 101, 106, der die eingeschränkte Pflicht zur Sanierung ergänzend auf den Gesichtspunkt stützt, „dass die Unternehmensleitung als Treuhänder fremden Vermögens tätig ist."

447 *Kleindiek* in: Lutter/Hommelhoff, GmbHG, 17. Aufl., § 43, Rn. 27; *Haas* in: Heintzen/Kruschwitz, Unternehmen in der Krise, S. 87; *Haas/Hossfeld*, Gottwald, Insolvenzrechts-Hdb., 4. Aufl., § 92, Rn. 28; *Uhlenbruck*, GmbHR 1999, 313, 317; *Vetter* in: Verhandlungen des 66. DJT, Band II/1, P123, der sich im Falle eines Einverständnisses der Gesellschafter, wie bei Verletzungen anderer (mittelbar) gläubigerschützender Verpflichtungen (§ 43 Abs. 3 S. 3 GmbHG) gegen eine exkulpierende Wirkung ausspricht.

bisher unterblieben[448]. Der Grund hierfür liegt u. a. darin, dass eine präzise Umschreibung dieser Krisenpflicht außerordentlich schwierig ist. Die Umstände des Einzelfalls (Eigenheit des Unternehmens, Krisensituation etc.) sind zu unterschiedlich, als dass man hierfür konkrete haftungsbewehrte Verhaltenspflichten für den Geschäftsführer definieren könnte. Ein Patentrezept zur Bewältigung einer Unternehmenskrise kann es unabhängig von der Eigenheit des jeweiligen Unternehmens nicht geben[449]. Ein solches herauszuarbeiten soll und kann daher auch nicht Aufgabe der vorliegenden Arbeit sein; wohl aber soll es darum gehen, rechtliche Mindeststandards auszuloten und wiederzugeben, an denen sich der GmbH-Geschäftsführer im Hinblick auf seine eingeschränkte Sanierungspflicht zu orientieren hat.

In dem sog. „Herstatt I"-Urteil[450] aus dem Jahre 1979 hat der BGH allgemein festgestellt, dass das geschäftsführende Gesellschaftsorgan bei einer erkannten Überschuldung nach pflichtgemäßem Ermessen die Aussichten und Vorteile eines Sanierungsversuchs gegen die Nachteile abzuwägen hat, die Gläubiger im Falle des Scheiterns des Sanierungsversuchs erleiden können. Um dies ordnungsgemäß beurteilen zu können, so der BGH in seinem zum gleichen Sachverhalt verkündeten sog. „Herstatt II"-Urteil[451], „bedarf es vorweg genauerer Feststellungen nicht nur über die eigene Vermögens- und Liquiditätslage, sondern auch über die verbundener Unternehmen sowie über die Ursachen der eingetretenen Krise". Auf dieser Grundlage sei dann, wenigstens im Groben, „ein Sanierungsplan zu entwerfen, dessen Risiken und Erfolgsaussichten im Hinblick auf die vorhandenen oder zu erwartenden finanziellen Hilfsquellen zunächst überschlägig zu bewerten sind". Nach Ansicht des BGH besteht für das geschäftsführende Gesellschaftsorgan bei einer erkannten Überschuldung insoweit lediglich eine Prüfungs- und Hinweispflicht mit weitem Ermessensspielraum.

Mehr kann und darf vom GmbH-Geschäftsführer insoweit auch vor Eintritt der Insolvenztatbestände nicht verlangt werden. Möchte der GmbH-Geschäftsführer bei Eintritt in die unternehmerische Krise in den Genuss eines Haftungsfreiraums kommen, hat er sich insoweit an einige wesentliche Standards zu

---

448 Über eine stärkere Formalisierung nachdenkend *Haas* in: Verhandlungen des 66. DJT, Bd. I, E114; ferner *Veil*, ZGR 2006, 374, 377 f.; kritisch dagegen *Vetter* in: Verhandlungen des 66. DJT, Bd. II/1, P123.

449 *Kraus/Buschmann* in: Buth/Hermanns, RSI, 3. Aufl., § 5, Rn. 3.

450 BGH, Urt. v. 09.07.1979 – II ZR 118/77, NJW 1979, 1823.

451 BGH, Urt. v. 09. 07. 1979 – II ZR 211/76, NJW 1979, 1829, 1831; siehe dazu *Mertens*, ZHR (1979), 189.

halten. Mangels gesetzlicher Normanforderung[452] und einer nur „rudimentären" Rechtsprechung[453] zu diesem Thema fehlt es bislang weitgehend an generellen rechtlichen Anforderungen. Bei Durchführung der rechtlichen Bewertung kommt man insofern nicht umhin, auch auf die Betriebswirtschaft zurückzugreifen, wobei die betriebswirtschaftlichen Erkenntnisse[454] grundsätzlich einer eigenen rechtlichen Würdigung unterzogen werden müssen[455].

Nach verbreitetem, wenn auch nicht höchstrichterlich gesichertem Verständnis wird man von einem Geschäftsführer einer wirtschaftlich angeschlagenen GmbH danach grob erwarten dürfen, dass er die Möglichkeiten einer Krisenreaktion einschließlich einer umfassenden betrieblichen und finanziellen Sanierung prüft, einen darauf abgestimmten, zumindest groben Sanierungsplan erarbeitet und gegebenenfalls - unter dem Vorbehalt entsprechender Entscheidungskompetenz der Gesellschafter - vereinbarte Sanierungsschritte einleitet[456].

1. Sanierungsprüfung

Damit die Gesellschafter von der ihnen zustehenden Sanierungsentscheidung in verantwortlicher Weise Gebrauch machen können, sind sie von der unternehmerischen Leitung in Kenntnis aller beurteilungsrelevanten Umstände zu setzen. Hierfür bedarf es zunächst einer umfassenden Sanierungsprüfung durch

---

452 Nicht von Interesse sollen hier die speziellen Anforderungen an die Kreditüberwachung der Banken aus dem Kreditwesengesetz (KWG) sein, die durch die Rundschreiben der BaFin (MaRisk) konkretisiert werden, siehe dazu etwa *Krystek/Klein*, Der Betrieb 2010, 1769, 1771 f.

453 *Eidenmüller*, ZIP 2010, 649, 652, der darauf hinweist, dass ein Urteil wegen Verletzung der eingeschränkten Sanierungspflicht, weil der GmbH-Geschäftsführer etwa ein gebotenes Sanierungsvorhaben nicht oder nicht rechtzeitig ausgelöst hat, der deutschen Rechtsprechung bislang unbekannt ist.

454 Zu nennen sind hier insbesondere die Grundsätze für die Erstellung von Sanierungskonzepten des IDW, z. B. IDW Standard IDW S. 6, „Anforderungen an die Erstellung von Sanierungskonzepten", siehe dazu im Einzelnen auch *Eisolt*, BB 2010, 427 ff.; *Krystek/Klein*, Der Betrieb 2010, 1769 ff.

455 *Krystek/Klein*, Der Betrieb 2010, 1769, 1775.

456 *Kleindiek* in: Lutter/Hommelhoff, GmbHG, 17. Aufl., § 43, Rn. 27; *ders.* in: W. Bayer/E. Koch, Das neue GmbH-Recht, S. 89, 102; *Schluck-Amend*/Walker, GmbHR 2001, 375, 377; Schneider, GmbHR 2010, 57, 59; *Veil*, ZGR 2006, 374, 378; *Westermann*, DZWiR 2006, 485, 487 ff; monographisch *Drenckhan* Gläubigerschutz in der Krise der GmbH, 2006, S. 66.

den Geschäftsführer. Diese ist in eine Sanierungsbedürftigkeits-, eine Sanierungsfähigkeits- und eine Sanierungswürdigkeitsprüfung zu unterteilen[457].

Ergeben sich im Rahmen der kontinuierlichen Beobachtung der Finanz- und Vermögenslage „Anzeichen einer krisenhaften Entwicklung", obliegt es dem GmbH-Geschäftsführer, nicht nur eine eingehende Solvenzkontrolle durchzuführen, sondern auch über eine darüber hinausgehende Sanierungsbedürftigkeitsprüfung nachzudenken[458]. Denn sobald das Unternehmen in die unternehmerische Krise gerät, d. h. erheblich bestandsgefährdende Tatsachen vorliegen, die ernsthaft in Frage stellen, dass das Unternehmen in absehbarer Zeit noch fortgeführt werden kann, beginnt die Sanierungspflicht in Form der Sanierungsbedürftigkeitsprüfung[459]. Die Sanierungsbedürftigkeitsprüfung dient der Ermittlung und Verarbeitung von Informationen über die Ertragsschwäche des Unternehmens und soll letztlich feststellen, ob die Gesellschaft überhaupt sanierungsreif ist[460]. Erforderlich ist dafür zunächst eine umfassende Aufnahme des Ist-Zustandes des Unternehmens. Zu erfassen sind die wesentlichen Daten der bisherigen Unternehmensentwicklung, der rechtlichen, finanz- und leistungswirtschaftlichen Verhältnisse und der organisatorischen Grundlagen[461]. Wurde der Eintritt in eine unternehmerische Krisensituation erkannt und hat der Geschäftsführer mittels einer umfassenden eingehenden Analyse den Ist-Zustand des Unternehmens ermittelt, ist auf Basis der so ermittelten Daten eine eingehende Analyse durchzuführen, um die aktuelle Lage des Unternehmens, die unternehmensinternen Krisenursachen und Schwachstellen umfassend beurteilen zu können[462]. Die Betriebswissenschaft stellt dem Analysierenden, welcher in der Regel der Geschäftsführer sein wird, dabei eine Vielzahl an Methoden und Techniken der Unternehmensanalyse zur Hand (z. B. Konkurrentenanalyse,

---

457 *Picot/Aleth*, Unternehmenskrise und Insolvenz, S. 86; vgl. ferner *Bork*, ZIP 2011, 101, 106; *Drenckhan*, Gläubigerschutz in der Krise der GmbH, S. 66 ff.

458 *Schluck-Amend/Walker*, GmbHR 2001, 375, 377; vgl. ferner *Drenckhan*, Gläubigerschutz in der Krise der GmbH, S. 67.

459 Zum Eintritt der Sanierungspflicht *Schluck-Amend*/Walker, GmbHR 2001, 375, 376; *Picot/Aleth*, Unternehmenskrise und Insolvenz, S. 86; siehe auch *Drenckhan*, Gläubigerschutz in der Krise der GmbH, S. 67; siehe zu den Symptomen einer Bestandsgefährdung 2. Kap., A, II, 2, d.

460 *Hommel/Knecht/Wohlenberg* in: Hdb. Unternehmensrestrukturierung, S. 49; *Picot/Aleth*, Unternehmenskrise und Insolvenz, S. 86.

461 Vgl. dazu *Picot/Aleth*, Unternehmenskrise und Insolvenz, S. 87 ff.

462 *Maus* in: K. Schmidt/Uhlenbruck, Die GmbH in Krise, Sanierung und Insolvenz, 4. Aufl., Rn. 1.318; *Krystek/Klein*, Der Betrieb 2010, 1769, 1771; *Picot/Aleth*, Unternehmenskrise und Insolvenz, S. 90; ferner *Bork*, ZIP 2011, 101, 106 m. w. N.

Szenarioanalyse, Wertanalyse und Portfolio-Methoden)[463]. Die Bestimmung der im Einzelfall letztlich anzuwendenden Maßnahmen steht dabei im pflichtgemäßen Ermessen des analysierenden Geschäftsführers. Bei der Verfahrensauswahl hat er neben der geringen zur Verfügung stehenden Zeit auch die Größe und Komplexität des Unternehmens zu beachten. Während bei kleinen und übersichtlichen Unternehmen die Sanierungsbedürftigkeitsprüfung in der Regel im Rahmen des laufenden Tagesgeschäfts erledigt werden kann, wird der Geschäftsführer bei großen und komplexen Unternehmen häufig nicht umhin kommen, externen Sachverstand einzuholen[464].

Kommt der Geschäftsführer bei der Prüfung hinsichtlich der Sanierungsbedürftigkeit zu einem positiven Fazit, so hat er im Rahmen der Sanierungsprüfung Untersuchungen zur Sanierungsfähigkeit anzustellen[465]. Als sanierungsfähig ist die GmbH dann anzusehen, wenn nach der Sanierungsprüfung hinreichend wahrscheinlich ist, dass die Gesellschaft nach Durchführung der Sanierungsmaßnahmen aus eigener Kraft am Markt nachhaltige Einnahmeüberschüsse erwirtschaften kann und eine Insolvenz dauerhaft vermieden wird[466]. Aufbauend auf der Schwachstellenanalyse ist zu prüfen, ob die Schwachstellen im leistungs- oder finanzwirtschaftlichen Bereich in angemessener Zeit beseitigt werden können. Zur Ermittlung der Sanierungsfähigkeit wird in Deutschland allgemein der Fortführungs- und der Zerschlagungswert des Unternehmens, basierend auf einem Fortführungs- und Zerschlagungskonzept, miteinander verglichen[467]. Ist am Ende der Fortführungswert kleiner als der Zerschlagungswert, sollte die Sanierungsfähigkeit verneint werden. Ist der Barwert der in Zukunft erzielbaren und entnahmefähigen Jahresergebnisse dagegen größer als der Liquidationswert, ist die Sanierungsfähigkeit grundsätzlich zu bejahen[468]. Zwingend ist diese

463 Vgl. zu den verschiedenen Analyse-Methoden z. B. WP-Handbuch 2008, Bd. II, 13. Aufl., Kap. F, Rn. 177–229.

464 *Veil*, ZGR 2006, 374, 378.

465 *Hommel/Knecht/Wohlenberg* in: Hdb. Unternehmensrestrukturierung, S. 49; siehe zur Sanierungsfähigkeitsprüfung im Einzelnen *Picot/Aleth*, Unternehmenskrise und Insolvenz, S. 91 ff.

466 *Schluck-Amend/Walker*, GmbHR 2001, 375, 377; *Uhlenbruck*, GmbHR 1995, 195, 200.

467 Dazu näher *Picot/Aleth*, Unternehmenskrise und Insolvenz, S. 90; vgl. auch *Drenckhan*, Gläubigerschutz in der Krise der GmbH, S. 68; der IDW S. 6 spricht insoweit von der Neuausrichtung am Leitbild des sanierten Unternehmens, WPg Supplement 4/2009, S. 145 ff.

468 *Picot/Aleth*, Unternehmenskrise und Insolvenz, S. 94.

Entscheidung allerdings nicht; der Vergleich der Unternehmenswerte gibt lediglich einen Anhaltspunkt für die Sanierungsentscheidung[469].

Im Rahmen der Sanierungswürdigkeitsprüfung hat der Geschäftsführer schließlich die subjektive Interessenlage der anderen an einer möglichen Sanierung beteiligten Personengruppen zu prüfen. Der analysierende Geschäftsführer hat sich dabei zu fragen, ob es sich nach Auffassung der Beteiligten und Betroffenen (z. B. Kreditgeber, Lieferanten, Arbeitnehmer etc.) lohnt, weitere Mittel einzusetzen oder das Kapitel einfach abzuschließen[470].

2. Sanierungsmaßnahmen

Kommt der Geschäftsführer im Rahmen der Sanierungsprüfung zu einem positiven Fazit, so hat er notwendige Sanierungskonzepte auszuarbeiten. Voraussetzung muss dabei ein ernsthafter Sanierungsversuch zur Vermeidung einer noch tieferen Krise oder gar des Insolvenzverfahrens sein[471]. Hier eröffnen sich für den Geschäftsführer je nach Stadium der eingetretenen Krise mehrere Stoßrichtungen, die sich zumeist schon im Rahmen der Sanierungsprüfung abzeichnen. Ausgehend von dem Leitbild eines sanierten Unternehmens können die (strategischen und operativen) Sanierungsmaßnahmen in unterschiedlichen Bereichen ansetzen[472]. Es wird dabei zwischen einer internen (autonomen) Sanierung und einer externen Sanierung unterschieden[473]. Während es sich bei der internen Sanierung[474] um eine Sanierung aus eigener Kraft, also um Maßnahmen im leistungswirtschaftlichen (organisatorischen), finanzwirtschaftlichen oder rechtlichen Bereich des Krisenunternehmens handelt, geht es bei der externen Sanierung[475] um Sanierungsmaßnahmen, durch die Dritte, vor allem die Gläubiger der GmbH, in das Sanierungskonzept einbezogen werden. Typische Sanierungsmaßnahmen setzen sich meist kombiniert aus internen und externen Maßnahmen zusammen. Die hier möglichen Varianten sind zahlreich. Als Sanierungsmaßnahmen im finanzwirtschaftlichen Bereich bieten sich z. B. ein Kapitalschnitt, die Aufnahme neuer Gesellschafter bzw. eine Restrukturierung

---

469 *Drenckhan*, Gläubigerschutz in der Krise der GmbH. S. 69.

470 *Picot/Aleth*, Unternehmenskrise und Insolvenz, S. 94 f.

471 Vgl. z. B. BGH, Urt. v. 12. 11. 1992 - IX ZR 236/91, ZIP 1993, 276, 281.

472 Im Einzelnen dazu *Picot/Aleth*, Unternehmenskrise und Insolvenz, S. 100 f.

473 Vgl. *Bork*, ZIP 2011, 101, 107.

474 Siehe zur internen Sanierung ausführlich: *K. Schmidt* in: K. Schmidt/Uhlenbruck, Die GmbH in Krise, Sanierung und Insolvenz, 4. Aufl., Rn. 2.6 ff.

475 Siehe zur externen Sanierung ausführlich: *Uhlenbruck* in: K. Schmidt/Uhlenbruck, Die GmbH in Krise, Sanierung und Insolvenz, 4. Aufl., Rn. 2.209 ff.

der Gesellschaft oder die Aufnahme von Sanierungskrediten an[476]. Im leistungswirtschaftlichen Bereich kommen insbesondere Verbesserungen im Produktionsbereich oder im Personalwesen in Frage. Ein konkreter Sanierungsvorschlag ist insofern wünschenswert, stellt aber keine Rechtspflicht des Geschäftsführers dar. Ein Geschäftsführer, der ohne ein zumindest grobes Sanierungskonzept zur Überwindung der Krise lediglich auf die wirtschaftliche Notlage hinweist, kann sich allerdings gem. § 43 Abs. 2 GmbHG wegen sog. Sanierungsverschleppung schadensersatzpflichtig machen[477].

3. *Vorschlags- und Umsetzungspflicht*

Die eigentliche Sanierungsentscheidung treffen nach dem Kompetenzgefüge des GmbH-Rechts nicht die Geschäftsführer, sondern die Gesellschafter. Der Geschäftsführer ist insofern lediglich verpflichtet, die Sanierungsentscheidung umfassend vorzubereiten. Er hat nach Erkennen der wirtschaftlichen Krisensituation eine Sanierung der Gesellschaft zu prüfen und gegebenenfalls einen zumindest groben Sanierungsplan zu erstellen, um dann den Gesellschaftern ein umfassendes Bild über die wirtschaftlichen Verhältnisse, die Krisenursachen und die möglichen Ausgleichsmaßnahmen verschaffen zu können. Erscheint die Sanierung nicht Erfolg versprechend, ist den Gesellschaftern die Liquidation der Gesellschaft nahezulegen[478]. Sprechen sich die Gesellschafter für eine Sanierung aus, so muss der Geschäftsführer das beschlossene Sanierungskonzept umsetzen oder die erforderlichen Maßnahmen nach seinem Ermessen einleiten[479]. Diese Maßnahmen müssen dabei sowohl an die Gesamtsituation der Gesellschaft als auch untereinander angepasst, also planvoll angelegt sein[480]. Der Geschäftsführer hat sich dabei an die von der Gesellschafterversammlung beschlossenen Leitlinien zu halten. Werden Fehler in dem von den Gesellschaftern beschlossenen Sanierungsfahrplan erkannt, wird es

---

476 *K. Schmidt* in: K. Schmidt/Uhlenbruck, Die GmbH in Krise, Sanierung und Insolvenz, 4. Aufl., Rn. 2.19 ff.; siehe ferner *Bork*, ZIP 2011, 101, 107 m. w. N.

477 *Veil*, ZGR 2006, 374, 379; eine Schadensersatzpflicht unmittelbar gegenüber den Gesellschaftern bejahend *Timm*, Die Sanierung von Unternehmen, S. 517 f.

478 *Drenckhan*, Gläubigerschutz in der Krise der GmbH, S. 74.

479 *K. Schmidt* in: Die GmbH in Krise, Sanierung und Insolvenz, 4. Aufl., Rn. 2.15; vgl. ferner *Drenckhan*, Gläubigerschutz in der Krise der GmbH, S. 76; *Haas* in: Verhandlungen des 66. DJT, Bd. I, E 114; *Kleindiek* in: W. Bayer/E. Koch, Das neue GmbH-Recht, S. 89, 102.

480 *K. Schmidt* in: Die GmbH in Krise, Sanierung und Insolvenz, 4. Aufl., Rn. 2.15.

als dem Geschäftsführer zumutbar angesehen, diese Fehler anzumahnen[481]. Wurde kein detaillierter Sanierungsplan verabschiedet, ist der Geschäftsführer für die Wahl der notwendigen Sanierungsmaßnahmen nach seinem unternehmerischen Ermessen zuständig[482]. Der Geschäftsführer wird insbesondere darüber nachdenken müssen, falls er hierzu nicht ohnehin bereits aufgrund eines Weisungsbeschlusses verpflichtet ist, zusätzliche Sanierungsberater einzuschalten[483].

4. *Sofortmaßnahmen*

Wurde der Eintritt der unternehmerischen Krise rechtzeitig erkannt, hat der GmbH-Geschäftsführer eine Krisenversammlung einzuberufen, um gegebenenfalls mit deren Rückendeckung etwaige Sanierungsmaßnahmen einzuleiten. Es stellt sich nun die Frage, was in dem Zeitraum zwischen dem Erkennen der Krise bis zur Entscheidung der Gesellschafter über die Sanierung des Unternehmens geschieht. Die Einberufung der Krisenversammlung sowie die Ansetzung des Termins für die Versammlung wird unverzüglich erfolgen müssen[484]. Der Zeitraum wird aber allein wegen der Einberufungsfrist gem. § 51 Abs. 1 Satz 2 GmbHG in aller Regel zumindest eine Woche betragen, es sei denn, sämtliche Gesellschafter sind anwesend[485].

In dieser Zwischenzeit gehört es zur allgemeinen Pflicht des Geschäftsführers zur ordnungsgemäßen Unternehmensleitung, bis zur Entscheidung der Gesellschafterversammlung die Sanierungsfähigkeit zu erhalten[486]. Hierbei steht dem Geschäftsführer wiederum ein weit gesteckter Handlungsspielraum zu. Das unternehmerische Ermessen ist allerdings dort zu begrenzen, wo es der vorherigen Gesellschafterentscheidung bedarf (z. B. bei Umstrukturierungen des Unternehmens, Kapitalmaßnahmen oder bei der Aufnahme von Sanierungskrediten) oder aber wo das gesetzliche Zahlungsverbot zu beachten ist (siehe insbesondere § 64 Satz 1 GmbHG).

---

481 *Haas* in: Verhandlungen des 66. DJT, Bd. I, E 114.

482 *Drenckhan*, Gläubigerschutz in der Krise der GmbH, S. 74.

483 *K. Schmidt* in: Die GmbH in Krise, Sanierung und Insolvenz, 4. Aufl., Rn. 2.16; *Krystek/Klein*, Der Betrieb 2010, 1769, 1771.

484 Siehe dazu bereits 3. Kap., C, II, 5 b.

485 *Drenckhan*, Gläubigerschutz in der Krise der GmbH, S. 74.

486 *Drenckhan*, Gläubigerschutz in der Krise der GmbH, S. 74 f.

5. *Zwischenergebnis*

Eine weitere Konsequenz des Kriseneintritts der Gesellschaft ist, dass der Geschäftsführer sich nicht nur mit der Einberufung der Krisenversammlung begnügen darf, sondern darüber hinaus auch Wege zur Krisenbewältigung sorgsam zu prüfen, auszuloten, aufzuzeigen und vorzubereiten hat. Er muss die Gesellschafter zutreffend beraten, damit diese von dem in § 49 Abs. 2 und 3 GmbHG verankerten „Frühwarnsystem" auch sinnvoll Gebrauch machen können. Mehr als die Erfüllung dieser Verfahrenspflichten kann und darf von den Geschäftsleitern allerdings nicht erwartet werden. Die Sanierungsentscheidung selbst ist nicht von den Geschäftsführern, sondern allein von den Gesellschaftern zu treffen (oder von den Gläubigern des Unternehmens gegebenenfalls als neu eintretende Gesellschafter). Sprechen sich die Gesellschafter für eine Sanierung aus, so muss die Geschäftsführung das beschlossene Sanierungskonzept umsetzen oder die erforderlichen Maßnahmen nach seinem Ermessen einleiten[487]. In der Zeit zwischen Erkennen der Sanierungsbedürftigkeit und der Sanierungsentscheidung durch die Gesellschafterversammlung hat der Geschäftsführer die Sanierungsfähigkeit der Gesellschaft zu erhalten.

IV. Zwischenergebnis

Gerät die GmbH in eine unternehmerische Krisensituation gehört es zur Pflichtaufgabe eines GmbH-Geschäftsführers, den Gesellschaftern die Entscheidung über die Alternativen „Liquidation" oder „Sanierung" zu ermöglichen und ihnen in diesem Rahmen die Daten für eine verantwortliche Entscheidung zur Verfügung zu stellen. Um diese Pflicht ordnungsgemäß zu erfüllen, hat er die Gesellschafter nicht nur zu warnen und über die Krisensituation zu informieren, sondern ihm obliegt außerdem die Pflicht, eine etwaige Sanierung sorgsam zu prüfen, auszuloten, aufzuzeigen und vorzubereiten.

Die Haftungsrisiken, die den GmbH-Geschäftsführer im Rahmen der Krisenbewältigungsaufgaben treffen, sollten allerdings nicht überschätzt werden. Fehlt es – abgesehen von der Verlustanzeige nach § 49 Abs. 3 GmbHG – an formalisierten Krisenwarn- und Berichtspflichten, kann sich der Geschäftsführer auf einen weit gesteckten Handlungsspielraum berufen, so dass nur eindeutige Missgriffe eine Pflichtverletzung darstellen können. Zu denken ist etwa daran, dass der Geschäftsführer eine Kriseninformation gem. § 49 Abs. 2 und 3 GmbHG

487 *K. Schmidt* in: Die GmbH in Krise, Sanierung und Insolvenz, 4. Aufl., Rn. 2.15; *Kleindiek* in: W. Bayer/E. Koch, Das neue GmbH-Recht, S. 89, 102; ferner *Drenckhan*, Gläubigerschutz in der Krise der GmbH, S. 76.

schlichtweg unterlässt oder die Gesellschafter zwar auf die wirtschaftliche Notlage rechtzeitig hinweist, ihnen dabei aber kein schlüssiges Sanierungskonzept zur Krisenbewältigung vorlegt. Aber auch wenn eine Verletzung jener Pflichten zu bejahen sein sollte, wird eine Geschäftsführerhaftung regelmäßig daran scheitern, dass sich ein ersatzfähiger kausaler Schaden der Gesellschaft in der Praxis nicht oder nur schwer bestimmen lassen wird[488]. Seinem Inhalt nach müsste der Anspruch auf den Ausgleich des Schadens gerichtet sein, der vermieden worden wäre, wenn der Geschäftsführer die Versammlung rechtzeitig anberaumt und sich den anwesenden Gesellschaftern die realistische Alternative einer Gegensteuerung eröffnet hätte[489]. Diesen Nachweis wird die GmbH nur in den seltensten Fällen führen können; dies gilt insbesondere dann, wenn sich das Unternehmen zum maßgeblichen Zeitpunkt in einer nachhaltigen Krise befunden hat[490]. Häufig wird ein kausaler Schaden auch bereits deshalb zu verneinen sein, weil die Gesellschafter auch bei rechtzeitiger Einberufung der Krisenversammlung keine neuen Mittel in die Gesellschaft eingeschossen hätten[491]. Es verwundert daher auch nicht, dass es bislang noch keine gerichtliche Entscheidung zur Geschäftsführerhaftung wegen Verletzung einer Krisenwarn- und Berichtspflicht bzw. der eingeschränkten Sanierungspflicht gibt[492].

Inwieweit die Lockerung des strengen Systems der Kapitalaufbringung und -erhaltung durch das MoMiG zu einer zunehmenden haftungsrechtlichen Bedeutung der Krisenwarn- und Berichtspflicht – etwa in Form einer Sanierungsverschleppungshaftung – führt, bleibt abzuwarten. Es ist insoweit zu konstatieren, dass es de lege lata an wirksamen Haftungsanreizen zur frühzeitigen Auslösung gebotener Unternehmensrestrukturierungen fehlt. Auch wegen der darüber hinausgehenden mangelhaften Transparenz für die Geschäftsführer wird darüber nachgedacht, die vorinsolvenzliche Sanierungspflicht des GmbH-Geschäftsführers mit der Krisenwarn- und Berichtspflicht gesetzlich enger zu verzahnen[493]. Vorgeschlagen wird etwa, dem Geschäftsführer im Rahmen des § 49 Abs. 3 GmbHG aufzugeben, mit Einberufung der „Krisenversammlung"

---

488 *Veil*, ZGR 2006, 374, 379; vgl. dazu auch *Bork*, ZIP 2011, 101, 109; *Haas* in: Verhandlungen des 66. DJT, Bd. I, E 113.

489 *Wicke*, GmbHG, 2. Aufl., § 49, Rn. 6; ferner *Geißler*, GmbHR 2010, 457, 461 m. w. N.

490 *Geißler*, GmbHR 2010, 457, 461 m. w. N.

491 *Hoffmann/Liebs*, Der GmbH-Geschäftsführer, 3. Aufl., Rn. 7029.

492 *Eidenmüller*, ZIP 2010, 652.

493 *Veil*, ZGR 2006, 374, 381 f.; siehe zur geplanten Reform des vorinsolvenzlichen Sanierungsverfahrens z. B. *Bork*, ZIP 2010, 397 ff.; *Eidenmüller*, ZIP 2010, 649 ff. m. w. N.

den Gesellschaftern zugleich auch ein zumindest grobes Sanierungskonzept zwingend vorzulegen[494]. Diesem Vorschlag ist im Hinblick auf die mit einer gesetzlichen Konkretisierung einhergehenden Signal- und Steuerungswirkung grundsätzlich zuzustimmen, rechtlich gesehen ist sie aber nicht zwingend erforderlich. Denn richtigerweise besteht mit den §§ 43 und 49 GmbHG hierzu bereits de lege lata ein normativer Rahmen.

D. Haftung

I. Haftung gegenüber der GmbH – Innenhaftung

1. *Haftung wegen Verletzung krisenorientierter Pflichtaufgaben gem. § 43 Abs. 2 GmbHG*

Verletzt der GmbH-Geschäftsführer die Pflicht zur ordnungsgemäßen Geschäftsführung bzw. konkret eine der oben herausgearbeiteten Geschäftsführerpflichten zur Krisenvorsorge, -vermeidung oder -bewältigung, ergeben sich daraus, unabhängig davon, ob es sich um eine spezialgesetzliche (§§ 41, 49 Abs. 3 etc.) oder aber um ungeschriebene Verhaltenspflichten handelt, grundsätzlich Schadensersatzansprüche der Gesellschaft nach § 43 Abs. 2 GmbHG, allerdings nur unter Berücksichtigung des Entscheidungs- und Handlungsermessens der Geschäftsführer[495]. Für die Art und Weise, wie solche unternehmerischen Pflichtverletzungen zu sanktionieren sind, ordnet § 43 Abs. 2 GmbHG eine Haftungskonzentration bzw. -kanalisierung zu Gunsten der Gesellschaft an[496]. Adressat der Haftung ist der einzelne Geschäftsführer. Beruht der Schaden auf dem pflichtwidrigen Verhalten mehrerer Geschäftsführer, haften diese als Gesamtschuldner[497].

2. *Haftung wegen Missachtung einer Weisung der Gesellschafter gem. § 43 Abs. 2 GmbHG*

Ein besonderes Haftungsrisiko besteht für einen GmbH-Geschäftsführer auch aufgrund seiner Weisungsgebundenheit. Ein GmbH-Geschäftsführer darf Weisungen, zu denen die Gesellschafter berechtigt sind, nicht ablehnen, nur weil

494 *Veil*, ZGR 2006, 374, 381 f.; zweifelnd an der Erforderlichkeit *Haas* in: Verhandlungen des 66. DJT, Bd. I, E 114.

495 *Bork*, ZIP 2011, 101, 109; *Veil*, ZGR 2006, 374, 380; zur Anwendbarkeit der Business Judgement Rule 3. Kap., A., II, 4.

496 *Zöllner/Noack* in: Baumbach/Hueck, GmbHG, 19. Aufl., § 43, Rn. 1.

497 Siehe zur Gesamtverantwortung der Geschäftsführer bereits 3. Kap., B, II, 1.

er diese für die GmbH als nutzlos oder gar schädlich erachtet. Die Weisungsgebundenheit endet – wie gesehen – erst dort, wo der Geschäftsführer durch Ausführung der Weisung eine ihn treffende, zwingende gesetzliche Pflicht verletzen würde. Eine Weisung, mit der sich der Geschäftsführer schadensersatzpflichtig oder gar strafbar macht, darf nicht befolgt werden. Zweifelt der Geschäftsführer an der Rechtmäßigkeit bzw. Gesetzmäßigkeit einer Weisung, muss er die Gesellschafter hierüber informieren und gegebenenfalls die Weisung zurückweisen. Missachtet der Geschäftsführer eine rechtmäßige Weisung, macht er sich gegenüber der Gesellschaft nach § 43 Abs. 2 GmbHG schadensersatzpflichtig. Gerade im Vorfeld der Insolvenz, wenn die Unterscheidung zwischen rechtmäßigem und rechtswidrigem Geschäftsführerverhalten ohnehin überaus schwierig ist, bestehen im Hinblick auf zweifelhafte Gesellschafterweisungen somit zusätzliche Haftungsrisiken für den Geschäftsführer einer GmbH.

3. *Haftung wegen Untreue nach §§ 266 StGB i. V. m. 823 Abs. 2 BGB*

Die § 43 Abs. 2, 3 GmbHG schließen Schadensersatzansprüche der Gesellschaft gegen den Geschäftsführer nach anderen Anspruchsgrundlagen nicht aus. Es besteht insoweit grundsätzlich Anspruchskonkurrenz[498]. Gerät die GmbH in die unternehmerische Krise, kommt insbesondere dem deliktischen Anspruch nach § 823 Abs. 2 i. V. m. § 266 StGB besondere Bedeutung zu[499]. Das liegt u. a. daran, dass der Tatbestand der Untreue (speziell die zweite Alternative, der sog. Treuebruchtatbestand) gefährlich weit gefasst ist. Er liegt bereits vor, wenn der Geschäftsführer seine Pflicht verletzt, fremde Vermögensinteressen wahrzunehmen (sog. Vermögensbetreuungspflicht)[500]. Die Unschärfe gerade der zweiten Alternative macht es dem Geschäftsführer oft schwierig zu erkennen, ob sich eine von ihm beabsichtigte geschäftliche Maßnahme noch innerhalb der Legalität bewegt oder aber die Grenze zur Untreue schon überschritten ist. Hinzukommt, dass unter Vorsatz auch bereits der bedingte Vorsatz, also die billigende Inkaufnahme der Erfüllung des Untreue-Tatbestandes zu verstehen ist. Entsteht

---

498 *Haas/Ziemons* in: Michalski, GmbHG, 2. Aufl., § 43, Rn. 177, 258.

499 *Hoffmann/Liebs*, Der GmbH-Geschäftsführer, 3. Aufl., Rn. 7144.

500 Wegen Untreue (§ 266 StGB) wird bestraft, „wer die ihm durch Gesetz, behördlichen Auftrag oder Rechtsgeschäft eingeräumte Befugnis, über fremdes Vermögen zu verfügen oder einen anderen zu verpflichten, missbraucht (1. Alternative) oder die ihm kraft Gesetzes, behördlichen Auftrags, Rechtsgeschäfts oder eines Treueverhältnisses obliegende Pflicht, fremde Vermögensinteressen wahrzunehmen, verletzt und dadurch dem, dessen Vermögensinteressen er zu betreuen hat, Nachteil zufügt (2. Alternative)".

der Gesellschaft durch das zumindest bedingt vorsätzliche Verhalten des Geschäftsführers ein Vermögensschaden und verletzt er damit seine Vermögensbetreuungspflicht, ist er nicht nur nach § 266 StGB strafbar, sondern er macht sich darüber hinaus auch nach § 823 Abs. 2 BGB i. V. m. § 266 StGB gegenüber der Gesellschaft schadensersatzpflichtig[501].

4. *Disponibilität der Geschäftsführerhaftung und ihre Grenzen*

a. Grundsatz der Disponibilität

Da etwaige Haftungsansprüche der Gesellschaft zustehen und das Gesellschaftsinteresse – grundsätzlich – als das Interesse der Gesamtheit der Gesellschafter definiert wird, steht die Organhaftung des GmbH-Geschäftsführers weitestgehend zur Disposition der Gesellschafter. Letztere sind grundsätzlich darin frei, entweder durch abweichende Gestaltung der Voraussetzungen für die Entstehung etwaiger Haftungsansprüche, nämlich im Wege einer Herabsetzung des Pflichten- und Sorgfaltsmaßstabs im Vorhinein oder aber durch (nachträgliche) Disposition über Bestand und Durchsetzbarkeit eines bereits entstandenen Anspruchs (etwa durch Verzicht, Vergleich oder Verjährungsverkürzung), die Geschäftsführerhaftung privatautonom einzuschränken[502]. Eine Haftung des Geschäftsführers entfällt schließlich immer auch dann, wenn er auf Weisung der Gesellschafter handelt oder wenn die Gesellschafter das Verhalten des Geschäftsführers billigen[503]. Der Sinn und Zweck solcher vertraglichen Haftungsbeschränkungen kann im Einzelfall darin bestehen, die erhebliche Belastung der Zusammenarbeit der Organe bzw. Beteiligten untereinander zu reduzieren oder durch Vermeidung eines Schadensersatzprozesses das Ansehen der Gesellschaft in der Öffentlichkeit zu wahren[504]. Außerdem kann dadurch der Gefahr entgegengewirkt werden, dass der Geschäftsführer angesichts der hohen Haftungsrisiken zu einem risikoarmen Management übergeht. Eine Beschränkung der Geschäftsführerhaftung kann sich daher sowohl im Gesellschafts- als auch im Gläubigerinteresse anbieten[505].

---

501 Siehe zu den bereits von der Rechtsprechung entschiedenen Fällen *Hoffmann/Liebs*, Der GmbH-Geschäftsführer, 3. Aufl., Rn. 7149.

502 *Kleindiek* in: Lutter/Hommelhoff, GmbHG, 17. Aufl., § 43, Rn. 51; siehe dazu auch *Haas*, WM 2006, 1417, 1418.

503 *Kleindiek* in: Lutter/Hommelhoff, GmbHG, 17. Aufl., § 43, Rn. 33 m. w. N.

504 Vgl. *Haas/Wigand* in: Krieger/Uwe H. Schneider, Hdb. Managerhaftung, 2. Aufl., § 16, Rn. 20 m. w. N.

505 *Haas* in: Krieger/Schneider, Hdb. Managerhaftung, § 11, Rn. 20; *Lutter*, GmbHR 2000, 301, 311.

b. Gesetzliche Grenzen der vertraglichen Haftungsbeschränkung

Dem Haftungsmodell der GmbH liegt allgemein die Prämisse zugrunde, dass mit Hilfe der gesetzlichen Binnenverantwortung des Geschäftsführers auch das Verhalten der Gesellschaft gegenüber den gesellschaftsfremden Gläubigerinteressen ausreichend und interessengerecht gesteuert werden kann[506]. Können die Gesellschafter die gesetzliche Binnenverantwortung des Geschäftsführers aber privatautonom durch vorherige Herabsetzung des Haftungsmaßstabs oder durch eine nachträgliche Disposition über Bestand oder Durchsetzbarkeit eines entstandenen Anspruchs in Form eines Verzichts oder Vergleichs weitgehend beschneiden, erscheint die Gewährleistung des mit der Binnenverantwortung des Geschäftsführers (mit)bezweckten Gläubigerschutzes zumindest fraglich. Die praktische Wirksamkeit der gesetzlichen Binnenverantwortung hängt insoweit entscheidend davon ab, wo die Grenzen dieser Gesellschafterbefugnisse liegen. Im deutschen Recht bildet § 43 Abs. 3 Satz 3 i. V. m. Satz 2 GmbHG eine ausdrückliche Schranke der vertraglichen Haftungsbeschränkungsbefugnis. Diese Vorschrift bezieht sich jedoch lediglich auf den Entzug von Gesellschaftsvermögen entgegen § 30 GmbHG und auf den Erwerb eigener Geschäftsanteile entgegen § 33 GmbHG sowie auf die hiervon erfassten Sondervorschriften (§§ 9a/b; 64; 57 Abs. 4 GmbHG)[507].

c. Grenzen außerhalb der gesetzlich vorgesehenen Fälle

Unabhängig von den hier diskutierten krisenorientierten Geschäftsführerpflichten besteht in der allgemeinen Diskussion zur Organinnenhaftung des Geschäftsführers ein erheblicher Streit über die Frage, inwieweit die Geschäftsführerhaftung gegenüber der Gesellschaft auch außerhalb der vom Wortlaut des § 43 Abs. 3 GmbHG erfassten Fälle zur Disposition der Gesellschafter steht[508]. Der Grund dieses Streits liegt darin, dass weite Teile des Schrifttums die vom Gesetzgeber hierzu gesetzten Grenzen aus Gläubigerschutzgründen als

---

506 *Haas*, Geschäftsführerhaftung und Gläubigerschutz, S. 13; *ders.*, WM 2006, 1417, 1419; die allgemeine Geschäftsführerhaftung nach § 43 GmbHG als Ansatzpunkt für den Gläubigerschutz sehr kritisch betrachtend *Schall*, Kapitalgesellschaftsrechtlicher Gläubigerschutz, S. 181 f.

507 *Paefgen* in: Ulmer/Habersack/Winter, GmbHG, § 43, Rn. 122; siehe zum Alleingesellschafter-Geschäftsführer BGH, Urt. v. 26.10.2009 – II ZR 222/08, NJW 2010, 64.

508 Siehe zur Diskussion im Einzelnen z.B. *Altmeppen* in: Roth/Altmeppen, GmbHG, 6. Aufl., § 43, Rn. 118 ff.; *Haas*, WM 2006, 1417, 1418 f.; *Kleindiek* in: Lutter/Hommelhoff, GmbHG, 17. Aufl., § 43, Rn. 53 ff.; *Klöhn* in: Bork/Schäfer, GmbHG, § 43, Rn. 65; *Zöllner/Noack* in: Baumbach/Hueck, GmbHG, 19. Aufl., § 43, Rn. 34.

unzureichend und somit als untragbar ansehen[509]. Jenseits der vom Wortlaut des § 43 GmbHG erfassten Fälle würde nämlich der großzügige „Verzicht" der Gesellschafter auf die Haftung des Geschäftsführers allein auf Kosten der Gläubiger gehen, zumindest dann, wenn die GmbH infolge der Freizeichnung des Geschäftsführers von seiner Haftung nicht über genügend Gesellschaftsvermögen verfügt, um ihre Gläubiger zu befriedigen. Um diese (angebliche) Lücke zu Lasten der Gläubiger zu schließen, haben sich im Einzelnen recht unterschiedliche Ansätze herausgebildet.

aa. § 43 Abs. 3 Satz 2 und 3 als Abs. 5 GmbHG

In der Vergangenheit wurde von Teilen des Schrifttums die Auffassung vertreten, dass die Binnenhaftung des Geschäftsführers grundsätzlich immer in dem Umfang unverzichtbar sei, in dem sie zur Gläubigerbefriedigung erforderlich ist[510]. Nach dieser Auffassung muss § 43 Abs. 3 Satz 2 GmbHG gleichsam wie ein Abs. 5 gelesen werden, der sich auch auf die allgemeine Geschäftsleiterhaftung i. S. d. Abs. 2 bezieht. Dieser Auffassung wird entgegengehalten, dass sich weder im insoweit klaren Wortlaut noch in der Gesetzessystematik eine hinreichende Grundlage für eine solche Erweiterung der Geschäftsführerhaftung finde[511]. Der Gesetzgeber habe den § 43 Abs. 3 Satz 2 GmbHG eben nicht als eigenständigen Abs. 5 normiert, der sich auf sämtliche Schadensersatzansprüche nach § 43 Abs. 2 GmbHG bezieht, Abs. 3 Satz 2 beziehe sich allein auf Abs. 3 Satz 1[512]. Die Anwendung des § 43 Abs. 3 Satz 2 GmbHG auf alle Haftungsansprüche führe im Ergebnis zu einer unangemessenen Erweiterung der Haftung des GmbH-Geschäftsführers über den im Gesetzeswortlaut vorgesehenen Umfang hinaus[513].

---

509 *Altmeppen* in: Roth/Altmeppen, GmbHG, 6. Aufl., § 43, Rn. 120; *Kleindiek* in: Lutter/Hommelhoff, GmbHG, 17. Aufl., § 43, Rn. 53 ff.; ferner auch *Haas/Wiegand* in: Krieger/Uwe H. Schneider, Hdb. Managerhaftung, 2. Aufl., § 16, Rn. 28 ff.; *Lars Klöhn* in: Bork/Schäfer, GmbHG, § 43, Rn. 65.

510 *Lutter*, GmbHR 2000, 301, 311; Lutter/Hommelhoff, GmbHG, 15. Aufl. § 43, Rn. 28; differenzierend jetzt aber *Kleindiek* in: Lutter/Hommelhoff, GmbHG, 17. Aufl., § 43, Rn. 51 ff.

511 *Zöllner/Noack* in: Baumbach/Hueck, GmbHG, 19. Aufl., § 43, Rn. 34, 47.

512 *Altmeppen* in: Roth/Altmeppen, GmbHG, 6. Aufl., § 43, Rn. 118; *Paefgen* in: Ulmer/Habersack/Winter, GmbHG, § 43, Rn. 30; *Zöllner/Noack* in: Baumbach/Hueck, GmbHG, 19. Aufl., § 43, Rn. 53.

513 *Altmeppen* in: Roth/Altmeppen, GmbHG, 6. Aufl., § 43, Rn. 121, der insoweit auch auf die im Vergleich zum Vorstand einer AG zu strenge Haftung hinweist.

bb. Analoge Anwendung des § 43 Abs. 3 Satz 2 und 3 GmbHG

Etwas differenzierter ist eine in der Literatur vertretene Ansicht, die § 43 Abs. 3 Satz 2 GmbHG zwar nicht auf alle, wohl aber auf solche Pflichtverletzungen ausdehnen will, die überwiegend dem Allgemeininteresse oder dem Schutz der Gläubigerinteressen dienen[514]. Weisungsfeste Geschäftsführerpflichten seien danach etwa auch die Insolvenzantragspflicht nach § 15a Abs. 1 InsO, die Buchführungspflicht nach § 41 GmbHG oder die Einberufungspflicht nach § 49 Abs. 3 GmbHG[515]. Für diese vorrangig im öffentlichen oder Gläubigerinteresse liegenden Pflichten müsse – in Analogie zu § 43 Abs. 3 Satz 2 u. 3 GmbHG – zum einen die vorherige Herabsetzung des Haftungsmaßstabs ausgeschlossen werden; zum anderen dürfe ein nachträglicher Verzicht oder Vergleich nur Anerkennung finden, soweit der Ersatzanspruch zur Gläubigerbefriedigung nicht erforderlich sei[516]. Nur so könne den Gläubigerinteressen jenseits der bereits oben genannten Beschränkungen in den §§ 9b, 43 Abs. 3 Satz 2 und 3, 57 Abs. 4, 64 Satz 4 GmbHG ausreichend Rechnung getragen werden.

Auch gegen diese Ansicht wird vorgebracht, dass ihr der insoweit eindeutige Wortlaut entgegenstehe und es für eine analoge Anwendung an der dafür erforderlichen Regelungslücke fehle[517]. So habe der MoMiG-Gesetzgeber vor kurzem erst die Möglichkeit gehabt, den Anwendungsbereich des § 43 Abs. 3 GmbHG zu erweitern und insoweit Klarheit zu schaffen. Während das MoMiG zu einer wohldurchdachten Neugestaltung des Gläubigerschutzes

---

514 *Kleindiek* in: Lutter/Hommelhoff, GmbHG, 17. Aufl., § 43, Rn. 55 f.; siehe ferner *Goette*, DStR 1998, 938, 942; *Haas/Ziemons* in: Michalski, GmbHG, 2. Aufl. § 43, Rn. 115; *Koppensteiner* in: Rowedder/Schmidt-Leithoff, GmbHG, § 43, Rn. 41; *Paefgen* in: Ulmer/Habersack/Winter, GmbHG, § 43, Rn. 147.

515 *Kleindiek* in: Lutter/Hommelhoff, GmbHG, 17. Aufl., § 43, Rn. 55; *Goette*, DStR 1998, 938, 942; *Haas/Ziemons* in: Michalski, GmbHG, 2. Aufl. § 43, Rn. 115; *Koppensteiner* in: Rowedder/Schmidt-Leithoff, GmbHG, § 43, Rn. 41; *Paefgen* in: Ulmer/Habersack/Winter, GmbHG, § 43, Rn. 147; die wirtschaftliche Selbstprüfungspflicht darüber hinaus als zwingend ansehend *Drenckhan*, Gläubigerschutz in der Krise der GmbH, S. 309; a. A. *Zöllner/Noack* in: Baumbach/Hueck, GmbHG, 19. Aufl., § 43, Rn. 34.

516 *Kleindiek* in: Lutter/Hommelhoff, GmbHG, 17. Aufl., § 43, Rn. 56; *Paefgen* in: Ulmer/Habersack/Winter, GmbHG, § 43, Rn. 147; a. A. *Zöllner/Noack* in: Baumbach/Hueck, GmbHG, 19. Aufl., § 43, Rn. 34, 47.

517 *Zöllner/Noack* in: Baumbach/Hueck, GmbHG, 19. Aufl., § 43, Rn. 34, 47; siehe ferner *Haas/Wigand* in: Krieger/Uwe H. Schneider, Hdb. Managerhaftung, 2. Aufl., § 16, Rn. 32 ff., die insofern auch auf die Anfechtungstatbestände des Insolvenzrechts verweisen.

geführt hat, ist eine Erweiterung des § 43 Abs. 3 GmbHG bzw. des Dispositionsverbots allerdings unterblieben[518]. Gegen eine über den Anwendungsbereich des § 43 Abs. 3 GmbHG hinausgehende Differenzierung zwischen disponiblen und (im öffentlichen oder Gläubigerinteresse) zwingenden Geschäftsführerpflichten wird zudem vorgebracht, dass sie als Abgrenzungskriterium reichlich diffus sei[519].

cc. § 93 Abs. 5 Satz 2 und 3 AktG analog

Vorrangig von *Altmeppen* wird darüber hinaus die Mindermeinung vertreten, dass es sich bei der in § 43 Abs. 3 Satz 2 und 3 GmbHG statuierten Beschränkung des Haftungsfreistellungsverbots auf Verstöße gegen die Kapitalerhaltungsregeln der §§ 30, 33 GmbHG um eine planwidrige Gesetzeslücke handele, die durch einen Analogieschluss zu § 93 Abs. 5 Satz 2 und 3 AktG zu schließen sei[520]. Demnach müsse über die Sonderfälle des § 43 Abs. 3 GmbHG hinaus eine Beschränkung der Geschäftsführerhaftung auch für die Fälle unzulässig sein, in denen der Geschäftsführer „gröblich" gegen die Sorgfalt des Geschäftsleiters verstößt und die Haftung des Geschäftsleiters in diesem Falle zur Gläubigerbefriedigung erforderlich ist. Die Gläubigerbefriedigung müsse in diesem Fall Vorrang vor der Disponibilität der Geschäftsleiterhaftung haben. Das müsse gleichermaßen für den Fremdgeschäftsführer wie für den Gesellschafter-Geschäftsführer gelten.

Nach überwiegender Ansicht ist entgegen der Auffassung von *Altmeppen* zumindest für eine Analogie zu den spezifisch aktienrechtlichen Bestimmungen in § 93 Abs. 5 Satz 2 und 3 AktG im GmbH-Recht kein Raum[521]. Eine analoge Anwendung setzt neben dem Bestehen einer Regelungslücke im GmbH-Recht

518 *Schall*, Kapitalgesellschaftsrechtlicher Gläubigerschutz, S. 183, der insoweit anmerkt, dass der Gesetzgeber im Vorfeld des MoMiG ausdrücklich auf eine Erweiterung des Dispositionsverbots hingewiesen wurde.

519 *Haas/Wigand* in: Krieger/Uwe H. Schneider, Hdb. Managerhaftung, 2. Aufl., § 16, Rn. Rn. 31.

520 *Altmeppen* in: Roth/Altmeppen, GmbHG, 6. Aufl., § 43, Rn. 120; *ders.* DStR 2002, 2048 ff; *ders.*, NJW 2002, 321, 323 ff; *ders.*, ZIP 2001, 1837, 1845; *ders.*, DB 2000, 657 ff.; ablehnend dagegen *Zöllner/Noack* in: Baumbach/Hueck, GmbHG, 19. Aufl., § 43, Rn. 34, 47; ferner *Haas* in: Krieger/Uwe H. Schneider, Hdb. Managerhaftung, 2. Aufl., § 11, Rn. 33, 55; *Kleindiek* in: Lutter/Hommelhoff, GmbHG, 17. Aufl., § 43, Rn. 56; *Paefgen* in: Ulmer/Habersack/Winter, GmbHG, § 43, Rn. 124.

521 Siehe z. B. *Haas/Wigand* in: Krieger/Uwe H. Schneider, Hdb. Managerhaftung, 2. Aufl., § 16, Rn. 33, 55; *Kleindiek* in: Lutter/Hommelhoff, GmbHG, 17. Aufl., § 43, Rn. 56; *Paefgen* in: Ulmer/Habersack/Winter, GmbHG, § 43, Rn. 124; *Zöllner/Noack* in: Baumbach/Hueck, GmbHG, 19. Aufl., § 43, Rn. 34, 47; *Schall*, Kapitalge-

außerdem auch die Vergleichbarkeit des dadurch aufgeworfenen Regelungsbedarfs mit dem die aktienrechtliche Regelung tragenden Regelungszweck voraus. Letzteres sei vorliegend nicht gegeben[522].

dd. Stand in der Rechtsprechung

Auch in der Rechtsprechung wurde die Frage der Einschränkbarkeit der Geschäftsführerhaftung in der Vergangenheit uneinheitlich beantwortet.

In einer Entscheidung des II. Zivilsenats aus dem Jahre 1999 wurde die Auffassung vertreten, dass eine nachträgliche Beschränkung der Geschäftsführerhaftung auch jenseits der von § 43 Abs. 3 GmbHG erfassten Fälle ausgeschlossen sein könne, soweit der Schadensersatzbetrag zur Befriedigung der Gesellschaftsgläubiger benötigt wird[523]. Kurze Zeit später relativierte der BGH diesen Standpunkt und stellte fest, dass eine Haftungsbeschränkung bzw. -milderung nur für Fälle als zulässig anzusehen sei, in denen die Pflichtverletzung des Geschäftsführers nicht darin bestehe, dass er entgegen § 43 Abs. 3 GmbHG eine Verletzung der Kapitalerhaltungsvorschriften nicht unterbunden habe[524]. Diese Rechtsprechung wurde in der Folgezeit mehrfach bestätigt[525]. Die höchstrichterliche Rechtsprechung verfolgt somit die Auffassung, dass es außerhalb der von § 43 Abs. 3 GmbHG ausdrücklich bestimmten Fälle Sache der Gesellschafter sei, ob und gegebenenfalls in welchem Umfang sie Ansprüche der Gesellschaft gegen einen pflichtwidrig handelnden Geschäftsführer verfolgen wollen. Dabei scheint es im Übrigen unerheblich, ob dies durch abweichende Gestaltungen der Voraussetzungen für die Entstehung des Haftungsanspruchs geschehe, etwa im Wege einer Herabsetzung des Pflichten- und Sorgfaltsmaßstabs im Vorhinein,

---

sellschaftsrechtlicher Gläubigerschutz, S. 183 f. der insoweit auf die zuletzt „wohldurchdachte Neugestaltung des Gläubigerschutzes durch das MoMiG“ hinweist.

522 *Paefgen* in: Ulmer/Habersack/Winter, GmbHG, § 43, Rn. 124 ff. m. w. N.

523 BGH, Urt. v. 15.11.1999 – II ZR 122/98, NJW 2000, 576: „Die Verkürzung [der Verjährungsfrist des § 43 Abs. 3 GmbHG] ist jedoch insoweit ausgeschlossen, als der Schadensersatzbetrag zur Befriedigung der Gesellschaftsgläubiger erforderlich ist“.

524 BGH, Urt. v. 31. 01. 2000 – II ZR 189/99, NJW 2000, 1571.

525 Vgl. z. B. BGH, Urt. v. 16.09.2002 – II ZR 107/01, NJW 2002, 3777, 3778: „An dieser Auffassung hält der Senat nicht fest, weil sie eine Erweiterung der Haftung des Geschäftsführers im Interesse der Gesellschaftsgläubiger zur Folge hätte, die zwar rechtspolitisch erwünscht sein mag, aber weder im Wortlaut noch in der Systematik des Gesetzes eine hinreichende Grundlage findet.“; siehe zuletzt auch zum Geschäftsführerhaftung eines Alleingesellschafter-Geschäftsführers BGH, Urt. v. 26. 10. 2009 – II ZR 222/08, NJW 2010, 64; zustimmend *Zöllner/Noack* in: Baumbach/Hueck, GmbHG, 19. Aufl., § 43, Rn. 34.

oder aber durch (nachträgliche) Disposition über Bestand oder Durchsetzbarkeit eines entstandenen Anspruchs[526].

d. Stellungnahme

Grundsätzlich ist der höchstrichterlichen Rechtsprechung darin zuzustimmen, dass weder der Wortlaut noch die Systematik des Gesetzes eine hinreichende Grundlage für die Annahme einer zwingenden Organhaftung außerhalb der von § 43 Abs. 3 GmbHG (§§ 9a/b, 30, 33, 57 Abs. 4, 64) erfassten Fälle darstellen. Lediglich für die besonderen Haftungstatbestände des § 43 Abs. 3 GmbHG hat der Gesetzgeber den Gesellschaftern Grenzen für die Dispositionsfreiheit über die Geschäftsführerhaftung gesetzt.

Dem Wortlaut des § 43 Abs. 3 Satz 2 und 3 GmbHG, der die Disposition der Gesellschafter über den Anspruch und die exkulpierende Wirkung von Gesellschafterbeschlüssen nur bei Verstößen gegen § 30 Abs. 1 GmbHG sowie bei den hiervon erfassten Sonderfällen (§§ 9a/b; 57 Abs. 4; 64 GmbHG) ausschließt, wird allerdings zu Recht entgegengehalten, dass der Anwendungsbereich der unabdingbaren Haftung gegenüber der Gesellschaft im Hinblick auf den Gläubigerschutz zu eng und im Einzelfall wertungsmäßig unbefriedigend erscheint[527]. Die Öffentlichkeit bzw. die Gläubiger haben grundsätzlich auch über die Fälle des § 43 Abs. 3 GmbHG hinaus ein wesentliches Interesse daran, dass die GmbH mit der notwendigen Sorgfalt geführt wird. Werden die Interessen der Gesellschaft in diesem Zusammenhang aber ausschließlich durch die Interessen der Gesellschafter in ihrer Gesamtheit definiert, kann das im Einzelfall zu unbilligen Ergebnissen führen. Dies gilt insbesondere dort, wo die Haftung des Geschäftsführers wegen Verletzung zwingender bestehender Organpflichten von den Gesellschaftern nach Belieben beschränkt wird, obwohl der Ersatzanspruch zur Gläubigerbefriedigung erforderlich wäre.

Für die exkulpierende Wirkung von Weisungsbeschlüssen wurde bereits festgestellt, dass ein Gesellschafterbeschluss, der den Geschäftsführer zur Verletzung einer zwingenden (überwiegend) im Allgemein- oder Gläubigerinteresse bestehenden Vorschrift oder zu existenzvernichtendem Verhalten anweist, in analoger Anwendung des § 241 AktG nichtig ist. Eine entsprechende Weisung kann insoweit für den Geschäftsführer ohnehin keine haftungsbefreiende

526 BGH, Urt. v. 16.09.2002 – II ZR 107/01, NJW 2002, 3777; bestätigend BGH, Urt. v. 07.04. 2003 – II ZR 193/02, NZG 2003, 528.

527 Vgl. selbst *Goette*, ZGR 2006, 261, 274, der insoweit von den „systematischen Fesseln" des § 43 Abs. 3 S. 3 GmbHG spricht.

Wirkung haben[528]. Die Unterscheidung zwischen Geschäftsführerpflichten, die (überwiegend) im Gesellschafts- oder aber im Gläubiger- bzw. Allgemeininteresse bestehen, ist schwierig und im Einzelnen unklar. Mit Blick auf die zwingenden Pflichten des GmbH-Geschäftsführers sind hier insbesondere zu nennen die Vorschriften zur Kapitalaufbringung und -erhaltung (§§ 9a, 9b, 19, 30, 31, 33, 43 Abs. 3, 43a GmbHG), zur Massesicherung und Insolvenzverhütung (§ 64 Satz 1 und. 3 GmbHG), zur Insolvenzantragspflicht (§ 15a Abs. 1 InsO); richtigerweise aber auch die Buchführungspflicht (§ 41 GmbHG) sowie die Krisenwarn- und Berichtspflicht (§ 49 Abs. 2/3 GmbHG).

Auch für die Einschränkbarkeit der Geschäftsführerhaftung bietet es sich an, nach den vorrangigen Schutzinteressen der jeweils betroffenen Organpflicht zu differenzieren. Für vorrangig im Allgemein- bzw. Gläubigerinteresse bestehende zwingende Pflichten muss – gegebenenfalls in Analogie zu § 43 Abs. 3 Satz 2 GmbHG – die vorherige Milderung des Haftungsmaßstabs ausgeschlossen sein; ein nachträglicher Verzicht oder Vergleich darf nur Anerkennung finden, soweit der Ersatzanspruch zur Gläubigerbefriedigung nicht erforderlich ist. Denn Organpflichten zum Schutz von Allgemein- bzw. Gläubigerinteressen sind weitestgehend wirkungslos, wenn sich die Pflichten wegen der weiten Dispositionsbefugnis der Gesellschafter praktisch nicht durchsetzen lassen. Die erwähnten Unwägbarkeiten der Abgrenzung zwischen den einzelnen Pflichten im Hinblick auf ihren gläubigerschützenden Charakter hat dabei letztlich der Gesellschaftsgläubiger oder Insolvenzverwalter in Kauf zu nehmen, der sich gegenüber dem Geschäftsführer auf das Vergleichs- und Verzichtsverbot aus § 43 Abs. 3 Satz 2 GmbHG und dessen analoge Anwendung beruft[529]. Denn wie am Beispiel des § 241 Nr. 3 AktG gesehen, ist eine Differenzierung nach dem Schutzzweck der Geschäftsleiterpflichten dem Kapitalgesellschaftsrecht grundsätzlich nicht fremd; das „diffuse Abgrenzungskriterium“ kann insofern nicht als Gegenargument herhalten[530].

Was die hier in Rede stehenden krisenorientierten Pflichten zur Krisenfrüherkennung, -vermeidung und -bewältigung anbelangt, so haben die bisherigen Ausführungen gezeigt, dass diese erheblich zur Insolvenzprävention

---

528 Daher eine darüber hinausgehende analoge Anwendbarkeit des § 43 Abs. 3 S. 3 GmbHG ablehnend: *Haas/Wiegand* in: Krieger/Schneider, Hdb. Managerhaftung, 2. Aufl., § 16, Rn. 54.

529 So ausdrücklich nun auch *Haas/Wigand* in: Krieger/Schneider, Hdb. Managerhaftung, 1. Teil, § 11, Rn. 31a.

530 Siehe auch *Kleindiek* in: Lutter/Hommelhoff, GmbHG, 17. Aufl., § 43, Rn. 56; *Haas/Wigand* in: Krieger/Schneider, Hdb. Managerhaftung, 2. Aufl., § 11, Rn. 31 a.

beitragen und somit zumindest mittelbar auch den Allgemein- und Gläubigerinteressen dienen. Die de lege lata geltenden zwingenden Pflichten des GmbH-Geschäftsführers zur Kapitalerhaltung (§§ 30, 31, 33, 43 Abs. 3, 43a GmbHG), zur Massesicherung und Insolvenzverhütung (§ 64 Satz 1 und 3 GmbHG) und zur Insolvenzantragspflicht (§ 15a Abs. 1 InsO) greifen dagegen häufig erst ein, wenn die Krise des Unternehmens schon weit fortgeschritten ist und es für einen „Turnaround" schon zu spät ist. Zum Zwecke einer besseren und effektiveren Insolvenzprophylaxe wäre es daher hilfreich früher anzusetzen und auch im Bereich der oben skizzierten krisenorientierten Geschäftsführerpflichten die Haftung nicht dispositiv, sondern zwingend auszugestalten. Denn nur wenn auch die weite Dispositionsbefugnis der Gesellschafter über die Haftung des Geschäftsführers eingeschränkt ist, können die Haftungsanreize, die von der Binnenhaftung ausgehen, ihre Wirkung hinreichend entfalten. Zu nennen wäre hier etwa die besondere Krisenwarn- und Berichtspflicht, die den GmbH-Geschäftsführer nicht nur beim hälftigen Verlust des Stammkapitals (§ 49 Abs. 3 GmbHG), sondern auch bei einer sonstigen Bestandsgefährdung (§ 49 Abs. 2 GmbHG) trifft. Eine Erweiterung des Dispositionsverbots des § 43 Abs. 3 GmbHG auf diesen Pflichtenbereich im Vorfeld der Insolvenz könnte einen weiteren Beitrag zur besseren Insolvenzprophylaxe leisten und erscheint sinnvoll, auch wenn der einvernehmlich handelnde Gesellschafter, der zugleich Geschäftsführer ist, ebenfalls haften würde, zumindest soweit der Ersatzanspruch zur Gläubigerbefriedigung erforderlich ist. Dieses Ergebnis ließe sich mit Blick auf die Allgemein- und Gläubigerinteressen vertreten. Denn eine (zukünftige) Unternehmenskrise zu vermeiden, zumindest aber ihre Signale frühzeitig zu erkennen und, falls eine Krise trotz aller Krisenvermeidungs- und Früherkennungsmaßnahmen gleichwohl eintreten sollte, Krisenbewältigungsmaßnahmen rechtzeitig zu ergreifen, schützt die Existenz der Gesellschaft und auf diesem Wege zumindest mittelbar auch die Gläubiger, deren Aussicht auf Befriedigung ihrer Forderungen betroffen ist.

Es bleibt insoweit zu hoffen, dass der BGH demnächst die Möglichkeit erhält, sich zu den Grenzen der disponiblen Haftung in diesem Bereich zu äußern. Denn der Gesetzgeber des MoMiG hat zuletzt die Möglichkeit zur Erweiterung des Dispositionsverbots trotz entsprechender Forderungen in der Literatur[531] verstreichen lassen.

531 Siehe zur Erweiterung des Dispositionsverbots des § 43 Abs. 3 GmbHG etwa: *Goette*, ZGR 2006, 261, 274; *Haas* in: Verhandlungen des 66. DJT, Bd. I, E 124.

5. Geltendmachung

a. Gesellschafterbeschluss gem. § 46 Nr. 8 GmbHG

Die Geltendmachung eines Ersatzanspruchs der Gesellschaft gegen ihren Geschäftsführer nach § 43 Abs. 2 GmbHG (oder beispielsweise nach § 823 Abs. 2 BGB i. V. m. § 266 StGB) setzt grundsätzlich einen Gesellschafterbeschluss gem. § 46 Nr. 8 GmbHG voraus[532]. Dieses zusätzliche Erfordernis eines Gesellschafterbeschlusses für die Anspruchsverfolgung wird damit begründet, dass es dem Schutz der Gesellschaft und ihres Organisationsgefüges, aber auch dem Schutz der beteiligten Personen dient[533]. Zum einen würde die (gerichtliche) Geltendmachung von Ersatzansprüchen gegen die Geschäftsführer Gesellschaftsinterna an die Öffentlichkeit tragen und könnte so der Gesellschaft schaden[534], zum anderen besteht in der häufig personalistisch strukturierten GmbH die Gefahr, dass ein Schadensersatzanspruch gegen den Geschäftsführer nicht nur dessen Amtsführung bis hin zur Abberufung oder Amtsniederlegung beeinflusst, sondern häufig auch für Streitigkeiten zwischen den Gesellschaftern sorgt, entweder weil einige von ihnen selbst Geschäftsführer sind, oder weil einige dem Geschäftsführer besonders nahestehen[535]. Besteht die GmbH aus nur einem Alleingesellschafter, wird ein förmlicher Beschluss nach § 46 Nr. 8 GmbHG nach h. M. als nutzlose Förmelei und somit als nicht erforderlich angesehen[536].

b. Actio pro socio

Wenn die Gesellschafter in ihrer Gesamtheit den Ersatzanspruch gegen den Geschäftsführer nicht verfolgen, stellt sich die Frage, ob ausnahmsweise ein (Minderheits-) Gesellschafter den Ersatzanspruch der Gesellschaft dergestalt verfolgen

---

532 *Zöllner/Noack* in: Baumbach/Hueck, GmbHG, 19 Aufl., § 43, Rn. 30.

533 *Ziemons* in: Oppenländer/Trölitzsch, Praxishandbuch der GmbH-Geschäftsführung, 2. Aufl., § 22, Rn. 79.

534 *Haas* in: Krieger/Schneider, Hdb. Managerhaftung, § 11, Rn. 20; *Ziemons* in: Oppenländer/Trölitzsch, Praxishandbuch der GmbH-Geschäftsführung, 2. Aufl., § 22, Rn. 79.

535 *Ziemons* in: Oppenländer/Trölitzsch, Praxishandbuch der GmbH-Geschäftsführung, 2. Aufl., § 22, Rn. 79.

536 Vgl. z. B. BGH, Urt. v. 26.10.2009 – II ZR 222/08, NJW 2010, 64; BGH, Urt. v. 21.2.1983 – II ZR 183/82, GmbHR 1983, 230; *Bayer* in Lutter/Hommelhoff, GmbHG, 17. Aufl. 2009, § 46 Rn. 39; *K. Schmidt* in: Scholz, GmbHG, 10. Aufl. 2007, § 46, Rn. 152; *Zöllner* in: Baumbach/Hueck, GmbHG, 19. Aufl. 2010, § 46 Rn. 63.

kann, dass er im Wege der „actio pro socio“[537] den Geschäftsführer auf Leistung an die Gesellschaft verklagt. Die Geltendmachung von Ansprüchen gegen GmbH-Geschäftsführer, die nicht zugleich Gesellschafter sind, im Wege der „actio pro socio“ (oder auch „actio pro societate“) wird jedoch überwiegend abgelehnt, da die „actio pro socio“ ausschließlich für mitgliedschaftliche (Sozial-) Ansprüche der Gesellschaft gegenüber Gesellschaftern gelte, nicht jedoch gegenüber Dritten[538].

c. Klage des Gläubigers

Ein unmittelbarer Anspruch der Gläubiger lässt sich aus § 43 Abs. 2 GmbHG dagegen nicht begründen. Etwaige Ansprüche stehen den Gläubigern lediglich als Pfändungsgläubiger der Gesellschaft zur Verfügung, d. h. sie müssen den Anspruch gegen den Geschäftsführer im Rahmen der Zwangsvollstreckung gegen die Gesellschaft pfänden (§ 829 ZPO) und sich überweisen lassen (§ 835 ZPO); ein vorheriger Gesellschafterbeschluss nach § 46 Nr. 8 GmbHG ist insoweit nicht erforderlich[539]. Wegen des erheblichen Zeit- und Kostenaufwands wird dieser Weg aber nur selten beschritten[540]. Eine § 93 Abs. 5 AktG entsprechende Regelung, nach der die Gläubiger einen Anspruch der AG gegen den Vorstand selbst geltend machen können, besteht im GmbH-Gesetz nicht[541]. Auch eine allgemein auf die GmbH entsprechende Anwendung dieser Vorschrift wird überwiegend abgelehnt[542]. Sie ist ausnahmsweise nur dann anzuerkennen, wenn andernfalls die Anspruchsdurchsetzung gegen den Geschäftsführer zu scheitern droht[543]. Das ist etwa anzunehmen, wenn die GmbH (zu Unrecht) gelöscht wurde und mangels Prozessfähigkeit der Gesellschaft zur Verfolgung des gegen sie gerichteten Anspruchs eine

---

537 „Actio pro socio“ bezeichnet die Gesellschafterklage, die von anderen auch als actio pro societate bezeichnet wird.

538 BGH, Urt. v. 28.06.1982 – II ZR 121/82, NJW 1982, 2869; *Hueck/Fastrich* in: Baumbach/Hueck, GmbHG, 19. Aufl. 2010, § 13 Rn. 38; Lutter/Bayer in: Lutter/Hommelhoff, GmbHG, 17. Aufl., § 13, Rn. 53; *Wicke*, GmbHG, 2. Aufl., § 13, Rn. 23; wohl a.A. *Kleindiek* in: Lutter/Hommelhoff, GmbHG, 17. Aufl., § 43, Rn. 41.

539 *Wicke*, GmbHG, 2. Aufl., § 43, Rn. 11.

540 *Vetter* in: Verhandlungen des 66. DJT, Bd. II/1, P 128 f.; näher dazu auch *Biletzki*, NZG 1999, 286, 287 f.

541 Für die Einführung einer dem § 93 Abs. 5 AktG entsprechenden Vorschrift für das GmbHG etwa *Haas* in: Verhandlungen des 66. DJT, Bd. I, E145.

542 BGH, Urt. v. 19.02.1990 – II ZR 268/88, NJW 1990, 1725 ff.; *Zöllner/Noack* in: Baumbach/Hueck, GmbHG, 19. Aufl., § 43, Rn. 31; siehe zum Meinungsstreit etwa *Haas*, GmbHR 2006, 505, 507

543 *Haas* in Michalski, GmbHG, 2. Aufl., § 43, Rn. 302; *Zöllner/Noack* in: Baumbach/Hueck, GmbHG, 19 Aufl., § 43, Rn. 31 m. w. N.

praktisch nur mit großen Schwierigkeiten zu realisierende gerichtliche Bestellung von Nachtragsliquidatoren erforderlich wäre[544]. Eine Durchbrechung des Grundsatzes der Haftungskonzentration zu Gunsten der Gesellschaftsgläubiger erscheint dagegen nicht bereits in den Fällen masseloser Insolvenzen gerechtfertigt[545]. Zwar ist auch hier die Anspruchsdurchsetzung mit Schwierigkeiten (insbesondere Zeit- und Kostenaufwand) verbunden, die in § 43 GmbHG angelegte Haftungskonzentration ist jedoch noch nicht funktionslos[546]. Beim Zeit- und Kostenaufwand, der erforderlich ist, um auf die Ansprüche der Gesellschaft zugreifen zu können, handelt es sich letztlich um ein allgemeines vollstreckungsrechtliches Hindernis, das nach dem Willen des Gesetzgebers jeder Gläubiger zu tragen hat[547].

d. Klage des Insolvenzverwalters

Mit Eröffnung des Insolvenzverfahrens erhält der Insolvenzverwalter die Befugnis (§ 80 InsO), über die Insolvenzmasse zu verfügen und sie im Interesse der Gläubiger zu verwalten. Zur Insolvenzmasse zählt „das gesamte Vermögen, das dem Schuldner zur Zeit der Eröffnung des Verfahrens gehört und das er während des Verfahrens erlangt", § 35 Abs. 1 InsO. Zum Vermögen der GmbH zählen neben etwaigen Ansprüchen der Gesellschaft gegen ihre Gesellschafter und sonstigen Dritten insbesondere auch die Ansprüche gegen ihre Geschäftsführer (z. B. aus den §§ 43 Abs. 2 und 3 GmbHG, §§ 266 StGB i. V. m. § 823 Abs. 2 BGB)[548]. Für die Inanspruchnahme durch den Insolvenzverwalter bedarf es auch keines vorangegangenen Beschlusses[549]. Der Insolvenzverwalter bleibt allerdings an vorherige vertragliche Haftungsbeschränkungen gebunden, zumindest sofern diese wirksam sind.

II. Haftung gegenüber Gesellschaftern

Eine Haftung gegenüber den einzelnen Gesellschaftern ergibt sich wegen Verletzung der oben dargestellten krisenorientierten Geschäftsführerpflichten in

---

544 *Haas* in Michalski, GmbHG, 2. Aufl., § 43, Rn. 302; *Zöllner/Noack* in: Baumbach/Hueck, GmbHG, 19 Aufl., § 43, Rn. 31 m. w. N.

545 So aber *Kleindiek* in: Lutter/Hommelhoff, GmbHG, 17. Aufl., § 43, Rn. 42; ferner *Schwab*, DStR 2010, 333, 339.

546 *Zöllner/Noack* in: Baumbach/Hueck, GmbHG, 19 Aufl., § 43, Rn. 31.

547 Vgl. *Medicus*, ZGR 1998, 570, 579.

548 Vgl. *Strohn*, NZG 2011, 1161, der auf die Zunahme von Organhaftungsklagen in jüngster Zeit insbesondere durch die Insolvenzverwalter hinweist.

549 *Ziemons* in: Oppenländer/Trölitzsch, Praxishandbuch der GmbH-Geschäftsführung, 2. Aufl., § 22, Rn. 81.

der Regel nicht. Die Geschäftsführer haften aufgrund ihrer Funktion als Geschäftsführer grundsätzlich nur im Innenverhältnis der GmbH gegenüber, nicht den Gesellschaftern unmittelbar[550]. Gleiches gilt selbst für den Fall, dass den Gesellschaftern im Anstellungsvertrag (oder in der Satzung) Sonderrechte eingeräumt worden sind (z. B. spezielle Krisenwarn- und Informationsrechte der Gesellschafter). Missachtet der Geschäftsführer diese Rechte, ist dieser nur der Gesellschaft gegenüber zum Ersatz des entstandenen Schadens verpflichtet, da der Anstellungsvertrag oder die Satzung keine Schutzwirkung im Verhältnis zu den Gesellschaftern entwickeln[551].

In Ausnahmefällen kommt eine deliktische Haftung des GmbH-Geschäftsführers in Betracht. Nach § 823 Abs. 1 BGB haftet der Geschäftsführer den Gesellschaftern unmittelbar, wenn er bei der Unternehmensleitung deren Rechtsgüter eigenhändig und schuldhaft verletzt. Diesem Haftungstatbestand kommt bei der Verletzung krisenorientierter Geschäftsführerpflichten allerdings keine besondere Bedeutung zu. Mindert sich der Wert des Geschäftsanteils, etwa weil der Geschäftsführer seine Pflichtaufgaben zur Krisenvermeidung und Krisenbewältigung in schuldhafter und sorgfaltswidriger Art und Weise vernachlässigt hat, begründet dies grundsätzlich noch keine unmittelbare Haftung des Geschäftsführers. Der wirtschaftliche Wert eines Geschäftsanteils stellt kein absolutes Recht i. S. d. § 823 Abs. 1 BGB dar[552]. Hier kommt allein eine Haftung des Geschäftsführers gegenüber der GmbH nach § 43 Abs. 2 GmbHG in Betracht.

Die Verletzung einer krisenorientierten Geschäftsführerpflicht wird meist auch keine Haftung nach § 823 Abs. 2 BGB begründen. § 823 Abs. 2 BGB verlangt die Verletzung eines Schutzgesetzes. Als Schutzgesetz i. S. d. Vorschrift gelten nur diejenigen Normen, die nach ihrem Zweck und Inhalt wenigstens auch auf den Schutz von Individualinteressen ausgerichtet sind[553]. Das GmbHG kennt zwar zahlreiche Ge- und Verbote für den Geschäftsführer, die als schutzgesetzliche Vorschriften im Rahmen des § 823 Abs. 2 BGB in Betracht kommen, davon sind jedoch nur wenige auch Normen, die als Schutzgesetze zu Gunsten der Gesellschafter (oder auch Gesellschaftsgläubiger) zu klassifizieren sind. Der Schutznormcharakter i. S. d. § 823 Abs. 2 BGB wird zu Gunsten der Gesellschafter jedoch teilweise bei der Strafvorschrift des § 84 Abs. 1

550 *Uwe H. Schneider* in: Krieger/Uwe H. Schneider, Hdb. Managerhaftung, 2. Aufl., § 2, Rn. 64 m. w. N.

551 OLG Stuttgart, Beschl. v. 23. 01. 2006–14 U 64/05, NZG 2007, 40; *Uwe H. Schneider* in: Krieger/Uwe H. Schneider, Hdb. Managerhaftung, 2. Aufl., § 2, Rn. 64.

552 *Hoffmann/Liebs*, Der GmbH-Geschäftsführer, 3. Aufl., Rn. 7053.

553 *Wagner* in: MüKo-BGB, 5. Aufl., § 823, Rn. 346.

Nr. 1 GmbHG[554] bzw. bei § 49 Abs. 3 GmbHG[555] angenommen. Zwar liege der Hauptzweck der Krisenwarn- und Berichtspflicht in der Information der Gesellschafterversammlung, um diese in die Lage zu versetzen, entsprechende Maßnahmen einzuleiten, doch sei nicht zu verkennen, dass die Interessen der Gesellschafter in erheblicher Weise berührt sind, wenn der Geschäftsführer es unterlässt, ihnen durch rechtzeitige Unterrichtung die Möglichkeit für Gegenmaßnahmen zu eröffnen[556]. Denn durch die mangelnde Information würde die Mitwirkungsmöglichkeit der Gesellschafter am Schicksal der Gesellschaft in erheblicher Weise beschnitten, weshalb ein individualschützender Charakter von § 49 Abs. 3 GmbHG (und auch von § 84 Abs. 1 Nr. 1 GmbHG) gerechtfertigt erscheint. Die Frage, ob § 49 Abs. 3 GmbHG (oder auch § 84 Abs. 1 Nr. 1 GmbHG) zusätzlich Schutzgesetz i. S. d. § 823 Abs. 2 BGB zu Gunsten der Gesellschafter ist, kann mangels praktischer Relevanz letztlich jedoch dahinstehen. Meist wird ein solcher Anspruch ohnehin aus anderen Gründen scheitern. Seinem Inhalt nach müsste der Anspruch auf den Ausgleich des Schadens gerichtet sein, der vermieden worden wäre, wenn der Geschäftsführer den bzw. die Gesellschafter rechtzeitig über die Krisensituation informiert und sich den Gesellschaftern dadurch die realistische Alternative einer Gegensteuerung eröffnet hätte[557]. Diesen schwierigen Nachweis wird der darlegungs- und beweispflichtige Gesellschafter nur in den seltensten Fällen führen können; dies gilt insbesondere dann, wenn sich das Unternehmen zum maßgeblichen Zeitpunkt in einer nachhaltigen Krise befunden hat. Häufig wird ein kausaler Schaden auch bereits deshalb zu verneinen sein, weil die Gesellschafter auch bei rechtzeitiger Einberufung der Krisenversammlung keine neuen Mittel in die Gesellschaft eingeschossen hätten[558].

---

554 *Haas* in: Baumbach/Hueck, GmbHG, 19. Aufl., § 84, Rn. 9; *Wicke*, GmbHG, 2. Aufl., § 84, Rn. 1; siehe ferner *Altmeppen* in: Roth/Altmeppen, GmbHG, 6. Aufl., § 84, Rn. 11.

555 *Bayer* in: Lutter/Hommelhoff, GmbHG, 17. Aufl., § 49, Rn. 22; *Veil*, ZGR 2006, 374, 380; so auch für § 92 Abs. 1 AktG *Spindler* in: MüKo-AktG, 3. Aufl., § 92, Rn. 17; a. A. *Geißler*, GmbHR 2010, 457, 461; Römermann in: Michalski, GmbHG, 2. Aufl., § 43, Rn. 134 jeweils m. w. N.

556 Vgl. *Timm*, Die Sanierung von Unternehmen, S. 518; ferner für die Pflicht des Vorstands einer AG nach § 92 Abs. 1 AktG siehe auch *Spindler* in: MüKo-AktG, 3. Aufl., § 92, Rn. 17.

557 Vgl. *Bayer* in: Lutter/Hommelhoff, GmbHG, 17. Aufl., § 49, Rn. 22; *Wicke*, GmbHG, 2. Aufl., § 49, Rn. 6; ferner *Geißler*, GmbHR 2010, 457, 461.

558 *Hoffmann/Liebs*, Der GmbH-Geschäftsführer, 3. Aufl., Rn. 7029.

III. Haftung gegenüber Dritten

Der im GmbH-Gesetz verankerte „Grundsatz der Haftungskonzentration"[559] begrenzt auch die Fälle einer unmittelbaren Geschäftsführerhaftung gegenüber Dritten auf nur einige wenige Ausnahmefälle. Im GmbH-Gesetz ist vorrangig die Haftung der Geschäftsführer gegenüber der Gesellschaft geregelt. Der Gesetzgeber hat sich bewusst gegen eine Regelung im GmbH-Gesetz zur unmittelbaren Außenhaftung der GmbH-Geschäftsführer gegenüber den Gesellschaftsgläubigern entschieden. Er hielt es insoweit für ausreichend, dass zum einen der Insolvenzverwalter im Rahmen der Insolvenz der GmbH den Geschäftsführer in Anspruch nehmen kann und zum anderen auch die Gläubiger die Möglichkeit haben, sich die Ansprüche der Gesellschaft gegenüber ihrem Geschäftsführer im Rahmen der Zwangsvollstreckung überweisen und pfänden zu lassen. Eine unmittelbare Außenhaftung kommt grundsätzlich nur dort in Betracht, wo der Geschäftsführer die GmbH als Zurechnungsträger von Gefahren und Risiken missbraucht und folglich die von der Unternehmung berührten unterschiedlichen Interessen durch das System der Binnenverantwortung nicht (mehr) angemessen geschützt werden[560]. Letzteres wird nach der Grundkonzeption des deutschen Kapitalgesellschaftsrechts in der Regel erst in der Insolvenz der Gesellschaft angenommen, nicht aber schon in deren Vorfeld[561]. Die „einfache" Verletzung der krisenorientierten Geschäftsführerpflichten im Vorfeld der Insolvenz rechtfertigt eine Durchbrechung des Grundsatzes der Haftungskonzentration insoweit noch nicht. Insofern ist für die wenigen Vorschriften des GmbH-Rechts zum Geschäftsführerverhalten im Vorfeld der Insolvenz (z. B. §§ 41, 43, 49 GmbHG) auch der Schutzgesetzcharakter nach § 823 Abs. 2 BGB zu Gunsten der Gesellschaftsgläubiger abzulehnen[562]. Die krisenorientierten Geschäftsführerpflichten speziell zur Krisenvermeidung und Krisenbewältigung

---

559 Siehe dazu *Haas/Ziemons* in: Michalski, GmbHG, 2. Aufl., § 43, Rn. 283.

560 *Haas/Ziemons* in: Michalski, GmbHG, 2. Aufl., § 43, Rn. 285; *ders.* in: Verhandlungen des 66. DJT, Bd. I, E 42.

561 Vgl. *Schall*, Kapitalgesellschaftsrechtlicher Gläubigerschutz, S. 320; *Veil*, ZGR 2006, 374, 379.

562 Zu § 41 siehe z. B: *Haas/Ziemons* in: Michalski, GmbHG, 2. Aufl., § 43, Rn. 292; *ders.* in: Baumbach/Hueck, GmbHG, 19 Aufl., § 41, Rn. 21; zu § 43 siehe z. B. *Haas/Ziemons* in: Michalski, GmbHG, 2. Aufl., § 43, Rn. 289 m. w. N.; zu § 49 Abs. 2 und 3 siehe z. B. *Bayer* in: Lutter/Hommelhoff, GmbHG, 17. Aufl., § 49, Rn. 22; *Geißler*, GmbHR 2010, 457, 461; *K. Schmidt/Seibt* in: Scholz, GmbHG, 10. Aufl., § 49, Rn. 35; *Römermann* in: Michalski, GmbHG, 2. Aufl., § 49, Rn. 134; *Veil*, ZGR 2006, 374; dagegen über einen über den geltenden Rechtszustand hinaus beizule-

dienen vorrangig der Realisierung des Gesellschaftszwecks und schützen die Gläubigerinteressen insoweit nur reflexartig, nicht aber gezielt.

Erst für den Fall, dass der Geschäftsführer im Rahmen seiner krisenorientierten Pflichtaufgaben die Schwelle des § 826 BGB überschreitet, kommt insoweit eine Durchbrechung des Grundsatzes der Haftungskonzentration zu Gunsten der Gläubiger in Betracht. § 826 BGB verlangt eine vorsätzliche sittenwidrige Schädigung. Die Anforderungen des § 826 BGB sind hoch. Eine Haftung nach § 826 BGB wird man nur in extremen Ausnahmefällen bejahen können. Im Vorfeld der Insolvenz ist eine Haftung i. S. d. § 826 BGB etwa dort anzunehmen, wo der Geschäftsführer zwar Sanierungsversuche unternimmt, deren Scheitern für ihn aber absehbar und deshalb damit zu rechnen ist, dass er den Zusammenbruch des Unternehmens allenfalls verzögert bzw. der Sanierungsversuch nicht ernstlich war oder nur aus eigensüchtigen Motiven erfolgt ist[563]. Die Schwelle zum § 826 BGB ist in aller Regel dagegen noch nicht überschritten, wenn der Geschäftsführer in der Krise der Gesellschaft Sanierungsversuche unternimmt und dabei für den Fall des Misslingens der Sanierung die Schädigung nicht informierter Geschäftspartner in Kauf nimmt. Insbesondere ist er gegenüber künftigen Vertragspartnern und gegenwärtigen Gläubigern nicht verpflichtet, die wirtschaftliche Lage (z. B. Verlust des hälftigen Stammkapitals i. S. d. § 49 Abs. 3 GmbHG) oder eine zweifelhafte Kreditwürdigkeit der Gesellschaft offenzulegen, wenn er die Krise der Gesellschaft als überwindbar und Sanierungsbemühungen als berechtigt ansehen durfte[564].

IV. Zwischenergebnis

Grundsätzlich gilt bei der GmbH das Prinzip der Haftungskanalisierung auf die Gesellschaft: Pflichtverletzungen der GmbH-Geschäftsführer führen nur zu einer Innenhaftung. Verletzt der Geschäftsführer schuldhaft die Pflicht zur

---

genden Schutzgesetzcharakter der Einberufungspflicht gem. § 49 Abs. 3 GmbHG zugunsten der Gläubiger nachdenkend *Westermann*, DZWIR 2006, 485, 492.

563 BGH, Urt. v. 01.07.1991 – II ZR 180/90, GmbHR 1991, 409, 412; *Haas/Ziemons* in: Michalski, GmbHG, 2. Aufl., § 43, Rn. 296; *Uwe H. Schneider* in: Scholz, GmbHG, 10. Aufl., § 43, Rn. 336; *ders.*, GmbHR 2010. 57, 58.

564 BGH, Urt. v. 26.06.1989 – II ZR 289/88, NJW 1989, 3277;; *Drenckhan*, Gläubigerschutz in der Krise der GmbH, S. 146; *Uwe H. Schneider*, GmbHR 2010. 57, 58; zur Haftung nach § 311 Abs. 2 Nr. 2, Nr. 3 i. V. m. § 280 BGB wegen Inanspruchnahme besonderen Vertrauens des Geschäftspartners siehe auch BGH, Urt. v. 06.06.1994 – II ZR 292/91, GmbHR 1994, 539; *Haas/Ziemons* in: Michalski, GmbHG, 2. Aufl., § 43, Rn. 307 ff.

ordnungsgemäßen Geschäftsführung bzw. konkret eine der oben genannten Pflichtaufgaben zur Krisenvorsorge, -vermeidung oder -bewältigung, hat er gem. § 43 Abs. 2 GmbHG der Gesellschaft den entstandenen Schaden zu ersetzen. Der Haftungsanspruch gegen den Geschäftsführer steht weitestgehend zur Disposition der Gesellschafter. Im Hinblick auf die zwingenden Pflichtaufgaben zur Krisenerkennung, -vermeidung und -bewältigung ist jedoch zumindest in engen Grenzen mit einer Erweiterung des Dispositionsverbots analog § 43 Abs. 3 GmbHG zu sympathisieren, da diese in besonderem Maße zumindest auch die Gläubiger schützen (s. o.).

Besteht ein Organhaftungsanspruch der Gesellschaft gegen den Geschäftsführer, kann dieser, falls ein Gesellschafterbeschluss gem. § 46 Nr. 8 GmbHG unterbleibt, nur mittelbar im Falle der Pfändung durch den Pfändungsgläubiger der Gesellschaft oder im Insolvenzfall auch durch den Insolvenzverwalter geltend gemacht werden.

Eine in Ausnahme zum allgemeinen Grundsatz der Haftungskonzentration bestehende unmittelbare Außenhaftung gegenüber den Gesellschaftern oder den Gläubigern ist nur auf einige wenige Einzelfälle zu begrenzen, beispielsweise nach §§ 823 Abs. 1, Abs. 2 oder 826 BGB.

E. Ergebnis zum 3. Kapitel

Die Pflicht zur ordnungsgemäßen Geschäftsführung ist als „Grundpflicht“ ständiger Begleiter des GmbH-Geschäftsführers; sie gilt in und außerhalb der Unternehmenskrise.

Aus dieser „Grundpflicht“ lassen sich u. a. zahlreiche krisenorientierte Unterpflichten entnehmen bzw. entwickeln. Der Geschäftsführer hat bereits bei Aufnahme der Geschäftstätigkeit der Gesellschaft für eine sachgerechte Vorbereitung der Unternehmensplanung zu sorgen. Während der Geschäftstätigkeit hat er die Unternehmensplanung kontinuierlich zu überprüfen und den veränderten Rahmenbedingungen entsprechend anzupassen. Bei wesentlichen Abweichungen von der Planung sind die Gesellschafter zu informieren.

Der Geschäftsführer hat ferner dafür Sorge zu tragen, dass potenzielle Unternehmenskrisen frühzeitig erkannt werden. Hierzu treffen den GmbH-Geschäftsführer vor allem die Pflichten zur krisenvermeidenden Unternehmensorganisation und -kontrolle und zur wirtschaftlichen Selbstprüfung. Der Geschäftsführer muss danach bereits vor Eintritt der Unternehmenskrise die Finanz- und Vermögenslage der Gesellschaft mit besonderer Sorgfalt beobachten. Die alljährliche Buchführung und Bilanzierung reicht hierzu in der Regel nicht aus. Der Geschäftsführer ist vielmehr verpflichtet je nach den Eigenheiten des

Unternehmens (z. B. Größe, Komplexität, wirtschaftliche Situation etc.) Maßnahmen zu treffen, die zur Erkennung einer Unternehmenskrise geeignet sind. „Wie" diese Maßnahmen im konkreten Einzelfall auszusehen haben, steht mangels gesetzlicher Vorgaben weitestgehend im Ermessen des Geschäftsführers. Es besteht für ihn insbesondere keine Verpflichtung, ein umfassendes Risikomanagementsystem einzurichten.

Falls eine Krise trotz aller Krisenvermeidungs- und Früherkennungsmaßnahmen dennoch eintreten sollte, erweitert sich das krisenorientierte Pflichtenprogramm des GmbH-Geschäftsführers nicht unerheblich. Mit Eintritt der unternehmerischen Krise verdichtet sich die wirtschaftliche Selbstprüfungspflicht eines GmbH-Geschäftsführers zu einer eingehenden Solvenzprüfungspflicht. Neben der Aufstellung einer Zwischenbilanz oder eines Vermögensstatus hat der Geschäftsführer gegebenenfalls eine Überschuldungsbilanz zu erstellen und fortlaufend fortzuschreiben. Außerdem hat der GmbH-Geschäftsführer in dieser Situation über eine umfassende betriebliche und finanzielle Sanierungsprüfung nachzudenken. Im Mittelpunkt des Pflichtenprogramms zur Krisenbewältigung steht jedoch die Krisenwarn- und Berichtspflicht nach § 49 Abs. 2, 3 GmbHG. Danach ist der Geschäftsführer verpflichtet unverzüglich die Gesellschafterversammlung einzuberufen, wenn er vom Verlust des hälftigen Stammkapitals oder einer sonstigen Bestandsgefährdung für das Unternehmen Kenntnis erlangt. Sinn und Zweck der Krisenwarn- und Berichtspflicht ist es, den Gesellschaftern ein Warnsignal zu geben, um über zur Krisenabwehr geeignete Maßnahmen zu beratschlagen. Hinsichtlich etwaiger Krisenbewältigungsmaßnahmen wird für den GmbH-Geschäftsführer zudem eine eingeschränkte Sanierungspflicht angenommen. Bereits im Vorfeld der Insolvenztatbestände ist er danach verpflichtet, eine etwaige Sanierung sorgsam zu prüfen, auszuloten, aufzuzeigen und vorzubereiten. Er muss die Gesellschafter insoweit sachgemäß beraten, damit diese von dem in § 49 Abs. 2 und 3 GmbHG verankerten „Frühwarnsystem" auch sinnvoll Gebrauch machen können. Sprechen sich die Gesellschafter für eine Sanierung aus, so muss die Geschäftsführung das beschlossene Sanierungskonzept umsetzen oder die erforderlichen Maßnahmen nach ihrem Ermessen einleiten. In der Zeit zwischen Erkennen der Sanierungsbedürftigkeit und der Sanierungsentscheidung durch die Gesellschafterversammlung hat der Geschäftsführer die Sanierungsfähigkeit der Gesellschaft zu erhalten.

Blickt man auf das Pflichtenprogramm des Geschäftsführers zur Krisenerkennung, -vermeidung und -bewältigung, erkennt man, dass dieses de lege lata überwiegend in § 43 Abs. 1 bzw. 49 Abs. 2 und 3 GmbHG verortet ist. Die einzelnen Pflichten kommen hier nur unvollkommen und vielfach auch nur mittelbar zum Ausdruck. Sie sind für ihren Adressaten, den Geschäftsführer, insoweit nur schwer zu bestimmen. Im Schrifttum wird daher zu Recht auf die nur unzureichende Signal- und Steuerungswirkung des geschriebenen Rechts hingewiesen[565]. Gerade aber wenn es um die Vermeidung einer Krise oder um deren Bewältigung geht, ist der präventiven Signal- und Steuerungswirkung besondere Bedeutung beizumessen. Insoweit ist an eine gesetzliche Konkretisierung jener Geschäftsführerpflichten zu denken, namentlich solcher zur wirtschaftlichen Selbstprüfung, zur Krisenfrüherkennung sowie zur eingeschränkten Sanierung. Aber auch die bestehende gesetzliche Konkretisierung der allgemeinen Geschäftsführungsaufgabe in § 49 Abs. 3 GmbHG (sog. Krisenwarn- und Berichtspflicht) erscheint, um einen besseren, punktgenaueren Beitrag zur Insolvenzprophylaxe leisten zu können, reformbedürftig. Möchte man eine rechtspolitische Diskussion über die krisenorientierten Geschäftsführerpflichten im Vorfeld der Insolvenz ernsthaft führen, wird man auch ein klares Verständnis der „Unternehmenskrise" verlangen müssen[566]. Die bisherigen Ausführungen haben gezeigt, dass an den Krisentatbestand, insbesondere an den Krisenbeginn, konkrete Geschäftsführerpflichten geknüpft werden, die vom Gesetzgeber vorgegebenen formalisierten Krisenmerkmale – wie die Unterbilanz, der hälftige Stammkapitalverlust oder die materielle Überschuldung – hierfür aber wenig geeignet sind. Besser geeignet erscheint hier eine situative Anknüpfung an den bereits weiter oben herausgearbeiteten (Krisen-)Begriff der Bestandsgefährdung[567].

Will man, dass das geschriebene Recht seine präventive Signal- und Steuerungswirkung hinreichend entfaltet, ist ferner daran zu denken, die allgemeine Geschäftsführerhaftung des § 43 GmbHG als Ex-post-Instrument zu Zwecken des Gläubigerschutzes zu stärken. Wie gesehen, geht es bei den hier diskutierten Pflichten überwiegend um Binnenpflichten des GmbH-Geschäftsführers, deren Verletzung letztlich nur gem. § 43 Abs. 2 GmbHG Schadensersatzleistungen gegenüber der Gesellschaft nach sich ziehen. Dennoch dienen die krisenorientierten Geschäftsführerpflichten in gewissem Maße auch den Gläubigern. Denn eine (zukünftige) Unternehmenskrise zu vermeiden, zumindest aber ihre Signale frühzeitig zu erkennen und, falls eine Krise trotz aller Krisenvermeidungs- und Früherkennungsmaßnahmen gleichwohl eintreten sollte, Krisenbewältigungsmaßnahmen zu ergreifen, schützt die Existenz der Gesellschaft und auf diesem

565 Siehe z. B. *Bork*, ZIP 2011, 101, 109; *Haas* in: Verhandlungen des 66. DJT, Bd. I, E120; *Kleindiek* in: W. Bayer/E. Koch, Das neue GmbH-Recht, S. 103; Veil, ZGR 2006, 374, 380.

566 Vgl. *Westermann*, DZWIR 2006, 485, 494.

567 2. Kap., B, I, 3, d.

Wege zumindest mittelbar auch die Interessen der Gläubiger, deren Aussicht auf Befriedigung ihrer Forderungen betroffen ist.

Insoweit erscheinen die Haftungsanreize, die von der Binnenhaftung ausgehen, allein schon wegen der weiten Dispositionsbefugnis der Gesellschafter über die Haftung des Geschäftsführers als unzureichend. Zu denken ist daher an einen erweiterten eigenständigen Verantwortungsbereich des Geschäftsführers im Rahmen der Insolvenzprävention etwa durch Neuausrichtung des § 43 Abs. 3 GmbHG.

4. Kapitel: Kapitalerhaltung

Eine Krisensituation, wenn auch nicht zwingend eine Bestandsgefährdung, besteht nach dem zugrunde gelegten Krisenbegriff bereits, wenn die Durchführung von Geschäften, die das Gesellschaftsvermögen antasten, eine Unterbilanz verursacht[568]. Sinkt nämlich das zum Erhalt des Stammkapitals erforderliche Reinvermögen einer GmbH herab, nimmt nach der Vorstellung des Gesetzgebers die Gefährdung der Gesellschaft, vor allem aber der Gläubiger stark zu. Die Gesellschaft unterliegt nunmehr einer strengen gesetzlichen Vermögensbindung (vgl. §§ 30, 31, 33, 43a GmbHG). In dieser Situation wird der GmbH-Geschäftsführer als Vertretungsorgan der Gesellschaft besonders in die Verantwortung genommen. Im Interesse der Gesellschaft, vorzüglich der Gesellschaftsgläubiger treffen ihn hier besondere Kapitalerhaltungspflichten[569].

A. Kapitalerhaltungsgebot nach § 30 Abs. 1 GmbHG

Das Kapitalerhaltungsgebot aus § 30 GmbHG gehört auch nach dem MoMiG weiterhin zu einer der wichtigsten Regelungen des GmbH-Rechts[570]. Danach darf das zur Erhaltung des Stammkapitals erforderliche Vermögen der Gesellschaft nicht an die Gesellschafter ausgezahlt werden, § 30 Abs. 1 Satz 1 GmbHG. Diese Vorschrift wurde vom MoMiG nicht angetastet. Dies überrascht, zumindest wenn man den Lauf der Reformdiskussion verfolgt hat, in der verschiedentlich erwogen wurde, die „statische" Ausschüttungssperre des § 30 GmbHG durch „dynamische" Solvenztests zu ersetzen[571]. Gegen das deutsche Kapitalsicherungskonzept wurde etwa vorgebracht, es würde einerseits Ausschüttungen verbieten, auch wenn sie die Liquidität des Unternehmens überhaupt nicht

568 Siehe zur rechtlich relevanten Krisensituation der Unterbilanz bereits 2. Kap., B, I, 3, c; in diesem Sinne auch *Westermann*, DZWiR 2006, 485, 490.

569 Vgl. *Uwe H. Schneider* in: Krieger/Uwe H. Schneider, Hdb. Managerhaftung, 2. Aufl., § 2, Rn. 22, der den GmbH-Geschäftsführer insoweit auch als „Hüter des gebundenen Vermögens" bezeichnet; zu den geschützten Interessen *Hommelhoff* in: Lutter/Hommelhoff, GmbHG, 17. Aufl., § 30, Rn. 1.

570 *Hommelhoff* in: Lutter/Hommelhoff, GmbHG, 17. Aufl., § 30 GmbHG, Rn. 1; *Schmolke*, Kapitalerhaltung in der GmbH nach dem MoMiG, § 30, Rn. 1; *K. Schmidt* in: K. Schmidt/Uhlenbruck, Die GmbH in Krise, Sanierung und Insolvenz, 4. Aufl., Rn. 1.23.

571 Für das deutsche Recht z. B. *Jungmann*, ZGR 2006, 638 ff.; *Mülbert*, Der Konzern 2004, 151, 160; *Vetter*, ZGR 2005, 788, 826.

gefährden, andererseits aber würde es bei Unternehmen mit nur geringem Stammkapital tendenziell viel zu spät einsetzen[572]. Formalisierte Solvenztests seien stattdessen vorzugswürdig, um erlaubte von verbotenen Ausschüttungen abzugrenzen[573]. Der Gesetzgeber hat letztlich aber an dem bewährten Haftkapitalsystem festgehalten[574]. Auch nach der Neufassung des GmbHG bleibt § 30 GmbHG somit die zentrale Norm im Kapitalerhaltungssystem.

I. Verbotene Auszahlungen i. S. d. § 30 Abs. 1 Satz 1 GmbHG

§ 30 Abs. 1 GmbHG normiert den für die GmbH zentralen Grundsatz der Kapitalerhaltung. Danach darf das zur Erhaltung des Stammkapitals erforderliche Vermögen nicht an Gesellschafter ausgezahlt werden. Unter einer Auszahlung i. S. d. Vorschrift versteht die ganz einhellige Meinung[575] nicht nur die Auskehrung von Barmitteln, sondern weitergehend Leistungen aller Art, sofern sie das Gesellschaftsvermögen verringern. Die einzelnen Varianten einer Auszahlung sind vielfältig. Darunter kann etwa eine unentgeltliche Sachübereignung fallen[576], die Abtretung einer Forderung der Gesellschaft, die Erfüllung einer Verbindlichkeit des Gesellschafters durch die Gesellschaft, die Begründung einer Verbindlichkeit der Gesellschaft gegenüber einem Gesellschafter[577], die Verrechnung einer Forderung der Gesellschaft gegen die Gesellschafter mit einer Gegenforderung, oder auch der Erlass oder die unterlassene Durchsetzung einer Forderung[578]. Selbst nicht gegenständliche Zuwendungen wie Dienstleistungen[579] oder

---

572 *Schmolke*, Kapitalerhaltung in der GmbH nach dem MoMiG, § 30, Rn. 1; siehe zur Diskussion auch *Kleindiek* in: Verhandlungen des 66. DJT, Bd. II/1, P 58 f.

573 *K. Schmidt*, GmbHR 2007, 1072, 1074; vgl. ferner *Eidenmüller*, ZGR 2007, 168, 190; *Engert*, ZHR 170 (2006), 296 ff.; *Haas* in: Verhandlungen des 66. DJT, Bd. I, E123 ff.; E130 f.; *Jungmann*, ZGR 2006, 638 f.

574 Vgl. Begr RegE BT-Drucks 16/6140 S. 25.

575 BGH, Urt. v. 01.12.1986 - II ZR 306/85, NJW 1987, 1194; *Heidinger* in: Michalski, GmbHG, 2. Aufl., § 30, Rn. 59; *Hommelhoff* in: Lutter/Hommelhoff, GmbHG, 17. Aufl., § 30 GmbHG, Rn. 8; *Hueck/Fastrich* in: Baumbach/Hueck, GmbHG, 19. Aufl., § 30, Rn. 33 m. w. N.

576 *Wicke*, GmbHG, 2. Aufl., § 30, Rn. 8.

577 OLG Rostock, Urt. v. 03.09.1997–6 U 557/96, GmbHR 1998, 329; *Schmolke*, Kapitalerhaltung in der GmbH nach dem MoMiG, § 30, Rn. 140 f.

578 *Hommelhoff* in: Lutter/Hommelhoff, GmbHG, 17. Aufl., § 30 GmbHG, Rn. 8; *K. Schmidt* in: K. Schmidt/Uhlenbruck, Die GmbH in Krise, Sanierung und Insolvenz, 4. Aufl., Rn. 1.24.

579 Vgl. OLG Hamburg, Urt. v. 31. 08. 2005–11 U 55/04, NZG 2005, 1008; *Heidinger* in: Michalski, GmbHG, 2. Aufl., § 30, Rn. 59.

Nutzungsüberlassungen[580] können eine verbotene Auszahlung i. S. d. § 30 Abs. 1 GmbHG darstellen.

Daneben war im Übrigen lange streitig, ob und inwieweit eine verbotene Auszahlung an den Gesellschafter auch dann vorliegt, wenn die Gesellschaft eine Kompensation für die abgeflossenen Vermögensgegenstände erlangt[581]. Mit der Neuregelung in § 30 Abs. 1 Satz 2 Hs. 2. GmbHG hat der MoMiG-Gesetzgeber nunmehr eine Klarstellung zum Tatbestandsmerkmal der „Auszahlung" geschaffen. Danach liegt eine verbotene Auszahlung an den Gesellschafter grundsätzlich nicht vor, wenn die Leistung der Gesellschaft „durch einen vollwertigen Gegenleistungs- oder Rückgewähranspruch gegen den Gesellschafter gedeckt" ist. Der Gesetzgeber des MoMiG ist insoweit zur bilanziellen Betrachtungsweise zurückgekehrt und ordnet diese nun in § 30 GmbHG ausdrücklich an. Der GmbH-Geschäftsführer muss der Prüfung dieser Umstände nunmehr stets eine bilanzielle Betrachtung zugrunde legen. Maßgeblich sind also die allgemeinen Bilanzierungsgrundsätze. Haben der vollwertige Gegenleistungs- oder Rückgewähranspruch und die Leistung an den Gesellschafter bilanziell denselben Wert, liegt ein bilanzneutrales Geschäft und damit ein reiner Aktivtausch vor. Es liegt mithin keine verbotene Vermögensminderung im Rechtssinne vor. § 30 Abs. 1 Satz 2 Hs. 2. GmbHG hat dabei in erster Linie Fälle der Darlehensgewährung (sog. „upstream-loans") sowie der Sicherheitenausreichung (sog. „upstream-guarantees") speziell im Rahmen des Cash Poolings im Blick. Die Vorschrift gilt aber auch für sonstige Austauschgeschäfte, denen eine gleichwertige Gegenleistung zufließt[582].

II. Relevanter Leistungsverkehr

Nach dem Wortlaut des § 30 Abs. 1 Satz 1 GmbHG werden nur „Auszahlungen an die Gesellschafter" umfasst. Die Gesellschaftereigenschaft ist insoweit Voraussetzung der Auszahlung im Sinne des § 30 Abs. 1 Satz 1 GmbHG[583]. Auf die Beteiligungshöhe des Gesellschafters oder die Grundlage seines Anteilserwerbs kommt es nicht an. Nach dem Sinn und Zweck der Vorschrift kommt es auch nicht allein darauf an, ob sich die Auszahlung als unmittelbare Zuwendung an

---

580 Siehe z. B. *Heidinger* in: Michalski, GmbHG, 2. Aufl., § 30, Rn. 59 m. w. N.

581 Siehe dazu *Heidinger* in: Michalski, GmbHG, 2. Aufl., § 30, Rn. 183.

582 *Hueck/Fastrich* in: Baumbach/Hueck, GmbHG, 19. Aufl., § 30, Rn. 39; ferner *Heidinger* in: Michalski, GmbHG, 2. Aufl., § 30, Rn. 187 m w. N.

583 *Heidinger* in: Michalski, GmbHG, 2. Aufl., § 30, Rn. 67.

den Gesellschafter darstellt[584]. Auch Auszahlungen an Nichtgesellschafter können unter bestimmten Umständen tatbestandsmäßig i. S. d. § 30 Abs. 1 GmbHG sein, nämlich im Fall der mittelbaren Leistung an den Gesellschafter und im Fall der engen rechtlichen oder persönlichen Verbundenheit mit dem Gesellschafter[585]. Eine Auszahlung i. S. d. § 30 GmbHG ist stets dann anzunehmen, wenn die Gesellschaft an einen Dritten für Rechnung des Gesellschafters zur Erfüllung einer diesen treffenden Verbindlichkeit leistet[586]. So wird eine Auszahlung an einen Gesellschafter auch dann angenommen, wenn die Gesellschaft einem Gläubiger des Gesellschafters Sicherheiten für dessen Forderungen gegen den Gesellschafter gewährt[587]. Denkbar sind auch Fälle, in denen zwar formal an einen Dritten geleistet wird, dieser Dritte aber mit dem Gesellschafter wirtschaftlich oder rechtlich eng verbunden ist[588]. Insbesondere solche Leistungen, die im Rahmen eines Unternehmensverbandes an ein mit einem Gesellschafter verbundenes Unternehmen[589] oder an andere Gesellschaften geleistet werden, an denen ein Gesellschafter (oder naher Angehöriger) maßgeblich beteiligt ist[590], können relevante Leistungen i. S. d. § 30 Abs. 1 GmbHG sein. Zu unterscheiden ist hier zwischen Vertragskonzern und faktischem Konzern. Denn im Ersteren vermag die schärfere Haftungsverfassung Einflüsse der Obergesellschaft auf die Konzernunternehmen, auch auf die Erhaltung des zur Deckung ihres Stammkapitals nötigen Vermögens, bis zu einem gewissen Grad zu legitimieren (§ 30 Abs. 1 Satz 2 Alt. 1), während für eine faktisch konzernabhängige GmbH § 311 AktG nicht gilt, so dass insoweit weiterhin § 30 Abs. 1 GmbHG anzuwenden ist[591].

Ebenfalls sind Leistungen der Gesellschaft an nahe Angehörige des Gesellschafters, insbesondere an Ehegatten oder Kinder, aufgrund der engen

---

584 *Altmeppen* in: Roth/Altmeppen, GmbHG, 6. Aufl., § 30, Rn. 31 ff.; *Hueck/Fastrich* in: Baumbach/Hueck, GmbHG, 19. Aufl., § 30, Rn. 24 ff.; *K. Schmidt* in: K. Schmidt/Uhlenbruck, Die GmbH in Krise, Sanierung und Insolvenz, 4. Aufl., Rn. 1.24; *Schmolke*, Kapitalerhaltung in der GmbH nach dem MoMiG, § 30, Rn. 110 u. 136; siehe zur Anwendung des § 30 bei Unternehmensverbindungen *Westermann* in: Scholz, GmbHG, 10. Aufl., § 30, Rn. 51 ff.

585 Allgemein dazu *Hueck/Fastrich* in: Baumbach/Hueck, GmbH, 19. Aufl., § 30, Rn. 24 m. w. N.

586 BGH, Urt. v. 29. 05. 2000 - II ZR 118/98, NZG 2000, 883, 886.

587 *Schmolke*, Kapitalerhaltung in der GmbH nach dem MoMiG, § 30, Rn. 140 f.

588 *Hueck/Fastrich* in: Baumbach/Hueck, GmbH, 19. Aufl., § 30, Rn. 26 m. w. N.

589 Dazu BGH, Urt. v. 21. 09. 1981 - II ZR 104/80, NJW 1982, 383, 384.

590 BGH, Urt. v. 14. 12. 1959 - II ZR 187/57, NJW 1960, 285, 287; siehe dazu auch *Hueck/Fastrich* in: Baumbach/Hueck, GmbH, 19. Aufl., § 30, Rn. 27.

591 *Hueck/Fastrich* in: Baumbach/Hueck, GmbHG, 19. Aufl. § 30, Rn. 44.

persönlichen Verbundenheit als Leistungen i. S. d. § 30 Abs. 1 GmbHG anzusehen[592]. Je nach Einzelbeurteilung kann Gleiches im Übrigen auch bereits bei engen Vertrauenspersonen gelten[593].

III. Schutz des gebundenen bilanziellen Gesellschaftsvermögens

Anders als bei der AG, bei der das gesamte Gesellschaftsvermögen mit Ausnahme des ordnungsgemäß festgestellten Bilanzgewinns gebunden ist (§ 57 AktG), schützt das Auszahlungsverbot des § 30 Abs. 1 GmbHG lediglich das zur Erhaltung des Stammkapitals erforderliche Gesellschaftsvermögen[594].

1. Geschütztes Gesellschaftsvermögen

Als das zur Erhaltung des Stammkapitals erforderliche Gesellschaftsvermögen ist das Reinvermögen anzusetzen. Dieses ergibt sich aus der bilanzmäßigen Gegenüberstellung des Brutto- bzw. Aktivvermögens abzüglich der echten Passiva (Verbindlichkeiten und Rückstellungen)[595]. Derjenige Teil des Reinvermögens, der der Stammkapitalziffer entspricht, ist gebunden und unterliegt somit dem Ausschüttungsverbot. Nur der Betrag, der die Stammkapitalziffer übersteigt, ist auszahlungsfähig. Bei der Bewertung des Reinvermögens sind keine wirtschaftlichen Kriterien anzulegen, maßgeblich sind allein die für die Jahresbilanz geltenden allgemeinen Bilanzierungsgrundsätze unter Fortführung der Buchwerte[596]. Zu nennen ist hier insbesondere das Gläubiger schützende Imparitäts- und Vorsichtsprinzip; „erhoffte" Gewinne, die möglicherweise doch nicht eintreten, und Verluste, die wahrscheinlich eintreten, sind grundsätzlich ebenso wenig zu berücksichtigen wie solche Werte, die wie stille Reserven nicht entgeltlich angeschafft worden sind[597]. Bilanzierungsfähige, selbst geschaffene immaterielle

---

592 BGH, Urt. v. 28. 09. 1981 – II ZR 223/80, NJW 1982, 386, 387.

593 *Hueck/Fastrich* in: Baumbach/Hueck, GmbH, 19. Aufl., § 30, Rn. 26.

594 *Hueck/Fastrich* in: Baumbach/Hueck, GmbHG, 19. Aufl., § 30, Rn. 13; für eine Verschärfung der Kapitalerhaltungsregeln und Angleichung an aktienrechtliches Schutzniveau sowie an internationale „Entwicklungslinien" de lege ferenda *Fleischer,* ZGR 2001, 13 f.

595 *Altmeppen* in: Roth/Altmeppen, GmbHG, 6. Aufl., § 30, Rn. 8; ausführlich dazu *Wilhelmi,* Der Grundsatz der Kapitalerhaltung im System des GmbH-Rechts, S. 102 ff.

596 BGH, Urt. v. 29.09.2008 – II ZR 234/07, GmbHR 2008, 1319; vgl. auch *Heidinger* in: Michalski, GmbHG, 2. Aufl., § 30, Rn. 27.

597 BGH, Urt. v. 07.11.1988 – II ZR 46/88, NJW, 1989, 982; BGH, Urt. v. 11.12.1989 – II ZR 78/89, NJW 1990, 1109; *Hommelhoff* in: Lutter/Hommelhoff, GmbHG, 17. Aufl., § 30 GmbHG, Rn. 12; *Wicke,* GmbHG, 2. Aufl., § 30, Rn. 5.

Vermögensgegenstände werden seit dem BilMoG[598] neuerdings zwar zum Teil aktivierungsfähig (§ 248 Abs. 2 HGB n. F.), unterfallen aber einer Ausschüttungssperre nach § 268 Abs. 8 HGB n. F., so dass sich diesbezüglich für die Unterbilanzrechnung nichts geändert hat[599]. Besitzt die Gesellschaft eigene Anteile an einem herrschenden oder mit Mehrheit beteiligten Unternehmen, sind diese mit den Anschaffungskosten zu aktivieren und durch Bildung einer Rücklage für eigene Anteile auf der Passivseite zu neutralisieren (§ 272 Abs. 4 HGB n. F.), sie bleiben bei der Berechnung nach § 30 GmbHG im Ergebnis also ebenfalls außer Betracht. Für den Regelfall des Erwerbs eigener Anteile bestimmt hingegen § 272 Abs. 1a HGB n. F., dass der Nennbetrag oder, falls ein solcher nicht vorhanden ist, der rechnerische Wert von erworbenen Anteilen offen von dem Posten „Gezeichnetes Kapital" abzusetzen und der Unterschiedsbetrag zwischen dem Nennbetrag oder dem rechnerischen Wert und den Anschaffungskosten der eigenen Anteile mit frei verfügbaren Rücklagen zu verrechnen ist[600].

2. Unterbilanz

Eine Unterbilanz liegt vor, wenn das solchermaßen errechnete Netto- bzw. Reinvermögen der Gesellschaft unter den Wert sinkt, der sich auf der Passivseite durch Zusammenrechnung der Verbindlichkeiten und des dort ausgewiesenen Stammkapitals ergibt[601]. Eine Auszahlung zu diesem Zeitpunkt ist unzulässig[602].

Ob die Maßgeblichkeit der bilanziellen Betrachtungsweise für die im Rahmen des § 30 Abs. 1 GmbHG anzustellende Ermittlung der Vermögenssituation der Gesellschaft eine Pflicht begründet, im Vorfeld einer jeden Auszahlung eine Zwischenbilanz (sog. Unterbilanzstatus) aufzustellen, ist fraglich[603]. Die Aufstellung einer Zwischenbilanz wird zumindest nicht als notwendige materiell-rechtliche Voraussetzung einer zulässigen Auszahlung angesehen[604]. Allerdings kann sich

598 Gesetz zur Modernisierung des Bilanzrechts vom 25.05.2009, BGBl. I S. 1102.

599 *Habersack* in: Ulmer/Habersack/Winter, GmbHG Erg.-Bd., § 30, Rn. 2; *Heidinger* in: Michalski, GmbHG, 2. Aufl., § 30, Rn. 32 m. w. N.; zur Übergangsregelung siehe Art. 66 V EGHGB: letztmals anwendbar auf Jahres- und Konzernabschlüsse für das vor dem 1.1.2010 beginnende Geschäftsjahr.

600 Dazu *Habersack* in: Ulmer/Habersack/Winter, GmbHG Erg.-Bd., § 30, Rn. 3.

601 BGH, Urt. v. 14. 12. 1959 – II ZR 187/57, NJW 1960, 285; *Hueck/Fastrich* in: Baumbach/Hueck, GmbHG, 19. Aufl., § 30, Rn. 13.

602 *Hommelhoff* in: Lutter/Hommelhoff, GmbHG, 17. Aufl., § 30 GmbHG, Rn. 2.

603 Siehe dazu *Heidinger* in: Michalski, GmbHG, 2. Aufl., § 30, Rn. 50 m. w. N.

604 *Schmolke*, Kapitalerhaltung in der GmbH nach dem MoMiG, § 30, Rn. 62; so auch *Heidinger* in: Michalski, GmbHG, 2. Aufl., § 30, Rn. 50.

die Gesellschaft bzw. deren Geschäftsführer auch nicht entlasten, wenn es eine Zwischenbilanz im Zeitpunkt der Auszahlung nicht gab[605]. Zumindest in zweifelhaften Fällen wird man es als Pflicht des GmbH-Geschäftsführers gegenüber der GmbH ansehen müssen, einen auf den Ausschüttungsstichtag fortgeschriebenen Unterbilanzstatus nach den allgemeinen Bilanzierungsregeln zu erstellen[606].

3. *Bilanzielle Überschuldung*

Die Ausschüttungssperre des § 30 GmbHG gilt allerdings nicht nur beim Tatbestand der Unterbilanz, sondern selbstverständlich auch und erst recht, wenn die Gesellschaft materiell insolvent (also überschuldet oder zahlungsunfähig) ist. Denn die bilanzielle Deckung des Stammkapitals wird durch Herstellung bzw. Vertiefung der Überschuldung ebenso angegriffen wie durch Herstellung bzw. Vertiefung einer Unterdeckung. Eine Überschuldung wird angenommen, wenn die Auszahlung nicht mehr zu Lasten des Reinvermögens, sondern bereits zu Lasten des das Fremdkapital deckenden Vermögens geht[607]. Im Zeitpunkt der Überschuldung wird also jede Auszahlung von Gesellschaftsvermögen vom Verbot des § 30 Abs. 1 GmbHG erfasst. Entgegen der älteren Rechtsprechung[608] geht die heute herrschende Meinung dabei von einer unmittelbaren Anwendung der §§ 30, 31 GmbHG bei bereits eingetretener Überschuldung aus[609].

IV. Geschäftsführer als Verbotsadressat

Aus dem Wortlaut des § 30 Abs. 1 GmbHG ergibt sich nicht unmittelbar, wer für die Einhaltung des Kapitalerhaltungsgebots verantwortlich ist. Unstreitig ist allerdings, dass sich die Vorschrift zuvorderst an die Geschäftsführer der GmbH

---

605 *Drenckhan*, Gläubigerschutz in der Krise der GmbH, S. 121.

606 BGH, Urt. v. 29.09. 2008 - II ZR 234/07; DStR 2008, 2378, 2379; *Heidinger* in: Michalski, GmbHG, 2. Aufl., § 30, Rn. 50; *K. Schmidt* in: K. Schmidt/Uhlenbruck, Die GmbH in Krise, Sanierung und Insolvenz, 4. Aufl., Rn. 1.25; *Schmolke*, Kapitalerhaltung in der GmbH nach dem MoMiG, § 30, Rn. 64; *Westermann* in: Scholz, GmbHG-Nachtrag MoMiG, 10. Aufl., § 30, Rn. 19; hinsichtlich des maßgeblichen Zeithorizonts eine Präzisierung fordernd: *Paefgen*, DZWIR 2009, 177, 180.

607 *Altmeppen* in: Roth/Altmeppen, GmbHG, 6. Aufl., § 30, Rn. 17.

608 Für eine analoge Anwendung der §§ 30, 31 GmbHG bei bereits eingetretener Überschuldung noch BGH, Urt. v. 29.3.1973 – II ZR 25/70, GmbHR 1973, 163.

609 BGH, Urt. v. 05.02.1990 – II ZR 114/89, NJW 1990, S. 1730, 1732; *Altmeppen* in: Roth/Altmeppen, GmbHG, 6. Aufl., § 30, Rn. 17; *K. Schmidt* in: K. Schmidt/Uhlenbruck, Die GmbH in Krise, Sanierung und Insolvenz, 4. Aufl., Rn. 1.26.

richtet[610]. Dies ergibt sich bereits aus der in § 43 Abs. 3 GmbHG statuierten Haftung des Geschäftsführers für einen Verstoß gegen § 30 Abs. 1 GmbHG[611]. Der Geschäftsführer hat im Rahmen seiner Sorgfaltspflicht nicht nur eigenhändige verbotene Auszahlungen zu unterlassen, sondern aufgrund seiner Überwachungspflicht auch dafür zu sorgen, dass solche Auszahlungen nicht von Mitgeschäftsführern oder anderen zur Vertretung der Gesellschaft ermächtigten Personen (z. B. Prokuristen und Handlungsbevollmächtigte) vorgenommen werden[612]. An der Verantwortlichkeit des GmbH-Geschäftsführers für die Kapitalerhaltung hat sich durch das MoMiG im Grundsatz nichts geändert. Im Vorfeld der Insolvenz, insbesondere in der sich zuspitzenden Unternehmenskrise, zählt die Kapitalerhaltungspflicht zu den zentralen Pflichten des GmbH-Geschäftsführers.

B. Sonderfälle

I. „Absteigende Finanzströme“: Begrenzung der Geschäftsführerverantwortlichkeit durch das MoMiG?

Zur Kapitalerhaltung zählte bis vor kurzem noch das Eigenkapitalersatzrecht, bestehend aus den Novellenregeln der §§ 32a, b GmbHG und den Rechtsprechungsregeln analog §§ 30, 31 GmbHG.[613] Der Gesetzgeber des MoMiG ist den Vorschlägen der Wissenschaft gefolgt und hat diese Rechtsfigur abgeschafft[614]. Absteigende Finanzströme, d. h. Gesellschafterdarlehen oder gleich zu erachtende Finanzierungsmaßnahmen, sind seitdem nicht mehr von § 30 GmbHG umfasst. Man könnte daher denken, dass die Geschäftsführerverantwortlichkeit durch die Vereinfachung des Rechts der Gesellschafterdarlehen begrenzt wurde. Ob dies tatsächlich der Fall ist, gilt es nachfolgend zu prüfen.

---

610 BGH, Urt. v. 25. 6. 2001 – II ZR 38/99, NZG 2001, 893; *Hueck/Fastrich* in: Baumbach/Hueck, GmbHG, 19. Aufl., § 30, Rn. 64; *Heidinger* in: Michalski, GmbHG, 2. Aufl., § 30, Rn. 19 m. w. N.

611 *Ekkenga* in: MüKo-GmbHG, § 30, Rn. 27.

612 BGH, Urt. v. 20.03.1986 - II ZR 114/85, WM 1986, 789; *K. Schmidt* in: K. Schmidt/Uhlenbruck, Die GmbH in Krise, Sanierung und Insolvenz, 4. Aufl., Rn. 1.37.

613 Siehe im Einzelnen zu den Grundlagen des alten Eigenkapitalersatzrechts *Goette/Kleindiek*, Gesellschafterfinanzierung nach MoMiG, 6. Aufl., 6. Aufl., Rn. 7 ff.

614 Vgl. zur Reform des Rechts der kapitalersetzenden Gesellschafterdarlehen z. B. *Huber/Habersack* in: Lutter, Das Kapital der Aktiengesellschaft in Europa, S. 372 ff.

1. *Prüfungs- und Zahlungsverweigerungspflichten vor Inkrafttreten des MoMiG*

Die Bedeutung des Eigenkapitalersatzrechts vor Inkrafttreten des MoMiG resultierte aus dem Gedanken, dass die Krisenfinanzierung durch Gesellschafter Risikokapital generiert, wenn sie etwa durch Gesellschafterdarlehen (§ 32a Abs. 1 GmbHG a. F.) oder gleich zu erachtende Finanzierungsmaßnahmen vollzogen wurde (§ 32a Abs. 2, Abs. 3 Satz 1 GmbHG a. F.)[615]. Für den ein solches kapitalersetzendes Darlehen gewährenden Gesellschafter bedeutete dessen Rückführung die Pflicht zur Rückerstattung, wenn innerhalb des nächsten Jahres nach dieser Rückführung des eigenkapitalersetzenden Darlehens der Insolvenzfall eintrat[616]. Mit Blick auf die Geschäftsführerverantwortlichkeit musste im Rahmen des Eigenkapitalersatzrechts dagegen zwischen den sog. Novellenregeln der §§ 32a, b GmbHG a. F. und den Rechtsprechungsregeln analog §§ 30, 31 GmbHG unterschieden werden. Nach den sog. Novellenregeln wurden allein die Gesellschafter in die Pflicht genommen. Einen Regress beim Geschäftsführer sahen die §§ 32a, b GmbHG a. F. nicht vor. Dagegen wurde nach den sog. Rechtsprechungsregeln neben dem Gesellschafter auch der Geschäftsführer auf Zahlung an die Gesellschaft in Anspruch genommen, wenn er die Rückzahlung eines Gesellschafterdarlehens veranlasste, welches als kapitalersetzend zu qualifizieren war, nicht dem Kleinbeteiligungsprivileg unterlag und dessen Rückzahlung aus dem zur Deckung des Stammkapitals erforderlichen Vermögen erfolgte[617]. Der Geschäftsführer hatte danach nicht nur bei der Rückgewährung eines Darlehens eine mögliche Unterbilanz zu prüfen, sondern musste insbesondere auch über die schwierige Frage entscheiden, ob das Gesellschafterdarlehen in einer unternehmerischen Krise der Gesellschaft i. S. d. § 32a Abs. 1 GmbHG gewährt oder stehen gelassen wurde[618]. Entsprechend hatte der Geschäftsführer in den Fällen der Gewährung einer eigenkapitalersetzend wirkenden Gesellschaftersicherung über das Bestehen eines Freistellungsanspruchs zu entscheiden. Sofern der Geschäftsführer festgestellt hatte, dass eine Krise im Sinne des § 32a Abs. 1 GmbHG a. F. eingetreten war, musste er sich einer Auszahlung gebundenen Vermögens

---

615 *K. Schmidt* in: K. Schmidt/Uhlenbruck, Die GmbH in Krise, Sanierung und Insolvenz, 4. Aufl., Rn. 2.52; ausführlich auch *Goette/Kleindiek*, Gesellschafterfinanzierung nach MoMiG, 6. Aufl., Rn. 7 ff.

616 Dazu *K. Schmidt*, GmbHR 2005, 797, 801 ff.

617 BGH, Urt. v. 26.03.1984 – II ZR 14/84, BB 1984, 1067; *Meyer*, BB 2008, 1742, 1744; *K. Schmidt*, GmbHR 2005, 797, 802.

618 *Goette*, ZInsO 2001, 529, 532; *K. Schmidt*, GmbHR 2008, 449, 454.

widersetzen oder – wenn sich der Verstoß gegen das Kapitalerhaltungsgebot erst später herausstellte – unverzüglich den Erstattungsanspruch gegen den Gesellschafter geltend machen[619]. Verstieß der Geschäftsführer gegen die Rechtsprechungsregeln analog §§ 30 f. GmbHG, so war auch er nach h. M. analog § 43 Abs. 3 Satz 1 GmbHG zum entsprechenden Ersatz verpflichtet[620]. Auch wenn den GmbH-Geschäftsführer anders als den Gesellschafter grundsätzlich keine Finanzierungsfolgeverantwortung gegenüber Gesellschaft und Gläubigern trifft, wurde die erweiterte Verantwortlichkeit des Geschäftsführers im Kapitalersatzrecht zumindest damit gerechtfertigt, dass der Geschäftsführer einer GmbH der im Gläubigerinteresse liegenden Kapitalerhaltung verpflichtet sei und daher notfalls auch in Regress genommen werden müsse[621]. Für den GmbH-Geschäftsführer war die Verantwortlichkeit im Kapitalersatzrecht insoweit mit erheblichen Haftungsrisiken verbunden[622].

2. *Änderungen durch das MoMiG: Wegfall des Eigenkapitalersatzrechts*

Das Eigenkapitalersatzrecht wurde im Vorfeld des MoMiG insbesondere aufgrund der Doppelspurigkeit von Rechtsprechungsregeln (§§ 30, 31 GmbHG analog) und Novellenregelungen (§§ 32a, b GmbHG) zunehmend als verwirrend, kompliziert und rechtsunsicher kritisiert[623]. Das Ziel des MoMiG-Gesetzgebers war es daher, durch Abschaffung der Rechtsprechungsregeln und Wegfall der Novellenregelungen eine Vereinfachung und Deregulierung des GmbH-Rechts zu erreichen[624]. Durch das MoMiG wurde das bisherige gesellschaftsrechtliche Eigenkapitalersatzrecht durch ein rein insolvenzrechtliches System aus Rangrücktritt und (Insolvenz-)Anfechtung ersetzt. Im Falle der Insolvenz ist neuerdings jedes Gesellschafterdarlehen nachrangig gegenüber anderen Gläubigern (§ 39 InsO); Rückzahlungen von Gesellschafterdarlehen, die im letzten Jahr vor dem Insolvenzantrag stattgefunden haben, sind anfechtbar (§ 135 InsO).

---

619 *Goette*, ZInsO, 2001, 529, 532.

620 BGH, Urt. v. 09.12.1991 – II ZR 43/91, GmbHR 1992, 166, 167; *Kleindiek* in: Lutter/Hommelhoff, GmbHG, 17. Aufl., § 43, Rn. 35; *Pelz*, RNotZ 2003, 415, 423; *Ulmer* in: Hachenburg, GmbHG, 8. Aufl., § 32 a, b, Rn. 18; a. A. *Haas* in: Michalski, GmbHG, 1. Aufl. § 43, Rn. 219; *ders.* NZI 1999, 209, 214.

621 Kritisch hierzu etwa *Meyer*, BB 2008, 1742, 1745.

622 *Meyer*, BB 2008, 1742, 1745.

623 *Altmeppen* in: Roth/Altmeppen, GmbHG, 6. Aufl., Vor. §§ 32 a, b, Rn. 9 ff.; *K. Schmidt*, ZIP 2006, 1925, 1926; *Tillmann*, GmbHR 2006, 1289; eingehend *Altmeppen* in: FS Sigle, S. 211 ff.

624 Begr. RegE BT-Drucks. 16/6140, S. 42, 56 f.

Zahlungen außerhalb der Insolvenz sind somit neuerdings unproblematisch, Zahlungen im Vorfeld der Insolvenz innerhalb des Ein-Jahres-Zeitraums sind wieder herauszugeben.

Für den für die Kapitalerhaltung verantwortlichen GmbH-Geschäftsführer stellt § 30 Abs. 1 Satz 3 GmbHG nun klar, dass die absteigenden Finanzströme, ob in Form eines Gesellschafterdarlehens oder einer dem Gesellschafterdarlehen wirtschaftlich entsprechenden Rechtshandlung, aus dem Anwendungsbereich des § 30 GmbHG herausfallen. Gesellschafterdarlehen sind neuerdings also nicht mehr danach zu unterscheiden, ob diese in der Krise gewährt wurden oder nicht. Die Rechtsprechung wird somit in Gestalt eines Nichtanwendungsgesetzes in ihre Schranken gewiesen. Gleichzeitig wird der GmbH-Geschäftsführer aus der Verantwortlichkeit für das Kapital, die im Eigenkapitalersatzrecht, speziell in den Rechtsprechungsregeln, ihren Niederschlag fand, entlassen[625]. Er muss sich keine Gedanken mehr machen, ob ein Gesellschafterdarlehen möglicherweise eigenkapitalersetzenden Charakter hat und deswegen eine Rückzahlung an den Gesellschafter verboten ist, oder eine Rückforderung der zur Darlehenstilgung geleisteten Zahlung geboten ist. Für den GmbH-Geschäftsführer bedeutet die Vereinfachung des Rechts der Gesellschafterdarlehen insoweit eine Begrenzung der Verantwortlichkeit, zumindest hinsichtlich der Pflichtaufgabe zur Kapitalerhaltung.

3. *Neue Gefahrensituationen für den Geschäftsführer*

Jenseits der Kapitalerhaltungsvorschriften sind die Haftungsrisiken für den Geschäftsführer jedoch nicht zu unterschätzen. Hier kommt etwa eine Haftung nach § 64 Satz 3 GmbHG in Betracht, wenn die Auszahlung an den Gesellschafter die Zahlungsunfähigkeit der Gesellschaft herbeiführt[626]. Mit Blick auf die Fälle absteigender Finanzströme ist außerdem das Risiko der Insolvenzverschleppung nicht zu unterschätzen. Gem. § 135 Abs. 1 Nr. 2 InsO sind neuerdings Rückzahlungen auf Gesellschafterdarlehen anfechtbar, wenn sie im letzten Jahr vor dem (Insolvenz-)Eröffnungsantrag oder nach diesem Antrag vorgenommen werden[627]. In der Krise der Gesellschaft ist daher zu erwarten, dass die

---

625 *Meyer*, BB 2008, 1742, 1745.

626 Vgl. dazu *K. Schmidt*, GmbHR 2008, 449, 454; *Kindler*, NJW 2008, 3249, 3253; *Goette/Kleindiek*, Gesellschafterfinanzierung nach MoMiG, 6. Aufl., Rn. 53; siehe speziell zum Cash Pooling auch *Spliedt*, ZIP 2009, 149, 152; siehe dazu noch ausführlich Kap. 5, A, V, 2.

627 Vgl. *Heidinger* in: Michalski, GmbHG, 2. Aufl., § 30, Rn. 102.

Geschäftsführer vermehrt veranlasst sein werden, die Rückführung eines Gesellschafterdarlehens „über die Jahresfrist zu retten" und erst dann den fälligen Insolvenzantrag zu stellen[628]. Während insoweit beim Gesellschafter-Geschäftsführer der Fall denkbar ist, dass dieser das Risiko der Insolvenzverschleppung wegen der Anfechtung von Darlehenszahlungen billigend in Kauf nehmen wird, ist beim Fremdgeschäftsführer der Fall vorstellbar, dass dieser vom Mehrheitsgesellschafter trotz Insolvenzreife zum verspäteten Insolvenzantrag gedrängt wird[629]. Für den grundsätzlich an Weisungen der Gesellschafter gebundenen und im wirtschaftlichen Abhängigkeitsverhältnis stehenden Fremdgeschäftsführer ist dies eine zweifelsohne schwierige Situation.

4. Zwischenergebnis

Der Gesetzgeber ist den Vorschlägen der Wissenschaft gefolgt und hat das Eigenkapitalersatzrecht abgeschafft. Der GmbH-Geschäftsführer braucht somit keine Bewertung mehr vorzunehmen, ob ein Gesellschafterdarlehen möglicherweise eigenkapitalersetzenden Charakter hat und deswegen eine Rückzahlung an den Gesellschafter unzulässig oder eine Rückforderung der zur Darlehenstilgung geleisteten Zahlung geboten ist. Der GmbH-Geschäftsführer wird im Falle von absteigenden Finanzströmen somit aus der Verantwortlichkeit für die Kapitalerhaltung entlassen. Von einer Begrenzung der Geschäftsführerverantwortlichkeit kann jedoch nur bedingt gesprochen werden. Mit der Vereinfachung des Rechts der Gesellschafterdarlehen vergrößern sich nämlich gleichzeitig die Gefahren einer Insolvenzverursachungs- und auch einer Insolvenzverschleppungshaftung. Zumindest im Hinblick auf den GmbH-Geschäftsführer ist somit festzustellen, dass sich die Hoffnungen der Gesetzesverfasser, alles werde für die Betroffenen und die Rechtsanwender in Zukunft einfacher, übersichtlicher und rechtssicherer werden, nur schwerlich erfüllen dürften.

II. „Aufsteigende Finanzströme": gesteigerte Verantwortlichkeit der Geschäftsführer durch das MoMiG?

Eine andere Frage in der aktuellen Diskussion zum GmbH-Recht ist, welche Auswirkungen die Rückkehr zur bilanziellen Betrachtungsweise für die Fälle der Kreditgewährung oder Kreditbesicherung aus dem Gesellschaftsvermögen mit

628 *Altmeppen*, NJW 2008, 3601, 3606; *Goette*, WPg 2008, 231, 236.
629 *Rodewald*, GmbHR 2010, 1301, 1304.

sich bringt und was für eine Rolle der Geschäftsführer hierbei spielt[630]. Speziell in der Unternehmenskrise, wenn bei der Gesellschaft eine Unterbilanz besteht, gewinnt dieses Thema an Bedeutung.

1. Rechtslage vor Inkrafttreten des MoMiG

Bereits vor Inkrafttreten des MoMiG durfte das zur Erhaltung des Stammkapitals erforderliche Gesellschaftsvermögen nicht an die Gesellschafter ausgezahlt werden (vgl. oben). Im Rahmen dieser strikten Regel des § 30 GmbHG erwies sich in der Praxis die Verwendung des Gesellschaftsvermögens sowohl für Kreditvergaben an Gesellschafter (sog. „aufsteigende Darlehen") als auch für die Besicherung von Gesellschafterschulden (sog. „aufsteigende Sicherheiten") besonders im Rahmen des in der Praxis üblichen sog. „Cash Poolings" als äußerst problematisch.

a. Aufsteigende Darlehen („upstream-loans")

Unter „aufsteigenden Darlehen" oder auch sog. „upstream-loans" ist die Ausreichung eines Darlehens von der Gesellschaft an einen Gesellschafter zu verstehen. Lange Zeit erschien fraglich, ob derartige Darlehensgewährungen eine unerlaubte Auszahlung i. S. d. § 30 GmbHG darstellen können. Der BGH hat in seiner sog. „November-Entscheidung" aus dem Jahre 2003[631] zu dieser Frage Stellung genommen. Dabei hat er deutlich gemacht, dass auch Kreditgewährungen an Gesellschafter, die nicht aus Rücklagen oder Gewinnvorträgen, sondern zu Lasten des gebundenen Vermögens der GmbH erfolgen, eine verbotene Auszahlung von Gesellschaftsvermögen darstellen, und zwar trotz Werthaltigkeit des Darlehensrückzahlungsanspruchs der Gesellschaft. Die Richter begründeten ihre Entscheidung damit, dass der Darlehensgewährung zwar eine bilanzielle, nicht aber eine sofort realisierbare Forderung gegenüberstehe[632]. Eine rein bilanzielle Betrachtung greife aber mit Rücksicht auf die Bedeutung des in § 30 Abs. 1 GmbHG verankerten Kapitalerhaltungsgrundsatzes zu kurz, wenn Vermögen an Gesellschafter abfließt[633]. Denn der Austausch liquider Haftungsmasse gegen eine zeitlich hinausgeschobene schuldrechtliche Forderung verschlechtere die

---

630 Die Fälle der verdeckten Gewinnausschüttung sind dagegen weitgehend unstreitig, weshalb hierauf nicht gesondert einzugehen ist.

631 BGH, Urt. v. 24. 11. 2003, II ZR 171/01, NJW 2004, 1111 ff.

632 BGH, Urt. v. 24. 11. 2003, II ZR 171/01, NJW 2004, 1111, 1112.

633 BGH, Urt. v. 24. 11. 2003, II ZR 171/01, NJW 2004, 1111; zur fehlenden Neutralisierbarkeit des Ausfallrisikos bei Darlehensausreichungen siehe *Mülbert/Leuschner*, NZG 2009, 281, 282.

Vermögenslage der Gesellschaft und somit auch die Befriedigungsaussichten ihrer Gläubiger. Mit dieser Entscheidung hat der BGH – ausdrücklich im Interesse eines effektiven Gläubigerschutzes – die rein bilanzielle Betrachtungsweise zu § 30 Abs. 1 GmbHG eingeschränkt. Das sog. „Novemberurteil" hat angesichts der weitreichenden allgemeinen Aussage eine unvergleichliche Diskussion ausgelöst und in der Praxis zu Verunsicherung und Kritik geführt[634]. Einem ordnungsgemäß handelnden Geschäftsführer konnte eine Darlehensgewährung aus gebundenem Vermögen nicht mehr angeraten werden, zumal ihn bei Verschulden entsprechende zivil- und strafrechtliche Haftungsrisiken getroffen hätten[635].

b. Aufsteigende Sicherheiten („upstream-guarantees")

Auch aufsteigende Sicherheiten wie Grundschulden, Hypotheken, Pfandrechte, Übernahme von Bürgschaften etc. unterfallen nach h. M. grundsätzlich der Ausschüttungssperre des § 30 GmbHG, sei es die Sicherheit, die die GmbH für die Verbindlichkeit eines Gesellschafters bestellt, oder sei es eine solche für dessen Forderungen gegen Dritte[636]. Nach der sog. „November-Entscheidung" entsprach das Meinungsbild im Schrifttum weitestgehend demjenigen zur Kreditgewährung (vgl. oben): Eine Besicherung einer Gesellschafterschuld durch die Gesellschaft war dem ordnungsgemäß handelnden Geschäftsführer grundsätzlich nicht (mehr) anzuraten, sofern bereits in diesem Zeitpunkt das gebundene Vermögen nicht mehr gedeckt war[637].

c. Sonderfall: Cash Pool

Während der BGH die Ausreichung von Darlehen aus dem zur Deckung des Stammkapitals erforderlichen Vermögen grundsätzlich als Verstoß gegen § 30 GmbHG qualifizierte, ließ er in seiner Entscheidung offen, ob die Gewährung eines Darlehens aus gebundenem Vermögen ausnahmsweise zulässig sein kann, wenn die Darlehensvergabe im Interesse der Gesellschaft liegt, die Darlehensbedingungen dem Drittvergleich standhalten und die Kreditwürdigkeit des Gesellschafters selbst bei Anlegung strengster Maßstäbe außerhalb jedes vernünftigen Zweifels steht oder die Rückzahlung des Darlehens durch werthaltige

---

634 Siehe zum Meinungsstand *Altmeppen*, ZIP 2006, 1025 ff.

635 *Hentzen*, ZGR 2005, 480, 493.

636 *Altmeppen* in: Roth/Altmeppen, GmbHG, 6. Aufl., § 30, Rn. 127; *Mülbert*, ZGR 1995, 578 ff.; zur Frage welcher Vorgang bei der Besicherung als Auszahlung maßgeblich ist siehe 4. Kap., B, II, 2, b, bb.

637 Vgl. z. B. *Bähr/Hoos*, GmbHR 2004, 304, 305; *Cahn*, Der Konzern 2004, 235, 238 ff.

Sicherheiten voll gewährleistet ist[638]. Die Wissenschaft und Praxis sah wegen der ungeklärten Interpretation der BGH-Rechtsprechung daher insbesondere das in Konzernen weit verbreitete Cash Pooling gefährdet.

Der Begriff Cash Pooling bezeichnet einen meist konzerninternen Liquiditätsausgleich durch ein zentrales, von einer sog. „Betreibergesellschaft" – das ist in der Praxis in der Regel die Konzernmutter – übernommenes Finanzmanagement, bei dem freie Liquidität der dem Cash Pool angeschlossenen Konzernunternehmen auf ein für den Konzern zentral geführtes Konto transferiert wird. In der Praxis am häufigsten anzutreffen ist der „physische Cash Pool". Anders als etwa beim sog. „virtuellen" oder „notional Cash Pooling"[639] kommt es hier bankarbeitstäglich zu einem physischen, d. h. tatsächlichen Liquiditätsabfluss. Die betroffenen Pool-Teilnehmer erhalten im Gegenzug einen Ausgleichsanspruch. Die ganz h. M.[640] qualifiziert den Vorgang daher auch als Darlehensgewährung. Erhalten umgekehrt die Konzernunternehmen Liquidität vom Zielkonto, liegt entweder eine Darlehensgewährung an diese oder die Verminderung von Darlehensrückzahlungsansprüchen vor, die dieser gegen die Betreiber- bzw. Muttergesellschaft zustehen. Rechtlich gesehen erweist sich das Cash Pooling insoweit als System wechselseitiger Darlehensverträge[641]. Folge hiervon ist, dass die Liquiditätsabflüsse beim physischen Cash Pooling in den vollen Anwendungsbereich der Kapitalerhaltungsvorschriften fallen[642]. Dabei ist auch unbeachtlich, dass das

---

638 BGH, Urt. v. 24. 11. 2003 – II ZR 171/01, NJW 2004, 1111, 1112; vgl. hierzu auch *K. Schmidt* in: K. Schmidt/Uhlenbruck, Die GmbH in Krise, Sanierung und Insolvenz, 4. Aufl., Rn. 1.58.

639 Hier kommt es zu einer rein rechnerischen Zusammenfassung der Banksalden aller teilnehmenden Konzerngesellschaften; siehe dazu im Einzelnen *Morsch*, NZG 2003, 97, 98.

640 BGH, Urt. v. 16.01.2006 - II ZR 76/04, BB 2006, 847, 848; *Altmeppen* in: Roth/Altmeppen, GmbHG, 6. Aufl., § 30, Rn. 92; *Henze*, WM 2005, 717; *Hommelhoff* in: Lutter/Hommelhoff, GmbHG, 17. Aufl., § 30 GmbHG, Rn. 37; *Priester*, ZIP 2006, 1557; *Vetter* in: Goette/Habersack, Das MoMiG in Wissenschaft und Praxis, Rn. 4.25 m. w. N.; dagegen zu den Überlegungen, ob es sich bei der Hingabe der liquiden Mittel nicht um eine Darlehensgewährung handelte, sondern um eine Verwahrung handelt siehe etwa *Schäfer*, GmbHR 2005, 133, 135 f.

641 *Heidinger* in: Michalski, GmbHG, 2. Aufl., § 30, Rn. 82.

642 So die h. M., vgl. OLG München, Urt. v. 24. 11. 2005–23 U 3480/05, ZIP 2006, 25, das die Grundsätze des BGH-Urteils vom 24. 11. 2003 – II ZR 171/01 auf das Cash Pooling anwendet; *Altmeppen*, ZIP 2006, 1025, 1029; *Hangebrauck*, Kapitalaufbringung, Kapitalerhaltung und Existenzschutz bei konzernweiten Cash-Pooling-Systemen, S. 234 ff. jeweils m. w. N.; siehe zur Frage des Cash Poolings im Rahmen der

Cash Management im gesamten Konzern im Vordergrund steht und nicht die einseitige Finanzierung des Darlehensnehmers, wie es etwa bei der klassischen Darlehensgewährung der Fall ist[643]. Neben den tagtäglichen Darlehensausreichungen beim Cash Pool wird von den Konzerngesellschaften in aller Regel außerdem der Kontokorrentsaldo, den das den Gesamtkonzern finanzierende Kreditinstitut gegen die Betreibergesellschaft (i. d. R. die konzernherrschende Muttergesellschaft) hat, durch meist dingliche Sicherheiten unterlegt[644]. Auch diese für den Cash Pool typische Sicherheitengewährung fällt in den vollen Anwendungsbereich der Kapitalerhaltungsvorschriften.

Für die Geschäftsführer der am Cash Pool teilnehmenden Gesellschaften entstanden wegen der neuen Unsicherheiten durch die „November-Entscheidung" erhebliche zivil- und strafrechtliche Haftungsgefahren[645]. Vor diesem Hintergrund war es angezeigt, bestehende Cash-Pool-Systeme auf ihre Vereinbarkeit mit der BGH-Entscheidung zu überprüfen und gegebenenfalls anzupassen. So wurde es etwa als notwendig angesehen, ein zeitnahes Controlling zu etablieren, um zu überprüfen, wann konkret das Reinvermögen unter die Stammkapitalziffer sinkt.

2. *Aufsteigende Darlehen im MoMiG*

a. Neue Rechtslage

Die bisherigen Fälle aus der Rechtsprechung und Praxis erfüllen zwar grundsätzlich weiterhin den Tatbestand der verbotenen Auszahlung nach § 30 Abs. 1 Satz 1 GmbHG, mit § 30 Abs. 1 Satz 2 GmbHG n. F. hat der Gesetzgeber aber eine Sonderregelung für Kreditleistungen der GmbH an ihre Gesellschafter geschaffen. Danach akzeptiert der Gesetzgeber ausdrücklich die mit der Kreditgewährung an einen Gesellschafter verbundene qualifizierte Belastung des Gesellschaftsvermögens in Form des Ausfallrisikos, sofern der Rückzahlungsanspruch vollwertig ist, das Ausfallrisiko also einen bestimmten Grad nicht übersteigt. Der kompensierende Gegenanspruch der Gesellschaft darf nach neuer Rechtslage somit selbst dann nicht als wertlos fingiert werden, wenn die GmbH bei

---

Kapitalaufbringung auch BGH, Urt. v. 16. 1. 2006 – II ZR 76/04, DStR 2006, 764; a. A. *Hahn* Der Konzern 2004, 641, 643 f.; *Schäfer*, GmbHR 2005, 133, 137.

643 *Rischbieter/Gröning*, Gründung und Leben der GmbHG nach dem MoMiG, 4. Kap., Rn. 47.

644 *Hommelhoff* in: Lutter/Hommelhoff, GmbHG, 17. Aufl., § 30 GmbHG, Rn. 37; siehe auch *Weitzel/Socher*, ZIP 2010, 1069.

645 Siehe hierzu etwa *Fuhrmann*, NZG 2004, 552, 553; *Morsch*, NZG 2003, 97, 105 f.

Ausreichung des Darlehens eine Unterbilanz aufweist[646]. Der Gesetzgeber hat damit allen Bestrebungen eine Abfuhr erteilt, den bilanziellen Kapitalschutz um eine strukturell-gegenständliche Komponente zu erweitern[647]. Diese gesetzliche Reorientierung bei § 30 Abs. 1 GmbHG hat der II. Zivilsenat des BGH im sog. „MPS-Urteil" vom 01. 12. 2008[648] umgehend aufgegriffen und in einem *obiter dictum* unter Abkehr von seiner November-Entscheidung klargestellt, dass das Kriterium der Vollwertigkeit (nunmehr) auch für Altfälle maßgeblich sei.

Für die Fälle aufsteigender Darlehen ist im Hinblick auf die legislativen und judikativen Neuerungen eine sehr viel größere Rechtssicherheit festzustellen. Besonders für die Gesellschafter wird die Darlehensgewährung weniger risikoträchtig[649]. Für den Geschäftsführer sind dagegen neue Herausforderungen festzustellen, die sich insbesondere im Vorfeld der Insolvenz bemerkbar machen.

b. Vollwertigkeitsprüfung i. S. d. § 30 Abs. 1 Satz 2 Hs. 2. GmbHG

Nach § 30 Abs. 1 Satz 2 Hs. 2. GmbHG verstößt die Kreditgewährung an einen Gesellschafter aus dem zur Deckung des Stammkapitals erforderlichen Vermögen neuerdings nicht mehr gegen das Ausschüttungsverbot, wenn sie durch einen vollwertigen Rückgewähranspruch der Gesellschaft kompensiert wird. Die Vollwertigkeit des Rückgewähranspruchs zu prüfen ist dabei Aufgabe des Geschäftsführers.

aa. Anforderungen an die Vollwertigkeit

Weder dem Wortlaut noch der Regierungsbegründung ist eindeutig zu entnehmen, wie sich das maßgebliche Kriterium der „Vollwertigkeit" bestimmen lässt. Während der Wortlaut viel zu unbestimmt ist, um ihm konkretisierende Anforderungen zu entnehmen, kann der von der Regierungsbegründung betonten bilanziellen Betrachtungsweise lediglich entnommen werden, dass das Kriterium der Vollwertigkeit nach bilanziellen Maßstäben zu beurteilen ist[650].

---

646 *Hommelhoff* in: Lutter/Hommelhoff, GmbHG, 17. Aufl., § 30 GmbHG, Rn. 25; *Wicke*, GmbHG, 2. Aufl., § 30, Rn. 10.

647 Vgl. Begr. RegE BT-Drucks. 16/6140, S. 94; ferner *Hommelhoff* in: Lutter/Hommelhoff, GmbHG, 17. Aufl., § 30 GmbHG, Rn. 25.

648 BGH, Urt. v. 01.12.2008 – II ZR 102/07, ZIP 2009, 70; NJW 2009, 850; *Brockner/Rockstroh*, BB 2009, 730 ff.; *Kropff*, NJW 2009, 814 ff.; *Mülbert/Leuschner*, NZG 2009, 281 ff.

649 Vgl. *Fleischer*, NJW 2009, 2337, 2341.

650 *Leinekugel* in: Oppenländer/Trölitzsch, Praxishandbuch der GmbH-Geschäftsführung, 2. Aufl., § 18, Rn. 36.

Entscheidend ist danach, ob nach § 253 Abs. 3 und Abs. 4 HGB eine Abschreibung auf den Nennbetrag des Gegenleistungs- bzw. Rückgewähranspruchs der Gesellschaft geboten ist oder die Gegenforderung der GmbH in deren Bilanz zu ihrem Nennwert angesetzt werden darf. Hierbei sind wiederum die Vorgaben des HGB und die Grundsätze ordnungsgemäßer Buchführung zu beachten, insbesondere ist vorsichtig i. S. v. § 252 Abs. 1 Nr. 4 HGB zu bewerten. Ein Rückerstattungsanspruch ist demnach vollwertig, wenn die Einbringlichkeit der Forderung unter Berücksichtigung des individuellen Kreditrisikos des Schuldners nicht zweifelhaft ist[651]. Eine „an Sicherheit grenzende Wahrscheinlichkeit" der Rückzahlung wird man dabei allerdings nicht als erforderlich ansehen[652]. Man wird die Vollwertigkeit i. S. d. § 30 Abs. 1 Satz 2 Hs. 2. GmbHG zumindest aber bejahen müssen, wenn in Folge einer Gesamtschau nach objektiven Kriterien „mit großer Sicherheit" damit gerechnet werden kann, dass der Gesellschafter im Zeitpunkt der Valutierung seine Gegenleistung oder Rückzahlungspflicht erfüllen kann[653].

Ist der Rückzahlungsanspruch bereits im Zeitpunkt der Darlehensgewährung nicht vollwertig, bleibt die Darlehensgewährung richtigerweise insgesamt und nicht nur hinsichtlich des infolge fehlender Vollwertigkeit nicht gedeckten Teils unzulässig[654]. Das folgt bereits aus dem Gesetzeswortlaut „vollwertig" und der Tatsache, dass die Bestimmung der Höhe des nötigen Abschlags zu unsicher ist.

Im juristischen Schrifttum heftig diskutiert wird im Übrigen die Frage, ob es bei aufsteigenden Darlehen zwingend auch einer angemessenen Verzinsung

---

651 *Altmeppen* in: Roth/Altmeppen, GmbHG, 6. Aufl., § 30, Rn. 96; *ders.*, ZIP 2009, 49; *Hommelhoff* in: Lutter/Hommelhoff, GmbHG, 17. Aufl., § 30 GmbHG, Rn. 28; *Heidinger* in: Michalski, GmbHG, 2. Aufl., § 30, Rn. 191; *Spliedt*, ZIP 2009, 149, 151.

652 BGH, Urt. v. 01.12.2008 – II ZR 102/07, ZIP 2009, 70, 72 f.; *Hueck/Fastrich* in: Baumbach/Hueck, GmbHG, 19. Aufl., § 30, Rn. 42; *Westermann* in: Scholz, GmbHG-Nachtrag MoMiG, 10. Aufl., § 30, Rn. 26; *Markwardt*, BB 2008, 2414, 2420: Kreditwürdigkeit darf „nicht absehbar in Frage gestellt sein"; dagegen bereits „geringste Zweifel" für ausreichend ansehend: *Hommelhoff* in: Lutter/Hommelhoff, GmbHG, 17. Aufl., § 30 GmbHG, Rn. 28; *Altmeppen* in: Roth/Altmeppen, GmbHG, 6. Aufl., § 30, Rn. 97; *ders.*, ZIP 2009, 49; ihm zustimmend *Spliedt*, ZIP 2009, 149, 151.

653 So auch *Hueck/Fastrich* in: Baumbach/Hueck, GmbHG, 19. Aufl., § 30, Rn. 42.

654 *Altmeppen* in: Roth/Altmeppen, GmbHG, 6. Aufl., § 30, Rn. 98; *ders.*, ZIP 2009, 49, 53; *Heidinger* in: Michalski, GmbHG, 2. Aufl., § 30, Rn. 199; *Hommelhoff* in: Lutter/Hommelhoff, GmbHG, 17. Aufl., § 30, Rn. 27; *Hueck/Fastrich* in: Baumbach/Hueck, GmbHG, 19. Aufl., § 30, Rn. 55; a. A. *Mülbert/Leuschner*, NZG 2009, 281, 284; *Vetter* in: Goette/Habersack, Das MoMiG in Wissenschaft und Praxis, Rn. 4.49 ff.; siehe zur Rechtsfolge 4. Kap., D, I, 1.

oder Besicherung bedarf und welche Rolle die Laufzeit eines an den Gesellschafter ausgereichten Darlehens für das Vollwertigkeitskriterium spielt.

(1) Erforderlichkeit angemessener Verzinsung

(a) Problemstellung

Streitig ist, ob aufsteigende Darlehen einer angemessenen Verzinsung bedürfen. Der Gesetzgeber äußert sich zu dieser Frage nicht explizit. Im juristischen Schrifttum besteht insbesondere darüber Unklarheit, ob die Rückkehr zu bilanziellen Grundsätzen lediglich eine Bonitätsprüfung des darlehensnehmenden Gesellschafters umfasst, oder ob das Darlehen auch – wie schon vor der November-Entscheidung anerkannt und praktiziert – einem Drittvergleich standhalten muss.

(b) Meinungsstreit

Große Teile der Literatur stellen im Falle von Darlehensgewährungen an Gesellschafter neuerdings nur noch auf die Vollwertigkeit des Rückzahlungsanspruchs ab und lassen einen Drittvergleich entfallen[655]. Aus dem Gebot der bilanziellen Vollwertigkeit wird überwiegend jedoch geschlossen, dass sich zumindest bei längerfristigen Krediten die Notwendigkeit einer angemessenen Verzinsung ergibt[656]. Denn auch in der Bilanz sei ein unverzinslicher oder unterverzinslicher Darlehensrückgewähranspruch auf der Basis eines marktkonformen Zinses abzuzinsen, wenn die Laufzeit des Kredits mehr als ein Jahr beträgt[657]. Folgt man dieser Ansicht, kommt es für den GmbH-Geschäftsführer bei der Vollwertigkeitsprüfung im Hinblick auf die Darlehensverzinsung entscheidend auf die Laufzeit des Darlehens an. Ein unverzinsliches oder unterverzinsliches Darlehen mit einer Laufzeit von über einem Jahr ist regelmäßig als Auszahlung im Sinne der Kapitalerhaltungsvorschriften zu qualifizieren. Kurzfristige Darlehen,

655 Vgl. z. B. *Brockner/Rohstroh*, BB 2009, 730, 732; *Drygala/Kremer*, ZIP 2007, 1289, 1293; *Gehrlein*, Der Konzern 2007, 771, 785; *Hueck/Fastrich* in: Baumbach/Hueck, GmbHG, 19. Aufl., § 30, Rn. 56; *Schmolke*, Kapitalerhaltung in der GmbH nach dem MoMiG, § 30, Rn. 98; wohl auch *Blasche/König*, GmbHG 2009, 897, 899; zurückhaltend hinsichtlich eines Drittvergleichs *Winter*, DStR 2007, 1484, 1487; unklar *Wicke*, GmbHG, 2. Aufl., § 30, Rn. 10; a. A. *Mülbert/Leuschner*, NZG 2009, 281, 282 f.

656 So z. B. *Drygala/Kremer* ZIP 2007, 1289, 1293; *Gehrlein*, Der Konzern 2007, 771, 785; *Hueck/Fastrich* in: Baumbach/Hueck, GmbHG, 19. Aufl., § 30, Rn. 56; *Kiefer/Theusinger*, NZG 2008, 801, 804; *Winter*, DStR 2007, 1484, 1487.

657 *Winter*, DStR 2007, 1484, 1487.

besonders solche im Rahmen eines Cash Pools, erfordern dagegen nicht zwingend eine marktübliche Verzinsung.

Nach der Gegenansicht ist für die Frage der Verzinsungspflicht bei der Gewährung eines Darlehens weiterhin ein Drittvergleich erforderlich[658]. So seien – unabhängig von den bilanziellen Bewertungskriterien – dem Tatbestandsmerkmal der Vollwertigkeit auch die Angemessenheit der Verzinsung als solche immanent und etwaige Einbußen wie gehabt durch eine entsprechende Abzinsung und einen niedrigeren Bilanzansatz zu erfassen. Der GmbH-Geschäftsführer müsste danach die Ausreichung nicht oder nur gering verzinslicher Darlehen bei Verstoß gegen § 30 Abs. 1 Satz 1 GmbHG regelmäßig verweigern[659]. Gegen die laufzeitabhängige Beurteilung des Verzinsungserfordernisses wird im Übrigen vorgebracht, dass die Abzinsung von Forderungen mit Restlaufzeiten von bis zu einem Jahr handelsbilanziell nur aus Vereinfachungsgründen unterbleiben dürfe[660]. Derartige allein bilanzielle Praktikabilitätsgründe könnten in Bezug auf die dem Gläubigerschutz dienenden Kapitalerhaltungsvorschriften daher nicht durchgreifen.

(c) Stellungnahme

Um dem Kapitalerhaltungsgebot angemessen zu entsprechen, ist die Vollwertigkeit im Falle einer fehlenden marktüblichen Verzinsung grundsätzlich selbst bei kurzfristigen Darlehen zu verneinen. Stellt der Gesellschafter der Auszahlung in der die Gläubigergefährdung erhöhenden Situation der Unterbilanz statt eines Vermögenswertes bloß eine Forderung gegenüber, ohne dass die Gesellschaft aus der Forderung einen sonst üblichen Nutzen ziehen kann, würde die Neuregelung Missbrauchsmöglichkeiten schaffen, die nicht gewollt sein können. Zwar will der Reformgesetzgeber den Gesellschaften die Unterhaltung und Abwicklung alltäglicher und wirtschaftlich sinnvoller Leistungsbeziehungen mit ihren Gesellschaftern – vor allem auch im Konzern – erleichtern, § 30 Abs. 1 Satz 2 GmbHG soll aber nicht das Ausplündern von Gesellschaften ermöglichen oder

---

658 *Heidinger* in: Michalski, GmbHG, 2. Aufl., § 30, Rn. 78, 202; *Hirte*, ZInsO 2008, 689, 692; *Mülbert/Leuschner*, NZG 2009, 281, 282 f.; *Spliedt* 2009, 149, 150; *Westermann* in: Scholz, GmbHG-Nachtrag MoMiG, § 30, Rn. 26 f.; wohl auch *Habersack* in: Ulmer/Habersack/Winter, GmbHG Erg.-Bd., § 30, Rn. 21; *Hommelhoff* in: Lutter/Hommelhoff, GmbHG, 17. Aufl., § 30 GmbHG, Rn. 30; *Thiessen* in: Bork/Schäfer, GmbHG, § 30, Rn. 67; fraglich *Altmeppen* in: Roth/Altmeppen, GmbHG, 6. Aufl., § 30, Rn. 118.

659 *Hommelhoff* in: Lutter/Hommelhoff, GmbHG, 17. Aufl., § 30 GmbHG, Rn. 30.

660 *Blasche/König*, GmbHG 2009, 897, 899 m. w. N.

vereinfachen[661]. Dem Missbrauch würde aber Vorschub geleistet, wenn die Gesellschaft in der die Gläubigergefährdung erhöhenden Situation der Unterbilanz auf einen Zins verzichten dürfte, den sie sonst an jeder Ecke erhielte.

Richtigerweise ist im Rahmen der Vollwertigkeitsprüfung daher stets auch die Angemessenheit der Verzinsung im Sinne eines Drittvergleichs zu beachten. Es erscheint insofern nicht überzeugend, dass der Drittvergleich im Hinblick auf die Gegenleistung keine Bedeutung mehr haben soll[662]. Mit der Neufassung des § 30 GmbHG wollte der Gesetzgeber die bisherigen Unsicherheiten über die Zulässigkeit aufsteigender Darlehen im Allgemeinen und des Cash Poolings im Besonderen ausräumen[663]. Diese beruhten aber nicht auf Schwierigkeiten bei der Bestimmung einer angemessenen, d. h. dem Drittvergleich standhaltenden Gegenleistung, sondern auf der Unmöglichkeit, das dem einzelnen Darlehen anhaftende unsystematische Ausfallrisiko durch einen Risiko(zins)aufschlag zu kompensieren[664]. Dass der Gesetzgeber gleichwohl die Darlehensausreichung an Gesellschafter unter bestimmten Voraussetzungen zulässt, erklärt sich aus „drängenden praktischen Bedürfnissen"[665]. Rückschlüsse darauf, dass eine angemessene Verzinsung bei aufsteigenden Darlehen keine Bedeutung mehr haben soll, erlaubt dies aber nicht.

In die Prüfung der Vollwertigkeit fließt im Falle der Gewährung eines aufsteigenden Darlehens insofern stets auch die Frage der Angemessenheit der Verzinsung ein. Nur wenn nach den konkreten Umständen des Einzelfalls die Angemessenheit der Verzinsung zu bejahen ist, kann auch die Vollwertigkeit des Rückgewähranspruchs bejaht werden. Allein die Laufzeit eines Darlehens kann dabei nicht die maßgebliche Rolle spielen. Insbesondere die aus handelsbilanzrechtlichen Praktikabilitätserwägungen vorgeschlagene Ein-Jahres-Grenze, wonach die Abzinsung von Forderungen mit Restlaufzeit von bis zu einem Jahr handelsbilanziell unterbleiben darf, hat für die Angemessenheit der Verzinsung keine allgemein verbindliche Aussagekraft. Insoweit können selbst kurzfristige

---

661 Begr. RegE BT-Drucks. 16/6140, S. 41; vgl. auch *Blasche/König, GmbHG* 2009, 897, 899.

662 So etwa auch *Mülbert/Leuschner*, NZG 2009, 281, 283.

663 Begr. RegE BT-Drucks. 16/6140, S. 41; *Schall*, Kapitalgesellschaftsrechtlicher Gläubigerschutz, S. 160.

664 Vgl. *Mülbert/Leuschner*, NZG 2009, 281, 283.

665 *Mülbert/Leuschner*, NZG 2009, 281, 283; siehe zu den Gründen bereits 4. Kap., B, II, 1, a.

Darlehen die Vollwertigkeit des Rückzahlungsanspruchs beeinträchtigen, insbesondere wenn der Gesellschafter auch keine Sicherheiten gestellt hat[666].

Handelt es sich jedoch um die Gewährung eines nur kurzfristigen Darlehens im Rahmen eines Cash Pools, kann dies als gewichtiges Indiz für die Angemessenheit der Verzinsung und folglich auch für die Vollwertigkeit des Rückgewähranspruchs anzusehen sein[667]. Die Vorteile des Cash Pools, die Liquidität innerhalb eines Konzerns besser steuern zu können und somit die Aktivitäten unter Umständen günstiger zu finanzieren, liegen nämlich grundsätzlich nicht allein beim Konzern als Ganzem, sondern auch bei den einzelnen Konzernmitgliedern. Die cash-pool-spezifischen Vorteile können insoweit einen Verzicht auf die Verzinsung im Rahmen des dem Vollwertigkeitskriterium immanenten Drittvergleichs rechtfertigen, d. h. ein zinsloses Darlehen im Einzelfall als angemessen erscheinen lassen[668]. Für die Annahme eines Verzinsungsverzichts wegen cash-pool-spezifischer Vorteile wird man es – entgegen teilweise vertretener Ansicht[669] – aber nicht als erforderlich ansehen müssen, dass die Tochtergesellschaft von der Möglichkeit zinsloser Darlehen im gleichen Umfang Gebrauch macht wie die Betreibergesellschaft. Man wird aber zumindest ein betriebswirtschaftlich angemessenes System fordern müssen, kraft dessen die am Cash Pool beteiligten Gesellschaften jedenfalls potenziell von dem System profitieren können[670].

Einem Geschäftsführer ist daher grundsätzlich anzuraten, bei der gewöhnlichen Darlehensgewährung in der Phase der Unterdeckung eine angemessene Verzinsung zu verlangen. Nur wenn besondere Umstände des Einzelfalls vorliegen, die das Darlehen aus betriebswirtschaftlichen Gesichtspunkten angemessen erscheinen lassen (beispielsweise die Darlehensgewährung im Rahmen eines Cash Pools), kann er von einer sonst üblichen Verzinsung absehen.

---

666 *Westermann* in: Scholz, GmbHG-Nachtrag MoMiG, GmbHG, § 30, Rn. 26.

667 Vgl. *Altmeppen* in: Roth/Altmeppen, GmbHG, 6. Aufl. § 30, Rn. 118; *ders.* ZIP 2009, 49, 52, vgl. dazu auch *Thiessen* in: Bork/Schäfer, GmbHG, § 30, Rn. 67.

668 So im Ergebnis auch *Altmeppen* in: Roth/Altmeppen, GmbHG, 6. Aufl. § 30, Rn. 118; *ders.* ZIP 2009, 49, 52; *Thiessen* in: Bork/Schäfer, GmbHG, § 30, Rn. 67; zweifelnd dagegen *Mülbert/Leuschner*, NZG 2009, 281, 283; verneinend Eusani, GmbHR 2009, 795, 798.

669 *Mülbert/Leuschner*, NZG 2009, 281, 283; *Spliedt*, ZIP 2009, 149, 150.

670 So auch *Altmeppen* in: Roth/Altmeppen, GmbHG, 6. Aufl. § 30, Rn. 118; *ders.* ZIP 2009, 49, 52.

(2) Erforderlichkeit angemessener Besicherung

Im Weiteren wird diskutiert, ob für die Vollwertigkeit eine angemessene Besicherung derartiger Darlehen zu erfolgen hat[671]. Nach der bilanziellen Betrachtungsweise ist ein Darlehensrückgewähranspruch grundsätzlich bereits vollwertig i. S. d. § 30 Abs. 1 Satz 2 GmbHG, wenn die Bonität des Gesellschafters, der das Darlehen empfängt, nicht zweifelhaft ist und daher mit der vollumfänglichen Aktivierbarkeit des Rückzahlungsanspruchs im Zeitpunkt der Valutierung mit großer Sicherheit zu rechnen ist. Ergibt die Gesamtschau nach gebotener Sorgfalt entsprechend dem „Vorsichts"-Prinzip die Bonität des Gesellschafters, wird nach überwiegender Ansicht auch eine zusätzliche Besicherung des Darlehens nicht für zwingend erforderlich gehalten[672]. Eine Regel, dass eine Forderung nur bei Stellung banküblicher Sicherheiten bilanziell vollwertig sei, wird demnach überwiegend abgelehnt[673]. Dies steht auch im Einklang mit dem Sinn und Zweck des neuen § 30 Abs. 1 Satz 2 GmbHG, der insbesondere die Unterhaltung und Abwicklung alltäglicher und wirtschaftlich sinnvoller Leistungsbeziehungen mit ihren Gesellschaftern erleichtern soll (vgl. oben). Würde die Ausreichung eines Darlehens aber stets auch eine angemessene Besicherung des Darlehens erforderlich machen, selbst wenn die Einbringlichkeit des Rückgewähranspruchs unter Berücksichtigung des individuellen Kreditrisikos des Schuldners unzweifelhaft wäre, würde die Inanspruchnahme von Darlehen erheblich erschwert werden.

Ist die Bonität des Gesellschafters dagegen zweifelhaft, kann die Bestellung einer Sicherheit im Einzelfall dem Rückgewähranspruch trotz mangelnder Kreditwürdigkeit des Gesellschafters zur Vollwertigkeit verhelfen[674]. Oft dürfte dann jedoch die ebenfalls erforderliche Liquidität des Rückgewähranspruchs im Sinne sofortiger Fälligkeit zweifelhaft sein[675].

---

671 Siehe dazu *Heidinger* in: Michalski, GmbHG, 2. Aufl., § 30, Rn. 205 m. w. N.

672 *Altmeppen* in: Roth/Altmeppen, GmbHG, 6. Aufl., § 30, Rn. 99; *ders.*, NZG 2010, 401, 403; *Blasche/König*, GmbHG 2009, 897, 899; *Drygala/Kremer*, ZIP 2007, 1289, 1293; *Gehrlein*, Der Konzern 2007, 771, 785; *Westermann* in: Scholz, GmbHG-Nachtrag MoMiG, 10. Aufl., § 30, Rn. 26; *Wicke*, GmbHG, 2008, § 30 Rn. 10.

673 Siehe etwa *Drygala/Kremer*, ZIP 2007, 1289, 1293; dagegen die Vollwertigkeit bei ungesicherten Darlehen nur bejahend, wenn sich dies in den Konditionen niederschlägt, *Heidinger* in: Michalski, GmbHG, 2. Aufl., § 30, Rn. 205 m. w. N.

674 *Blasche/König*, GmbHG 2009, 897, 900;„*Märtens* in: MüKo-GmbHG, § 19, Rn. 309.

675 Vgl. *Blasche/König*, GmbHG 2009, 897, 900.

Für die Vollwertigkeitsprüfung muss insofern auch die Besicherung des Darlehens Berücksichtigung finden, sie ist aber nicht zwingende Voraussetzung des Vollwertigkeitskriteriums; es kommt deshalb stets auf eine Gesamtbetrachtung an[676].

(3) Längerfristige Darlehen

Fraglich erscheint ferner, ob und inwieweit der GmbH-Geschäftsführer bei längerfristigen Darlehen erhöhte Anforderungen an die Vollwertigkeit i. S. d. § 30 Abs. 1 Satz 2 GmbHG zu stellen hat. Im Hinblick auf eine erforderliche Verzinsung wurde bereits festgestellt, dass zwar grundsätzlich nicht zwischen kurz- und langfristigen Darlehen unterschieden wird, die überwiegende Meinung aber die Vollwertigkeit bei längerfristigen unverzinslichen Darlehen regelmäßig verneint[677].

Darüber hinaus ist festzustellen, dass im Vergleich zu einem nur kurzfristigen Kredit bei einem Kredit mit langer Laufzeit ein in der Regel erhöhtes Risiko dahingehend besteht, dass sich die Bonität des Kreditnehmer-Gesellschafters und somit die Vollwertigkeit des Rückgewähranspruchs während der Kreditlaufzeit entscheidend verschlechtern kann[678]. Bei umfangreichen längerfristigen Darlehen wird daher die Einrichtung eines Informations- und Reaktionssystems als „geboten" angesehen[679]. Während zum Teil die Einrichtung eines solchen Systems lediglich der allgemeinen Pflicht des Geschäftsführers zur ordnungsgemäßen Unternehmensleitung (§§ 35 Abs. 1; 43 Abs. 1 GmbHG) entnommen wird[680], geht eine weitergehende Ansicht davon aus, dass das Fehlen eines solchen Systems im Einzelfall dem Rückgewähranspruch die Vollwertigkeit i. S. d. § 30 Abs. 1 Satz 2 GmbHG nimmt, selbst wenn die aktuelle Bonität des

676 *Westermann* in: Scholz, GmbHG-Nachtrag MoMiG, § 30, Rn. 26.

677 Vgl. etwa *Drygala/Kremer*, ZIP 2007, 1289, 1293; *Gehrlein*, Der Konzern 2007, 771, 785; *Wicke*, GmbHG, 2. Aufl., § 30, Rn. 10; *Winter*, DStR 2007, 1484, 1487; unabhängig von der Laufzeit der Vereinbarung eine angemessene Verzinsung fordernd: *Hirte*, ZInsO 2008, 689, 692; *Hommelhoff* in: Lutter/Hommelhoff, GmbHG, 17. Aufl., § 30 GmbHG, Rn. 30; *Hueck/Fastrich* in: Baumbach/Hueck, GmbHG, 19. Aufl., § 30, Rn. 56; *Mülbert/Leuschner*, NZG 2009, 281, 282 f.; *Spliedt*, ZIP 2009, 149, 150; *Westermann* in: Scholz, GmbHG-Nachtrag MoMiG, § 30, Rn. 26 f.

678 *Hommelhoff* in: Lutter/Hommelhoff, GmbHG, 17. Aufl., § 30 GmbHG, Rn. 31; in diesem Sinne auch *Gundlach/Frenzel/Strandmann*, NZI 2008, 647; 649.

679 BGH, Urt. v. 01.12.2008 – II ZR 102/07, ZIP 2009, 70, 72; *Henze*, WM 2005, 717, 725; *Hommelhoff* in: Lutter/Hommelhoff, GmbHG, 17. Aufl., § 30 GmbHG, Rn. 31.

680 BGH, Urt. v. 01.12.2008 – II ZR 102/07, ZIP 2009, 70, 72 (Verpflichtung des Vorstands einer AG aus § 93 Abs. 1 Satz 1 AktG).

empfangenden Gesellschafters möglicherweise unzweifelhaft ist[681]. Letztere Ansicht überzeugt jedoch nur bedingt. Denn auch bei der Gewährung von umfangreichen längerfristigen Darlehen kommt es stets auf eine Gesamtbetrachtung an. Die Tatsache allein, dass ein Darlehen über mehrere Jahre laufen soll und es an einem „Informations- oder Frühwarnsystem" fehlt, kann dem Rückgewähranspruch noch nicht die Vollwertigkeit nehmen. Für das zwingende Erfordernis eines „Informations- oder Frühwarnsystems" wird man daher das Hinzukommen weiterer Umstände verlangen müssen. Die Einrichtung eines solchen Systems wird man in der Regel erst dort als verpflichtend i. S. d. § 30 Abs. 1 Satz 2 GmbHG ansehen müssen, wo die tatsächliche Durchsetzbarkeit des Rückgewähranspruchs, d. h. die Einbringlichkeit dieses Anspruchs, ohne zusätzliche Vorkehrungen nicht zu gewährleisten ist. Zu denken ist hier insbesondere an die Darlehensausreichungen beim Cash Pooling[682]. Allein die Tatsache, dass ein Darlehen über einen längeren Zeitraum gewährt wird, reicht für diese Annahme in der Regel jedoch nicht aus.

bb. Beurteilungsspielraum

Im Rahmen der Vollwertigkeitsprüfung hat der Geschäftsführer sämtliche Risiken zu berücksichtigen, welche die tatsächliche Durchsetzbarkeit der Forderung in Frage stellen, selbst wenn sie nach herrschendem Bilanzrecht (noch) nicht abgebildet zu werden brauchen[683]. Die bilanzrechtliche Neutralität allein kann somit nicht darüber entscheiden, ob eine verbotene Einlagenrückgewähr vorliegt. Es kommt vielmehr auf eine Gesamtbetrachtung an[684]. Häufig wird es daher jenseits eindeutiger Fälle auch mehr als eine vertretbare Entscheidung geben[685]. Bei der Prüfung der Vollwertigkeit und der dieser immanenten Beurteilung der Erforderlichkeit angemessener Kreditkonditionen wird dem Geschäftsführer insoweit ein Beurteilungsspielraum zugebilligt, der in § 43 Abs. 3 GmbHG seine Berücksichtigung findet[686]. Erforderlich ist jedoch die Erstellung und Analyse einer umfassenden Informationsbasis, die es gestattet, die Bonität des

---

681 *Hommelhoff* in: Lutter/Hommelhoff, GmbHG, 17. Aufl., § 30 GmbHG, Rn. 31; zweifelnd dagegen *Mülbert/Leuschner*, NZG 2009, 281, 283.

682 Siehe zu den Besonderheiten beim Cash Pooling noch 4. Kap., B, II, 4, b.

683 *Altmeppen*, NZG 2010, 401, 403; *Hommelhoff* in: Lutter/Hommelhoff, GmbHG, 17. Aufl., § 30, Rn. 28, 31.

684 *Westermann* in: Scholz, GmbHG-Nachtrag MoMiG, § 30, Rn. 26.

685 Vgl. *Drygala/Kremer*, ZIP 2007, 1289, 1293.

686 *Heidinger* in: Michalski, GmbHG, 2. Aufl., § 30, Rn. 193; *Westermann* in: Scholz, GmbHG-Nachtrag MoMiG, § 30, Rn. 26.

Gesellschafters, gegen den eine Forderung besteht, zu überprüfen[687]. Bei natürlichen Personen als Gesellschafter erscheint die Prüfung der Vollwertigkeit dabei besonders schwierig, da hier eine geordnete Aufstellung aller Gläubigerforderungen im Regelfall nicht existiert. Bei juristischen Personen oder Personenhandelsgesellschaften als Gesellschafter wird der Geschäftsführer zur sorgfältigen Prüfung der Vollwertigkeit neben der Betrachtung des (letzten) Jahresabschlusses häufig auch auf einen aktualisierten Liquiditätsstatus bzw. eine aktualisierte Überschuldungsbilanz hinwirken müssen[688].

cc. Maßgeblicher Zeitpunkt

Maßgeblicher Zeitpunkt für die Bewertung der Vollwertigkeit ist grundsätzlich der Zeitpunkt der Auszahlung, d. h. bei der Darlehensausreichung der Zeitpunkt der Valutierung[689]. Nur dieser ist für den Geschäftsführer als Verantwortlichen für die Kapitalerhaltung, speziell für die Vollwertigkeitsprüfung, relevant. Der ursprünglich vollwertige Rückzahlungsanspruch kann allerdings im Zeitraum nach der Auszahlung an Wert verlieren und dadurch zugleich auch die Kapitaldeckung i. S. d. § 30 GmbHG gefährden. Gemäß der Regierungsbegründung führt aber eine „spätere, nicht vorhersehbare negative Entwicklung der Forderung gegen den Gesellschafter und bilanzielle Abwertungen [...] nicht nachträglich zu einer verbotenen Auszahlung“[690]. Die Verschlechterung der Bonität des Gesellschafters macht die Leistung demnach nicht ex tunc unzulässig i. S. d. § 30 GmbHG.

Eine Auszahlung i. S. d. § 30 GmbHG wird von der überwiegenden Ansicht allerdings auch in einer Verlängerung eines Darlehens oder in der Nichteinforderung am Ende der Laufzeit eines Darlehens gesehen (nachträglich verbotene Auszahlung)[691]. In diesen Fällen handele es sich jeweils um spätere Verfügungen über den Rückgewähranspruch, die somit ebenfalls gegen § 30 Abs. 1 Satz 1

---

687 *Fleischer*, NJW 2009, 2337, 2341; siehe dazu auch BGH, Urteil vom 01.12.2008, Az. II ZR 102/07, ZIP 2009, 70, 72: „Vernünftige kaufmännische Beurteilung“.

688 *Bunnemann* in: Bunnemann/Zirngibl, Auswirkungen des MoMiG auf bestehende GmbHs, 2008, § 3, Rn. 64.

689 *Mülbert/Leuschner*, NZG 2009, 281, 282; *Westermann* in: Scholz, GmbHG-Nachtrag MoMiG, 10. Aufl., § 30, Rn. 28; *Wicke*, GmbHG, 2. Aufl., § 30, Rn. 11.

690 Begr. RegE BT-Drucks. 16/6140, S. 41.

691 *Altmeppen* in: Roth/Altmeppen, GmbHG, 6. Aufl., § 30, Rn. 108; *Blasche/König*, GmbHR 2009, 897, 900; *Drygala/Kremer*, ZIP 2007, 1289, 1293; *Gehrlein*, Der Konzern 2007, 771, 785; *Heidinger* in: Michalski, GmbHG, 2. Aufl., § 30, Rn. 206; *Wicke*, GmbHG, 2. Aufl., § 30, Rn. 11; a. A. *Engert* BB 2005, 1951, 1955.

GmbHG verstoßen können. Diese Auffassung, die Verlängerung eines Darlehens als aktives Tun einer Auszahlung gleichzustellen, überzeugt. Der Geschäftsführer hat in diesem Fall erneut die Vollwertigkeit nach bilanziellen Maßstäben zu prüfen, zumindest sofern der Rückerstattungsanspruch im relevanten Zeitpunkt zur Erhaltung des Stammkapitals erforderlich ist. Die schlichte Unterlassung, den Rückgewähranspruch bei erkannter oder erkennbarer Beeinträchtigung der Bonität des Gesellschafters durch geeignete Maßnahmen (fristlose Kündigung, § 490 BGB etc.) einzufordern, stellt dagegen keine „Auszahlung" i. S. d. § 30 Abs. 1 GmbHG dar[692]. Eine solche Auslegung würde den in der Gesetzesbegründung niedergelegten Grundsatz, dass nachträgliche Veränderungen der Bonität des Darlehensnehmers unbeachtlich sein sollen, ignorieren und den Haftungsmaßstab durch die Etablierung einer Unterlassenshaftung überdehnen.

c. Nachlaufende Beobachtungs- und Reaktionspflicht

Erscheint der Rückgewähranspruch im maßgeblichen Auszahlungszeitpunkt als vollwertig i. S. d. § 30 Abs. 1 Satz 2 GmbHG, bedeutet das freilich nicht, dass den Geschäftsführer einer GmbH daraufhin keine hierauf gerichteten Pflichten treffen.

aa. Beobachtungs- und Reaktionspflicht

Ungeachtet des stichtagsbezogenen Ansatzes des § 30 Abs. 1 Satz 2 Alt. 2 GmbHG obliegt es den Geschäftsführern nämlich, auch im Zeitraum nach der Auszahlung im Rahmen ihrer kaufmännischen Sorgfalt (§ 43 Abs. 2 GmbHG) laufend etwaige Veränderungen der Solvabilität des Empfängers zu kontrollieren[693]. Diese Beobachtungs- und Kontrollpflicht kann, vor allem bei umfangreichen langfristigen Darlehen oder beim Cash Pooling, auch die Einrichtung

---

692 *Altmeppen* in: Roth/Altmeppen, GmbHG, 6. Aufl., § 30, Rn. 111; *Hueck/Fastrich* in: Baumbach/Hueck, GmbHG, 19. Aufl., § 30, Rn. 43; *Vetter* in: Goette/Habersack, Das MoMiG in Wissenschaft und Praxis, Rn. 4.57; unklar dagegen *Greitmann* in: Saenger/Inhester, § 30, Rn. 105; *Heidinger* in: Michalski, GmbHG, 2. Aufl., § 30, Rn. 206; *Zöllner/Noack* in: Baumbach/Hueck, GmbHG, 19. Aufl., § 43, Rn. 49a; a. A. *Ekkenga* in: MüKo-GmbHG, § 30, Rn. 243, 224; *Drygala/Kremer*, ZIP 2007, 1289, 1293; *Habersack* in: Ulmer/Habersack/Winter, GmbHG Erg.-Bd., § 30, Rn. 26, *Thiessen* in: Bork/Schäfer, GmbHG, § 30, Rn. 44.

693 BGH, Urt. v. 01.12.2008, Az. II ZR 102/07, ZIP 2009, 70, 72; *Habersack* in: Ulmer/Habersack/Winter, GmbHG Erg.-Bd., § 30, Rn. 26; *Hommelhoff* in: Lutter/Hommelhoff, GmbHG, 17. Aufl., § 30 GmbHG, Rn. 31; für die Sicherheitenbestellung *Altmeppen* in: Roth/Altmeppen, GmbHG, 6. Aufl., § 30, Rn. 135 ff.

eines geeigneten Informations- und Frühwarnsystems zwischen Gesellschafter und Gesellschaft erforderlich machen[694].

Kommt der Geschäftsführer dabei zu der Erkenntnis, dass ein Rückzahlungsanspruch als nicht (mehr) vollwertig anzusehen ist, wird er als verpflichtet angesehen, Nachbesicherung zu verlangen oder gegebenenfalls sogar den Gegenanspruch durch eine außerordentliche Kündigung (§ 490 BGB) sogleich fällig zu stellen[695]. Versäumt er in diesem Fall die unverzügliche Sicherung des Stammkapitals, handelt er jedenfalls in der Phase der Unterdeckung pflichtwidrig und schuldhaft mit der Folge der Haftung nach Maßgabe des § 43 GmbHG. Der GmbH-Geschäftsführer wird sich in der Regel auch nicht dadurch entlasten können, dass er die Prüfungszeitpunkte für die Vollwertigkeit durch entsprechende Kündigungsregelungen (z. B. Kündigung nur zum Quartalsende) reduziert[696].

bb. Rechtsgrundlage und Weisungsfestigkeit

Die Pflichtaufgabe des GmbH-Geschäftsführers, nach Ausreichung eines Darlehens an einen Gesellschafter die Solvabilität des Gesellschafters stetig zu beobachten und bei Anhaltspunkten für eine wesentliche Verschlechterung der Vermögensverhältnisse mit einer Kreditkündigung oder der Anforderung von Sicherheiten zu reagieren, lässt sich unstreitig aus der allgemeinen Pflicht des Geschäftsführers zur ordnungsgemäßen Geschäftsführung (§ 43 Abs. 1 GmbHG) ableiten, mit der Folge der Schadensersatzpflicht nach § 43 Abs. 2 GmbHG[697].

(1) Problemstellung

Fraglich ist jedoch, ob im schlichten Verstreichenlassen einer Kündigungsmöglichkeit bzw. im schlichten Unterlassen der Anspruchsverfolgung möglicherweise sogar ein Kapitalerhaltungsverstoß gem. § 30 GmbHG zu sehen ist, mit

---

694 Siehe dazu im Einzelnen *Erne*, GWR 2010, 314 ff.

695 BGH, Urt. v. 01.12.2008, Az. II ZR 102/07, ZIP 2009, 70, 72; *Hommelhoff* in: Lutter/Hommelhoff, GmbHG, 17. Aufl., § 30 GmbHG, Rn. 31; *Altmeppen* in: Roth/Altmeppen, GmbHG, 6. Aufl., § 30, Rn. 112; *ders.*, ZIP 2009, 49, 54; *Drygala/Kremer*, ZIP 2007, 1289, 1295; *Goette*, WPg 2008, 231, 238; *Heckschen*, Das MoMiG in der notariellen Praxis, Rn. 679; *Mülbert/Leuschner*, NZG 2009, 281, 283 f.; *Uwe. H. Schneider*, GmbHR 2010, 57, 59; *Michelfeit, MittBayNot 2009*, 435, 439.

696 *Michelfeit*, MittBayNot 2009, 435, 439.

697 *Goette*, WPg 2008, 231, 236; *Haas/Ziemons* in: Michalski, GmbHG, 2. Aufl., § 43, Rn. 217a; *Kleindiek*, FS K. Schmidt, S. 893, 899; *Zöllner/Noack* in: Baumbach/Hueck, GmbHG, 19. Aufl., § 43, Rn. 49a.

der Folge der Haftung des Geschäftsführers gem. § 43 Abs. 3 GmbHG[698]. Diese Frage hat vor dem Hintergrund zentrale Bedeutung, dass eine gegen § 30 Abs. 1 GmbHG verstoßende Weisung rechtswidrig wäre, der Geschäftsführer eine solche Weisung also erst gar nicht ausführen dürfte. Bildet die nachlaufende Beobachtungs- und Reaktionspflicht dagegen „nur" einen Ausschnitt aus der allgemeinen Pflicht des Geschäftsführers zur ordnungsgemäßen Unternehmensleitung (§ 43 Abs. 1 GmbHG), stünde sie nach dem Leitbild des Gesetzgebers zur grundsätzlich freien Disposition der Gesellschafter. Eine gegenläufige Weisung wäre rechtmäßig und für den GmbH-Geschäftsführer bindend, da kein Verstoß gegen § 30 Abs. 1 GmbHG vorläge. Die Möglichkeit der unbeschränkten Dispositionsbefugnis der Gesellschafter über die Beobachtungs- und Reaktionspflicht der Geschäftsführer erscheint besonders bei längerfristigen Darlehen äußerst bedenklich. So bestünde für die Gesellschafter etwa die Möglichkeit, in der Krise der Gesellschaft dem GmbH-Geschäftsführer die Weisung zu erteilen, den nicht (mehr) vollwertigen Rückgewähranspruch der GmbH unverfolgt zu lassen[699]. In der Phase der Unterdeckung erscheint ein solches Verhalten mit Blick auf den Gläubigerschutz sowie auch auf das vorrangige Ziel des MoMiG-Gesetzgebers, Missbrauchsfälle am Ende des Lebens einer GmbH zu bekämpfen[700], schlicht „indiskutabel"[701].

(2) Meinungsstreit

Zum Teil wird in der Literatur daher die Ansicht vertreten, den (direkten) Anwendungsbereich des § 30 Abs. 1, 43 Abs. 3 GmbHG auch auf den Fall des schlichten Verstreichenlassens einer Kündigungsmöglichkeit bzw. des schlichten Unterlassens der Anspruchsverfolgung zu erweitern[702]. Bei Darlehensverträgen

---

698 Vgl. zu dieser Problemstellung etwa *Altmeppen*, ZIP 2009, 49, 54 f.; *Habersack* in: Ulmer/Habersack/Winter, GmbHG Erg.-Bd., § 30, Rn. 26.

699 Auf die besondere Variante des Einmann-Gesellschafter-Geschäftsführers hinweisend *Altmeppen*, ZIP 2009, 49, 54 f.

700 Begr. RegE BT-Drucks. 16/6140, S. 1.

701 *Altmeppen*, ZIP 2009, 49, 54 f.; in diesem Sinne auch *Drygala/Kremer*, ZIP 2007, 1289, 1295.

702 *Drygala/Kremer*, ZIP 2007, 1289, 1293; *Gundlach/Frenzel/Strandmann*, NZI 2008, 647; 649; *Mülbert/Leuschner*, NZG 2009, 281, 283; *Thiessen* in: Bork/Schäfer, GmbHG, § 30, Rn. 44; *Zöllner/Noack* in: Baumbach/Hueck, GmbHG, 19. Aufl., § 43, Rn. 49a; ohne auf die dahinter liegende Problematik eingehend auch *Habersack* in: Ulmer/Habersack/Winter, GmbHG Erg.-Bd., § 30, Rn. 26; *Heidinger* in: Michalski, GmbHG, 2. Aufl., § 30, Rn. 206; unklar dagegen *Wicke*, GmbHG, 2. Aufl., § 30, Rn. 11; offensichtlich a. A. *Altmeppen* in: Roth/Altmeppen, GmbHG, 6. Aufl., § 30,

besteht im Falle einer Vermögensverschlechterung grundsätzlich ein (jederzeitiges) außerordentliches Kündigungsrecht (§ 490 Abs. 1 BGB)[703]. Lässt der Geschäftsführer die Kündigungsmöglichkeit im Zeitpunkt der Unterdeckung verstreichen, sei darin bereits eine kapitalerhaltungsrelevante Leistung i. S. d. § 30 Abs. 1 GmbHG zu sehen. Begründet wird diese Auffassung u. a. damit, dass auch die unterlassene Durchsetzung einer Forderung am Ende der Laufzeit des Darlehensvertrages einen Kapitalerhaltungsverstoß begründen könne[704]. Für die Entstehung bzw. Fälligkeit des Rückgewähranspruchs während der Darlehenslaufzeit mache es insoweit keinen relevanten Unterschied, ob dieser (nur) noch von der Kündigungserklärung abhängig sei. Außerdem mache es wertungsmäßig auch keinen Unterschied, ob die Minderung des Gesellschaftsvermögens dadurch eintrete, dass die Zahlung im Zeitpunkt der eigentlichen Auszahlung nicht durch einen vollwertigen Gegenleistungs- oder Rückgewähranspruch gedeckt ist, oder dadurch, dass der Zahlungsanspruch gegen den Gesellschafter nicht rechtzeitig realisiert wird[705]. Folgt man dieser Auffassung, bestünde das Problem der Disponibilität der Beoabachtungs- und Reaktionspflicht nicht. Der Geschäftsführer würde stets gegen das Kapitalerhaltungsverbot nach § 30 GmbHG verstoßen, wenn er eine ihm wegen § 490 Abs. 1 BGB mögliche Rückforderung des Darlehens unterlässt. Er wäre also unmittelbar aus § 43 Abs. 3 GmbHG haftbar; eine entgegenstehende Weisung der Gesellschafterversammlung wäre für ihn unverbindlich (§ 241 Nr. 3 AktG; § 43 Abs. 3 Satz 3 GmbHG).

Der direkten Anwendung des § 30 Abs. 1 GmbHG auf die Fälle des schlichten „Stehenlassens" eines Darlehens wird jedoch entgegengehalten, dass sie eine dogmatisch unsaubere Konstruktion darstelle[706]. Die schlichte Unterlassung, den Rückgewähranspruch einzufordern (bzw. eine Nachbesicherung zu verlangen), könne nicht als Auszahlung i. S. d. § 30 Abs. 1 Satz 1 GmbHG qualifiziert werden[707]. Bereits die Auffassung, dass die unterlassene Durchsetzung

---

Rn. 111; *ders.* ZIP 2009, 49, 55; *Hueck/Fastrich* in: Baumbach/Hueck, GmbHG, 19. Aufl., § 30, Rn. 43; *Vetter* in: Goette/Habersack, Das MoMiG in Wissenschaft und Praxis, Rn. 4.57.

703 *Mansel* in: Jauernig, BGB, 13. Aufl., § 490, Rn. 2; *Michelfeit*, MittBayNot 2009, 435, 439.

704 *Mülbert/Leuschner*, NZG 2009, 281, 283.

705 *Zöllner/Noack* in: Baumbach/Hueck, GmbHG, 19. Aufl., § 43, Rn. 49a.

706 Siehe etwa *Altmeppen* in: Roth/Altmeppen, GmbHG, 6. Aufl., § 30, Rn. 109.

707 *Altmeppen* in: Roth/Altmeppen, GmbHG, 6. Aufl., § 30, Rn. 111; *ders.*, ZIP 2009, 49, 55; *Drygala/Kremer*, ZIP 2007, 1289, 1295; die Frage offen lassend *Blasche/König*, GmbHR 2009, 897, 901; *Gehrlein*, Der Konzern 2007, 792, 794.

einer Forderung am Ende der Vertragslaufzeit eine kapitalerhaltungsrelevante Leistung darstellt, erscheine begrifflich nicht ganz unbedenklich. Insofern sei im schlichten Unterlassen der Darlehensrückforderung (bzw. im Unterlassen der Nachbesicherung während der Darlehenslaufzeit) während der Kreditlaufzeit erst recht keine an § 30 GmbHG zu messende Verfügung zu sehen. Für eine direkte Anwendung des § 43 Abs. 3 GmbHG sei insoweit kein Raum[708]. Sowohl die Beobachtungs- und Kontrollpflicht als auch die Reaktionspflicht nach Kreditausreichung bilden lediglich einen Ausschnitt aus der allgemeinen Pflicht des Geschäftsführers zur ordnungsgemäßen Unternehmensleitung (§ 43 Abs. 1 GmbHG)[709]. Aus Wertungsgründen sei hier aber eine analoge Anwendung des § 43 Abs. 3 GmbHG geboten[710]. Begründet wird diese Auffassung u. a. damit, dass gebundenes Vermögen zwar im Tausch gegen einen schuldrechtlichen Rückforderungsanspruch an den Gesellschafter fließen dürfe, dieser Rückforderungsanspruch aber unverzichtbar sei, soweit die Forderung zur Stammkapitaldeckung erforderlich ist (vgl. § 31 Abs. 4 GmbHG)[711].

(3) Stellungnahme

Beiden Ansichten ist grundsätzlich darin zuzustimmen, dass der Gesellschafter den Geschäftsführer nicht anweisen darf, einen nicht (mehr) vollwertigen Rückgewähranspruch der GmbH in der Zone der Unterdeckung unverfolgt zu lassen. Allerdings kann das schlichte Verstreichenlassen einer Kündigungsmöglichkeit bzw. das schlichte Unterlassen der Anspruchsverfolgung nicht als „Auszahlung" i. S. d. § 30 Abs. 1 GmbHG konstruiert werden. Eine neue Verfügung über den Rückgewähranspruch, wie dies etwa für den Fall angenommen wird, dass das Darlehen am Ende der Laufzeit verlängert oder nicht eingefordert wird, liegt hier nicht vor. In diesem Fall kann in Übereinstimmung

708 *Altmeppen* in: Roth/Altmeppen, GmbHG, 6. Aufl., § 30, Rn. 111.

709 *Goette*, WPg 2008, 231, 236.

710 *Altmeppen* in: Roth/Altmeppen, GmbHG, 6. Aufl., § 30, Rn. 111; *ders.*, ZIP 2009, 49, 55; so wohl auch *Drygala/Kremer*, ZIP 2007, 1289, 1295.

711 Konstruktiv wäre es auch denkbar gewesen, den gesetzlichen Rückzahlungsanspruch nach § 31 GmbHG gegen die Gesellschafter auch nachträglich entstehen zu lassen, wenn die Vollwertigkeit später entfällt, und auf diese Weise die Gesellschafter in die Haftung zu nehmen. Wie gesehen hat die Regierungsbegründung dies jedoch ausdrücklich abgelehnt und auf die Pflichten des Geschäftsführers verwiesen, wenn er ein (kündbares) Darlehen stehen lässt; siehe dazu *Altmeppen* in: Roth/Altmeppen, GmbHG, 6. Aufl., § 30, Rn. 106; *ders.*, ZIP 2009, 49, 54.

mit der Gesetzesbegründung[712] und der höchstrichterlichen Rechtsprechung[713] nur eine Verletzung der allgemeinen Pflicht des Geschäftsführers zur ordnungsgemäßen Unternehmensleitung (§ 43 Abs. 1 GmbHG) gesehen werden, wenn der Geschäftsführer die Forderungen stehen lässt, obwohl er sie hätte einfordern können. Ist die Werthaltigkeit eines aufsteigenden Darlehens und damit in den hier interessierenden Fällen zugleich die Kapitaldeckung i. S. d. § 30 GmbHG gefährdet, dient die ungeschriebene Organpflicht des Geschäftsführers zur unverzüglichen Kreditkündigung bzw. Anspruchsdurchsetzung jedoch vorrangig der Kapitalerhaltung und somit gleichzeitig auch dem Gläubigerschutz. Dieser Aufgabe darf sich der Geschäftsführer nicht durch Weisungen der Gesellschafter entziehen. Will man das Unterlassen der Kreditkündigung bzw. Anspruchsdurchsetzung nicht als verbotene Auszahlung i. S. d. § 30 Abs. 1 GmbHG qualifizieren, ist der Geltungsbereich des § 43 Abs. 3 Satz 3 GmbHG auf die bisher ungeregelten Fälle der nachlaufenden Beobachtungs- und Reaktionspflicht (Regelungslücke) durch analoge Anwendung zu erweitern[714]. Der Geschäftsführer muss insoweit ein entsprechendes Begehren der Gesellschafter zurückweisen, falls nach seiner Beurteilung der ursprünglich vollwertige Rückzahlungsanspruch gegen den Gesellschafter nachträglich seine Vollwertigkeit einbüßt. Damit geht zunächst zwar eine Verschärfung der Haftung des Geschäftsführers einher. Diese Haftungsverschärfung ist aber mit der besonderen Verantwortlichkeit des Geschäftsführers zur Kapitalerhaltung zu rechtfertigen.

d. Zwischenergebnis

Der Geschäftsführer hat neuerdings nicht mehr nur die Liquidität der eigenen Gesellschaft zu prüfen, sondern muss bei Kreditausreichungen aus dem Gesellschaftsvermögen an einen Gesellschafter auch überprüfen, ob der Gesellschafter liquide genug ist, die empfangenen Leistungen nach Fälligkeit wieder an die Gesellschaft zurückzuzahlen. Der Geschäftsführer hat im Rahmen seiner Prüfung sämtliche Risiken zu berücksichtigen, welche die tatsächliche Durchsetzbarkeit

---

712 Begr. RegE BT-Drucks. 16/6140, S. 41: „Es kann dann aber ein Sorgfaltspflichtverstoß des Geschäftsführers gegeben sein, der diese Forderungen stehen ließ, obwohl er sie hätte einfordern können."

713 BGH, Urt. v. 01.12.2008 – II ZR 102/07, ZIP 2009, 70, 72, der für den Vorstand einer AG eine aus § 93 Abs. 1 Satz 1 AktG folgenden Verpflichtung spricht, „auf eine sich nach der Darlehensausreichung andeutende Bonitätsverschlechterung mit einer Kreditkündigung oder der Anforderung von Sicherheiten zu reagieren".

714 So etwa *Altmeppen* in: Roth/Altmeppen, GmbHG, 6. Aufl., § 30, Rn. 111; *ders.*, ZIP 2009, 49, 55.

der Forderung in Frage stellen. Der Prüfung der Vollwertigkeit immanent ist die Beurteilung der Erforderlichkeit angemessener Kreditkonditionen. Auch hier sind die Einzelheiten bislang nicht geklärt. Nach der hier vertretenen Auffassung ist die Vollwertigkeit danach zu verneinen, wenn das ausgereichte Darlehen zinslos oder unter Marktzinsen verzinslich ist. Auf eine Besicherung kann im Falle eines sonst vollwertigen Rückgewähranspruchs dagegen regelmäßig verzichtet werden. Wegen des unbestimmten und ausfüllungsbedürftigen Rechtsbegriffs der „Vollwertigkeit" wird dem Geschäftsführer bei der Prüfung der Vollwertigkeit und der dieser immanenten Beurteilung der Erforderlichkeit angemessener Kreditkonditionen ein gewisser Beurteilungsspielraum zugestanden.

Im Zeitraum nach der Auszahlung eines Darlehens an den Gesellschafter trifft den GmbH-Geschäftsführer die nachgelagerte Pflicht, laufend etwaige Veränderungen der Solvabilität des Empfängers zu kontrollieren und gegebenenfalls bei ihrer Verschlechterung Nachbesicherung zu verlangen oder den Gegenanspruch durch eine außerordentliche Kündigung (§ 490 BGB) sogleich fällig zu stellen. Diese Pflicht ist zwingend. Fällt der Kredit aus, weil der Geschäftsführer seine Beobachtungs- und Reaktionspflichten verletzt hat und die Forderung stehen ließ, kommt eine Haftung gegenüber der Gesellschaft (analog) § 43 Abs. 3 GmbHG in Betracht. Die Haftung trifft hier also (allein) den Geschäftsführer.

Sowohl die Pflicht zur Vollwertigkeitsprüfung als auch die nachlaufende Beobachtungs- und Reaktionspflicht sind im Vorfeld der Insolvenz, insbesondere wenn bei der Gesellschaft bereits eine Unterbilanz besteht, von besonderer haftungsrechtlicher Bedeutung.

3. *Aufsteigende Sicherheiten im MoMiG*

a. Neue Rechtslage

Nach ganz h. M. können auch Sicherheitsleistungen zu Gunsten eines Gesellschafters (sog. „Upstream Sicherheiten") eine verbotene Auszahlung i. S. d. § 30 Abs. 1 Satz 1 GmbHG darstellen[715]. Während aufsteigende Darlehensauszahlungen nach der mit dem neuen Recht wieder maßgeblichen bilanziellen Betrachtungsweise auch dann zulässig sind, wenn die Gesellschaft einen vollwertigen Rückzahlungsanspruch hat, stellt sich die Frage, ob dieser Ausnahmetatbestand auch auf aufsteigende Sicherheiten anwendbar ist. Der Gesetzgeber des MoMiG hat hierzu keinerlei Erwägungen angestellt. Nach h. M. erfolgte

---

715 Siehe z. B. *Altmeppen* in: Roth/Altmeppen, GmbHG, 6. Aufl., § 30, Rn. 127; *Mülbert*, ZGR 1995, 578 ff.

sowohl durch das MoMiG als auch durch das MPS-Urteil des BGH[716] nicht nur für die Gewährung von aufsteigenden Darlehen, sondern auch für aufsteigende Sicherheiten eine Rückkehr zur bilanziellen Betrachtungsweise[717]. Damit ist nun im Ergebnis eine Sicherheitenbestellung zu Gunsten von Gläubigern eines Gesellschafters sowie für dessen Forderungen gegen Dritte zulässig, wenn sie durch einen vollwertigen Freistellungs- bzw. Regressanspruch (§ 670 BGB bzw. §§ 774, 1143, 1225 BGB) gedeckt ist. Das ist nur konsequent. Behandelt man aufsteigende Sicherheiten wie eine Auszahlung, muss für diese auch der Ausnahmetatbestand des § 30 Abs. 1 Satz 2 Alt. 2 GmbHG sinngemäß gelten.

b. Vollwertigkeitsprüfung i. S. d. § 30 Abs. 1 Satz 2 GmbHG

Nach § 30 Abs. 1 Satz 2 GmbHG verstößt die Gewährung einer aufsteigenden Sicherheit neuerdings nicht mehr gegen das Ausschüttungsverbot, wenn sie durch einen vollwertigen Freistellungs- oder Rückgriffanspruch der Gesellschaft gegen den Gesellschafter kompensiert wird[718]. Die Einzelheiten sind jedoch strittig.

aa. Maßgeblicher Zeitpunkt für die Qualifizierung als verbotene Auszahlung

(1) Problemstellung

In der Literatur höchst umstritten und durch die Rechtsprechung nicht geklärt ist die Frage, wann bei aufsteigenden Sicherheiten der maßgebliche Auszahlungszeitpunkt vorliegt, d. h. wann der Geschäftsführer gem. § 30 Abs. 1 Satz 2 GmbHG die Vollwertigkeit des Freistellungs- oder Rückgriffanspruchs zu prüfen

---

716 BGH, Urt. v. 1.12.2008 – II ZR 102/07, GmbHR 2009, 199.

717 *Altmeppen* in: Roth/Altmeppen, GmbHG, 6. Aufl., § 30, Rn. 130; *ders.*, NZG 2010, 401, 403; *Heidinger* in: Heckschen/Heidinger, Die GmbH in der Gestaltungs- und Beratungspraxis, 2. Aufl. § 16, Rn. 52; *Hirte*, ZInsO 2008, 689, 692; *Hommelhoff* in: Lutter/Hommelhoff, GmbHG, 17. Aufl., § 30 GmbHG, Rn. 34; *K. Schmidt* in: Die GmbH in Krise, Sanierung und Insolvenz, 4. Aufl., Rn. 1.43; *Kollmorgen/Santelmann/Weiß* BB 2009, 1818; *Rischbieter/Gröning*, Gründung und Leben der GmbHG nach dem MoMiG, 4. Kap., Rn. 52 ff.; *Wicke*, GmbHG, 2. Aufl., § 30, Rn. 12.

718 Siehe dazu etwa *Altmeppen* in: Roth/Altmeppen, GmbHG, 6. Aufl., § 30, Rn. 129 ff.; *Drygala/Kremer*, ZIP 2007, 1289, 1295; *Habersack* in: Ulmer/Habersack/Winter, GmbHG Erg.-Bd., § 30, Rn. 16; *Heidinger* in: Michalski, GmbHG, 2. Aufl., § 30, Rn. 207; *Hommelhoff* in: Lutter/Hommelhoff, GmbHG, 17. Aufl., § 30 GmbHG, Rn. 34 ff.; *Hueck/Fastrich* in: Baumbach/Hueck, GmbHG, 19. Aufl. § 30, Rn. 61; *Westermann* in: Scholz, GmbHG-Nachtrag MoMiG, 10. Aufl., § 30, Rn. 30.

hat[719]. Diskutiert wird hierfür sowohl der Zeitpunkt der Sicherheitenbestellung (bzw. der Verpflichtung hierzu) als auch der Zeitpunkt der Verwertung.

Für den Geschäftsführer ist diese Frage des Leistungszeitpunkts von ganz erheblicher Bedeutung. Würde man auf den Zeitpunkt der Sicherheitenbestellung (bzw. der Verpflichtung hierzu) abstellen, müsste der Geschäftsführer lediglich beurteilen, ob in diesem Zeitpunkt bei der GmbH eine Unterbilanz begründet oder vertieft wird. Er müsste also lediglich an diesem Tag beurteilen, ob der Rückgriffanspruch gegen den Gesellschafter gem. § 30 Abs. 1 Satz 2 Alt. 2 GmbHG vollwertig ist. Droht aber erst nach der Bestellung der Sicherheit eine zu diesem Zeitpunkt auch bei sorgfältiger Prüfung nicht vorhersehbare Inanspruchnahme der Sicherheit, die zu einer Unterbilanz führt bzw. diese vertieft, kann darin nach dieser Ansicht keine verbotene Auszahlung und folglich auch keine haftungsrechtlichen Folgen für den GmbH-Geschäftsführer gesehen werden.

Wenn man hingegen auf den Zeitpunkt der Verwertung der Sicherheit abstellt, können die Geschäftsführer auch dann gegen § 30 GmbHG verstoßen, wenn zum Zeitpunkt der Bestellung der Rückgriffanspruch gegen den Gesellschafter noch vollwertig war, im Zeitpunkt der späteren Verwertung der Sicherheit aber kein vollwertiger Rückgriffanspruch mehr besteht. Die Geschäftsführer stünden bei der Bestellung der Sicherheit also vor der Aufgabe, eine Prognose abgeben zu müssen, ob zu einem für sie völlig ungewissen Zeitpunkt ein Rückgewähranspruch gegen den Gesellschafter noch vollwertig sein wird. Eine solche Prognose ist für die Geschäftsführer extrem schwierig, weil er ihnen gewissermaßen hellseherische Fähigkeiten abverlangt. Hinzu kommt, dass bei vorsichtiger Bewertung der Vollwertigkeit im Zweifel immer davon auszugehen ist, dass im Zeitpunkt der Verwertung ein vollwertiger Rückgewähranspruch regelmäßig nicht mehr gegeben sein wird.

Der Meinungsstreit über den maßgeblichen Auszahlungszeitpunkt ergibt sich jedoch nicht nur aus haftungsrechtlichen Gesichtspunkten, sondern insbesondere auch aus den Besonderheiten des Bilanzrechts. Nach dem Bilanzrecht wird eine Sicherheitenbestellung erst zu dem Zeitpunkt bilanzwirksam, an dem – wegen drohender Inanspruchnahme aus der Sicherheit – eine Rückstellung für eine ungewisse Verbindlichkeit zu bilden ist, § 249 Abs. 1 HGB, die nicht durch Aktivierung eines korrespondierenden Freistellungs- bzw. Rückgriffanspruchs gegen den Gesellschafter ausgeglichen werden kann[720]. Andernfalls sind die

719 Vgl. dazu etwa *Kollmorgen/Santelmann/Weiß* BB 2009, 1818 f.; *Komo*, GmbHR 2010, 230, 233; *Tillman*, NZG 2008, 401, 404.

720 *Hueck/Fastrich* in: Baumbach/Hueck, GmbHG, 19. Aufl. § 30, Rn. 62; *Kollmorgen/Santelmann/Weiß* BB 2009, 1818, 1819.

Sicherheiten nicht in der Bilanz zu passivieren, sondern gesondert unter der Bilanz oder im Anhang auszuweisen, §§ 251, 268 Abs. 7 HGB. Nimmt man die vom Gesetzgeber nunmehr angeordnete bilanzielle Betrachtungsweise ernst, kommt man danach zu dem Ergebnis, dass sich eine allgemeingültige Aussage für den im Rahmen des § 30 GmbHG relevanten Auszahlungszeitpunkt nicht treffen lässt. In Betracht käme für den konkreten Fall jeder beliebige Zeitpunkt von der Verpflichtung zur Einräumung einer Sicherheit über den eigentlichen Bestellungsakt bis schließlich zur Verwertung der Sicherheit[721].

(2) Meinungsstreit

Die Vertreter der streng bilanziellen Betrachtungsweise stellen daher allein auf den Zeitpunkt ab, an dem die Sicherheit erfolgswirksam wird, also regelmäßig auf den (späteren) Zeitpunkt der Verwertung[722]. Erst zu diesem Zeitpunkt könne bei aufsteigenden Sicherheiten eine Auszahlung i. S. von § 30 GmbHG vorliegen, sofern dann – wie wohl im Regelfall – kein bilanzierungsfähiger, vollwertiger Rückgriffsanspruch gegen den Gesellschafter besteht, § 30 Abs. 1 Satz 2 Alt. 2 GmbHG.

Die überwiegende Meinung im Schrifttum sieht dagegen allein den Zeitpunkt der Bestellung (bzw. den der Verpflichtung hierzu) als maßgeblichen Zeitpunkt für die Qualifizierung als verbotene Auszahlung an[723]. Im Einzelnen gehen die Meinungen dabei jedoch heillos auseinander[724].

In Anlehnung an die vom Gesetzgeber angeordnete bilanzielle Betrachtungsweise wird zum Teil allein darauf abgestellt, ob im maßgeblichen Zeitpunkt der

721 In diesem Sinne *Kollmorgen/Santelmann/Weiß* BB 2009, 1818, 1819; (vorrangig) auf den Zeitpunkt der Verwertung der Sicherheit abstellend: *Tillman*, NZG 2008, 401, 404; siehe dazu ferner *Komo*, GmbHR 2010, 230, 233.

722 Für die neue Rechtslage ausdrücklich *Tillman*, NZG 2008, 401, 404; ferner *Komo*, GmbHR 2010, 230, 233; vgl. auch *Heidinger* in: Michalski, GmbHG, 2. Aufl., § 30, Rn. 95; *Vetter* in: Goette/Habersack, Das MoMiG in Wissenschaft und Praxis, Rn. 4.79 ff.; zur früheren Rechtslage noch OLG München, Urt. v. 19. 06. 1998–21 U 6130/97, NZG 1998, 855; *Peltzer/Bell*, ZIP 1993, 1757, 1758.

723 *Altmeppen* in: Roth/Altmeppen, GmbHG, 6. Aufl., § 30, Rn. 133; *Drygala/Kremer*, ZIP 2007, 1289, 1295; *Gehrlein*, Der Konzern 2007, 771, 785; *Habersack* in: Ulmer/Habersack/Winter, GmbHG Erg.-Bd., § 30, Rn. 16; *Heidinger* in: Michalski, GmbHG, 2. Aufl., § 30, Rn. 207; *Hommelhoff* in: Lutter/Hommelhoff, GmbHG, 17. Aufl., § 30 GmbHG, Rn. 35; *Hueck/Fastrich* in: Baumbach/Hueck, GmbHG, 19. Aufl. § 30, Rn. 62; *Westermann* in: Scholz, GmbHG-Nachtrag MoMiG, 10. Aufl., § 30, Rn. 32; *Wicke*, GmbHG, 2. Aufl., § 30, Rn. 12.

724 Siehe dazu *Heidinger* in: Michalski, GmbHG, 2. Aufl., § 30, Rn. 90 ff.

Bestellung der Sicherheit eine bilanzielle „Auszahlung“ vorliegt. D. h. nur wenn im Zeitpunkt der Sicherheitenbestellung wegen drohender Inanspruchnahme eine Rückstellung zu bilden ist, sei zu prüfen, ob die Rückstellung möglicherweise durch einen werthaltigen Rückgriffsanspruch ausgeglichen werde[725]. Droht demnach also erst nach der Bestellung der Sicherheit eine zu diesem Zeitpunkt auch bei sorgfältiger Prüfung nicht vorhersehbare Inanspruchnahme der Sicherheit, die zu einer Unterbilanz führt bzw. diese vertieft, kann dies nach dieser Ansicht keine verbotene Auszahlung und folglich auch keine haftungsrechtlichen Folgen für den GmbH-Geschäftsführer auslösen.

Gegen diese Ansicht wird allerdings eingewandt, dass dieses Ergebnis mit der Garantiefunktion des Kapitalerhaltungsgebots nicht vereinbar sei[726]. Auf eine Vollwertigkeitsprüfung des etwaigen Freistellungs- bzw. Rückgriffsanspruchs dürfe im Zeitpunkt der Zusage oder Bestellung der Sicherheit nur verzichtet werden, wenn die Inanspruchnahme der Sicherheit in diesem Zeitpunkt zu 100 Prozent ausgeschlossen werden könne[727]. Denn auch wenn die Gesellschaft einem Gesellschafter „Haftungskredit“ in Form einer Sicherheit gewährt, müsse im relevanten Zeitpunkt der Zusage oder der Bestellung selbst zweifelsfrei ausgeschlossen sein, dass das gebundene Vermögen an die Gesellschafter ausgeschüttet werde. Nach dieser Ansicht habe der Geschäftsführer somit faktisch immer auch eine Vollwertigkeitsprüfung im relevanten Zeitpunkt der Bestellung (bzw. der schuldrechtlich verbindlichen Zusage zur Bestellung) durchzuführen.

Ähnlich streng sieht es auch die Ansicht, die davon spricht, dass „die Schutzregeln der Kapitalerhaltung“ nicht leerlaufen dürften und deshalb die Vollwertigkeit des etwaigen Rückgriffsanspruchs stets im Zeitpunkt der Bestellung der Sicherheit zu prüfen sei[728]. Dies gelte insbesondere auch, wenn der Rückgriffsanspruch zu diesem Zeitpunkt mangels Inanspruchnahme der Sicherheit noch gar

---

725 *Drygala/Kremer*, ZIP 2007, 1289, 1295; *Gehrlein*, Der Konzern 2007, 771, 785; *Habersack* in: Ulmer/Habersack/Winter, GmbHG Erg.-Bd., § 30, Rn. 24; *Wicke*, GmbHG, 2. Aufl., § 30, Rn. 12.

726 *Altmeppen* in: Roth/Altmeppen, GmbHG, 6. Aufl., § 30, Rn. 133; *Komo*, GmbHR 2010, 230, 233; *Hommelhoff* in: Lutter/Hommelhoff, GmbHG, 17. Aufl., § 30 GmbHG, Rn. 35; *Hueck/Fastrich* in: Baumbach/Hueck, GmbHG, 19. Aufl. § 30, Rn. 62.

727 *Altmeppen* in: Roth/Altmeppen, GmbHG, 6. Aufl., § 30, Rn. 133; *ders.*, NZG 2010, 401, 404.

728 *Hommelhoff* in: Lutter/Hommelhoff, GmbHG, 17. Aufl., § 30 GmbHG, Rn. 35; vgl. auch *Wand/Tillmann/Heckenthaler* AG 2009, 148, 152; zwischen schuldrechtlichen und dinglichen Sicherheiten unterscheidend: *Schmolke*, Kapitalerhaltung in der GmbH nach dem MoMiG, § 30, Rn. 106 f.

nicht zu aktivieren sei. Die tatsächliche Inanspruchnahme der Sicherheit müsse daher notfalls schon im Zeitpunkt der Sicherheitenbestellung fingiert werden[729]. Im maßgeblichen Zeitpunkt der Sicherheitenbestellung liegt nach dieser Ansicht somit stets eine Auszahlung i. S. d. § 30 Abs. 1 GmbHG vor. Im Regelfall wird hier auch kein bilanzierungsfähiger, vollwertiger Rückgriffsanspruch gegen den Gesellschafter bestehen, § 30 Abs. 1 Satz 2 Alt. 2 GmbHG. Denn wenn der Gesellschafter leistungsfähig wäre, würde die Gesellschaft vom Sicherungsnehmer auch nicht in Anspruch genommen werden. Bei Sicherheiten, welche die Gesellschaft für Forderungen des Gesellschafters gegen Dritte stellt oder zusagt, komme daher die Ausnahmeregel des § 30 Abs. 1 Satz 2 GmbHG konsequenterweise gar nicht erst zum Zuge; der kompensierende Rückgriffsanspruch müsse aus Vorsichtsgründen stets als wertlos fingiert werden[730].

Entgegen der vom Gesetzgeber explizit geäußerten Geltung der bilanziellen Betrachtungsweise wird schließlich von Teilen des Schrifttums auch weiterhin die Vermögensgefährdungstheorie vertreten[731]. Für die Frage, ob die Stellung einer Sicherheit das Gesellschaftsvermögen mindere, sei demnach keine rein bilanzielle, sondern eine wirtschaftliche Sicht zugrunde zu legen. Auch wenn die Stellung der Sicherheit mangels erforderlicher Rückstellung noch unterbilanz-neutral ist, sei die Übernahme von Risiken für den Gesellschafter ohne entsprechende Gegenleistung weiterhin als Auszahlung zu qualifizieren[732]. Entscheidend komme es somit auf den Zeitpunkt der Bestellung (bzw. der entsprechenden schuldrechtlichen Verpflichtung) an. Die Bestellung einer Sicherheit könne aber – in einem zweiten Schritt – gem. § 30 Abs. 1 Satz 2 GmbHG zulässig sein, wenn möglicherweise der „entsprechende Aufwendungsersatz- oder Rückgriffsanspruch gegen den Gesellschafter vollwertig ist und somit das Risiko deckt“[733].

(3) Stellungnahme

Im Einklang mit der vom Gesetzgeber angeordneten Rückkehr zur bilanziellen Betrachtungsweise ist eine Auszahlung i. S. d. § 30 Abs. 1 Satz 1 GmbHG grundsätzlich bilanziell zu bestimmen. Bilanzwirksam wird eine aufsteigende

729 *Hommelhoff* in: Lutter/Hommelhoff, GmbHG, 17. Aufl., § 30 GmbHG, Rn. 35.

730 *Hommelhoff* in: Lutter/Hommelhoff, GmbHG, 17. Aufl., § 30 GmbHG, Rn. 36.

731 Siehe etwa *Hueck/Fastrich* in: Baumbach/Hueck, GmbHG, 19. Aufl. § 30, Rn. 62; siehe zur alten Rechtslage nach dem sog. „November-Urteil etwa *Weitnauer*, ZIP 2005, 790, 792; *Henze*, WM 2005, 717, 721 f.

732 *Hueck/Fastrich* in: Baumbach/Hueck, GmbHG, 19. Aufl. § 30, Rn. 62.

733 *Hueck/Fastrich* in: Baumbach/Hueck, GmbHG, 19. Aufl. § 30, Rn. 62.

Sicherheit aber erst zu dem Zeitpunkt, an dem wegen drohender Inanspruchnahme aus der Sicherheit eine Rückstellung für ungewisse Verbindlichkeiten zu bilden ist, die nicht durch Aktivierung eines korrespondierenden Freistellungs- bzw. Rückgriffsanspruchs gegen den Kreditnehmer ausgeglichen werden kann. Wäre also im Zeitpunkt der Bestellung mit einer Inanspruchnahme der Sicherheit nicht zu rechnen, bliebe die Sicherheitenbestellung nach bilanzieller Sicht lediglich außerhalb des Rechenwerkes „unter dem Strich" zu vermerken (§ 251 Satz 1 HGB), der Gegenanspruch auf Freistellung oder Rückgriff bliebe, um nicht das Rechenwerk zu verzerren, ebenfalls außen vor[734]. Erst wenn (später) eine Inanspruchnahme droht oder die Sicherheit tatsächlich verwertet wird, wäre die entsprechende Verbindlichkeit bilanzrechtlich zu passivieren. Ein korrespondierender Freistellungs- bzw. Rückgriffsanspruch der GmbH gegen den Gesellschafter wird in dieser Situation aber regelmäßig wertlos oder jedenfalls nicht vollwertig sein, so dass es in diesem Fall regelmäßig zu einer Unterbilanz kommen wird. Hat die Gesellschaft eine Sicherheit gegenüber Gläubigern des Gesellschafters übernommen, kann die (spätere) Inanspruchnahme diesen gegenüber grundsätzlich aber nicht mehr unter Berufung auf § 30 GmbHG abgewendet werden, da die Kapitalerhaltungsvorschrift nur in Bezug auf Gesellschafter und ihm gleichzustellender Personen, nicht aber zu Lasten außenstehender Dritter gilt.

Dieses Ergebnis kann aus Gläubigerschutzgründen nicht überzeugen. Die allein bilanzielle Sicht übersieht, dass auch bereits die Sicherheitenbestellung ein der Gewährung sonstigen Kredits vergleichbares Ausfallrisiko in sich birgt und etwaige Rückgriffsansprüche (speziell gegen Gesellschafter) strukturell nicht gleichwertig mit dem bisherigen Vermögen der GmbH sind. Allein bilanzielle Erwägungen greifen in Bezug auf die dem Gläubigerschutz dienende Garantiefunktion des Kapitalerhaltungsgebots insoweit zu kurz. Die Schutzregeln der Kapitalerhaltung müssen daher bereits im Zeitpunkt der Bestellung der Sicherheit angemessen greifen. Folgerichtig ist für die Prüfung der Voraussetzungen des Auszahlungsverbots, d. h. auch für die Vollwertigkeitsprüfung i. S. d. § 30 Abs. 1 Satz 2 GmbHG, allein der Zeitpunkt der Bestellung (bzw. der Verpflichtung hierzu) maßgeblich, und zwar unabhängig davon, ob gem. § 249 HGB eine Rückstellung wegen drohender Inanspruchnahme zu bilden ist oder nicht. Ob dies mittels einer fingierten Inanspruchnahme der Sicherheit für den Zeitpunkt der

734 Vgl. *Hommelhoff* in: Lutter/Hommelhoff, GmbHG, 17. Aufl., § 30 GmbHG, Rn. 34.

Sicherheitenbestellung geschieht[735] oder man aber die Übernahme von Risiken für den Gesellschafter ohne entsprechende Gegenleistung gemäß der Vermögensgefährdungstheorie generell als Auszahlung i. S. d. § 30 Abs. 1 Satz 1 GmbHG qualifiziert[736], kann dahingestellt bleiben. Entscheidend ist vielmehr, dass bereits im Zeitpunkt der Bestellung der Sicherheit eine Auszahlung i. S. d § 30 Abs. 1 Satz 1 GmbHG anzunehmen ist, deren Zulässigkeit nach § 30 Abs. 1 Satz 2 GmbHG in einem zweiten Schritt davon abhängt, ob sich die Zulässigkeit ausnahmsweise aus einem entsprechenden vollwertigen Freistellungs- oder Rückgriffsanspruch ergibt. Fehlt es an der Vollwertigkeit, ist die Sicherheitenbestellung bereits im Zeitpunkt ihrer Gewährung als verbotene Auszahlung i. S. d. § 30 GmbHG zu qualifizieren.

Der Geschäftsführer einer GmbH hat bei der Bestellung einer aufsteigenden Sicherheit also stets zu prüfen, ob der Rückgriffs- oder Freistellungsanspruch im Falle der Inanspruchnahme der Sicherheit vollwertig sein wird. Bei aufsteigenden Sicherheiten ist dabei im Zweifel davon auszugehen, dass zu einem Zeitpunkt, an welchem die Gläubiger des Gesellschafters mit ihren Forderungen gegen die Gesellschafter ausfallen und deswegen die GmbH aus den Sicherheiten in Anspruch nehmen, meist kein vollwertiger Rückgriffsanspruch gegen den Gesellschafter mehr gegeben sein wird[737]. Die Wertlosigkeit des Rückgriffsanspruch ist aus Vorsichtsgründen also bereits im maßgeblichen Zeitpunkt der Bestellung der aufsteigenden Sicherheit zu fingieren. Dem Geschäftsführer ist insoweit anzuraten, insbesondere wenn sich die Gesellschaft bereits in einer Unternehmenskrise befindet, eine Sicherheitenausreichung zu unterlassen.

bb. Limitation-Language-Abrede

Etwas anderes kann nur gelten, wenn zur Gewährleistung der Vollwertigkeit entsprechende Vereinbarungen bereits in der Sicherungsabrede getroffen werden. Zu denken ist hier etwa an eine zusätzliche Absicherung des Rückgriffsanspruchs zumindest bis zur Höhe des Stammkapitals der GmbH. Für die Ausnahmeregel des § 30 Abs. 1 Satz 2 GmbHG reicht es allerdings auch aus, wenn der Freigabeanspruch gegenüber dem Sicherungsnehmer vollwertig wäre. Der Anspruch der Gesellschaft, die gestellten Sicherheiten freizugeben – sei es im Wege ordentlicher oder außerordentlicher Beendigung –, wird sich aber in den wenigsten Fällen

---

735 So z. B. *Hommelhoff* in: Lutter/Hommelhoff, GmbHG, 17. Aufl., § 30 GmbHG, Rn. 34.

736 So z. B. *Hueck/Fastrich* in: Baumbach/Hueck, GmbHG, 19. Aufl. § 30, Rn. 62.

737 *Hommelhoff* in: Lutter/Hommelhoff, GmbHG, 17. Aufl., § 30 GmbHG, Rn. 35; *Komo*, GmbHR 2010, 230, 232; *Wand/Tillmann/Heckenthaler*, AG 2009, 148, 152.

durchsetzen lassen. Denkbar und in der Praxis auch nicht ganz unüblich ist aber zumindest die Vereinbarung einer sog. „Limitation-Language-Abrede“[738]. Hierbei handelt es sich um eine schuldrechtliche Abrede im Sicherungsvertrag zwischen GmbH und Sicherungsnehmer, wonach die Sicherheitsverwertung von vornherein in dem Maße eingeschränkt wird, dass das Stammkapital von ihr unberührt bleibt. Mittels solcher Klauseln wird versucht, das Sicherungsinteresse der Sicherungsnehmerin auf der einen Seite und das Schutzbedürfnis der Geschäftsführer der Sicherungsgeberin vor einer persönlichen Inanspruchnahme auf der anderen Seite in einen angemessenen Ausgleich zu bringen[739]. Sie dient insofern vorrangig dem Schutz der Geschäftsführer. Einen vollständigen Schutz vor persönlicher Haftung kann eine solche Klausel allerdings nur dann gewährleisten, wenn sie ausnahmslos eingreifen würde, sobald durch die Verwertung der Sicherheit bei der GmbH eine Unterbilanz begründet oder vertieft wird. Liegt eine entsprechende Limitation-Language-Abrede im maßgeblichen Zeitpunkt der Sicherheitenbestellung vor, wäre die Vollwertigkeit des Freigabeanspruchs bei entsprechendem Inhalt der Abrede zu bejahen, so dass die Sicherheitenbestellung auch keine verbotene Auszahlung i. S. d. § 30 Abs. 1 Satz 1 GmbHG und folglich auch keine haftungsrechtlichen Folgen für den GmbH-Geschäftsführer auslösen könnte. Eine derart scharfe Limitation-Language-Abrede würde die Sicherheit aus Sicht des Sicherungsnehmers jedoch praktisch wertlos machen[740]. Sie wird für den Geschäftsführer in der Praxis daher auch nur selten durchsetzbar sein[741].

Fehlt es an einer solchen Abrede bzw. ist diese nicht ausreichend ausgestaltet und kann der Gesellschafter den Geschäftsführer der GmbH auch nicht aus anderen Gründen von der Vollwertigkeit des Rückgriffsanspruchs überzeugen, sind die Geschäftsführer der GmbH meist gut beraten, den Abschluss solcher Sicherheitenverträge zu verweigern, um nicht in die Gefahr einer persönlichen

738 Dazu *Altmeppen* in: Roth/Altmeppen, GmbHG, 6. Aufl., § 30, Rn. 138; *Hommelhoff* in: Lutter/Hommelhoff, GmbHG, 17. Aufl., § 30 GmbHG, Rn. 43; zur Upstream-Besicherung und sog. „Limitation Language“ nach Inkrafttreten des MoMiG siehe im Einzelnen auch *Kollmorgen/Santelmann/Weiß* BB 2009, 1818 ff.

739 *Kollmorgen/Santelmann/Weiß* BB 2009, 1818, 1821; mit Hinweis auf das Anfechtungsrecht im Insolvenzfall das Erfordernis solcher Formularbeschränkungen aus Gläubigerschutzgründen ablehnend: *Schall*, Kapitalgesellschaftsrechtlicher Gläubigerschutz, S. 161.

740 *Komo*, GmbHR 2010, 230, 234.

741 Zu den möglichen Ausgestaltungen der „Limitation Language“ in der Praxis siehe etwa *Kollmorgen/Santelmann/Weiß* BB 2009, 1818, 1821.

Haftung zu geraten. Dies gilt selbst für den Fall, dass die Gesellschafter die Sicherheitenbestellung durch Beschluss genehmigen oder gar anweisen. Denn gerade in der hier untersuchten Konstellation eines Verstoßes gegen § 30 GmbHG hat ein solcher Gesellschafterbeschluss wegen § 43 Abs. 3 Satz 3 GmbHG ausnahmsweise keine enthaftende Wirkung[742].

c. Nachlaufende Beobachtungs- und Reaktionspflicht

Unabhängig von der Vollwertigkeitsprüfung im Zeitpunkt der „Auszahlung" können den Geschäftsführer auch im Gefolge der Gewährung von Sicherheiten – wie bei der Kreditvergabe – sog. „Beobachtungs- und Reaktionspflichten" treffen. Da es aber nach der hier vertretenen Ansicht bei der klassischen Gewährung aufsteigender Sicherheiten an einen Gesellschafter regelmäßig an der Vollwertigkeit des Freistellungs- bzw. Rückgriffsanspruchs fehlen wird, kommt es bei diesen Fallgruppen auf die Erfüllung der Beobachtungs- und Reaktionspflicht im Gefolge der Besicherung meist nicht an. Relevanter erscheinen vielmehr die Fälle, in denen die Gesellschaft die Sicherheit im Zeitpunkt der Zusage oder Bestellung vollständig aus ihrem freien Vermögen (oberhalb des Stammkapitals) geleistet hat, sich die Vermögensverhältnisse der Gesellschaft danach aber verschlechtert haben[743]. Der Geschäftsführer hat sich dann spätestens ab dem Zeitpunkt der eintretenden Unterbilanz laufend über die Bonität des Gesellschafters zu informieren, um dann bei ihrer Verschlechterung gegebenenfalls eine Nachbesicherung des etwaigen Freistellungs- bzw. Rückgriffsanspruchs der Gesellschaft zu verlangen oder aber dafür zu sorgen, dass die Gesellschaft von der Belastung befreit wird[744]. Unterlässt der Geschäftsführer trotz Verschlechterung der Bonität des Gesellschafters etwaige Reaktionen, kommt für ihn eine Haftung nach Maßgabe des § 43 GmbHG in Betracht. Die Reaktionsmöglichkeiten des Geschäftsführers werden in der Praxis jedoch häufig nur sehr begrenzt sein. Gerät das Unternehmen in die Krise, wird dem Geschäftsführer eine Nachbesicherung des Rückgriffsanspruchs nur selten gelingen. Problematisch erscheint außerdem, dass sich der Sicherungsnehmer (i. d. R. die Bank) in dieser Situation meist nicht auf eine (teilweise) Freigabe der Sicherheit im Falle der Bonitätsverschlechterung des Gesellschafters einlassen wird[745]. Schließlich kann er auch die

742 *Komo*, GmbHR 2010, 230, 234.

743 *Hommelhoff* in: Lutter/Hommelhoff, GmbHG, 17. Aufl., § 30 GmbHG, Rn. 36.

744 *Altmeppen* in: Roth/Altmeppen, GmbHG, 6. Aufl., § 30, Rn. 136; *Zöllner/Noack* in: Baumbach/Hueck, GmbHG, 19. Aufl., § 43, Rn. 49a.

745 Kollmorgen/Santelmann/Weiß BB 2009, 1818, 1819.

tatsächliche Leistung der Sicherheit nicht unter Berufung auf § 30 Abs. 1 Satz 1 GmbHG verweigern[746].

d. Zwischenergebnis

Auch nach dem MoMiG besteht für den Geschäftsführer einer GmbH bei der Bestellung einer uneingeschränkt verwertbaren Sicherheit für Verbindlichkeiten eines Gesellschafters das Risiko einer persönlichen Haftung.

Der Geschäftsführer einer GmbH hat bei der Bestellung einer aufsteigenden Sicherheit zu prüfen, ob der Rückgriffs- oder Freistellungsanspruch im Falle der Inanspruchnahme der Sicherheit vollwertig sein wird. Bei aufsteigenden Sicherheiten ist im Zweifel jedoch davon auszugehen, dass es zu einem Zeitpunkt, an welchem die Gläubiger des Gesellschafters mit ihren Forderungen gegen den Gesellschafter ausfallen und deswegen die GmbH aus den Sicherheiten in Anspruch nehmen, meist keinen vollwertigen Rückgriffsanspruch gegen den Gesellschafter mehr geben wird[747]. Dem Geschäftsführer ist insoweit grundsätzlich anzuraten, die Gewährung von sog. Upstream-Sicherheiten zu vermeiden. Etwas anderes kann nur gelten, wenn zur Gewährleistung der Vollwertigkeit entsprechende Vereinbarungen in der Sicherungsabrede getroffen werden. Zu denken ist hier etwa an eine zusätzliche Absicherung des Rückgriffsanspruchs oder an vertragliche Verwertungsbeschränkungen bis zur Höhe des Stammkapitals der GmbH (sog. Limitation-Language-Abreden).

4. Sonderfall: Cash Pooling im MoMiG

Die Kapitalerhaltungsproblematik bei der Kreditgewährung und/oder -besicherung wird nach dem MoMiG in Wissenschaft und Praxis weiterhin insbesondere auch bei konzernweiten Cash-Pool-Systemen heftig diskutiert[748].

---

746 *Hommelhoff* in: Lutter/Hommelhoff, GmbHG, 17. Aufl., § 30 GmbHG, Rn. 36.

747 *Hommelhoff* in: Lutter/Hommelhoff, GmbHG, 17. Aufl., § 30 GmbHG, Rn. 35; *Komo*, GmbHR 2010, 230, 232; *Wand/Tillmann/Heckenthaler*, AG 2009, 148, 152.

748 Siehe dazu etwa *Altmeppen*, NZG 2010, 401 ff.; *Blasche/König*, GmbHR 2009, 897 ff.; *Ekkenga*, in: MüKo-GmbHG, § 30, Rn. 187; *Mülbert/Leuschner*, NZG 2009, 281 ff.; *Habersack*, ZGR 2009, 347 ff.; *Hölzle*, GmbHR 2007, 729, 734; *K. Schmidt* in: K. Schmidt/Uhlenbruck, Die GmbH in Krise, Sanierung und Insolvenz, 4. Aufl., Rn. 1.59; zur Problematik angemessener Kreditkonditionen siehe z. B. *Altmeppen* in: Roth/Altmeppen, GmbHG, 6. Aufl. § 30, Rn. 118; *ders.* ZIP 2009, 49, 52; ausführlich zur Problematik noch vor dem MoMiG *Hangebrauck*, Kapitalaufbringung, Kapitalerhaltung und Existenzschutz bei konzernweiten Cash-Pooling-Systemen, S. 199 ff.

a. „Klumpenrisiko“ und „Dominoeffekt“

Der Grund hierfür liegt unter anderem in den besonderen cash-pool-typischen Risiken, denen die am Cash Pool teilnehmenden Gesellschaften ausgesetzt sind. So können wirtschaftliche Krisen einzelner am Cash Pool teilnehmender Gesellschaften schnell den gesamten Cash Pool gefährden (sog. „Klumpenrisiko“). Der hohe Liquiditätsbedarf, dem in der Krise der Mutter- bzw. Betreibergesellschaft typischerweise keine entsprechenden Kapitaleingänge gegenüberstehen, führt häufig zu einer Verknappung der im Cash Pool verfügbaren Liquidität und damit zu einer Beeinträchtigung seiner Funktion: Andere – wirtschaftlich gesunde – Cash-Pool-Teilnehmer können ihre Verbindlichkeiten nicht mehr aus den im Cash Pool verfügbaren Mitteln bedienen und geraten somit schnell selbst in einen Insolvenzstrudel (sog. „Dominoeffekt“)[749]. Der Cash Pool kann dann nicht nur für die Gesellschaften, sondern insbesondere auch für ihre Geschäftsführer leicht zum „Crash Pool“ werden.

b. Aufsteigende Darlehen im Cash Pool

Beim Cash Pooling ergeben sich wegen der spezifischen Ausgestaltung der Cash-Pool-Systeme erhebliche zusätzliche Risiken, die im Hinblick auf das Kapitalerhaltungsgebot von den Geschäftsführern zu berücksichtigen sind[750]. Zwar hat der Gesetzgeber des MoMiG durch die Rückkehr zur bilanziellen Betrachtungsweise die Cash-Pool-Problematik zu entschärfen versucht, Darlehensgewährungen können aber auch im Rahmen eines Cash-Pool-Systems weiterhin gegen das Auszahlungsverbot des § 30 GmbHG verstoßen, sofern der Rückgewähranspruch nicht vollwertig i. S. d. § 30 Abs. 1, Satz 2 GmbHG ist.

Für die Frage der Vollwertigkeit i. S. d. § 30 Abs. 1 Satz 2 GmbHG wird dabei der spezifischen Ausgestaltung des jeweiligen Cash Pools besondere Bedeutung beigemessen. Insoweit ist beim Cash Pooling zu unterscheiden, ob die Leitungsbefugnisse zur Liquiditätsabwicklung durch entsprechende Rahmenvereinbarungen (sog. „Cash-Pool-Abreden“) auf die Betreibergesellschaft übertragen werden oder ob die Cash-Pool-Gesellschaften tagtäglich selbst für den Liquiditätsausgleich zuständig sind.

---

749 *Spliedt*, ZIP 2009, 149, 150.

750 *Wicke*, MittBayNot 2011, 23, 28 m. w. N.

aa. Cash Pooling bei Vorliegen einer Rahmenvereinbarung

(1) Cash-Pool-Abreden

Erforderlich erscheint zunächst ein Blick auf die rechtlichen Grundlagen des Cash Pooling. Besteht zwischen den an einem Cash-Pool-System teilnehmenden Gesellschaften und der meist konzernherrschenden Betreibergesellschaft weder ein Beherrschungs- noch Gewinnabführungsvertrag – in diesem Fall wäre das Kapitalerhaltungsgebot für die vertraglich abhängige GmbH gemäß der Neuregelung des § 30 Abs. 1 Satz 2 Alt. 1 GmbHG ohnehin suspendiert[751] –, bestehen für die Errichtung und den Betrieb eines Cash-Pool-Systems regelmäßig sog. „Rahmenvereinbarungen". Diese Rahmenvereinbarungen enthalten Regelungen über die einzelnen Modalitäten und die Abwicklung der Darlehen und lassen die Parteien faktisch konzernieren. In der Regel handelt es sich bei den Rahmenvereinbarungen um entgeltliche oder unentgeltliche Geschäftsbesorgungsverträge mit Elementen verschiedener anderer Vertragstypen zwecks Durchführung eines Cash Pools[752]. Während die Pooling-Teilnehmer darin die Verpflichtung zur Übertragung ihrer Guthaben auf das Zentralkonto eingehen, verpflichtet sich die Betreibergesellschaft als Cash-Pool-Führer im Gegenzug dazu, den benötigten Liquiditätsbedarf der teilnehmenden Gesellschaften zu decken[753]. Diese Grundstruktur erlaubt viele Gestaltungen[754]. Der folgenden Untersuchung liegt dabei das in der Praxis übliche physische Zero Balance Pooling zugrunde, das die meist herrschende Betreibergesellschaft unter Beteiligung aller abhängigen Konzerngesellschaften tagtäglich durchführt[755].

Um die liquiden Mittel im Konzern optimal einzusetzen, werden der Betreibergesellschaft durch entsprechende Rahmenvereinbarungen meist weite Teile der Leitungsbefugnisse abhängiger Konzerngesellschaften übertragen[756]. Durch die Ausgliederung dieser zentralen Unternehmensfunktion an die Muttergesellschaft bzw. die Betreibergesellschaft berauben sich die abhängigen Konzerngesellschaften eines nicht unerheblichen Teils ihres unternehmerischen Entscheidungsspielraums. Die Geschäftsführer der einzelnen Konzerngesellschaften haben insoweit häufig weder Kenntnis davon, wohin ihre Liquidität

751 Vgl. etwa *Altmeppen* in: Roth/Altmeppen, GmbHG, 6. Aufl., § 30, Rn. 53.

752 *Uwe H. Schneider* in: Hdb. der Konzernfinanzierung, Rn. 25.14; *K. P. Berger* in: MüKo-BGB, 5. Aufl., Vor § 488, Rn. 32.

753 *Uwe H. Schneider* in: Hdb. der Konzernfinanzierung, Rn. 25.14.

754 Siehe etwa *K. P. Berger* in: MüKo-BGB, 5. Aufl., Vor § 488, Rn. 31.

755 Siehe dazu bereits Kap. 4, B, II, 1, c.

756 In Extremfällen daher einen atypischen Beherrschungsvertrag annehmend *K. P. Berger* in: MüKo-BGB, 5. Aufl., Vor § 488, Rn. 32.

vom Cash Pool aus fließt, noch davon, von welcher Gesellschaft die durch die Betreibergesellschaft zur Verfügung gestellte Liquidität stammt[757]. Zudem wird regelmäßig nicht klar, welcher Kredit durch eine Rückzahlung in Form der Zentralisierung der Liquidität amortisiert werden soll.

Werden durch besondere Cash-Pool-Abreden die Leitungsbefugnisse hinsichtlich der Abwicklung des Cash Pools von den einzelnen Konzerngesellschaften auf die Betreibergesellschaft übertragen und verpflichten sich die Gesellschaften somit für eine gewisse Dauer und nicht einseitig widerruflich, ihre Liquidität tagtäglich an die Betreibergesellschaft abzuführen, ist richtigerweise nicht erst der konkrete Abzug der Liquidität bei den einzelnen Konzerngesellschaften, sondern bereits der Abschluss des Rahmenvertrags selbst als die eigentliche „Auszahlung" i. S. d. § 30 GmbHG zu betrachten[758].

(2) Vollwertigkeitsprüfung i. S. d. § 30 Abs. 1 Satz 2 GmbHG

Wird die Einrichtung eines Cash Pools durch einen Rahmenvertrag vereinbart, der selber bereits wegen seiner Ausgestaltung als eigentliche „Auszahlung" zu werten ist, muss in diesem Zeitpunkt konsequenterweise auch bereits der Gegenleistungs- oder Rückgewähranspruch vollwertig i. S. d. § 30 Abs. 1 Satz 2 GmbHG sein[759]. Der Geschäftsführer einer abhängigen Konzerngesellschaft müsste insofern bereits im Zeitpunkt des (Rahmen-)Vertragsabschlusses die Vollwertigkeitsprüfung durchführen und nicht erst im Zeitpunkt der Valutierung des jeweiligen Rückgewähranspruchs. Er müsste also bereits zu diesem Zeitpunkt die Prognose anstellen, ob die Betreibergesellschaft in der Lage sein wird, die künftig auflaufenden Rückgewähransprüche zu erfüllen[760]. Bestehen hieran bzw. an der Solvabilität des Cash Pools bereits zu diesem Zeitpunkt Zweifel, etwa weil sich die Betreibergesellschaft (i. d. R. die Muttergesellschaft) oder einzelne Schwestergesellschaften in der Krise befinden, muss eine Vollwertigkeitsprüfung negativ ausfallen, und der Geschäftsführer dürfte wegen § 30 Abs. 1

---

757 *Hangebrauck*, Kapitalaufbringung, Kapitalerhaltung und Existenzschutz bei konzernweiten Cash-Pooling-Systemen, S. 60.

758 *Hommelhoff* in: Lutter/Hommelhoff, GmbHG, 17. Aufl., § 30 GmbHG, Rn. 38; vgl. auch *Westermann* in: Scholz GmbHG-Nachtrag MoMiG, 10. Aufl., § 30, Rn. 29; zum vorherigen Recht *Schäfer*, GmbHR 2005, 133, 136 f.; a. A. *Ekkenga* in: MüKo-GmbHG, § 30, Rn. 187.

759 *Hommelhoff* in: Lutter/Hommelhoff, GmbHG, 17. Aufl., § 30 GmbHG, Rn. 38; a. A. offensichtlich *Ekkenga* in: MüKo-GmbHG, § 30, Rn. 187.

760 *Hommelhoff* in: Lutter/Hommelhoff, GmbHG, 17. Aufl., § 30 GmbHG, Rn. 39; *Heckschen*, Das MoMiG in der notariellen Praxis, Rn. 681.

GmbHG eine solche Rahmenvereinbarung mit der Betreibergesellschaft nicht abschließen.

Diese Ansicht überzeugt. Werden die entsprechenden Leitungsbefugnisse auf die Betreibergesellschaft dauerhaft übertragen, kann diese frei über den tagtäglichen Liquiditätsaustausch entscheiden. Die abhängige Gesellschaft kann sich dann einer tagtäglichen Liquiditätsabfuhr nur schwer entziehen. Fällt die Vollwertigkeitsprüfung zum Vereinbarungszeitpunkt dagegen positiv aus, brauchen die einzelnen Liquiditätsabfuhren im Gefolge des Rahmenvertrages auch nicht (mehr) mit Blick auf § 30 GmbHG qualifiziert zu werden[761]. Verstößt insoweit die tatsächlich erfolgte Liquiditätsabfuhr nach Abschluss des Rahmenvertrages, isoliert betrachtet, wegen späterer, nicht vorhersehbarer negativer Entwicklungen der jeweiligen Forderungen gegen § 30 GmbHG, dürfte der Geschäftsführer die Auszahlung nicht mit dem Verweis auf § 30 Abs. 1 GmbHG verweigern. Gegen diese Ansicht spricht auch nicht, dass dem Geschäftsführer zum Zeitpunkt der Rahmenvereinbarung die genaue Höhe und der Umfang des Kreditbedarfs regelmäßig (noch) nicht bekannt sein werden. Besonderes Augenmerk kommt insofern den nachgelagerten Beobachtungs- und Reaktionspflichten des GmbH-Geschäftsführers zu.

(a) Erforderlichkeit eines Informations-, Frühwarn- und Reaktionssystems

Auch beim Cash-Pool-Management wird daher die Einrichtung eines sog. „Informations-, Frühwarn- und Reaktionssystems" diskutiert[762]. In der Regel werden beim Cash Pooling Rückgewähransprüche in Richtung der Betreibergesellschaft begründet. Deren Einbringlichkeit muss die abhängige Gesellschaft bereits von Anbeginn des Cash Pools gewährleisten. Werden durch besondere Cash-Pool-Abreden die Leitungsbefugnisse hinsichtlich der Abwicklung des Cash Pools von den einzelnen Konzerngesellschaften auf die Betreibergesellschaft übertragen und verpflichten sich die Gesellschaften somit für eine gewisse Dauer und möglicherweise sogar nicht einseitig widerruflich, ihre

---

761 *Hommelhoff* in: Lutter/Hommelhoff, GmbHG, 17. Aufl., § 30 GmbHG, Rn. 38; vgl. auch *Westermann* in: Scholz GmbHG-Nachtrag MoMiG, 10. Aufl., § 30, Rn. 29; kritisch dagegen z. B. *Ekkenga* in: MüKo-GmbHG, § 30, Rn. 187; *Heidinger* in: Michalski, GmbHG, 2. Aufl., § 30, Rn. 82.

762 BGH, Urt. v. 01.12.2008 – II ZR 102/07, NJW 2009, 850, 852; siehe ferner *Erne*, GWR 2010, 314; *Hommelhoff*, in: Lutter/Hommelhoff, GmbHG, 17. Aufl. § 30, Rn. 40; *Hueck/Fastrich* in: Baumbach/Hueck, GmbHG, 19. Aufl., § 30, Rn. 56; *Vetter*, in: Goette/Habersack, Das MoMiG in Wissenschaft und Praxis, Rn. 4.48 m. w. N.

Liquidität an die Betreibergesellschaft abzuführen, sind die Geschäftsführer der kreditausreichenden Gesellschaften nicht nur in ihren Zugriffsmöglichkeiten auf das Zielkonto erheblich beschränkt, sondern meist auch nicht in der Lage, die Vollwertigkeit der tagtäglich entstehenden oder sich verändernden Rückgewähransprüche sorgfaltsgemäß zu überprüfen. Ihre Informationen zur finanziellen Lage der Konzernmutter werden die Geschäftsführer der Tochtergesellschaft dann häufig erst aus öffentlich zugänglichen Quellen erlangen, so dass Reaktionen in Bezug auf den Cash Pool (z. B. Kündigung des Cash Pools) meist auch nicht frühzeitig erfolgen können[763]. Es spricht insofern vieles dafür, bereits bei der Einrichtung eines Cash Pools darauf zu achten, dass der darlehensgewährenden GmbH hinreichende vertragliche Informationsrechte gegenüber der Betreibergesellschaft eingeräumt werden, zumal ein gesetzliches Informationsrecht der Tochter-GmbH gegenüber ihrer Muttergesellschaft nicht besteht.

In der Literatur wird daher zum Teil die Implementierung eines Informations-, Frühwarn- und Reaktionssystems als zwingende Voraussetzung für die Vollwertigkeit i. S. d. § 30 Abs. 1 Satz 2 GmbHG angesehen[764]. Gemäß der Regierungsbegründung gehört nämlich auch die Durchsetzbarkeit des Rückerstattungsanspruchs zur Definition der Vollwertigkeit[765]. Die Vollwertigkeit ist demnach regelmäßig auch dann zu verneinen, wenn die Durchsetzbarkeit des Rückgewähranspruchs „aus anderen Gründen" absehbar in Frage zu stellen ist[766]. Im Rahmen der Vollwertigkeitsprüfung gem. § 30 Abs. 1 Satz 2 GmbHG sind also sämtliche Risiken zu berücksichtigen, die die tatsächliche Durchsetzbarkeit der Forderung in Frage stellen, selbst wenn sie nach herrschendem Bilanzrecht (noch) nicht abgebildet zu werden brauchen[767]. Ohne die vorherige Einräumung

---

763 *Rodewald*, GmbHR 2009, 1301, 1305.

764 *Hommelhoff* in: Lutter/Hommelhoff, GmbHG, 17. Aufl., § 30, Rn. 40; *Leinekugel* in: Oppenländer/Trölitzsch, Praxishandbuch der GmbH-Geschäftsführung, 2. Aufl., § 18, Rn. 29, 36; in diesem Sinne auch *Erne*, GWR 2010, 314; *Henze*, WM 2005, 717, 726; dagegen Bedenken hinsichtlich nicht im Gesetz konkretisierter zusätzlicher Anforderungen an die Darlehenskonditionen äußernd *Mülbert/Leuschner* NZG 2009, 281, 283.

765 Begr. RegE BT-Drucks. 16/6140, S. 41: „Die Durchsetzbarkeit der Forderung ist Teil der Definition des Begriffs der Vollwertigkeit und bedarf daher keiner besonderen Erwähnung"; vgl. dazu auch *Hommelhoff*, in: Lutter/Hommelhoff, GmbHG, 17. Aufl. § 30, Rn. 28, 40.

766 Begr. RegE BT-Drucks. 16/6140, S. 41; vgl. ferner *Hommelhoff*, in: Lutter/Hommelhoff, GmbHG, 17. Aufl. § 30, Rn. 28.

767 *Hommelhoff*, in: Lutter/Hommelhoff, GmbHG, 17. Aufl. § 30, Rn. 28; ferner *Altmeppen*, NZG 2010, 401, 403.

der erforderlichen Kontroll-, Überwachungs- und Kündigungsrechte wird der Geschäftsführer einer am Cash Pool beteiligten abhängigen Gesellschaft aber regelmäßig nicht in der Lage sein, die Solvabilität der Betreibergesellschaft fortlaufend zu beobachten und bei ihrer Verschlechterung gegebenenfalls entsprechend zu reagieren. Dies gilt insbesondere dann, wenn die abhängige GmbH weitgehend ihre Leitungsbefugnisse mittels einer entsprechenden vorherigen Cash-Pool-Abrede auf die Betreibergesellschaft überträgt. Werden mit der Betreibergesellschaft im Gegenzug keine Vereinbarungen über die Einrichtung eines Informations-, Frühwarn- und Reaktionssystems – etwa durch entsprechende vorherige Regelungen im Rahmenvertrag – getroffen, ist die Durchsetzbarkeit der beim Cash Pooling entstehenden Rückgewähransprüche somit zumindest in Frage zu stellen und die Gegenleistungen der herrschenden Gesellschaft mithin nicht vollwertig i. S. d. § 30 Abs. 1 Satz 2 GmbHG[768].

Für die Subsumtion des Errichtens eines Informations-, Frühwarn- und Reaktionssystems unter § 30 Abs. 1 Satz 2 GmbHG spricht außerdem die ansonsten bestehende Haftungsfalle des GmbH-Geschäftsführers: Ist ein solches System nicht Teil der Vollwertigkeit im Sinne von § 30 Abs. 1 Satz 2 GmbHG, so kann die Betreibergesellschaft (i. d. R. die Muttergesellschaft) den Geschäftsführer der GmbH anweisen, mit ihr einen Cash-Pooling-Rahmenvertrag ohne ein entsprechendes Informations-, Frühwarn- und Reaktionssystems abzuschließen[769]. Diese Weisung wäre rechtmäßig und für den Geschäftsführer der abhängigen GmbH bindend, da kein Verstoß gegen § 30 Abs. 1 Satz 2 GmbHG vorläge. Ohne ein Informations-, Frühwarn- und Reaktionssystem würde der Geschäftsführer jedoch seine nachgelagerten Beobachtungs- und Reaktionspflichten verletzen, da ihm die Mittel fehlten, um Informationen über die Bonität des Gesellschafters einzuholen[770]. Der GmbH-Geschäftsführer wäre also gezwungen, auf der einen Seite die Bonität der Muttergesellschaft zu überwachen, auf der anderen Seite aber nicht in der Lage, die Einräumung entsprechender Informationsrechte gegenüber dem Gesellschafter wirksam durchzusetzen. Beim Cash Pooling wäre das Haftungsrisiko des GmbH-Geschäftsführers bei einer Bonitätsverschlechterung der Muttergesellschaft unvermeidbar.

Insoweit gilt bei Abschluss des Rahmenvertrages für das Cash-Pool-System: Es muss zwingend ein Informations-, Frühwarn- und Reaktionssystem etabliert werden; andernfalls sind bereits zu diesem Zeitpunkt künftig auflaufende

768 So auch *Hommelhoff*, in: Lutter/Hommelhoff, GmbHG, 17. Aufl. § 30, Rn. 40.

769 *Erne*, GWR 2010, 314.

770 Vgl. *Erne*, GWR 2010, 314; siehe zu den nachgelagerten Beobachtungs- und Reaktionspflichten bei aufsteigenden Darlehen bereits 4. Kap., B, II, 2, c.

Gegenleistungs- und Rückgewähransprüche als nicht vollwertig i. S. d. § 30 Abs. 1 Satz 2 GmbHG anzusehen. An der Vollwertigkeit muss es in diesen Fällen selbst dann fehlen, wenn die Solvabilität der Betreibergesellschaft bzw. des Cash Pools zum Zeitpunkt des Rahmenvertragsabschlusses unzweifelhaft zu bejahen ist[771]. Eine Weisung, einen Cash-Pooling-Rahmenvertrag ohne ein Informations-, Frühwarn- und Reaktionssystem abzuschließen, würde mangels Vollwertigkeit insoweit gegen § 30 Abs. 1 GmbHG verstoßen und bräuchte vom Geschäftsführer nicht befolgt zu werden[772].

(b) Ausgestaltung eines Informations-, Frühwarn- und Reaktionssystems

Nachdem festgestellt wurde, dass die Implementierung eines Informations-, Frühwarn- und Reaktionssystems beim Cash Pooling zwingende Voraussetzung für die Vollwertigkeit des Rückgewähranspruches i. S. d. § 30 Abs. 1, Satz 2 GmbHG ist, stellt sich die Frage nach der Ausgestaltung eines solchen Informations-, Frühwarn- und Reaktionssystems.

Wie bereits im Rahmen der Anforderungen an ein Risikomanagement- oder Früherkennungssystem erörtert, darf der „Systembegriff" dabei nicht überbewertet werden. „System" soll hier allgemein lediglich bedeuten, dass mehrere Elemente so aufeinander bezogen sind und in einer Weise wechselseitig wirken müssen, dass sie als eine aufgaben-, sinn- oder zweckgebundene Einheit angesehen werden können. Sinn und Zweck der Implementierung eines Informations-, Frühwarn- und Reaktionssystems ist es, die Geschäftsführer der am Cash-Pool-System teilnehmenden Gesellschaften zu befähigen, auf eine sich verschlechternde Situation der Betreiber- bzw. Muttergesellschaft, welche die Liquiditätsversorgung der Cash-Pool-Teilnehmer und/oder ihre Rückzahlungsansprüche gefährdet, so rechtzeitig reagieren zu können, dass sie von ihren Gesellschaften Nachteile und Schäden möglichst abwenden können[773]. Diese Reaktionsmöglichkeiten erfordern wechselseitig wiederum entsprechende Informations- und Frühwarnelemente, damit die Geschäftsführer der abhängigen Konzerngesellschaften die Veränderung der Vermögenslage des Cash Pools überhaupt erst erkennen und beurteilen können.

---

771 So auch *Hommelhoff*, in: Lutter/Hommelhoff, GmbHG, 17. Aufl. § 30, Rn. 40; ferner *Erne*, GWR 2010, 314.

772 Vgl. *Erne*, GWR 2010, 314.

773 *Hommelhoff* in: Lutter/Hommelhoff, GmbHG, 17. Aufl., § 30, Rn. 41.

Als erstes Element zu nennen ist das sog. Informations- und Frühwarnsystem[774]. Der Geschäftsführer der am Cash Pool teilnehmenden Gesellschaft muss gewährleisten, dass er in der Lage ist, die Bonität der anderen teilnehmenden Unternehmen stetig überwachen zu können. Als Mindestvoraussetzung hierfür bedarf es der Einräumung von Auskunftsrechten, damit sich die Geschäftsführer der abhängigen (Tochter-)Gesellschaften jederzeit einen Überblick über die Liquiditätsentwicklung des Cash Pools sowie über die Geschäfts-, Finanz- und Liquiditätssituation der am Cash Pooling beteiligten Gesellschaften verschaffen können[775]. Auskunftsrechte allein reichen für sich genommen jedoch nicht aus. Darüber hinaus müssen die Voraussetzungen eines Frühwarnsystems geregelt sein. Der Geschäftsführer der abhängigen Gesellschaft muss vor drohenden Finanzierungs- und Liquiditätskrisen, insbesondere vor dem drohenden Verlust der zur Verfügung gestellten Mittel rechtzeitig gewarnt werden[776]. Derartige Ad-hoc-Warnungen müssen der Geschäftsleitung der konzernherrschenden Gesellschaft notwendigerweise zugewiesen werden[777].

Als drittes Element bedarf es eines sog. Reaktionssystems. Die Cash-Pool-Abreden müssen Regelungen darüber enthalten, dass den Geschäftsführern der abhängigen Gesellschaften effektive Reaktionsbehelfe zur Seite stehen, um bei Erkennen einer sich verschlechternden Situation der herrschenden Gesellschaft rechtzeitig reagieren zu können[778]. So müssen die Geschäftsführer in der Lage sein, die Liquiditätsabfuhr einstweilen auszusetzen, eine Nachbesicherung des aktuellen (und gegebenenfalls des künftigen) Darlehensguthabens zu verlangen, den Darlehensanspruch sofort zur Rückzahlung fällig zu stellen und gegebenenfalls den Rahmenvertrag außerordentlich mit sofortiger Wirkung zu kündigen[779].

---

774 *Hommelhoff* in: Lutter/Hommelhoff, GmbHG, 17. Aufl., § 30, Rn. 41; vgl. dazu auch *Erne*, GWR 2010, 314.

775 *Henze*, WM 2005, 717, 726; siehe ferner *Erne*, GWR 2010, 314; *Willemsen/Rechel*, BB 2009, 2215, 2220.

776 *Henze*, WM 2005, 717, 726; *Hommelhoff* in: Lutter/Hommelhoff, GmbHG, 17. Aufl., § 30 GmbHG, Rn. 41.

777 Siehe zur Informationspflicht der Muttergesellschaft auch *Schickerling/Blunk*, GmbHR 2009, 1294, 1299.

778 *Henze*, WM 2005, 717, 726; *Hommelhoff* in: Lutter/Hommelhoff, GmbHG, 17. Aufl., § 30 GmbHG, Rn. 41; vgl. ferner *Erne*, GWR 2010, 314.

779 *Henze*, WM 2005, 717, 726; *Hommelhoff* in: Lutter/Hommelhoff, GmbHG, 17. Aufl., § 30 GmbHG, Rn. 41; *Schickerling/Blunk*, GmbHR 2009, 1294, 1298; *Willemsen/Rechel*, BB 2009, 2215, 2220; siehe auch *Erne*, GWR 2010, 314, der das Verlangen von Sicherheiten beim Cash Pool als kontraproduktiv und in der Praxis als nicht umsetzbar ansieht.

„Wie" ein solches Informations-, Frühwarn- und Reaktionssystem im Detail auszugestalten ist, bleibt letztlich dem unternehmerischen Ermessen der beteiligten Geschäftsleitungen überlassen[780]. Wie bereits im Rahmen des Krisenfrüherkennungssystems dargestellt, hängt die Erforderlichkeit systematischer Anforderungen entschieden von den jeweiligen Umständen des Einzelfalls ab. So kann eine Einmann-GmbH an einem äußerst komplexen und gleichzeitig komplizierten Cash-Pool-System beteiligt sein, während eine mittelgroße oder große GmbH ohne jegliche Kreditgewährungen oder Kreditbesicherungen tätig wird.

(c) Erforderlichkeit angemessener Kreditkonditionen

Bereits im Rahmen der klassischen Kreditausreichung zwischen Gesellschaft und Gesellschafter stellte sich die Frage, ob unter dem Aspekt der bilanziellen Vollwertigkeit des Rückgewähranspruchs marktübliche Kreditkonditionen erforderlich sind[781].

Zumindest im Hinblick auf die Verzinsung wird hier deren Angemessenheit im Sinne eines Drittvergleichs für grundsätzlich erforderlich gehalten[782]. Handelt es sich jedoch um die Gewährung eines Darlehens innerhalb eines Cash-Pooling-Systems, sind die cash-pool-spezifischen Vorteile (z. B. günstigere Finanzierung, bessere Liquiditätssteuerung) als so gewichtiges Indiz für die Angemessenheit der Verzinsung anzusehen, dass hier im Hinblick auf § 30 Abs. 1 Satz 2 GmbHG ausnahmsweise eine Verzinsungspflicht nicht besteht[783]. Vorauszusetzen ist allerdings, dass zumindest ein betriebswirtschaftlich angemessenes System besteht, kraft dessen die am Cash Pool beteiligten Gesellschaften jedenfalls potenziell in den Genuss der cash-pool-spezifischen Vorteile kommen können.

Für die Erforderlichkeit einer marktüblichen Besicherung gilt dagegen das bereits bei der klassischen Kreditausreichung Gesagte, wonach die Besicherung zwar grundsätzlich nicht zwingende Voraussetzung des Vollwertigkeitskriteriums ist, sie aber im Rahmen der Gesamtbetrachtung Relevanz erlangen kann. Insofern ist eine marktübliche Besicherung auch und erst recht im Rahmen des

---

780 *Hommelhoff* in: Lutter/Hommelhoff, GmbHG, 17. Aufl., § 30 GmbHG, Rn. 41.

781 Siehe dazu bereits 4. Kap., II, 2, b, aa.

782 Siehe 4. Kap., II, 2, b, aa, (1).

783 *Altmeppen* in: Roth/Altmeppen, GmbHG, 6. Aufl. § 30, Rn. 118; *ders.* ZIP 2009, 49, 52; im Ergebnis auch *Hommelhoff* in: Lutter/Hommelhoff, GmbHG, 17. Aufl., § 30 GmbHG, Rn. 39; *Schmolke*, Kapitalerhaltung in der GmbH nach dem MoMiG, § 30, Rn. 100.

Cash Poolings als nicht zwingend erforderlich i. S. d. § 30 Abs. 1 Satz 2 GmbHG anzusehen. Denn Cash Pooling ist als Mittel zur Effizienzsteigerung der Finanzierung zu sehen. Dieser Effekt würde aber wieder verwässert oder ganz aufgehoben, wenn die Muttergesellschaft zu Gunsten ihrer Töchter von Anfang an Bankgarantien oder ähnlich werthaltige Sicherheiten stellen würde[784].

bb. Cash Pooling ohne vorherige Rahmenvereinbarung

Fehlt dagegen für das Cash-Pool-System ein Rahmenvertrag bzw. sind die Pooling-Teilnehmer nicht durch entsprechende vorangehende Verpflichtungen gebunden, bleibt die Abwicklung des Liquiditätsaustauschs für jeden einzelnen Fall der Darlehensausreichung in den Händen der jeweiligen Pooling-Teilnehmer. Für die Prüfung der Voraussetzungen des Auszahlungsverbots kann dann selbstverständlich nicht bereits der Zeitpunkt eines Rahmenvertragsschlusses maßgeblich sein, sondern es muss in diesem Fall weiterhin auf den Zeitpunkt der Valutierung ankommen[785]. Die Geschäftsführer der Konzerngesellschaften müssen die Vollwertigkeit somit theoretisch für jede Darlehensausreichung tagtäglich überprüfen. Die Intensität und Häufigkeit der Überprüfung wird man in der Praxis allerdings von der wirtschaftlichen Lage abhängig machen. Sind keinerlei Krisenzeichen erkennbar, dürfte eine monatliche oder sogar quartalsweise Überprüfung der Liquiditätslage des Cash Pools ausreichen, bei akuter Krise kann eine wochenweise Überprüfung angezeigt sein, bis hin zu einer täglichen Prüfung.

Anders als bei der klassischen Kreditausreichung wird man für die Annahme der Vollwertigkeit i. S. d. § 30 Abs. 1 Satz 2 GmbHG bei dieser Art des Cash Poolings allerdings zwingend die Implementierung eines Informations-, Frühwarn- und Reaktionssystems voraussetzen müssen[786]. Denn auch wenn die Abwicklung des Liquiditätsaustauschs nicht auf eine hierfür allein zuständige Betreibergesellschaft vertraglich übertragen wird, bestehen für die Geschäftsführer der einzelnen am Cash-Pool-System beteiligten Gesellschaften erhebliche Schwierigkeiten, die Durchsetzbarkeit der beim Cash Pooling entstehenden Rückgewähransprüche zu gewährleisten. Folglich ist auch hier eine

---

784 *Erne*, GWR 2010, 314.

785 *Hommelhoff* in: Lutter/Hommelhoff, GmbHG, 17. Aufl., § 30 GmbHG, Rn. 45; stets auf den Zeitpunkt der Valutierung abstellend *Ekkenga* in: MüKo-GmbHG, § 30, Rn. 187; *Heidinger* in: Michalski, GmbHG, 2. Aufl., § 30, Rn. 82; siehe zum maßgeblichen Auszahlungszeitpunkt bei aufsteigenden Darlehen bereits 4. Kap., II, 2, b, bb.

786 Ebenso *Hommelhoff* in: Lutter/Hommelhoff, GmbHG, 17. Aufl., § 30 GmbHG, Rn. 46.

Vollwertigkeit i. S. d. § 30 Abs. 1 Satz 2 GmbHG zu verneinen, wenn die einzelnen Darlehensvereinbarungen keine Regelungen über ein Informations-, Frühwarn- und Reaktionssystem enthalten[787].

cc. Nachlaufende Beobachtungs- und Reaktionspflichten

Die Implementierung eines effektiven Informations-, Frühwarn- und Reaktionssystems befreit den Geschäftsführer allerdings nicht von seiner Pflicht, laufend etwaige Veränderungen der Solvabilität der Betreibergesellschaft bzw. der Muttergesellschaft zu beobachten und hierauf gegebenenfalls zu reagieren. Die Geschäftsführer der abhängigen Gesellschaften müssen, insbesondere wenn im Hinblick auf die Schuldnerbonität und deren Entwicklung ein konkreter Anlass besteht, sich ihrer Informationsrechte und notfalls auch ihrer Reaktionsbehelfe bedienen. Die Implementierung eines effektiven Informations-, Frühwarn- und Reaktionssystems stellt somit für die Erfüllung der Beobachtungs- und Reaktionspflichten eine zwingende Voraussetzung dar[788]. Bestehen nach Ausreichung eines zunächst vollwertigen Darlehens Zweifel an der Bonität der Betreibergesellschaft, die im Rahmen eines konzernweiten Cash-Pooling-Systems dieses Darlehen empfangen hat, muss sich der Geschäftsführer der das Darlehen ausreichenden GmbH der Reaktionsbehelfe (Kreditkündigung oder Anforderung von Sicherheiten) bedienen. Versäumt der Geschäftsführer die unverzügliche Sicherung des Stammkapitals, gerät er in die unverzichtbare Haftung des § 43 Abs. 3 GmbHG, der hier richtigerweise zumindest analog anzuwenden ist[789]. Der Geschäftsführer entscheidet insofern über die Rückforderung des aus seiner Sicht gefährdeten Anspruchs der abhängigen GmbH eigenverantwortlich und weisungsfrei. Die Beobachtungs- und Reaktionspflicht gilt unabhängig davon, ob ein Rahmenvertrag zwischen der am Cash Pool beteiligten Gesellschaft und der Betreibergesellschaft besteht oder nicht.

c. Aufsteigende Sicherheiten im Cash Pool

In der Praxis der Konzernfinanzierung ist es üblich, dass Tochtergesellschaften Sicherheiten für den Kontokorrentsaldo ihrer Mutter- oder Betreibergesellschaft bestellen (Upstream-Sicherheiten). Teilweise werden auch Sicherheiten für Kredite anderer Pool-Teilnehmer gewährt, um den Kontokorrentsaldo der

---

787 Siehe dazu im Einzelnen bereits 4. Kap., II, 4, b, aa, (2), (a).

788 *Erne*, GWR 2010, 314.

789 *Altmeppen*, NZG 2010, 401, 406; siehe dazu bereits 4. Kap., B, II, 2, c, bb.

konzernfinanzierenden Bank abzusichern[790]. Die Gewährung von Sicherheiten für „Konzernkredite" ist dabei vergleichbar mit der Situation der Kreditgewährung beim Cash Pooling. Wie bei der Kreditgewährung bestehen auch bei der Sicherheitsbestellung im Rahmen eines Cash Pools für die abhängigen Gesellschaften, speziell für ihre Geschäftsführer, nicht unerhebliche Risiken. Um eine persönliche Haftung zu vermeiden, sollte deshalb der Geschäftsführer der abhängigen Gesellschaft bei der Belastung des Gesellschaftsvermögens mit einer persönlichen oder dinglichen Sicherheit zu Gunsten der Mutter- bzw. Betreibergesellschaft oder aber auch einer anderen Pool-Teilnehmerin stets prüfen, ob der Gegenleistungsanspruch (Freigabe- oder Rückgriffsanspruch) vollwertig i. S. d. § 30 Abs. 1 Satz 2 GmbHG ist. Maßgeblicher Zeitpunkt ist hierbei grundsätzlich der Zeitpunkt der Sicherheitenbestellung. Je nach Inhalt des Rahmenvertrages sind die Sicherheiten gegebenenfalls auch bereits bei Rahmenvertragsschluss zu würdigen[791]. Beim Cash Pooling ist die Vollwertigkeit des Freigabe- oder Rückgriffsanspruchs ohne zusätzliche Vereinbarungen (z. B. sog. „Limitation Language") regelmäßig zu verneinen. Denn auch beim Cash Pooling gilt im Grundsatz nichts anderes wie bei der Gewährung klassisch aufsteigender Sicherheiten: Wird die Sicherheit von dem Sicherungsnehmer (i. d. R. die konzernfinanzierende Bank) in Anspruch genommen, wird es auch regelmäßig an der Solvabilität des Cash Pools bzw. der Betreibergesellschaft fehlen. Ist die Sicherheitenverwertung für diesen Fall nicht von vornherein, d. h. gegebenenfalls bereits bei Abschluss des Rahmenvertrages, in dem Maße eingeschränkt, dass das Stammkapital der Gesellschaft unberührt bleibt, liegt auch kein vollwertiger Gegenleistungsanspruch i. S. d. § 30 Abs. 1 Satz 2 GmbHG vor. Um eine Haftung zu vermeiden, sollte der Geschäftsführer einer am Cash Pool teilnehmenden, abhängigen GmbH die Gewährung von Upstream-Sicherheiten vermeiden oder aber versuchen, geeignete vertragliche Verwertungsbeschränkungen, also Limitation-Language-Abreden, in die Kreditverträge aufzunehmen[792].

d. Zwischenergebnis

Beim Cash Pooling ergeben sich wegen der spezifischen Ausgestaltung der Cash-Pool-Systeme erhebliche zusätzliche Risiken, die im Hinblick auf das

---

790 *Altmeppen* in: Roth/Altmeppen, GmbHG, 6. Aufl., § 30, Rn. 140; zur Begründung einer Verbindlichkeit gegenüber einen Dritten als mittelbare Auszahlung: *Schmolke*, Kapitalerhaltung in der GmbH nach dem MoMiG, § 30, Rn. 141.

791 *Hommelhoff* in: Lutter/Hommelhoff, GmbHG, 17. Aufl., § 30, Rn. 42.

792 Vgl. *Hommelhoff* in: Lutter/Hommelhoff, GmbHG, 17. Aufl., § 30, Rn. 44; dazu im Einzelnen auch *Kollmorgen/Santelmann/Weiß* BB 2009, 1818, 1821.

Kapitalerhaltungsgebot von den Geschäftsführern in aber teilweise auch bereits vor Eintritt einer Unternehmenskrise zu berücksichtigen sind. Wesentliche praktische Erleichterungen schafft das MoMiG hierbei nicht. Für den Geschäftsführer einer am Cash Pool beteiligten GmbH kommt insofern einer vorausschauenden Planung und Vertragsgestaltung besondere Bedeutung zu. Teil der Pflicht zur Vollwertigkeitsprüfung i. S. d. § 30 Abs. 1 Satz 2 GmbHG ist etwa die Einrichtung eines effektiven Informations-, Frühwarn- und Reaktionssystems. Denn nur die vorherige Einräumung der erforderlichen Kontroll-, Überwachungs- und Kündigungsrechte kann die tatsächliche Durchsetzbarkeit der jeweiligen Rückgewähransprüche in der Krise der Gesellschaft gewährleisten. Insofern sollte der Geschäftsführer einer abhängigen GmbH bei der Gewährung von Upstream-Sicherheiten auch darauf achten, geeignete vertragliche Verwertungsbeschränkungen (Limitation-Language-Abreden) in die Kreditverträge aufzunehmen. Für den Sonderfall des Cash Poolings gilt außerdem, dass abweichend von der klassischen Darlehensausreichung ein unverzinsliches Darlehen die Vollwertigkeit des Rückgewähranspruchs nicht beeinträchtigt.

C. Kapitalerhaltungsgebot nach § 43a GmbHG

I. Bedeutung im Rahmen des MoMiG

Eine weitere den Kapitalschutz der GmbH und damit den Gläubigerschutz bezweckende Regelung ist das in § 43a GmbHG normierte Kreditgewährungsverbot[793]. Den Geschäftsführern ist es danach verboten, sich, anderen Vertretern, Prokuristen oder zum gesamten Geschäftsbetrieb ermächtigten Handlungsbevollmächtigten einen Kredit aus dem zur Erhaltung des Stammkapitals erforderlichen Vermögen der Gesellschaft zu gewähren (§ 43a Satz 1 GmbHG). Mit dieser Regelung soll der Gefahr begegnet werden, dass bei Krediten an den Gesellschaften nahestehenden Personen häufig keine hinreichende „Angemessenheits-Kontrolle" stattfindet und die Rückzahlungsansprüche aus diesem Grund nicht vollwertig sind[794]. Gem. § 43a GmbHG ist daher jede Kreditvergabe aus gebundenem Vermögen an Geschäftsführer und ihnen gleichgestellte Personen generell verboten. Unausgesprochen befand es der MoMiG-Gesetzgeber

---

793 *Kleindiek* in: Lutter/Hommelhoff, GmbHG, 17. Aufl., § 43a, Rn. 1; vgl. ferner *Hoffmann/Liebs*, Der GmbH-Geschäftsführer, 3. Aufl., Rn. 7048; *Zöllner/Noack* in: Baumbach/Hueck, GmbHG, 19. Aufl., § 43a, Rn. 1.

794 *Kleindiek* in: Lutter/Hommelhoff, GmbHG, 17. Aufl., § 43a, Rn. 1; *Zöllner/Noack* in: Baumbach/Hueck, GmbHG, 19. Aufl., § 43a, Rn. 1; kritisch *Michelfeit*, MittBayNot 2009, 435, 441.

auch nicht für nötig, § 43a GmbHG um eine Parallelnorm zu § 30 Abs. 1 Satz 2 GmbHG zu ergänzen. Die praktische Bedeutung der Vorschrift war bislang in der Rechtsprechung, aber auch in der Literatur nur gering: Was nach § 43a GmbHG verboten war, war meist auch bereits nach § 30 GmbHG unzulässig[795]. Durch die „Rückkehr zur bilanziellen Betrachtungsweise" in § 30 GmbHG hat sich der Anwendungsbereich des § 43a GmbHG im Verhältnis zu § 30 GmbHG faktisch aber wesentlich erweitert: Während Darlehen an Gesellschafter unter der Voraussetzung der Vollwertigkeit neuerdings zulässig sind, bleiben Darlehen an (Gesellschafter- oder Fremd)Geschäftsführer gem. § 43a GmbHG weiterhin untersagt. Mit Blick auf die Haftungsgefahren für den Geschäftsführer gilt es daher die in der Praxis bisher unbedeutende Regelung näher zu beleuchten.

II. Kreditgewährungsverbot bei Unterbilanz gem. § 43a GmbHG

§ 43a GmbHG enthält in Satz 1 eine Verbotsnorm („darf nicht"). Danach ist es den Geschäftsführern verboten, einen Kredit aus dem zur Erhaltung des Stammkapitals erforderlichen Vermögen der Gesellschaft an Geschäftsführer oder andere Leitungspersonen auszureichen.

1. Verbotene Kreditgewährung i. S. d. § 43a GmbHG

Der Begriff „Kredit" scheint wesentlich enger als der Begriff der „Auszahlung" in § 30 GmbHG, er ist allerdings weit auszulegen[796]. Erfasst sind neben Darlehen auch wirtschaftlich vergleichbare Vorleistungen aller Art, die von der Gesellschaft im Vertrauen übernommen oder erbracht werden, dass die Gegenseite auch ihrerseits ihre Verpflichtungen erfüllen kann und will (z. B. Wechselzeichnung, Warenkredit, Gehaltsvorschüsse, Stundungen, Bürgschaften oder sonstige Sicherheiten zu Gunsten Dritter für Forderungen gegen den Geschäftsführer, Prokuristen etc.)[797].

2. Schutz des gebundenen Vermögens

Verboten ist die Kreditgewährung aus dem als Stammkapital gebundenen bilanziellen Vermögen[798]. Hierbei ist auf die Ausführungen zu § 30 Abs. 1 GmbHG zu verweisen, was bedeutet, dass die Voraussetzungen, wann gebundenes Vermögen

795 *Michelfeit*, MittBayNot 2009, 435, 439.
796 *Zöllner/Noack* in: Baumbach/Hueck, GmbHG, 19. Aufl., § 43a, Rn. 6.
797 *Wicke*, GmbHG, 2. Aufl., § 43a, Rn. 3; mit weiteren Beispielen: *Zöllner/Noack* in: Baumbach/Hueck, GmbHG, 19. Aufl., § 43a, Rn. 6.
798 *Zöllner/Noack* in: Baumbach/Hueck, GmbHG, 19. Aufl., § 43a, Rn. 2.

verletzt wird, mehr oder minder gleichlautend zur Prüfung anstehen[799]. Anders als nach § 30 Abs. 1 Satz 2 GmbHG muss bei der Beurteilung des Vermögens hier allerdings der Rückgewähranspruch gegenüber dem Kreditnehmer außer Ansatz bleiben[800]. Eine bilanzielle Betrachtungsweise ist insoweit nicht anwendbar. Vielmehr fingiert das Gesetz zum Zwecke der Optimierung des Stammkapital- und Gläubigerschutzes die Wertlosigkeit des Rückzahlungsanspruchs gegen den Kreditnehmer. Auf eine Vollwertigkeit des Rückgewähranspruchs kommt es somit nicht an[801].

Für den maßgeblichen Zeitpunkt der Beurteilung, ob das zur Erhaltung des Stammkapitals erforderliche Vermögen der Gesellschaft beeinträchtigt wird, ist ebenfalls auf die Ausführungen zum maßgeblichen Auszahlungszeitpunkt im Rahmen des § 30 GmbHG zu verweisen[802]. Auch im Rahmen des § 43a GmbHG ist danach bei Darlehen der Valutierungszeitpunkt und bei Sicherheiten der Bestellungszeitpunkt maßgeblich. Nach der Kreditgewährung greift § 43a GmbHG dagegen nicht automatisch ein[803], sondern nur bei einer Kreditverlängerung oder im Falle der Nichteinforderung am Ende der Laufzeit eines Darlehens. In diesen Fällen handelt es sich jeweils um spätere Verfügungen, die somit ebenfalls gegen § 43a GmbHG verstoßen können.

3. *Erfasster Personenkreis*

§ 43a GmbHG findet zum einen unmittelbar und ohne Überschneidung mit § 30 GmbHG Anwendung auf Darlehen, die Fremdgeschäftsführern oder anderen

---

799 Siehe dazu 4. Kap., A, III.

800 BGH, Urt. v. 23.4. 2012 – II ZR 252/10, NZG 2012, 667, 671; *Kleindiek* in: Lutter/Hommelhoff, GmbHG, 17. Aufl., § 43a, Rn. 2; *Zöllner/Noack* in: Baumbach/Hueck, GmbHG, 19. Aufl., § 43a, Rn. 2; *Wicke*, GmbHG, 2. Aufl., § 43a, Rn. 4.

801 BGH, Urt. v. 23.4. 2012 – II ZR 252/10, NZG 2012, 667, 670; *Wicke*, GmbHG, 2. Aufl., § 43a, Rn. 1.

802 Siehe zur Kreditgewährung 4. Kap., II, 2, b, bb.; siehe zur Sicherheitengewährung 4. Kap., II, 3, b, aa.

803 BGH, Urt. v. 23.4. 2012 – II ZR 252/10, NZG 2012, 667, 671; *Kleindiek* in: Lutter/Hommelhoff, GmbHG, 17. Aufl., § 43a, Rn. 10; *Zöllner/Noack* in: Baumbach/Hueck, GmbHG, 19. Aufl., § 43a, Rn. 2; ferner *Altmeppen* in: Roth/Altmeppen, GmbHG, 6. Aufl., § 43a, Rn. 4 m. w. N.; a. A. *Uwe H. Schneider* in: Scholz, GmbHG, 10. Aufl., § 43a, Rn. 43; einschränkend *Fromm*, GmbHR 2008, 537, 540, der zur Vereinfachung der prozessualen Geltendmachung des Rückgewähranspruches allein darauf abstellt, ob offene Rücklagen vorhanden sind. Sämtliche Kreditausreichungen nach dem Stichtag einer Bilanz, die keine hinreichenden Rücklagen ausweist, sollen von § 43a erfasst sein.

der in der Vorschrift genannten Leitungspersonen gewährt werden. Parallel zu § 30 GmbHG ist die Vorschrift zum anderen aber ebenso auf Gesellschafter-Geschäftsführer anzuwenden[804]. In der typischen GmbH mit Alleingesellschafter-Geschäftsführer oder mehreren Gesellschafter-Geschäftsführern ist eine nur unter der Voraussetzung der Vollwertigkeit zulässige Darlehensgewährung an den Gesellschafter stets zugleich eine Darlehensgewährung an den Geschäftsführer und somit auch an § 43a GmbHG zu messen. In solchen Fällen wird sich die Problematik der Darlehensgewährung daher regelmäßig von § 30 GmbHG auf § 43a GmbHG verlagern[805]. Denn § 43a GmbHG dient insbesondere dazu, der Selbstbedienungsmentalität von (Gesellschafter-)Geschäftsführern zu begegnen, die unmittelbaren Zugriff auf die Kasse haben und dazu neigen könnten, ihre eigene Bonität zu überschätzen[806]. Eine entsprechende Anwendbarkeit des § 43a GmbHG für Kredite an Gesellschafter, die nicht zugleich Geschäftsführer sind, ist mit der überwiegenden Ansicht in Rechtsprechung und Literatur abzulehnen[807]. Spätestens die Neufassung des § 30 Abs. 1 GmbHG durch das MoMiG schließt eine Lücke im Gesetz aus[808].

4. *Geschäftsführer als Verbotsadressat*

Adressat der Verbotsnorm ist die Geschäftsführung als das für die Kreditvergabe regelmäßig zuständige Organ. Der GmbH-Geschäftsführer ist danach verpflichtet, zu prüfen, ob bei Kreditausreichung bzw. Laufzeitverlängerung die Eigenkapitalziffer der Gesellschaft bereits vor Kreditausreichung unterschritten ist oder die Kreditleistung zu einer Unterschreitung führt und damit einen Verstoß gegen § 43a GmbHG begründet. Wird entgegen § 43a Satz 1 GmbHG ein Kredit gewährt, so ist die Folge nicht nur, dass der Kreditnehmer den Kredit ohne Rücksicht auf entgegenstehende Vereinbarungen sofort zurückgewähren muss

---

804 BGH, Urt. v. 23.4.2012 – II ZR 252/10, NZG 2012, 667, 670.

805 *Michelfeit*, MittBayNot 2009, 435, 441.

806 *Thiessen* in: Bork/Schäfer, GmbHG, § 30, Rn. 91; zu den Motiven der Gesetzesverfasser BT-Drucks. 7/253, S. 124.

807 H. M.; siehe z. B. BGH, Urt. v. 24. 11. 2003, II ZR 171/01, NJW 2004, 1111; *Kleindiek* in: Lutter/Hommelhoff, GmbHG, 17. Aufl., § 43a, Rn. 4; *K. Schmidt* in: Die GmbH in Krise, Sanierung und Insolvenz, Aufl. 4, Rn. 1.48; *Zöllner/Noack* in: Baumbach/Hueck, GmbHG, 19. Aufl., § 43a, Rn. 3 m. w. N.; a. A. *Uwe H. Schneider* in: Scholz, GmbHG, 10. Aufl., § 43a, Rn. 63.

808 So auch *K. Schmidt* in: Die GmbH in Krise, Sanierung und Insolvenz, Aufl. 4, Rn. 1.48.

(§ 43a Satz 2 GmbHG), sondern die Folge ist auch eine Haftung der Geschäftsführer auf Schadensersatz analog § 43 Abs. 3 GmbHG[809].

III. Nachlaufende Beobachtungs- und Reaktionspflicht

Wurde der Kredit aus dem ungebundenen Kapital gewährt, hat sich jedoch in der Folgezeit das Vermögen der Gesellschaft vermindert, so dass jetzt die besondere Risikolage der Unterdeckung entsteht, so wird die Kreditausreichung nicht nachträglich unzulässig i. S. d. § 43a GmbHG[810]. Der Kreditnehmer ist insofern auch nicht zur Rückzahlung des Kredits gem. § 43a Satz 2 GmbHG verpflichtet. In diesem Fall besteht jedoch die organschaftliche Pflicht des GmbH-Geschäftsführers (§§ 35 Abs. 1, 43 Abs. 1 GmbHG), den Kredit zurückzufordern, und zwar – anders als bei § 30 GmbHG – unabhängig von der Bonität des jeweiligen Kreditnehmers[811]. Andernfalls bestünde die Gefahr, dass der Geschäftsführer seine eigene Kreditwürdigkeit zu beurteilen hätte. Dies würde regelmäßig auf eine Interessenkollision hinauslaufen. Liegen die Voraussetzungen für eine Kündigung vor, hat der Geschäftsführer diese unverzüglich zu erklären[812]. Im Falle einer Sicherheitengewährung muss der Geschäftsführer zumindest versucht sein, für eine zusätzliche Absicherung des Rückgriffsanspruchs oder eine schuldrechtliche Beschränkung des Verwertungsrechts zu sorgen. In der Literatur wird daher auch vorgeschlagen, Kredite und Kreditsicherheiten zu Gunsten eines Geschäftsführers grundsätzlich nur unter dem Vorbehalt auszureichen, dass der Kreditnehmer diese Leistung bei Eintritt der Unterbilanz zurückgewähren muss und im Fall einer Kreditbesicherung verpflichtet und gegenüber dem Kreditgeber – typischerweise der Bank – berechtigt ist, die am Gesellschaftsvermögen bestellte Sicherheit abzulösen oder zu ersetzen[813].

Fällt der Kredit aus, weil der Geschäftsführer seine organschaftliche Reaktionspflichten verletzt hat und die Forderung stehen ließ, obwohl ihm die

---

809 BGH, Urt. v. 24. 11. 2003 – II ZR 171/01, NJW 2004, 1111, 1112; *Zöllner/Noack* in: Baumbach/Hueck, GmbHG, 19. Aufl., § 43a, Rn. 7 m. w. N.

810 *Paefgen* in: Ulmer/Habersack/Winter, GmbHG, § 43a, Rn. 27; *Zöllner/Noack* in: Baumbach/Hueck, GmbHG, 19. Aufl., § 43a, Rn. 2 m. w. N, a. A. *Uwe H. Schneider* in: Scholz, GmbHG, 10. Aufl., § 43a, Rn. 43.

811 *Zöllner/Noack* in: Baumbach/Hueck, GmbHG, 19. Aufl., § 43a, Rn. 1.

812 *Zöllner/Noack* in: Baumbach/Hueck, GmbHG, 19. Aufl., § 43a, Rn. 2; abweichend *Uwe H. Schneider* in: Scholz GmbHG, 10. Aufl., § 43a, Rn. 55, der wegen § 43a GmbHG eine automatische sofortige Fälligkeit annimmt.

813 *K. Schmidt* in: Die GmbH in Krise, Sanierung und Insolvenz, Aufl. 4, Rn. 1.52.

Rückforderung möglich war, haftet er der Gesellschaft in analoger Anwendung des § 43 Abs. 3 GmbHG auf Schadensersatz[814].

IV. Zwischenergebnis

§ 43a GmbHG ist durch die Reform im Jahr 2008 unberührt geblieben. Insofern ist bei § 43a GmbHG ohne Belang, ob der Kreditnehmer kreditwürdig und die Rückzahlung gefährdet ist oder nicht; denn das Gesetz fingiert die Wertlosigkeit des Rückzahlungsanspruchs. Während Darlehen an Gesellschafter unter der Voraussetzung der Vollwertigkeit i. S. d. § 30 Abs. 1 Satz 2 GmbHG neuerdings zulässig sind, ist gem. § 43a GmbHG die Kreditausreichung an einen (Gesellschafter- oder Fremd)Geschäftsführer in der Phase der Unterdeckung, d. h. in der Unternehmenskrise untersagt. Diese Unterscheidung ist auch sinnvoll: Während bei aufsteigenden Finanzströmen zu Gunsten der Gesellschafter stets die Hürde der Zustimmung des Geschäftsführers zu überwinden ist, der die Vollwertigkeit zu prüfen hat, würde diese Hürde bei der Kreditausreichung an den Geschäftsführer, der in der Regel seine eigene Kreditwürdigkeit beurteilen müsste, meist wegfallen[815].

Wird das Stammkapital erst nach Ausreichung eines Kredits i. S. d. § 43a GmbHG betroffen, besteht eine aus der allgemeinen Geschäftsführerpflicht zur ordnungsgemäßen Unternehmensleitung (§§ 35 Abs. 1, 43 Abs. 1 GmbHG) resultierende Reaktionspflicht des GmbH-Geschäftsführers, den gewährten Kredit nach Möglichkeit zurückzuholen.

D. Haftung

I. Haftung gegenüber der GmbH – Innenhaftung

1. Haftung gem. § 43 Abs. 3 GmbHG direkt

Wird das zur Erhaltung des Stammkapitals erforderliche Vermögen entgegen § 30 GmbHG an die Gesellschafter ausgezahlt, so besteht ein Erstattungsanspruch gegen den Gesellschafter, § 31 Abs. 1 GmbHG. Zusätzlich ist der Geschäftsführer der GmbH nach § 43 Abs. 3 Satz 1 Alt. 1 GmbHG zum Ersatz des ausgezahlten Betrags verpflichtet[816]. Der Rückgewähranspruch nach § 31 Abs. 1

---

814 Vgl. hierzu bereits 4. Kap., B, II, 2, c, bb.

815 *Zöllner/Noack* in: Baumbach/Hueck, GmbHG, 19. Aufl., § 43a, Rn. 1; zweifelnd dagegen *Michelfeit*, MittBayNot 2009, 435, 441.

816 *Haas/Ziemons* in: Michalski, GmbHG, 2. Aufl., § 43, Rn. 216 m. w. N.

GmbHG ist als solcher nicht als schadensmindernder Posten zu berücksichtigen[817]. Die Geschäftsführerhaftung aus § 43 Abs. 3 Satz 1 Alt. 1 GmbHG besteht dabei nicht nur im Falle eigenhändiger verbotener Auszahlungen, sondern auch bei Verletzung der Überwachungspflicht gegenüber Mitgeschäftsführern oder anderen zur Vertretung der Gesellschaft ermächtigten Personen wie Prokuristen und Handlungsbevollmächtigten, die verbotswidrige Zahlungen vornehmen[818]. Über den Gesetzeswortlaut des § 43 Abs. 3 Satz 1 GmbHG hinaus wird eine Haftung auch bei Nichtgeltendmachung eines Rückzahlungsanspruchs nach § 31 Abs. 1 GmbHG angenommen[819]. Diese Ansicht verkennt jedoch, dass die Nichtgeltendmachung des Anspruchs gegen den Zahlungsempfänger aus § 31 Abs. 1 GmbHG nicht erneut einen Schaden dem Grunde nach bzw. einen weiteren Schadensersatzanspruch auslöst, sondern es bei dem in § 43 Abs. 3 GmbHG geregelten Schadensersatzanspruch verbleibt, der gemäß § 43 Abs. 4 GmbHG in fünf Jahren ab seiner Entstehung (durch die verbotene Auszahlung) verjährt[820].

Der zu ersetzende Schaden ist nach § 43 Abs. 3 GmbHG allein der „Auszahlungsschaden". Der Schadensersatz ist allerdings nicht nur auf die Höhe der Stammkapitalziffer begrenzt, sondern richtet sich nach der Höhe der verbotswidrigen Zahlung an den Gesellschafter[821]. Soweit der Zahlungsempfänger haftet, besteht Gesamtschuldnerschaft (§§ 421 ff. BGB)[822]. Der Geschäftsführer wird insofern für die Einhaltung der Kapitalerhaltungsregeln wie ein Gesellschafter in die Pflicht genommen. Hieran hat das MoMiG nichts geändert.

Handelt es sich um aufsteigende Darlehen oder Sicherheiten (sog. aufsteigende Finanzströme), entfällt neuerdings jedoch eine Schadensersatzpflicht

---

817 *Ekkenga* in: MüKo-GmbHG, § 30, Rn. 28.

818 BGH, Urt. v. 25. 6. 2001 – II ZR 38/99, NJW 2001, 3123 f.; *Kleindiek* in: Lutter/Hommelhoff, GmbHG, 17. Aufl., § 43, Rn. 47; *Zöllner/Noack* in: Baumbach/Hueck, GmbHG, 19. Aufl., § 43, Rn. 49.

819 *Paefgen* in: Ulmer/Habersack/Winter, GmbHG, § 43, Rn. 143; *Haas/Ziemons* in: Michalski, GmbHG, 2. Aufl. § 43, Rn. 217d; a. A.; BGH, Urt. v. 29.09.2008 – II ZR 234/07, GmbHR 2008, 1319; *Kleindiek* in: Lutter/Hommelhoff, GmbHG, 17. Aufl., § 43, Rn. 49.

820 BGH, Urt. v. 29.09.2008 - II ZR 234/07, GmbHR 2008, 1319; *Kleindiek* in: Lutter/Hommelhoff, GmbHG, 17. Aufl., § 43, Rn. 49.

821 OLG Hamburg, Urt. v. 31. 8. 2005–11 U 55/04, NZG 1008, 1011; *Wicke*, GmbHG, 2. Aufl., § 43, Rn. 12; *Zöllner/Noack* in: Baumbach/Hueck, GmbHG, 19. Aufl., § 43, Rn. 49.

822 *Haas/Ziemons* in: Michalski, GmbHG, 2. Aufl., § 43, Rn. 219a; *Zöllner/Noack* in: Baumbach/Hueck, GmbHG, 19. Aufl., § 43, Rn. 49; a. A. *Paefgen* in: Ulmer/Habersack/Winter, GmbHG, § 43, Rn. 152.

nach § 43 Abs. 3 GmbHG, wenn das Darlehen oder die Sicherheit im maßgeblichen Leistungszeitpunkt durch einen vollwertigen Gegenleistungs- oder Rückgewähranspruch gedeckt ist (§ 30 Abs. 1 Satz 2 Alt. 2 GmbHG). Leistet der Geschäftsführer dagegen, ohne dass ein vollwertiger Gegenleistungs- oder Rückgewähranspruch besteht, und kennt er im Auszahlungszeitpunkt den Mangel der Vollwertigkeit oder hätte ihn bei sorgfaltspflichtgemäßem Verhalten erkennen müssen, ist er (weiterhin) aus § 43 Abs. 3 GmbHG haftbar[823]. Eine (direkte) Haftung aus §§ 30, 43 Abs. 3 GmbHG kommt neuerdings auch dann in Betracht, wenn der Geschäftsführer einer an einem Cash-Pool-System teilnehmenden GmbH seine Pflicht aus § 30 Abs. 1 Satz 2 GmbHG zur Errichtung eines Informations-, Frühwarn- und Reaktionssystems verletzt.

Strittig ist, ob die Haftung möglicherweise durch einen unterhalb der Vollwertigkeit vorhandenen Teilwert im Auszahlungszeitpunkt gemindert werden kann[824]. Gemäß dem Gesetzeswortlaut des § 30 Abs. 1 Satz 2 Alt. 2 GmbHG gilt richtigerweise allerdings ein Alles-oder-nichts-Prinzip[825]; eine verbotswidrige Auszahlung scheidet nur dann aus, wenn die Leistung „durch einen vollwertigen Gegenleistungs- oder Rückgewähranspruch“ gedeckt ist und nicht „soweit“ ein solcher Anspruch besteht. Der Geschäftsführer hat nach § 43 Abs. 3 GmbHG also die gesamte Zahlung auszugleichen, selbst wenn sich im maßgeblichen Zeitpunkt eine nur geringe Unterdeckung des Gegenleistungs- oder Rückgewähranspruchs ergibt.

Einer Haftung wegen Einlagenrückgewähr steht auch nicht entgegen, dass der Geschäftsführer auf Anweisung oder mit Zustimmung der Gesellschafterversammlung gehandelt hat, zumindest dann nicht, wenn die Haftung zur Befriedigung der Gesellschaftsgläubiger notwendig ist (§ 43 Abs. 3 Satz 3 GmbHG)[826].

---

823 *Zöllner/Noack* in: Baumbach/Hueck, GmbHG, 19. Aufl., § 43, Rn. 49a.

824 So etwa *Hirte*, ZInsO 2008, 689, 691; *Kiefner/Theusinger*, NZG 2008, 801, 804; *Mülbert/Leuschner*, NZG 2009, 281, 284; *Vetter* in: Goette/Habersack, Das MoMiG in Wissenschaft und Praxis, Rn. 4.49 ff.; a. A. *Altmeppen* in: Roth/Altmeppen, GmbHG, 6. Aufl., § 30, Rn. 98, *ders.* ZIP 2009, 49, 53; *Heidinger* in: Michalski, GmbHG, 2. Aufl., § 30, Rn. 199; *Rodewald*, GmbHR 2009, 1301, 1305; *Spliedt*, ZIP 2009, 149, 151; siehe hierzu bereits 4. Kap., B, II, b, aa.

825 *Spliedt*, ZIP 2009, 149, 151; siehe ferner *Rodewald*, GmbHR 2009, 1301, 1305 ausführlich auch *Heidinger* in: Michalski, GmbHG, 2. Aufl., § 30, Rn. 194 ff.

826 Regelmäßig liegt hier auch bereits ein nichtiger Beschluss analog § 241 Nr. 3 AktG vor, der ohnehin nicht enthaften kann, siehe dazu 3. Kap., A, I, 2, d, aa.

2. *Haftung gem. § 43 Abs. 3 GmbHG analog*

a. Haftung im Rahmen von „absteigenden“ Finanzströmen

Vor dem MoMiG wurde eine analoge Anwendung des § 43 Abs. 3 GmbHG angenommen, wenn der Geschäftsführer entgegen den Rechtsprechungsregeln zu eigenkapitalersetzenden Gesellschafterdarlehen schuldhaft die Darlehensforderung getilgt hat. Die Rechtslage hat sich durch das MoMiG insofern geändert, als zum einen die Figur des eigenkapitalersetzenden Gesellschafterdarlehens abgeschafft wurde und zum anderen nach § 30 Abs. 1 Satz 3 GmbHG Tilgungsleistungen auf Gesellschafterforderungen nicht mehr verbotene Auszahlungen des zur Erhaltung des Stammkapitals erforderlichen Vermögens sein können. Eine Haftung des Geschäftsführers analog § 43 Abs. 3 GmbHG kommt in diesen Fällen somit nicht mehr in Betracht.

b. Haftung bei Verletzung der nachlaufenden Beobachtungs- und Reaktionspflicht

Nach der hier vertretenen Ansicht kommt jedoch eine Haftung analog § 43 Abs. 3 GmbHG im Rahmen aufsteigender Finanzströme in Betracht[827]. Bei der Kreditgewährung oder Kreditbesicherung zu Gunsten eines Gesellschafters hat der Geschäftsführer im Zeitraum nach der Auszahlung fortlaufend zu überwachen, ob der Gegenleistungs- oder Rückgewähranspruch i. S. d. § 30 Abs. 1 Satz 2 GmbHG weiterhin werthaltig ist. Ist das nicht mehr der Fall – bahnt sich in Cash-Pool-Systemen gar die Illiquidität des Konzernverbundes an –, muss er im Falle der Darlehensausreichung die überlassenen Mittel zurückfordern oder auf die Stellung von Sicherheiten bestehen bzw. im Falle aufsteigender Sicherheiten hat er die Sicherung nach Möglichkeit unverzüglich zurückzuverlangen oder den gegebenenfalls bestehenden Freistellungs-, Rückgriffs- oder Aufwendungsersatzanspruch unverzüglich geltend zu machen. Andernfalls macht er sich gem. § 43 GmbHG schadensersatzpflichtig. Zwar stellen sowohl die Beobachtungs- und Kontrollpflicht als auch die Reaktionspflicht im Anschluss an den maßgeblichen Auszahlungszeitpunkt lediglich einen Ausschnitt aus der allgemeinen Pflicht des Geschäftsführers zur ordnungsgemäßen Unternehmensleitung (§§ 35 Abs. 1, 43 Abs. 1 GmbHG) dar, aus Wertungsgründen ist hier aber eine analoge Anwendung des § 43 Abs. 3 GmbHG geboten[828]. Die Konsequenzen hieraus

---

827 Siehe hierzu bereits ausführlich 4. Kap., B, II, 2, c, bb.

828 Für eine analoge Anwendung des § 43 Abs. 3 auch: *Altmeppen* in: Roth/Altmeppen, GmbHG, 6. Aufl., § 30, Rn. 111; *ders.*, ZIP 2009, 49, 55; dagegen für eine direkte Anwendung des § 43 Abs. 3: *Zöllner/Noack* in: Baumbach/Hueck, GmbHG,

sind erheblich. Denn für den möglichen Fall einer Pflichtverletzung wird dieser Anspruch gegen den Geschäftsführer weder durch einen Verzicht noch durch einen entgegenstehenden Gesellschafterbeschluss aufgehoben, zumindest soweit die Haftung des Geschäftsführers zur Befriedigung der Gesellschaftsgläubiger notwendig ist.

Der zu ersetzende Schaden ist hier in Höhe des Wertes der stehen gelassenen Forderung, im Falle der Stellung einer Sicherheit in Höhe der tatsächlichen Inanspruchnahme zu vermuten[829].

c. Haftung für unzulässige Kreditgewährung nach § 43a GmbHG

Wird einem Geschäftsführer oder einer diesem gleichgestellten Person ein nach § 43a GmbHG unzulässiger Kredit gewährt, so ist nicht nur der Kredit ohne Rücksicht auf entgegenstehende Vereinbarungen sofort zurückzugewähren[830], sondern die Folge ist außerdem eine Haftung des begünstigten sowie auch der anderen für die Gewährung verantwortlichen Geschäftsführer auf Schadensersatz nach Maßgabe des § 43 GmbHG[831]. Wegen der identischen Interessenlage gilt § 43 Abs. 3 GmbHG im Rahmen des § 43a GmbHG analog[832]. Insofern kann auch ein Gesellschafterbeschluss den Geschäftsführer nicht von der Haftung befreien.

3. *Haftung gem. §§ 823 Abs. 2 BGB i. V. m. 266 StGB*

Bei einem Verstoß gegen das Kapitalerhaltungsgebot in § 30 GmbHG kommt überdies auch eine Haftung des Geschäftsführers wegen Untreue gem. §§ 823

---

19. Aufl., § 43, Rn. 49a; dagegen für Anspruch aus § 43 Abs. 2 GmbHG: BGH, Urt. v. 01.12.2008 – II ZR 102/07, ZIP 2009, 70, 72 (für AG); *Kleindiek* in: Lutter/Hommelhoff, GmbHG, 17. Aufl., § 43, Rn. 50; *ders.* in: FS K. Schmidt, 893, 899; wohl auch *Goette*, WPg 2008, 231, 236; *Hueck/Fastrich* in: Baumbach/Hueck, GmbHG, 19. Aufl., § 30, Rn. 43; unklar dagegen: *Wicke*, GmbHG, 2. Aufl., § 30, Rn. 11; siehe hierzu auch bereits ausführlich 4. Kap., B, II, 2, c, bb.

829 *Zöllner/Noack* in: Baumbach/Hueck, GmbHG, 19. Aufl., § 43, Rn. 49a.

830 Siehe dazu etwa *Fromm*, GmbHR 2008, 537 ff.

831 *Altmeppen* in: Roth/Altmeppen, GmbHG, 6. Aufl., § 43a, Rn. 13; *Zöllner/Noack* in: Baumbach/Hueck, GmbHG, 19. Aufl., § 43a, Rn. 7 m. w. N.

832 *Altmeppen* in: Roth/Altmeppen, GmbHG, 6. Aufl., § 43a, Rn. 13; *Kleindiek* in: Lutter/Hommelhoff, GmbHG, 17. Aufl., § 43a, Rn. 3; *Zöllner/Noack* in: Baumbach/Hueck, GmbHG, 19. Aufl., § 43a, Rn. 7; ferner *Haas/Ziemons* in: Michalski, GmbHG, 2. Aufl. § 43, Rn. 220d m. w. N.

Abs. 2 BGB i. V. m. 266 StGB in Betracht[833]. Tätigt der Geschäftsführer eine Auszahlung aus dem zur Erhaltung des Stammkapitals gebundenen Gesellschaftervermögen, verletzt er regelmäßig die ihm gegenüber der GmbH bestehende Vermögensbetreuungspflicht. Ein zustimmender Gesellschafterbeschluss schließt die Strafbarkeit solcher Vermögensverschiebungen nicht aus, soweit das zur Erhaltung des Stammkapitals erforderliche Vermögen betroffen ist[834].

II. Haftung gegenüber Gesellschaftern gem. § 31 Abs. 6 GmbHG

Haben die Geschäftsführer Auszahlungen entgegen dem Grundsatz der Kapitalerhaltung verschuldet, müssen zunächst die Gesellschafter, die zu Unrecht Leistungen erhalten haben, diese zurückerstatten (§ 31 Abs. 1 GmbHG). Kann der Gesellschafter nicht leisten, müssen die anderen Gesellschafter den Ausfall anteilig tragen, soweit die Erstattung erforderlich ist, um Gesellschaftsgläubiger zu befriedigen (§ 31 Abs. 3 GmbHG). Realisiert sich die Ausfallhaftung der Mitgesellschafter aus § 31 Abs. 3 GmbHG, sind die Geschäftsführer diesen nach § 31 Abs. 6 GmbHG zum Ersatz verpflichtet. Die Geschäftsführer haften insoweit nicht allein der GmbH gegenüber (§ 43 Abs. 3 GmbHG), sondern gem. § 31 Abs. 6 GmbHG auch den Gesellschaftern gegenüber, die anteilig den Ausfall des anderen Gesellschafters getragen haben[835].

III. Haftung gegenüber Dritten

Der im GmbH-Gesetz verankerte Grundsatz der Haftungskonzentration auf die Gesellschaft (vgl. § 43 Abs. 2 u. 3 GmbHG) wird im Falle der verbotenen Einlagenrückgewähr deutlich. Unmittelbare Ansprüche der Gläubiger gegen den Geschäftsführer sind dem GmbH-Gesetz nicht zu entnehmen.

Nach ganz h. M. ist § 30 GmbHG auch kein Schutzgesetz i. S. d. § 823 Abs. 2 BGB[836]. Zwar dient das Kapitalerhaltungsgebot in § 30 (sowie in § 43a) nicht nur

---

833 BGH, Urt. v. 21.02.2005 – II ZR 112/03, DStR 2005, 659; *Zöllner/Noack* in: Baumbach/Hueck, GmbHG, 19. Aufl., § 43, Rn. 80

834 *Kleindiek* in: Lutter/Hommelhoff, GmbHG, 17. Aufl., § 43, Rn. 105; vgl. ferner *Drenckhan*, Gläubigerschutz in der Krise der GmbH, S. 144.

835 *Wicke*, GmbHG, 2. Aufl., § 31, Rn. 9; *Hoffmann/Liebs*, Der GmbH-Geschäftsführer, 3. Aufl., Rn. 7046.

836 BGH, Urt. v. 25.06.2001 – II ZR 38/99, GmbHR 2001, 771, 771; *Altmeppen* in: Roth/Altmeppen, GmbHG, 6. Aufl., § 30, Rn. 1; *Hommelhoff* in: Lutter/Hommelhoff, GmbHG, 17. Aufl., § 30, Rn. 1; ferner *Hueck/Fastrich* in: Baumbach/Hueck, GmbHG, 19. Aufl., § 30, Rn. 1 m. w. N.

den Interessen der Gesellschaft, sondern auch denen der Gesellschaftsgläubiger, dem Schutz der Gläubiger wird jedoch durch die Sanktionsnorm des § 31 GmbHG (sowie § 43a Satz 2 GmbHG) und den Schadensersatzanspruch der Gesellschaft gem. § 43 Abs. 3 GmbHG ausreichend Rechnung getragen[837]. Bei Verstoß gegen das Kapitalerhaltungsgebot ist der GmbH-Geschäftsführer insoweit regelmäßig keinen unmittelbaren Ansprüchen der Gläubiger ausgesetzt.

E. Ergebnis zum 4. Kapitel

Eine Krisensituation besteht nach dem hier verwendeten Krisenbegriff u. a. bereits, wenn bei der Gesellschaft eine Unterbilanz eingetreten ist. In dieser Situation treffen den GmbH-Geschäftsführer besondere Pflichten im Zusammenhang mit der Kapitalerhaltung. Diese Pflichten haben durch das MoMiG erhebliche Änderungen erfahren, auch wenn der deutsche Gesetzgeber grundsätzlich am System des gesetzlichen Mindestkapitals und den Grundsätzen der Kapitalaufbringung und Kapitalerhaltung festgehalten hat. Durch die Rückkehr zur bilanziellen Betrachtungsweise und die Abschaffung des Eigenkapitalersatzrechts haben sich die Verantwortlichkeiten bei der GmbH erheblich zu Lasten der Geschäftsführer verschoben. Während der GmbH-Geschäftsführer im Falle von absteigenden Finanzströmen wegen des neuen § 30 Abs. 1 Satz 3 GmbHG aus der Verantwortlichkeit für die Kapitalerhaltung entlassen wurde, ist dem Geschäftsführer im Falle von aufsteigenden Finanzströmen neuerdings aufgetragen, sich künftig nicht nur intensiv mit der wirtschaftlichen Situation der eigenen Gesellschaft, sondern auch mit derjenigen der Gesellschafter auseinanderzusetzen. Gem. § 30 Abs. 1 Satz 2 GmbHG ist eine Leistung nunmehr nur zulässig, wenn diese durch einen vollwertigen Gegenleistungs- oder Rückgewähranspruch gedeckt ist. Dieses Bekenntnis des Gesetzgebers zur bilanziellen Betrachtung des § 30 GmbHG hat durchaus seine Tücken – insbesondere für die Geschäftsführer.

Die Geschäftsführer einer GmbH tragen im Rahmen des § 30 GmbHG neben der Ermittlung der Unterbilanz nunmehr die Verantwortung für die Vollwertigkeitsprüfung. Maßstab sind dabei die für die Bilanzierung von Forderungen maßgeblichen Grundsätze. Entscheidend ist danach, ob nach § 253 Abs. 3 und Abs. 4 HGB eine Abschreibung auf den Nennbetrag des Gegenleistungs- bzw.

---

837 BGH, Urt. v. 19.02.1990 – II ZR 268/88, NJW 1990, 1725, 1730; *Altmeppen* in: Roth/Altmeppen, GmbHG, 6. Aufl., § 30, Rn. 1; *Hueck/Fastrich* in: Baumbach/Hueck, GmbHG, 19. Aufl., § 30, Rn. 1; vgl. ferner *Drenckhan*, Gläubigerschutz in der Krise der GmbH, S. 145.

Rückgewähranspruchs der Gesellschaft geboten ist oder die Gegenforderung der GmbH in deren Bilanz zu ihrem Nennwert angesetzt werden darf. Hierbei sind wiederum die Vorgaben des HGB und ihre Grundsätze ordnungsgemäßer Buchführung zu beachten, insbesondere ist vorsichtig i. S. v. § 252 Abs. 1 Nr. 4 HGB zu bewerten. Der Geschäftsführer hat danach zu prüfen, ob unter Berücksichtigung des individuellen Kreditrisikos des Schuldners an der Einbringlichkeit der Forderung Zweifel bestehen. Aus einem „AAA"-Rating allein ergibt sich jedoch noch nicht allein die Vollwertigkeit. Es kommt vielmehr auf eine Gesamtbetrachtung an. Relevant sein können je nach Einzelfall z. B. die Verzinsung und Besicherung der Forderung, die Finanzierungsstruktur des Schuldners oder bei Cash-Pool-Systemen die Einrichtung eines effektiven Informations-, Frühwarn- und Reaktionssystems. Werden Sicherheiten zu Gunsten eines Gesellschafters gestellt, kommt es für die Vollwertigkeit des Rückgriffs- oder Freistellungsanspruchs regelmäßig auch darauf an, ob mit dem Sicherungsnehmer zusätzlich vertragliche Verwertungsbeschränkungen bis zur Höhe des Stammkapitals der GmbH abgeschlossen wurden (sog. Limitation-Language-Abreden) bzw. der Rückgriffsanspruch zusätzlich abgesichert wurde.

Der Geschäftsführer hat die Vollwertigkeit des Gegenleistungs- und Rückgewähranspruchs für den maßgeblichen Auszahlungszeitpunkt zu prüfen. Während es bei aufsteigenden Darlehen grundsätzlich auf den Zeitpunkt der Valutierung ankommt, ist bei aufsteigenden Sicherheiten auf den Zeitpunkt der Bestellung abzustellen. Etwas anderes kann beim Cash Pooling gelten. Wurden hinsichtlich der Abwicklung des Cash Pools die Leitungsbefugnisse durch einen Rahmenvertrag (Cash-Pool-Abrede) von den einzelnen Konzerngesellschaften auf die Betreibergesellschaft (i. d. R. die Muttergesellschaft) übertragen und verpflichten sich die Gesellschaften dadurch, für eine gewisse Dauer und nicht einseitig widerruflich ihre Liquidität tagtäglich an die Betreibergesellschaft abzuführen, kommt es für die Vollwertigkeit i. S. d. § 30 Abs. 1 Satz 2 GmbHG ausnahmsweise bereits auf den Zeitpunkt des (Rahmen-)Vertragsschlusses an. Der Geschäftsführer der am Cash Pool beteiligten Gesellschaft muss also bereits in diesem Zeitpunkt prüfen, ob die Durchsetzbarkeit der künftig auflaufenden Gegenleistungs- oder Rückgewähransprüche absehbar in Frage steht.

Nach dem maßgeblichen Auszahlungszeitpunkt trifft die Geschäftsführer darüber hinaus eine von § 30 GmbHG unabhängige fortlaufende Beobachtungs- und Reaktionspflicht. Sie sind danach verpflichtet zu beobachten, ob der ursprünglich vollwertige Rückgewähranspruch (im Fall der Sicherheitengewährung der ursprünglich vollwertige Freistellungs- bzw. Regressanspruch) diese

Qualifizierung weiter verdient. Zeichnet sich ab, dass die Vollwertigkeit des Gegenleistungs- oder Rückgewähranspruchs nicht länger gegeben ist, und ist dies geeignet, auf Ebene der Gesellschaft eine Unterbilanz herbeizuführen, ist die Geschäftsführung verpflichtet, die gewährte Leistung umgehend zurückzufordern oder die Bestellung entsprechender, zur Deckung geeigneter Sicherheiten zu verlangen. Speziell beim Cash Pooling wird die Geschäftsführung insoweit nicht umhinkommen, ein effektives Informations-, Frühwarn- und Reaktionssystem einzurichten, um mittels vertraglich eingeräumter Kontroll-, Überwachungs- und Kündigungsrechte die tatsächliche Durchsetzbarkeit der jeweiligen Gegenleistungs- und Rückgewähransprüche zu gewährleisten.

Mit der Rückkehr zur bilanziellen Betrachtungsweise in § 30 GmbHG wird die Situation für den GmbH-Geschäftsführer somit anders aber nicht einfacher. Möchte er eine Kreditausreichung (bzw. die Sicherheitengewährung) an einen Gesellschafter verweigern, reicht dafür neuerdings nicht mehr allein der schlichte Hinweis auf die Bilanz aus, sondern der auf Weisungsgebundenheit und Gesetzesgehorsam verpflichtete Geschäftsführer muss nunmehr auch den Einwand fehlender Vollwertigkeit erheben. Es gehört nicht viel Fantasie dazu, sich vorzustellen, wie die Reaktion des (Mehrheits-)Gesellschafters ausfällt, wenn der Geschäftsführer ihm erklärt, er könne die angewiesene Darlehensausreichung nicht tätigen bzw. er müsse das gewährte Darlehen zurückverlangen, und zwar mit der Begründung, der Mehrheitsgesellschafter sei nicht bzw. nicht hinreichend solvent. Das verlangt von dem Geschäftsführer Mut und Standfestigkeit und gegebenenfalls auch die Courage, das Amt niederzulegen, mit allen wirtschaftlichen Folgen, die eine Amtsniederlegung für den abhängig beschäftigten Geschäftsführer zeitigt. Nur wer sich entsprechend verhält und bei Zweifeln an der Vollwertigkeit die Gewährung aufsteigender Darlehen oder Sicherheiten verweigert und erforderlichenfalls bestehende finanzielle Verflechtungen rechtzeitig beendet, kann ohne Haftungsrisiko von den neuen Gestaltungsmöglichkeiten Gebrauch machen.

Das Kreditgewährungsverbot in § 43a GmbHG ist durch die Reform im Jahr 2008 unberührt geblieben. Insofern ist bei § 43a GmbHG ohne Belang, ob der Kreditnehmer kreditwürdig und die Rückzahlung gefährdet ist, oder nicht; denn das Gesetz fingiert die Wertlosigkeit des Rückzahlungsanspruchs. Während Darlehen an Gesellschafter unter der Voraussetzung der Vollwertigkeit i. S. d. § 30 Abs. 1 Satz 2 GmbHG neuerdings zulässig sind, ist gem. § 43a GmbHG die Kreditausreichung an einen (Gesellschafter- oder Fremd)Geschäftsführer in der Phase der Unterdeckung untersagt. Wird gleichwohl Kredit gewährt, so ist die Folge nicht nur, dass der Kredit sofort zurückzugewähren ist, sondern die Folge ist auch eine Haftung der Geschäftsführer auf Schadensersatz. Durch die „Rückkehr zur bilanziellen Betrachtungsweise" in § 30 GmbHG hat sich der Anwendungsbereich des § 43a GmbHG im Verhältnis zu § 30 GmbHG somit faktisch erweitert. Immer dann, wenn ein Gesellschafter zugleich geschäftsführend tätig ist, ist zwingend auch § 43a GmbHG im Auge zu behalten.

5. Kapitel: Solvenz- und Existenzschutz

Neben den bisher erörterten Pflichtenkreisen bestehen für den Geschäftsführer einer GmbH im Vorfeld der Insolvenz auch besondere Verhaltenspflichten zum Solvenz- und Existenzschutz. Dieser besondere hervorzuhebende Pflichtenkreis knüpft zwar an keine speziell gesetzlich geregelte Krisensituation, die einzelnen Verhaltenspflichten zum Solvenz- und Existenzschutz werden regelmäßig jedoch erst in der Unternehmenskrise bedeutsam.

A. Verbot insolvenzverursachender Zahlungen an Gesellschafter, § 64 Satz 3 GmbHG

I. Grundlagen

Mit § 64 Satz 3 GmbHG hat der MoMiG-Gesetzgeber seine bisherige Zurückhaltung bei der Sanktionierung gläubigerschädigender Vermögensverschiebungen von der GmbH zum Gesellschafter teilweise aufgegeben und eine gesetzliche Haftung des GmbH-Geschäftsführers für die Fälle geschaffen, in denen eine solche Vermögensverschiebung zur Zahlungsunfähigkeit führt. Während das tradierte Zahlungsverbot in § 64 Satz 1 GmbHG zeitlich erst nach der Insolvenzreife zur Anwendung gelangt, werden nunmehr auch Zahlungen erfasst, die die Zahlungsunfähigkeit der GmbH überhaupt erst herbeiführen. Der zeitliche Anwendungsbereich der Neuregelung erstreckt sich somit bereits auf das Vorfeld und die Herbeiführung der Insolvenz. Im Schrifttum wird § 64 Satz 3 GmbHG daher auch als Vorverlagerung des in § 64 Satz 1 GmbHG enthaltenden Zahlungsverbots bezeichnet[838]. Allerdings betrifft die neue Regelung nur Zahlungen an Gesellschafter (nicht auch an außenstehende Dritte) und auch nur solche Zahlungen, die gerade den Insolvenzgrund der Zahlungsunfähigkeit zur Folge haben. Rechtspolitisch und rechtstechnisch steht § 64 Satz 3 GmbHG daher sowohl in einem Zusammenhang mit § 64 Satz 1 GmbHG als auch mit § 30 GmbHG[839].

Der Gesetzgeber verfolgte mit der Erweiterung der Geschäftsführerhaftung gemäß § 64 Satz 3 GmbHG das Ziel, das streng bilanziell orientierte

---

838 Siehe z. B. *Kleindiek* in: Lutter/Hommelhoff, GmbHG, 17. Aufl., § 64, Rn. 20; *Meyer*, BB 2008, 1742, 1745; *Strohn*, ZHR 173 (2009), 589.

839 Vgl. *K. Schmidt* in: Scholz, GmbHG-Nachtrag MoMiG, 10. Aufl., § 64, Rn. 15, 64, der § 64 S. 3 GmbHG als ein echtes, eigenständiges Zahlungsverbot „neuer Prägung“ ansieht.

Kapitalschutzkonzept der §§ 30, 31 (43a) GmbHG um ein situatives, liquiditätsorientiertes Zahlungsverbot nach dem Vorbild des sog. „solvency test" zu ergänzen. Insoweit kann die sog. Insolvenzverursachungshaftung gem. § 64 Satz 3 GmbHG auch als weiterer Baustein im System der präventiv verhaltenssteuernden Instrumentalisierung des Geschäftsführers im Interesse des Solvenz- bzw. Liquiditätsschutzes der GmbH gesehen werden[840].

II. Tatbestand des § 64 Satz 3 GmbHG

1. Geschäftsführer als Normadressat

§ 64 Satz 3 GmbHG richtet sich primär an den (ordnungsgemäß bestellten) Geschäftsführer[841]. Für die Haftung macht es dabei keinen Unterschied, ob der Geschäftsführer die Zahlung selber vornimmt oder diese durch ihm zurechenbare Personen erfolgt[842]. Hat der Geschäftsführer keine Kenntnis von der Zahlung an einen Gesellschafter, ist ihm diese selbst dann zuzurechnen, wenn ihn ein Auswahl- oder Überwachungsverschulden trifft[843]. Insoweit gelten die allgemeinen Grundsätze. Die Geschäftsführer erscheinen hier auch als plausibler Normadressat, da Zahlungen an die Gesellschafter ihrer Mitwirkung bedürfen und sie regelmäßig auch am besten über die wirtschaftliche Lage der Gesellschaft informiert sind oder jedenfalls informiert sein sollten[844].

2. Begriff der „Zahlung"

Der Begriff der Zahlung ist nicht neu. Der Gesetzgeber knüpft damit an den schon in § 64 Satz 1 GmbHG verwendeten Zahlungsbegriff an, der bisher schon

---

840 *Greulich/Rau*, NZG 2008, 284, 285 f.; *Rodewald*, GmbHR 2009, 1301, 1305.

841 Vgl. *Strohn*, ZHR 173 (2009), 589.

842 *Kleindiek* in: Lutter/Hommelhoff, GmbHG, 17. Aufl., § 64, Rn. 24; *K. Schmidt* in: Scholz, GmbHG-Nachtrag MoMiG, 10. Aufl., § 64, Rn. 76.

843 *Schult*, Solvenzschutz der GmbH durch Existenzvernichtungs- und Insolvenzvernichtungshaftung, S. 182.

844 Vgl. *Greulich/Rau*, NZG 2008, 284, 285; siehe zur Anwendbarkeit der Rechtsfigur des faktischen Geschäftsführers auf § 64 S. 3 GmbHG: *Haas*, GmbHG 2010, 1, 9 f.; ferner *Schult*, Solvenzschutz der GmbH durch Existenzvernichtungs- und Insolvenzvernichtungshaftung, S. 170 ff.; siehe zur Kritik am Ungleichgewicht der Haftung in § 64 Satz 3 GmbHG von Geschäftsführer und Gesellschaftern z. B. *Strohn*, NZG 2011, 1161, 1169; *ders.*, ZHR 173 (2009), 588 f.

Gegenstand der Diskussion war[845]. Dies übersieht der Gesetzgeber nach eigenen Angaben nicht, er möchte der Klärung dieses Streits jedoch nicht vorgreifen und das bisherige Begriffsverständnis nicht einschränken[846]. Folglich stellen sich auch künftig im Zusammenhang mit der Regelung des „neuen" § 64 Satz 3 GmbHG die Fragen, die der Begriff der Zahlung auch bisher schon aufgeworfen hat[847].

Der Begriff der Zahlung i. S. d. § 64 Satz 3 GmbHG ist im weitesten Sinne zu verstehen. Überlegungen, dass das Zahlungsverbot nach § 64 Satz 3 GmbHG nur liquide Vermögensgegenstände des Schuldnervermögens im Blick habe und daher möglicherweise Sachleistungen nicht unter den Zahlungsbegriff des § 64 Satz 3 GmbHG fallen könnten, überzeugen nicht[848]. Zum einen macht bereits die Regierungsbegründung deutlich, dass im Sinne des bisherigen Begriffsverständnisses der Begriff der Zahlung nicht auf reine Geldleistungen zu beschränken sei, sondern auch sonstige vergleichbare Leistungen zu Lasten des Gesellschaftsvermögens erfasse, durch die der Gesellschaft im Ergebnis Liquidität entzogen wird[849]. Zum anderen kommt man auch im Wege der Auslegung nach dem Sinn und Zweck des Satzes 3 zu dem Ergebnis, dass es bei Zahlungen im Rahmen des § 64 Satz 3 GmbHG nicht auf die unmittelbare Liquiditätsrelevanz ankommen kann; durch eine solche Einschränkung könnte das Zahlungsverbot sonst ohne weiteres durch die Aushöhlung des Gesellschaftsvermögens im Wege von Sachleistungen umgangen werden[850].

Vom Zahlungsbegriff erfasst sind demnach alle das Gesellschaftsvermögen schmälernden Leistungen, die Auswirkung auf die Liquidität haben: Warenlieferungen, Übertragung von Rechten, Leistung von Diensten, Gewinnausschüttungen etc.[851]

---

845 *Desch* in: Bunnemann/Zirngibl, Auswirkungen des MoMiG auf bestehende GmbHs, §8, Rn. 124.

846 RegE, BT-Drucks. 16/6140, S. 46.

847 *Haas* in: Baumbach/Hueck, GmbHG, 19. Aufl., § 64, Rn. 97; *Knof*, DStR 2007, 1536, 1537; so wohl auch *Niesert/Hohler*, NZI 2009, 345, 349.

848 Siehe dazu im Einzelnen *Haas* in: Baumbach/Hueck, GmbHG, 19. Aufl., § 64, Rn. 98.

849 RegE, BT-Drucks. 16/6140, S. 46: „Indem der Entwurf auch im neuen Satz 3 von Zahlungen spricht, ist jedenfalls keine Einschränkung des bisherigen Begriffsverständnisses – auch hinsichtlich der Berücksichtigung von Gegenleistungen – bezweckt".

850 *Knof*, DStR 2007, 1536, 1538.

851 *Haas* in: Baumbach/Hueck, GmbHG, 19. Aufl., § 64, Rn. 99; *ders.*, GmbHR 2010, 1, 6; *Kleindiek* in: Lutter/Hommelhoff, GmbHG, 17. Aufl., § 64, Rn. 24; *ders.*, GWR 2010, 75; *K. Schmidt* in: Scholz, GmbHG-Nachtrag MoMiG, 10. Aufl., § 64, Rn. 75.

Nicht eindeutig geklärt ist der Zahlungsbegriff in § 64 Satz 3 GmbHG jedoch in folgenden Fallgestaltungen:

a. Werthaltige Gegenleistung bei Austauschgeschäften

Eine Zahlung besteht nach dem oben Gesagten nur in dem Umfang, wie der Gesellschaft tatsächlich liquide Vermögensmittel entzogen werden. Es ist insofern unstrittig, dass auch im Rahmen des § 64 Satz 3 GmbHG die Anrechnung von Gegenleistungen möglich und geboten ist[852]. Die Nuancen im Schrifttum variieren jedoch nicht unerheblich:

Zum Teil wird in diesem Zusammenhang die Ansicht vertreten, dass es im Rahmen eines Austauschgeschäfts bereits am Tatbestand der Zahlung fehlt, wenn das Austauschgeschäft mit dem Gesellschafter einem Drittvergleich standhält, dieser also eine werthaltige Gegenleistung erbringt[853].

Dem wird jedoch entgegengehalten, dass § 64 Satz 3 GmbHG nicht das Vermögen, sondern die Zahlungsfähigkeit der Gesellschaft schützt. Anders als beim Ausschüttungsverbot des § 30 GmbHG handele es sich bei § 64 Satz 3 GmbHG um eine Liquiditätsschutznorm, die nicht bei der Schmälerung des Gesellschaftsvermögens durch offene oder verdeckte Ausschüttungen an die Gesellschafter ansetzt, sondern bei der Liquiditätsgefährdung durch „jedwede Zahlung an die Gesellschafter“[854]. Eine bilanzielle Betrachtungsweise, wie sie der MoMiG-Gesetzgeber für die Kapitalerhaltung wie dargestellt ausdrücklich angeordnet hat, wird daher als unpassend angesehen. Auch ein dem Drittvergleich standhaltendes Austauschgeschäft mit einem Gesellschafter könne grundsätzlich einen Fall des § 64 Satz 3 GmbHG darstellen, sofern es zur Zahlungsunfähigkeit der Gesellschaft führt[855]. Zur Kompensation geeignet seien nur liquiditätswirksame

852 In diesem Sinne wohl auch RegE, BT-Drucks. 16/6140, S. 46; vgl. ferner *Bork* in: Bork/Schäfer, GmbHG, § 64, Rn. 48; *Casper* in: Ulmer/Habersack/Winter, GmbHG, § 64, Rn. 105; *ders.* in Goette/Habersack, Das MoMiG in Wissenschaft und Praxis, Rn. 6.42; *Greulich/Rau*, NZG 2008, 284, 287; *Kleindiek* in: Lutter/Hommelhoff, GmbHG, 17. Aufl., § 64, Rn. 24; *ders.* GWR 2010, 75; *K. Schmidt* in: Scholz, GmbHG-Nachtrag MoMiG, 10. Aufl., § 64, Rn. 85.

853 So *Casper* in: Ulmer/Habersack/Winter, GmbHG, § 64, Rn. 105; *ders.* in Goette/Habersack, Das MoMiG in Wissenschaft und Praxis, Rn. 6.42.

854 *K. Schmidt* in: Scholz, GmbHG-Nachtrag MoMiG, 10. Aufl., § 64, Rn. 85.

855 *K. Schmidt* in: Scholz, GmbHG-Nachtrag MoMiG, 10. Aufl., § 64, Rn. 85; *Seulen/Osterloh*, ZInsO 2010, 881, 883; im Ergebnis wohl auch *Haas* in: Baumbach/Hueck, GmbHG, 19. Aufl., § 64, Rn. 100.

Gegenleistungen, d. h. nur solche Vermögenswerte, die liquide oder zumindest kurzfristig liquidierbar sind[856].

Diese Ansicht überzeugt. Eine so verstandene Berücksichtigung von Gegenleistungen findet richtigerweise aber bereits unter dem Begriff der Zahlung statt[857]. Demnach ist auch die Darlehensausreichung an einen Gesellschafter schon nicht als Zahlung zu werten, wenn der Rückzahlungsanspruch vollwertig und jederzeit liquidierbar ist[858].

Erhält die Gesellschaft im Rahmen eines Austauschgeschäfts dagegen keine liquiden oder kurzfristig liquidierbaren (aber unter Umständen gleichwertigen) Vermögenswerte als Gegenleistung, ist die Weggabe liquider Mittel und damit eine tatbestandliche Zahlung i. S. d. § 64 Satz 3 GmbHG stets zu bejahen. Der Problemschwerpunkt liegt dann häufig bei der Frage der Kausalität der Zahlung für die Zahlungsunfähigkeit der GmbH.

b. Eingehung einer Verbindlichkeit

Teilweise wird darüber nachgedacht, bereits die bloße Eingehung einer neuen Verbindlichkeit zu Lasten der Gesellschaft als Zahlung i. S. d. § 64 Satz 3 GmbHG zu bejahen[859]. Eine solche Vorverlagerung des Zahlungszeitpunkts ist im Hinblick auf eine insolvenzverursachende Zahlung i. S. d. § 64 Satz 3 GmbHG jedoch mit der wohl h. M. abzulehnen[860]. Der Geschäftsführer einer GmbH hat

---

856 *Greulich/Rau*, NZG 2008, 284, 287; *Kleindiek* in: Lutter/Hommelhoff, GmbHG, 17. Aufl., § 64, Rn. 24; *ders.* GWR 2010, 75; *K. Schmidt* in: Scholz, GmbHG-Nachtrag MoMiG, 10. Aufl., § 64, Rn. 85.

857 *Casper* in: Ulmer/Habersack/Winter, GmbHG, § 64, Rn. 105, 108; *Gesmann-Nuissl*, WM 2006, 1756, 1763; *Greulich/Rau*, NZG 2008, 284, 287; *Haas* Baumbach/Hueck, GmbHG, 19. Aufl., § 64, Rn. 98; *Kleindiek* in: Lutter/Hommelhoff, GmbHG, 17. Aufl., § 64, Rn. 24; *ders.* GWR 2010, 75; die Gegenleistung dagegen erst im Rahmen der Kausalität berücksichtigend: *K. Schmidt* in: Scholz, GmbHG-Nachtrag MoMiG, 10. Aufl., § 64, Rn. 85; *Kindler*, NJW 2008, 3249, 3255; *Seulen/Osterloh*, ZInsO 2010, 881, 883; schließlich erst im Rahmen der anzuwendenden Sorgfalt berücksichtigend: *Greulich/Brunnenmann*, NZG 2006, 681, 686; *Sikora*, NWB 2009, 936, 939.

858 *Haas* in: Baumbach/Hueck, GmbHG, 19. Aufl., § 64, Rn. 98; offen lassend dagegen *Niesert/Hohler*, NZI 2009, 345, 349.

859 Siehe etwa *Haas* in: Baumbach/Hueck, GmbHG, 19. Aufl., § 64, Rn. 99; *ders.*, GmbHR 2010, 1, 6; zum damaligen § 64 Abs. 2 Satz 1 GmbHG siehe auch *Altmeppen* in: Roth/Altmeppen, GmbHG, 5. Aufl., § 64, Rn. 80; *ders.* ZIP 2001, 2201, 2206 ff.

860 *Böcker/Poertzgen*, WM 2007, 1203, 1204; *Casper* in: Ulmer/Habersack/Winter, GmbHG Erg.-Bd., § 64, Rn. 114; *Desch*, BB 2010, 2586, 2588 f.; *Gehrlein*, Der Konzern 2007, 771, 795; *Kleindiek* in: Lutter/Hommelhoff, GmbHG, 17. Aufl., § 64,

nämlich die Möglichkeit, mit Verweis auf § 64 Satz 3 GmbHG (bzw. § 64 Satz 1 GmbHG) die spätere Erfüllung der Verbindlichkeit zu verweigern, wenn diese zur Zahlungsunfähigkeit der GmbH führen würde (oder tatsächlich führt)[861]. Insofern besteht schon gar kein Bedürfnis für die Einbeziehung dieser Konstellation. Im Übrigen ist auf die oben genannten Grundsätze zum Zahlungsbegriff zu verweisen, wonach in der Regel nur die Minderung des Aktivvermögens erfasst ist. Die bloße Eingehung einer Verbindlichkeit ist allein somit noch nicht als Zahlung i. S. d. § 64 Satz 3 GmbHG zu qualifizieren. Schließlich hat auch der Gesetzgeber klargestellt, dass in § 64 Satz 3 GmbHG keine Einschränkung des bisherigen Verständnisses des Zahlungsbegriffs bezweckt ist[862].

c. Sonderfall: aufsteigende Sicherheiten

Es stellt sich weiter die Frage, wie es sich mit aufsteigenden Sicherheiten im Rahmen des § 64 Satz 3 GmbHG verhält. Die wirkliche Verminderung des Gesellschaftsvermögens wird in Fällen, in denen die GmbH für die Verbindlichkeit eines Gesellschafters eine Sicherheit bestellt, regelmäßig erst bei der Verwertung erfolgen. Eine Zahlung i. S. d. § 64 Satz 3 GmbHG ist grundsätzlich erst in der (späteren) Verwertung der Sicherheit zu sehen; die bloße Eingehung der Verbindlichkeit (z. B. durch Übernahme einer Bürgschaft) bleibt als Rechtshandlung ohne Bezug zum Aktivvermögen und ist nach dem oben Gesagten für § 64 Satz 3 GmbHG somit ohne Belang[863].

Ausnahmsweise soll aber beim Vorliegen bestimmter Voraussetzungen bereits die Bestellung einer Sicherheit durch die GmbH als tatbestandsmäßige Zahlung i. S. d. § 64 Satz 3 GmbHG behandelt werden: Hierzu wird der Fall gerechnet, in dem eine Verbindlichkeit eines Gesellschafters mit liquiditätsschmälernden Realsicherheiten der GmbH (Grundpfandrechte, Sicherungseigentum etc.) besichert wird, bei der im Zeitpunkt der Bestellung die Inanspruchnahme wahrscheinlich ist und kein liquider Rückgriffsanspruch in gleicher Höhe

---

Rn. 24; *Knof*, DStR 2007, 1536 1538; *K. Schmidt* in: Scholz, GmbHG-Nachtrag MoMiG, 10. Aufl., § 64, Rn. 75; *Niesert/Hohler*, NZI 2009, 345, 349; *Schult*, Solvenzschutz der GmbH durch Existenzvernichtungs- und Insolvenzvernichtungshaftung, S. 182; *Schall*, Kapitalgesellschaftsrechtlicher Gläubigerschutz, S. 199; *Wicke*, GmbHG, 2. Aufl., § 64, Rn. 27; siehe zum § 64 Abs. 2 GmbHG a. F. auch BGH, Urt. v. 26.03.2007 - II ZR 310/05, BB 2007, 1241.

861 Vgl. *Knof*, DStR 2007, 1536, 1538.

862 RegBegr. MoMiG, BT-Drucks. 16/6140, S. 46.

863 *K. Schmidt* in: Scholz, GmbHG-Nachtrag MoMiG, 10. Aufl., § 64, Rn. 75.

besteht[864]. Zu begründen ist diese Auffassung damit, dass in der Sicherheitenbestellung lediglich ein Minus zur Darlehensgewährung an den Gesellschafter zu sehen ist und der Geschäftsführer gegenüber einem Dritten als Sicherungsnehmer die sich im Sicherungsfall aus der Sicherungsabrede ergebende Zahlungsverpflichtung – anders als etwa bei der Personalsicherheit zu Gunsten eines Gesellschafters – gerade nicht mit dem Hinweis auf § 64 Satz 3 GmbHG verweigern kann[865]. Die Gesellschaft wäre dem Dritten, selbst wenn die mittelbare „Zahlung an den Gesellschafter" die Zahlungsunfähigkeit herbeiführen müsste, grundsätzlich erstattungspflichtig.

Anders als bei § 30 GmbHG, wo nach der hier vertretenen Ansicht die Sicherheitenbestellung stets als Auszahlung zu beurteilen ist, ist die Bestellung einer Sicherheit bei § 64 Satz 3 GmbHG nur für den Fall als Zahlung zu bewerten, dass im Zeitpunkt der Bestellung die Inanspruchnahme wahrscheinlich ist und kein liquider Rückgriffsanspruch in gleicher Höhe besteht. Für den GmbH-Geschäftsführer bedeutet das letztlich, dass er im Zeitpunkt der Bestellung von Sicherheiten zu Gunsten eines Gesellschafters – unabhängig von § 30 GmbHG – stets auch zu prüfen hat, ob hierin möglicherweise eine insolvenzverursachende Zahlung i. S. d. 64 Satz 3 GmbHG zu sehen ist.

Ist die Inanspruchnahme der Sicherheit im Zeitpunkt der Bestellung unwahrscheinlich, ändert sich unvorhersehbarerweise aber die wirtschaftliche Situation des begünstigten Gesellschafters und wird die Gesellschaft deshalb aus der bestellten Sicherheit in Anspruch genommen, wird eine hierin zu sehende insolvenzverursachende Zahlung in aller Regel gem. § 64 Satz 4, Hs. 2. GmbHG zu entschuldigen sein.

---

864 Vgl. dazu etwa *Diem*, Akquisitionsfinanzierungen, 2. Aufl., § 43 Rn. 98; *Greulich/Bunnemann*, NZG 2006, 681, 684; *Haas* in: Baumbach/Hueck, GmbHG, 19. Aufl., § 64, Rn. 98; *ders.*, GmbHR 2010, 1, 6; *Kleindiek* in: Lutter/Hommelhoff, GmbHG, 17. Aufl., § 64, Rn. 24; *Knof*, DStR 2007, 1536, 1538; *K. Schmidt* in: Scholz, GmbHG-Nachtrag MoMiG, 10. Aufl., § 64, Rn. 75; *Komo*, GmbHR 2010, 230, 235; *Niesert/Hohler*, NZI 2009, 345, 349; *Schult*, Solvenzschutz der GmbH durch Existenzvernichtungs- und Insolvenzvernichtungshaftung, S. 182; *Wicke*, GmbHG, 2. Aufl., § 64, Rn. 27; ähnlich *Casper* in: Ulmer/Habersack/Winter, GmbHG, § 64, Rn. 105, wonach eine tatbestandsmäßige Zahlung auch bereits in der Bestellung der Sicherheit zu sehen ist, wenn das Risiko der Inanspruchnahme und die sich daraus ergebende Gefahr der Zahlungsunfähigkeit entsprechend hoch sind.

865 *Knof*, DStR 2007, 1536, 1538; *Schall*, Kapitalgesellschaftsrechtlicher Gläubigerschutz, S. 198 f.

d. Sonderfall: Zahlung auf eine Gesellschafterforderung

aa. Problemstellung

Wird nicht bereits die Eingehung einer Verbindlichkeit als Zahlung i. S. d. § 64 Satz 3 GmbHG begriffen, so muss, will man dem neuen Satz 3 nicht jeglichen Anwendungsbereich absprechen, zumindest in der späteren Erfüllung der Verbindlichkeit eine insolvenzverursachende Zahlung gesehen werden. Im Zusammenhang mit § 64 Satz 1 GmbHG ist kaum fraglich, dass hierin eine Weggabe von Aktivvermögen stattgefunden hat und somit eine haftungsauslösende Zahlung i. S. d. Vorschrift vorliegt. Im Rahmen des § 64 Satz 3 GmbHG ist die Rechtslage dagegen keineswegs so eindeutig. Zahlt nämlich der Geschäftsführer auf eine Gesellschafterforderung, so ist umstritten, ob hierin überhaupt eine zur Zahlungsunfähigkeit führende Zahlung gesehen werden kann[866]. Zahlungsunfähigkeit liegt nämlich grundsätzlich bereits dann vor, wenn die verfügbare Liquidität zur Begleichung auch der sonstigen fälligen (bzw. in den nächsten drei Wochen fällig werdenden) Gesellschaftsverbindlichkeiten nicht ausreicht und die Liquiditätslücke als nicht geringfügig anzusehen ist, die zu beseitigende Liquiditätslücke des Schuldners also nicht weniger als zehn Prozent der fälligen Gesamtverbindlichkeiten beträgt[867]. Fällige und durchsetzbare Gesellschafterforderungen sind bei der Prüfung der Zahlungsunfähigkeit als vollwertige Verbindlichkeiten der Gesellschaft anzusetzen. Reduziert sich aber mit der Zahlung auf eine fällige und durchsetzbare Gesellschafterforderung die korrespondierende Verbindlichkeit im Rahmen der Prüfung der Zahlungsunfähigkeit, kann durch

866 Verneinend OLG München, Urt. v. 06.05.2010–23 U 1564/10, ZIP 2010, 1236, 1238; *Altmeppen* in: Roth/Altmeppen, GmbHG, 6. Aufl., § 64 Rn. 61 ff.; *ders.* in FS Hüffer, S. 1, 12; *Schwab*, DStR 2010, 333, 337; a. A. OLG Stuttgart, 14.04.2009–1 Ws 32/09, ZIP 2009, 1864; LG Berlin, Urt. v. 16. 12. 2009–100 O 75/09, GmbHR 2010, 201 ff. (m. Anm. Hoffmann); *Dahl/Schmitz*, NZG 2009, 567, 569; *Goette/Kleindiek*, Gesellschafterfinanzierung im MoMiG, Rn. 53; *Haas* in: Baumbach/Hueck, GmbHG, 19. Aufl., § 64, Rn. 99; *ders.*, GmbHR 2010, 1, 6; *ders.*, DStR 2010, 1991, 1992; *K. Schmidt* in: Scholz, GmbHG, 2. Aufl., § 64 Rn. 77, *Kleindiek*, GWR 2010, 75; *Poertzgen*, ZInsO 2010, 785, 787; *Spliedt*, ZIP 2009, 149, 160; *Seulen/Osterloh*, ZInsO 2010, 881, 884; *Utsch/Utsch*, ZInsO 2009, 2271.

867 Grundlegend BGH, 24.5.2005 – IX ZR 123/04, BB 2005, 1923 (m. Anm. Flitsch), NJW 2005, 3062; siehe zu dem Begriff der unwesentlichen bzw. wesentlichen Deckungslücke etwa *Kleindiek* in: Lutter/Hommelhoff, GmbHG, 17. Aufl., Anh. zu § 64, Rn. 9; ferner *Haas* in: Baumbach/Hueck, GmbHG, 19. Aufl., § 64 Rn. 39.

die Zahlung denklogisch nicht mehr die Zahlungsunfähigkeit der Gesellschaft herbeigeführt werden[868].

bb. Eröffneter Anwendungsbereich

Zum Teil wird insoweit die Ansicht vertreten, dass der Anwendungsbereich des § 64 Satz 3 GmbHG nie eröffnet sei, soweit es um Zahlungen auf eine fällige Gesellschafterforderung gehe[869].

Diese Ansicht geht jedoch zu weit. Die vorstehend geschilderte Problematik, dass Zahlungen auf Gesellschafterforderungen grundsätzlich nicht die Zahlungsunfähigkeit herbeiführen können, ist zumindest dort nicht einschlägig, wo Zahlungen an Gesellschafter geleistet werden, die nicht gleichzeitig die Verbindlichkeiten im Rahmen der Zahlungsunfähigkeitsprüfung reduzieren. Dies gilt etwa bei Zahlungen auf einrede- oder einwendungsbehaftete Forderungen. So kann beispielsweise die Rückzahlung eines noch nicht fälligen Gesellschafterdarlehens – ein noch nicht fälliges Darlehen würde im Rahmen der Zahlungsunfähigkeitsprüfung nicht angesetzt – durchaus zur Zahlungsunfähigkeit führen[870]. Gleiches wird richtigerweise auch für eine Zahlung auf ein rangrücktrittsbehaftetes Gesellschafterdarlehen angenommen, da ein rangrücktrittsbehaftetes Gesellschafterdarlehen bei der Zahlungsfähigkeitsprüfung nicht als Verbindlichkeit berücksichtigt wird und sich durch die Rückzahlung der maßgebliche Schuldenstand somit nicht verringert, wohl aber die liquiden Mittel[871].

Darüber hinaus sind auch Fälle denkbar, in denen auf eine fällige Gesellschafterforderung gezahlt wird, im Zahlungszeitpunkt noch keine (wesentliche) Deckungslücke vorliegt, die Zahlung aber trotzdem i. S. d. § 64 Satz 3 GmbHG zur Zahlungsunfähigkeit „führen musste"[872]. Hat beispielsweise eine Gesellschaft

868 *Altmeppen* in: Roth/Altmeppen, GmbHG, 6. Aufl., § 64, Rn. 61; vgl. auch *Spliedt*, ZIP 2009, 149, 160.

869 So etwa OLG München, Urt. v. 06.05.2010–23 U 1564/10, ZIP 2010, 1236, 1238; *Altmeppen* in: Roth/Altmeppen, GmbHG, 6. Aufl., § 64, Rn. 62; *ders.* in FS Hüffer, S. 1, 12; *Schwab*, DStR 2010, 333, 337.

870 *Desch*, BB 2010, 2586; *Haas* in: Baumbach/Hueck, GmbHG, 19. Aufl. 2010, § 64 Rn. 99; *ders.* GmbHR 2010, 1, 6; *Niesert/Hohler*, NZI 2009, 345, 350.

871 *Desch*, BB 2010, 2586; wohl auch *Haas* in: Baumbach/Hueck, GmbHG, 19. Aufl. 2010, § 64 Rn. 34; *K. Schmidt/Bitter* in: Scholz, GmbHG Nachtrag MoMiG, 10. Aufl. 2010, Vor § 64 Rn. 8.

872 Siehe etwa *Desch*, BB 2010, 2586; *Haas* in: Baumbach/Hueck, GmbHG, 19. Aufl., § 64, Rn. 99; *ders.* GmbHR 2010, 1, 6; *ders.* DStR 2010, 1991, 1992; überzeugend auch OLG München, Urt. v. 06.05.2010–23 U 1564/10, BB 2010, 1880, 1882 (mit Anm. von *Desch/Bunnemann*).

verfügbare Mittel von 91, denen Forderungen von 100 entgegenstehen, wovon 30 auf ein Gesellschafterdarlehen entfallen, ist die Zahlungsunfähigkeit der Gesellschaft nach dem oben dargestellten insolvenzrechtlichen Zahlungsunfähigkeitsbegriff zu verneinen (unwesentliche Deckungslücke). Begleicht sie nun die Verbindlichkeiten i. H. v. 30, so verfügt die Gesellschaft über liquide Mittel i. H. v. 61 und Verbindlichkeiten i. H. v. 70. Die Zahlungsunfähigkeit ist zu bejahen (wesentliche Deckungslücke). Der Anwendungsbereich des § 64 Satz 3 GmbHG wäre hier zweifellos eröffnet.

cc. Modifizierter Zahlungsunfähigkeitsbegriff i. R. d. § 64 Satz 3 GmbHG?

Aber auch wenn keine der eben genannten Konstellationen vorliegt, wird der Anwendungsbereich des § 64 Satz 3 GmbHG im Falle der Zahlung auf eine Gesellschafterforderung als eröffnet angesehen. Während die Anwendbarkeit des § 64 Satz 3 GmbHG teilweise ohne Berücksichtigung der oben geschilderten Problematik stets bejaht wird[873], wird von Teilen der Literatur die Schaffung eines veränderten (eigenständigen) haftungsrechtlichen Zahlungsunfähigkeitsbegriffs vorgeschlagen[874]. Nach dieser Ansicht sei bei der Prüfung der Zahlungsunfähigkeit i. S. d. § 64 Satz 3 GmbHG allein auf die fälligen Verbindlichkeiten gegenüber Nicht-Gesellschafter-Gläubigern abzustellen[875]. Die Voraussetzungen des § 64 Satz 3 GmbHG wären demnach erfüllt, wenn in Folge von Zahlungen an die Gesellschafter die Forderungen außenstehender Gläubiger nicht mehr bedient werden können. Begründet wird diese Ansicht neben dem erweiterten Anwendungsbereich der Norm auch damit, dass andernfalls einer Umgehung des § 64 Satz 3 GmbHG „Tür und Tor" geöffnet würden[876]. Der Gesellschafter müsste nämlich nur jedes Mal – eine logische Sekunde vor der Zahlung – eine

---

873 OLG Stuttgart, 14.4.2009–1 Ws 32/09, ZIP 2009, 1864; LG Berlin, 16.12.2009–100 O 75/09, GmbHR 2010, 201 ff. (m. Anm. Hoffmann), *Bormann/Ulrichs*, GmbHR Sonderheft MoMiG 2008, 37, 49 f.; *Gehrlein*, BB 2008, 846, 849; *Hueck/Fastrich*, in: Baumbach/Hueck, GmbHG, 19. Aufl. 2010, § 30 Anh, Rn. 18; *Kleindiek*, in: Lutter/Hommelhoff, GmbHG, 17. Aufl. 2009, § 64 Rn. 21, Anh zu § 64 Rn. 102; *K. Schmidt*, in: Scholz, GmbHG Nachtrag MoMiG, 10. Aufl. 2010, § 64 Rn. 77.

874 *Spliedt*, ZIP 2009, 149, 159 f.; ihm im Hinblick auf eine erweiternde Auslegung des § 64 S. 3 GmbHG im Wesentlichen folgend z. B. *Dahl/Schmitz*, NZG 2009, 567, 569; *Müller* in: MüKo-GmbHG, § 64 Rn. 13; *Seulen/Osterloh*, ZInsO 2010, 881, 884; *Utsch/Utsch*, ZInsO 2009, 2271, 2274; vgl. auch *Haas* in: Baumbach/Hueck, GmbHG, 19. Aufl., § 64, Rn. 99, der alternativ eine Modifikation des Zahlungsbegriffs vorschlägt.

875 *Spliedt*, ZIP 2009, 149, 159.

876 *Haas*, DStR 2010, 1991, 1992; *Seulen/Osterloh*, ZInsO 2010, 881, 884.

Zahlungspflicht der Gesellschaft ihm gegenüber begründen (z. B. durch ein abstraktes Schuldanerkenntnis) und schon wäre § 64 Satz 3 GmbHG nicht mehr anwendbar[877]. In allen diesen Fällen würde die Zahlungsunfähigkeit nicht – wie vom Wortlaut des § 64 Satz 3 GmbHG vorausgesetzt – durch die Zahlung, sondern bereits durch die davor stattfindende Begründung der Zahlungspflicht herbeigeführt, die – wie oben gesehen – selbst noch nicht als Zahlung i. S. d. § 64 Satz 3 GmbHG zu qualifizieren ist.

dd. Stellungnahme

Den Anwendungsbereich des § 64 Satz 3 GmbHG notfalls durch Modifizierung des Zahlungsunfähigkeitsbegriffs stets als eröffnet anzusehen, wenn die Gesellschaft Zahlungen auf eine fällige Gesellschafterforderung leistet, geht jedoch zu weit. Diese Auffassung widerspricht dem Wortlaut des § 64 Satz 3 GmbHG und der bisherigen Rechtsprechung des BGH zur Prüfung der Zahlungsunfähigkeit. Bereits zum alten Recht hat der BGH entschieden, dass der Begriff der Zahlungsunfähigkeit in § 64 GmbHG und in § 17 InsO identisch ist[878]. Dem scheint der BGH nun auch im Hinblick auf den Zahlungsunfähigkeitsbegriff in § 64 S. 3 GmbHG zu folgen[879]. Es sind auch keine systematischen Anhaltspunkte dafür erkennbar, dass der Gesetzgeber im neuen § 64 Satz 3 GmbHG einen anderen Begriff der Zahlungsunfähigkeit verwenden wollte als in § 64 Satz 1 GmbHG und/oder in § 17 InsO. Im Sinne einer einheitlichen Auslegung des § 64 GmbHG ist daher richtigerweise auch bei § 64 Satz 3 GmbHG der insolvenzrechtliche Begriff der Zahlungsunfähigkeit zu Grunde zu legen[880]. Eine erweiternde Auslegung des § 64 Satz 3 GmbHG erscheint im Übrigen auch nicht dringend erforderlich.

---

877 Vgl. dazu auch *K. Schmidt*, in: Scholz, GmbHG Nachtrag MoMiG, 10. Aufl. 2010, § 64 Rn. 77 Fn. 208: „Es würde eine Vereinbarung zwischen der Gesellschaft (Geschäftsführer) und dem Gesellschafter über die Fälligkeit (die sogar konkludent in der Zahlung selbst liegen könnte) ausreichen, um Satz 3 unanwendbar zu machen."

878 BGH, Urt. v. 24.05.2005 - IX ZR 123/04, BB 2005, 1923 (m. Anm. Flitsch) = NZI 2005, 547.

879 BGH, Urt. v. 9.10. 2012 – II ZR 298/11, NZG 2012, 1379, 1380.

880 *Desch*, BB 2010, 2586, 2587 f., der auch ausführlich auf das Problem hinweist, dass die vollständige Ausblendung der Gesellschafterforderungen im Liquiditätsstatus zur Prüfung der Zahlungsunfähigkeit dazu führen kann, dass ein Geschäftsführer keinen Insolvenzantrag stellen muss, während dies bei Ansetzung der Gesellschafterforderung erforderlich wäre, sich die Pflicht zur Insolvenzantragsstellung somit verzögert. Für eine einheitliche Auslegung im Übrigen auch *Niesert/Hohler*, NZI 2009, 345, 350; *Willemsen/Rechel*, GmbHR 2009, 349, 351; *Winstel*, DZWIR 2010,

Wie oben bereits dargestellt, ist der Anwendungsbereich von § 64 Satz 3 GmbHG bei Zahlungen auf eine Gesellschafterforderung nicht komplett ausgeschlossen. § 64 Satz 3 GmbHG findet etwa dort Anwendung, wo aufgrund der Zahlung auf eine Gesellschafterforderung aus einer unwesentlichen eine wesentliche Deckungslücke wird. Außerdem erfasst der Anwendungsbereich des § 64 Satz 3 GmbHG auch Zahlungen auf noch nicht fällige oder rangrücktrittsbehaftete Gesellschafterforderungen. Im Übrigen kann § 64 Satz 3 GmbHG auch im Hinblick auf eine erst später fällig werdende Drittverbindlichkeit Anwendung finden[881]. Eine Zahlung auf eine Gesellschafterforderung kann nämlich selbst dann die Zahlungsunfähigkeit i. S. d. Vorschrift herbeiführen, wenn durch sie Liquidität entzogen wird, die zur Erfüllung erst später fällig werdender Drittverbindlichkeiten – eine noch nicht fällige Verbindlichkeit würde im Rahmen der Zahlungsunfähigkeitsprüfung nicht angesetzt – benötigt wird. Denn § 64 Satz 3 GmbHG ist richtigerweise eine Liquiditätsschutznorm, die nicht bei der Schmälerung des Gesellschaftsvermögens durch offene oder verdeckte Ausschüttungen an die Gesellschafter ansetzt, sondern bei der Liquiditätsgefährdung durch „jedwede Zahlung an die Gesellschafter“[882]. Eine erweiternde Auslegung des § 64 Satz 3 GmbHG scheint außerdem auch im Hinblick auf eventuell entstehende Schutzlücken nicht dringend erforderlich zu sein. Stellt der GmbH-Geschäftsführer nämlich im Rahmen der (nicht modifizierten) Zahlungsunfähigkeitsprüfung fest, dass im Zeitpunkt der Fälligkeit der Gesellschafterforderung Zahlungsunfähigkeit der Gesellschaft vorliegt, müsste er Insolvenzantrag stellen, § 15a InsO; Zahlungen dürften in diesem Fall bereits in den Geltungsbereich des § 64 Satz 1 GmbHG fallen und dürften somit nicht mehr vorgenommen werden[883]. Selbst wenn entgegen dem Zahlungsverbot des § 64 Satz 1 GmbHG auf eine fällige Gesellschafterforderung gezahlt wird, bestehen nach der gegenwärtigen Gesetzeslage ausreichende Sanktionsmöglichkeiten etwa in Form der Insolvenzanfechtung nach §§ 129 ff. InsO oder auch durch die allgemeine Haftung des Geschäftsführers nach § 43 GmbHG. Schließlich ist

---

437, 439; so nun auch BGH, Urt. v. 9.10. 2012 – II ZR 298/11, NZG 2012, 1379; 1380.

881 Vgl. *Goette/Kleindiek*, Gesellschafterfinanzierung im MoMiG, Rn. 53; *Kleindiek*, GWR 2010, 75, 76.

882 *K. Schmidt* in: Scholz, GmbHG-Nachtrag MoMiG, 10. Aufl., § 64, Rn. 85.

883 BGH, Urt. v. 9.10. 2012 – II ZR 298/11, NZG 2012, 1379, 1380; *Altmeppen*, in: Roth/Altmeppen 6. Aufl., 2009, § 64 Rn. 61; *Desch*, BB 2010, 2586, 2589 (Fn. 45); *Goette/Kleindiek*, Gesellschafterfinanzierung im MoMiG, Rn. 53; *Olk/Nikoleyczik*, GWR 2010, 320 ff.

auch zivilrechtlich an eine Haftung nach § 826 BGB zu denken, falls im Einzelfall die Voraussetzungen der Existenzvernichtungshaftung vorliegen sollten.

Zugegebenermaßen verbleibt im Falle von Zahlungen auf eine fällige Gesellschafterforderung ein nur vergleichbar enger Anwendungsbereich für § 64 Satz 3 GmbHG. Eine solche enge Auslegung des Anwendungsbereichs der Norm entspricht aber den Vorstellungen des Gesetzgebers, der explizit darauf hinweist, dass der Anwendungsbereich des § 64 Satz 3 GmbHG „eng begrenzt" sei[884]. Der Gesetzgeber verweist in seiner Gesetzesbegründung zwar darauf, dass § 64 Satz 3 GmbHG eventuelle Schutzlücken schließen könne, die durch die Nichtanwendung von § 30 GmbHG analog bei der Rückzahlung eines Gesellschafterdarlehens entstehen könnten[885], daraus jedoch den zwingenden Schluss zu ziehen, dass Zahlungen auf eine fällige Gesellschafterforderung auch in den hier streitigen Fällen von § 64 Satz 3 GmbHG umfasst sein müssen, in denen die Gesellschaft bereits laut Liquiditätsstatus zahlungsunfähig ist, geht zu weit und ist letztlich auch nicht erforderlich.

Zahlungen auf eine Gesellschafterforderung sind somit grundsätzlich vom Anwendungsbereich des § 64 Satz 3 GmbHG umfasst. Richtigerweise liegt in diesen Fällen der Problemschwerpunkt jedoch nicht schon beim Tatbestandsmerkmal der Zahlung, sondern regelmäßig erst bei der Frage des Zurechnungszusammenhangs zwischen der Zahlung und der Zahlungsunfähigkeit, d. h. bei der Frage, ob die Zahlung auf eine Gesellschafterforderung möglicherweise die Bedienung fälliger bzw. später fällig werdender Verbindlichkeiten einschränkt und somit zur Zahlungsunfähigkeit führen musste.

e. Nichtgeltendmachung einer Forderung

Wie auch im Rahmen des § 30 GmbHG stellt sich bei § 64 Satz 3 GmbHG schließlich die Frage, ob stets ein aktives Tun des Geschäftsführers erforderlich ist oder ob sich unter den Zahlungsbegriff auch Fälle des Unterlassens subsumieren lassen, insbesondere wenn es der Geschäftsführer unterlässt, Forderungen gegen die Gesellschafter geltend zu machen, und dadurch die Zahlungsunfähigkeit herbeiführt[886]. Auch im Rahmen des neuen § 64 Satz 3 GmbHG gilt jedoch, dass eine spätere, nicht vorhersehbare negative Entwicklung der Forderung gegen den Gesellschafter nicht nachträglich zu einer verbotenen Zahlung führen kann. Eine Zahlung i. S. d. § 64 Satz 3 GmbHG ist erst wieder in der Verlängerung eines

884 RegBegr. MoMiG, BT-Drucks. 16/6140, S. 47.

885 RegBegr. MoMiG, BT-Drucks. 16/6140, S. 42.

886 Siehe hierzu etwa *Schult*, Solvenzschutz der GmbH durch Existenzvernichtungs- und Insolvenzvernichtungshaftung, S. 181 f.

Darlehens oder in der Nichteinforderung am Ende der Laufzeit eines Darlehens zu sehen (nachträglich verbotene Zahlung)[887]. Das schlichte „Stehenlassen“ eines Darlehens kann dagegen keine insolvenzverursachende Zahlung i. S. d. § 64 Satz 3 GmbHG darstellen[888]. Hierin, wie wohl auch in der Nichtbeendigung der Teilnahme an einem Cash Pool bei Bedrohung der eigenen Liquidität, ist zumindest aber eine Verletzung der Pflicht zur allgemeinen Geschäftsführung (§§ 35 Abs. 1; 43 Abs. 1 GmbHG) zu sehen.

3. *Relevanter Leistungsverkehr*

Während nach § 64 Satz 1 GmbHG alle Zahlungen des Geschäftsführers nach Eintritt der Insolvenzreife der Gesellschaft verboten sind, umfasst § 64 Satz 3 GmbHG nur Zahlungen des Geschäftsführers an Gesellschafter[889]. Zahlungen an Dritte, Lieferanten, Kunden oder sonstige Gläubiger der Gesellschaft sollen von der neuen Regelung gerade nicht erfasst sein[890]. Weitestgehend kann hier auf die zu § 30 GmbHG entwickelten Grundsätze zurückgegriffen werden, wonach insbesondere auch Leistungen an Dritte, die mit dem Gesellschafter wirtschaftlich oder rechtlich eng verbunden sind oder die dem Gesellschafter mittelbar zukommen, den Leistungen an den Gesellschafter gleichzustellen sind[891]. Speziell bei Leistungen innerhalb eines Unternehmensverbandes ist demnach nicht allein auf die formale Stellung als Gesellschafter abzustellen, sondern sind auch Leistungen an verbundene Unternehmen, wie z. B. Schwestergesellschaften, vom Tatbestand des § 64 Satz 3 GmbHG umfasst[892]. Für den GmbH-Geschäftsführer bedeutet der neue § 64 Satz 3 GmbHG somit

---

887 *Greulich/Bunnemann*, NZG 2006, 681, 684; *Sikora*, NWB 2009, 936, 938; *Wicke*, GmbHG, 2. Aufl., § 64, Rn. 30; vgl. auch *Greulich/Rau*, NZG 2008, 284, 287, die neben dem Beispiel der Nichtgeltendmachung einer Forderung die Nichtbeendigung der Teilnahme an einem Cash Pool bei Bedrohung der eigenen Liquidität nennen.

888 So wohl auch *Casper* in: Ulmer/Habersack/Winter, GmbHG, § 64, Rn. 105; unklar dagegen *Greulich/Rau*, NZG 2008, 284, 287; *Greulich/Bunnemann*, NZG 2006, 681, 684.

889 *Kleindiek* in: Lutter/Hommelhoff, GmbHG, 17. Aufl., § 64, Rn. 25.

890 *Schult*, Solvenzschutz der GmbH durch Existenzvernichtungs- und Insolvenzvernichtungshaftung, S. 185; *Seibert*, ZIP 2006, 1157, 1167.

891 Für eine gleiche Anwendung etwa *Greulich/Bunnemann*, NZG 2006, 681, 685; *Knof*, DStR 2007, 1536, 1538; *Casper* in: Ulmer/Habersack/Winter, GmbHG, § 64, Rn. 106; *Kleindiek* in: Lutter/Hommelhoff, GmbHG, 17. Aufl., § 64, Rn. 26; zum relevanten Leitungsverkehr bei § 30 GmbHG s.o.

892 *Kleindiek*, GWR 2010, 75.

insbesondere bei Leveraged-Finance-Transaktionen, d. h. bei Unternehmenskäufen, deren Finanzierung durch einen erheblichen Liquiditätsabfluss beim Zielunternehmen gekennzeichnet ist, sowie beim konzerninternen Leistungsverkehr eine erhebliche Erweiterung der Haftungsrisiken[893].

4. *Zahlungsfolge: Zahlungsunfähigkeit der Gesellschaft*

Der GmbH-Geschäftsführer haftet nach § 64 Satz 3 GmbHG für Zahlungen, die zur Zahlungsunfähigkeit der Gesellschaft führen. § 64 Satz 3 GmbHG setzt also voraus, dass die Zahlungsunfähigkeit tatsächlich auch eingetreten ist[894]. Maßgeblicher Zahlungsunfähigkeitsbegriff ist dabei – wie bereits im Rahmen des Zahlungsbegriffs erörtert – derjenige des § 17 InsO[895]. Gemäß § 17 Abs. 2 Satz 1 InsO ist eine GmbH zahlungsunfähig, wenn sie nicht in der Lage ist, die fälligen Zahlungspflichten zu erfüllen[896]. Zahlungsunfähigkeit wird allgemein nur bei einer mindestens dreiwöchigen Liquiditätsunterdeckung angenommen, d. h., wenn die zum Stichtag verfügbaren und innerhalb von drei Wochen flüssig zu machenden Mittel die am Stichtag fälligen und eingeforderten Verbindlichkeiten nicht mehr decken[897]. § 64 Satz 3 GmbHG findet insofern bei einer (nur vorübergehenden) Zahlungsstockung keine Anwendung. Auch lediglich geringfügige Liquiditätslücken sind nach Ansicht der Rechtsprechung unbeachtlich. Eine nur geringfügige Liquiditätslücke wird angenommen, wenn die innerhalb von drei Wochen zu beseitigende Liquiditätslücke des Schuldners weniger als zehn Prozent der fälligen Gesamtverbindlichkeiten beträgt, es sei denn, es ist bereits absehbar, dass die Lücke demnächst mehr als zehn Prozent erreichen wird[898]. Kann die Liquiditätslücke auch nach Ablauf des Drei-Wochen-Zeitraums nicht vollständig beseitigt werden, so ist regelmäßig von Zahlungsunfähigkeit auszugehen, sofern nicht

---

893 *Wicke*, GmbHG, 2. Aufl., § 64, Rn. 27; vgl. „Praxisleitfaden für GmbH-Geschäftsführer zur Haftungsvermeidung bei Cash Pooling-Systemen", *Erne*, GWR 2009, 387.

894 *K. Schmidt* in: Scholz, GmbHG-Nachtrag MoMiG, 10. Aufl., § 64, Rn. 81; *Uwe H. Schneider*, GmbHR 2010, 57, 62; ausdrücklich auch RegE, BT-Drucks. 16/6140, S. 46.

895 *K. Schmidt* in: Scholz, GmbHG-Nachtrag MoMiG, 10. Aufl., § 64, Rn. 81; siehe dazu auch bereits 5. Kap., A, II, 2, d.

896 *Haas* in: Baumbach/Hueck, GmbHG, 19. Aufl., § 64, Rn. 33.

897 BGH, Urt. v. 24.05. 2005 – IX ZR 123/04, NJW 2005, 3062, 3063 f.; BGH, Urt. v. 16. 10. 2006 – IX ZR 228/03, NZI 2007, 36, 38.

898 BGH, Urt. v. 24.05. 2005 – IX ZR 123/04, NJW 2005, 3062 (2. Leitsatz); siehe hierzu auch *Desch* in: Bunnemann/Zirngibl, Auswirkungen des MoMiG auf bestehende GmbHs, § 8, Rn. 129; *Knof*, DStR 2007, 1536, 1539.

ausnahmsweise mit an Sicherheit grenzender Wahrscheinlichkeit zu erwarten ist, dass die Liquiditätslücke „demnächst" vollständig beseitigt werden wird und ein Zuwarten nach den besonderen Umständen des Einzelfalls zuzumuten ist[899]. Welcher Zeitraum unter „demnächst" i. d. S. zu verstehen ist, ist nicht endgültig geklärt. Es wird allerdings vertreten, dass in Ausnahmefällen Verzögerungen von noch bis zu drei Monaten zumutbar sind, während solche, die länger als sechs Monate dauern, generell indiskutabel sind[900].

5. *Zurechnungszusammenhang*

a. Allgemeines

Bereits lange vor dem MoMiG wurde eine vom bilanzorientierten Kapitalerhaltungsschutz losgelöste Fallgruppe der sog. „bestandsgefährdenden Auszahlung" gefordert[901]. Bereits damals wurde das Problem erkannt, dass der Eintritt einer solchen „situativen" Auszahlungssperre nicht von einer konkreten Beeinträchtigung des Stammkapitals, sondern von einer negativen Wirtschaftlichkeits- und Rentabilitätsbewertung abhängig zu machen ist. Anders als die in § 30 Abs. 1 GmbHG zu ermittelnde Unterbilanz ist aber das Kriterium einer solchen negativen Zukunftsprognose mit Unsicherheiten behaftet. Eine eindeutige Aussage über die künftige wirtschaftliche Entwicklung der Gesellschaft lässt sich nicht mit Sicherheit treffen. Diese Problematik eines geeigneten objektivierbaren und damit justiziablen Auslösemoments einer vom Geschäftsführer zu beachtenden situativen Auszahlungssperre setzt sich im neuen § 64 Satz 3 GmbHG bei der Frage nach dem erforderlichen Kausalzusammenhang fort. Die Geschäftsführerhaftung nach § 64 Satz 3 GmbHG verlangt, dass die Zahlung des Geschäftsführers an die Gesellschafter zur Zahlungsunfähigkeit der Gesellschaft „führen musste". Wann allerdings eine Zahlung an die Gesellschafter der GmbH zu deren Zahlungsfähigkeit im Sinne des § 64 Satz 3 GmbHG „führen musste" und wie dieses Tatbestandsmerkmal im Hinblick der Objektivierbarkeit und damit Justiziabilität auszusehen hat, wird im Schrifttum lebhaft diskutiert[902].

---

899 BGH, Urt. v. 24.05. 2005 – IX ZR 123/04, NJW 2005, 3062 (3. Leitsatz).

900 *Fischer*, ZGR 2006, 403, 408.

901 *Fleck* in FS 100 Jahre GmbHG, S. 398 f.

902 Siehe z. B. *Böcker/Poertzgen*, WM 2007, 1203, 1206 f.; *Gehrlein*, Der Konzern 2007, 771, 795 f.; *Greulich/Rau*, NZG 2008, 284, 288 f.; *Kleindiek* in: W. Bayer/E. Koch, Das neue GmbH-Recht, S. 94 ff.; *Knof*, DStR 2007, 1536, 1539 f.; *Meyer*, BB 2008, 1742, 1746 f.

Insbesondere für das „konzeptionelle Grundverständnis“ des neuen Haftungstatbestandes und dessen „rechtstatsächlicher Relevanz“ hat die Frage des erforderlichen Kausalzusammenhangs eine nicht unerhebliche Bedeutung[903]. Während ein weites Verständnis vom Zurechnungszusammenhang die Haftungsgefahren des Geschäftsführers unübersichtlich erscheinen lässt, würde durch ein restriktives Verständnis der neue § 64 Satz 3 GmbHG in der Praxis erheblich an Schrecken verlieren. Unabhängig vom Verständnis des Kausalitätserfordernisses wird aber nur eine ausreichend genaue und damit rechtssichere Regelung eine ausreichende Anreizwirkung der Haftung entfalten können[904].

b. Änderung zwischen Referenten- und Regierungsentwurf

Ursprünglich sah der Referentenentwurf noch solche Zahlungen als tatbestandsmäßig an, durch welche die „Zahlungsunfähigkeit der Gesellschaft herbeigeführt wird“[905]. Dagegen wurde vorgebracht, dass sich aus dieser Formulierung kein Anhaltspunkt für den erforderlichen Kausalzusammenhang entnehmen lasse und daher praktische Probleme beim Nachweis des erforderlichen Kausalzusammenhangs zu erwarten seien[906]. Die Zahlungsunfähigkeit sei regelmäßig das Ergebnis eines „multikausalen Prozesses“, so dass bei der vorgeschlagenen Formulierung im Streitfall schwierige Abgrenzungsprobleme zu befürchten gewesen seien[907].

Der Gesetzgeber hat diese Bedenken offensichtlich wahrgenommen und den Gesetzeswortlaut dahingehend verändert, dass nunmehr vom Tatbestand des § 64 Satz 3 GmbHG nur Zahlungen erfasst sind, die „zur Zahlungsunfähigkeit der Gesellschaft führen mussten“. Der Gesetzgeber unterstreicht mit dieser Änderung das Erfordernis einer Eingrenzung des Kausalzusammenhangs zwischen Auszahlung und Zahlungsunfähigkeit. Leider lässt aber auch der neue Wortlaut eine rechtssichere Beantwortung der Kausalitätsfrage nicht zu.

Die Begründung des MoMiG-Regierungsentwurfs kann die Unklarheiten nicht gänzlich beseitigen. Die erforderliche Kausalität liegt vor – so die Gesetzesbegründung –, wenn die Zahlung ohne Hinzutreten weiterer Kausalbeiträge zur Zahlungsunfähigkeit der Gesellschaft führt[908], mit anderen Worten, wenn

903 *Kleindiek* in: W. Bayer/E. Koch, Das neue GmbH-Recht, S. 94 ff.

904 *Meyer*, BB 2008, 1742, 1746.

905 Begr. RefE MoMiG S. 8.

906 *Gesmann-Nuissl*, WM 2006, 1756, 1763; *Noack*, DB 2006, 1475, 1497.

907 Stellungnahme des Handelsrechtsausschusses DAV, NZG 2007, 211, 218; *Greulich/Bunnemann*, NZG 2006, 681, 685.

908 Begr. RegE BT-Drucks. 16/6140, S. 46.

die Zahlung des Geschäftsführers monokausal für die spätere Zahlungsunfähigkeit ist. Dieses enge Kausalitätserfordernis relativiert die Gesetzesbegründung aber sogleich, indem sie darauf hinweist, dass im Moment der Zahlung die Zahlungsunfähigkeit nicht schon eintreten muss, sondern dass zwischen Zahlung und Zahlungsunfähigkeit eine gewisse Zeitspanne liegen kann[909]. Dennoch macht die Begründung deutlich, dass im Rahmen des § 64 Satz 3 GmbHG nicht jede Leistung gemeint sei, die erst nach Hinzutreten weiterer im Moment der Zahlung noch nicht feststehender Umstände zur Zahlungsunfähigkeit führt[910]. Es müsse sich im Moment der Zahlung „klar abzeichnen", dass die Gesellschaft bei normalem Verlauf der Dinge ihre Verbindlichkeiten nicht mehr werde erfüllen können. Zu diesem Zeitpunkt nicht zu erwartende „außergewöhnliche Ereignisse" sollen insofern außer Betracht bleiben[911].

Die Änderung des Gesetzeswortlauts ist folglich nicht bloß als redaktionelle Änderung zu verstehen, vielmehr wird durch das Tatbestandsmerkmal „führen musste" das Erfordernis eines engen Kausalzusammenhangs zwischen Auszahlung und Zahlungsunfähigkeit unterstrichen.

c. Lösungsvorschläge im Schrifttum

Wie jedoch diese von der Gesetzesbegründung propagierte restriktive Anwendung des Kausalitätskriteriums sichergestellt wird, ist umstritten.

Zur Eingrenzung der haftungsbegründenden Kausalität werden im Schrifttum die vor allem aus dem Schadensrecht bekannten Grundsätze zur haftungsrechtlichen Kausalität herangezogen. Die Schadenszurechnung lässt danach auf objektiver Ebene zunächst einen schlichten Kausalzusammenhang genügen, der gegebenenfalls ergänzt wird durch die standardmäßigen Kriterien von Adäquanz und Schutzzwecklehre[912].

Die Äquivalenztheorie als erster grober Filter der haftungsbegründenden Kausalität wird im Rahmen des § 64 Satz 3 GmbHG zweifellos als zu weit angesehen, da andernfalls jegliche vom Geschäftsführer jemals zu Gunsten eines Gesellschafters getätigte Zahlung conditio sine qua non für den Eintritt der späteren Illiquidität sein würde[913].

---

909 Begr. RegE BT-Drucks. 16/6140, S. 46 f.

910 Begr. RegE BT-Drucks. 16/6140, S. 47.

911 Begr. RegE BT-Drucks. 16/6140, S. 47.

912 Vgl. etwa *Bork* in: Bork/Schäfer, GmbHG, § 64, Rn. 52; *Knof*, DStR 2007, 1536, 1539; *Schall*, Kapitalgesellschaftsrechtlicher Gläubigerschutz, S. 200.

913 Für Viele *Böcker/Poertzgen*, WM 2007, 1203, 1207.

Um eine uferlose Ausweitung der Ersatzpflicht des Geschäftsführers zu vermeiden, wird ein Korrektiv i. S. d. Adäquanzprüfung für erforderlich gehalten, damit nicht zu erwartende „außergewöhnliche Ereignisse" außer Betracht bleiben[914]. Nach der Adäquanztheorie sind nur solche Bedingungen adäquat, die im Allgemeinen und nicht nur unter besonders eigenartigen, unwahrscheinlichen und nach dem gewöhnlichen Lauf der Dinge außer Betracht zu lassenden Umständen geeignet sind, einen Erfolg dieser Art herbeizuführen[915]. Der Grad der Wahrscheinlichkeit ist dabei anhand einer objektiv nachträglichen Prognose zu ermitteln[916]. Es geht also nicht um den realen Ursachenzusammenhang, sondern um eine (erste) rechtliche Wertung. Angewandt auf § 64 Satz 3 GmbHG würde das bedeuten, dass bei Insolvenzeintritt somit alle dem Geschäftsführer im Zeitpunkt der Zahlung (ex ante) bekannten und mit der Sorgfalt eines ordentlichen Geschäftsmannes erkennbaren Umstände in das Wahrscheinlichkeitsurteil einzuführen sind. Auf später hinzutretende nicht absehbare Umstände kommt es dagegen nicht an. Die weiten Kriterien für die Wahrscheinlichkeitsprognose führen allerdings dazu, dass lediglich „besonders unwahrscheinliche Handlungsläufe" den Geschäftsführer von seiner Haftung befreien. Dass also eine potenzielle Ursachenkette mit Hilfe des wertenden (Adäquanz-)Korrektivs haftungsrechtlich begrenzt werden kann, erscheint fraglich[917]. Im Ergebnis würde das „normale" Insolvenzrisiko jenseits völlig atypischer Handlungsverläufe auf den Geschäftsführer abgewälzt[918]. Sinn und Zweck des § 64 Satz 3 GmbHG

---

914 Vgl. *Knof*, DStR 2007, 1536, 1539.

915 BGH, Urt. v. 14.03.1985 - IX ZR 26/84, NJW 1986, 1329, 1331; zu § 64 S. 3 GmbHG siehe *Knof*, DStR 2007, 1536, 1539.

916 BGH, Urt. v. 03. 02. 1976 – VI ZR 235/74, NJW 1976, 1143, 1144.

917 *Böcker/Poertzgen*, WM 2007, 1203, 1207; *Knof*, DStR 2007, 1536, 1539; *Rodewald*, GmbHR 2009, 1301, 1306; unklar dagegen *Casper* in: Ulmer/Habersack/Winter, GmbHG, § 64, Rn. 109, der den Kausalzusammenhang zwischen Zahlung und Zahlungsunfähigkeit bereits für den Fall bejaht, dass die Zahlung für einen objektiven Beobachter unter Berücksichtigung der konkreten finanziellen Gegebenheiten lediglich ‚geeignet' ist, eine Zahlungsfähigkeit herbeizuführen und die Zahlungsunfähigkeit nicht nur aufgrund der Verkettung weiterer, nicht ohne weiteres vorhersehbarer Umstände eingetreten ist; ähnlich vorher bereits *Hölzle*, der schon jede Zahlung genügen lässt, die den „typischen Zeitlauf" – erst Überschuldung, sodann drohende Zahlungsunfähigkeit, schließlich Zahlungsunfähigkeit – in Gang setzt, *Hölzle*, GmbHR 2007, 729, 731.

918 *Bork* in: Bork/Schäfer, GmbHG, § 64, Rn. 52; *Knof*, DStR 2007, 1536, 1540; ferner *Desch* in: Bunnemann/Zirngibl, Auswirkungen des MoMiG auf bestehende GmbHs, § 8, Rn. 132.

soll es zwar sein, die Insolvenzwahrscheinlichkeit zu reduzieren. Ein derart weit verstandener Zurechnungszusammenhang würde diesem Schutzzweck auch weitestgehend folgen. Es sei jedoch zu befürchten, dass eine derart extensive Handlungsverantwortung des Geschäftsführers zu ungewollt hohen Haftungsrisiken führen würde. Um eine ausufernde Geschäftsführerhaftung zu vermeiden, wird im Schrifttum daher vorgeschlagen, die Adäquanztheorie, die aufgrund ihrer Weite zu einem beachtlichen Grad an Unbestimmtheit führt, weiter einzuschränken.

Der Handelsrechtsausschuss des Deutschen Anwaltsvereins hat vorgeschlagen, den erforderlichen Kausalzusammenhang zwischen der Zahlung des Geschäftsführers und der Zahlungsunfähigkeit nach § 64 Satz 3 GmbHG im Sinne einer „Monokausalität" zu verstehen[919]. Eine Monokausalität im technischen Sinne würde für die Geschäftsführerhaftung nach § 64 Satz 3 GmbHG bedeuten, dass schon jeder hinzutretende weitere Kausalbeitrag die Kausalität entfallen lassen würde. Angesichts der Tatsache, dass Unternehmenszusammenbrüche regelmäßig das Ergebnis eines multikausalen Vorgangs sind, könnte sich der Geschäftsführer danach regelmäßig auf das Fehlen des Kausalzusammenhanges berufen, so dass § 64 Satz 3 GmbHG nur als Auffangtatbestand für missbräuchliche, sog. Ausplünderungsfälle einschlägig wäre.

Nach ganz h. M.[920] müsse die Haftung des § 64 Satz 3 GmbHG aber auch in Fällen eines multikausalen Prozesses Anwendung finden, zumal eine Insolvenz kaum je auf einer einzigen Ursache beruhen wird.

So wird vorgeschlagen, im Rahmen einer wertenden Betrachtungsweise, in die auch ein enger zeitlicher Zusammenhang zwischen Zahlung und Zahlungsunfähigkeit einzubeziehen ist, den Zurechnungszusammenhang erst dann zu bejahen, wenn die Zahlung des Geschäftsführers für den Eintritt der Zahlungsunfähigkeit eine „überwiegend wahrscheinliche" Folge war[921]. Eine „überwiegend wahrscheinliche" Folge wird angenommen, wenn der Zahlung als Auslöser aus der Sicht eines ordentlichen und umfassend informierten Kaufmanns eine

---

919 Stellungnahme des Handelsrechtsausschusses DAV, NZG 2007, 735, 741.

920 Statt vieler z. B. *Haas* in: Baumbach/Hueck, GmbHG, 19. Aufl., § 64, Rn. 105; *Spliedt*, ZIP 2009, 149, 160.

921 *Bork* in: Bork/Schäfer, GmbHG, § 64, Rn. 53; *Greulich/Bunnemann*, NZG 2006, 681, 685; *K. Schmidt* in: Scholz, GmbHG-Nachtrag MoMiG, 10. Aufl., § 64, Rn. 86; *Kleindiek* in: Lutter/Hommelhoff, GmbHG, 17. Aufl., § 64, Rn. 28; *ders.*, GWR 2010, 75; *Knof*, DStR 2007, 1536, 1540; *Spliedt*, ZIP 2009, 149, 160; *Wicke*, GmbHG, 2. Aufl., § 64, Rn. 29; eine „an Sicherheit grenzende Wahrscheinlichkeit" fordernd: *Schall*, Kapitalgesellschaftsrechtlicher Gläubigerschutz, S. 201.

gewichtige Bedeutung zukommt, sie die Funktion der Gesellschaft als Haftungsträger nachhaltig beeinträchtigt und sich als „Weichenstellung ins Aus“[922] darstellt[923]. Dass die Zahlung ein Schritt unter vielen hin zur Insolvenz war, genügt nach dieser Ansicht nicht[924]. In Zahlen ausgedrückt, wird insoweit eine Wahrscheinlichkeit von über 50 Prozent verlangt[925]. Erst in dieser Situation, in der dieser hohe Wahrscheinlichkeitsgrad bezüglich der zukünftigen Zahlungsunfähigkeit der Gesellschaft (objektiv) vorliegt, ist der Geschäftsführer verpflichtet, das Ausfallrisiko der Gesellschaftsgläubiger zu minimieren, indem er zumindest an die Gesellschafter keine Auszahlungen mehr tätigt[926]. Dagegen wird teilweise auch die Ansicht vertreten, dass es für den Zurechnungszusammenhang bei § 64 Satz 3 GmbHG bereits ausreichen müsse, „wenn die Zahlung an Gesellschafter einen (wesentlichen) Beitrag dazu leistet, dass die Zahlungsunfähigkeit der Gesellschaft herbeigeführt oder deren Eintritt beschleunigt wird“[927]. Denn die Vorschrift könne nur dann einen effektiven Beitrag zur Erreichung des Normzwecks leisten, wenn der Kausalzusammenhang nicht allzu eng zu verstehen sei[928].

Ein weiterer Vorschlag will die gebotene Einschränkung der Kausalität durch einen Rückgriff auf die oben beschriebenen Kriterien zur Abgrenzung der Zahlungsunfähigkeit von der bloßen Zahlungsstockung erreichen[929]. Beträgt demnach die Liquiditätslücke der GmbH auch einschließlich der Zahlung an die

---

922 *Hueck/Fastrich* in: Baumbach/Hueck, GmbHG, 19. Aufl., § 13, Rn. 66 zum existenzvernichtenden Eingriff.

923 *Greulich/Bunnemann,* NZG 2006, 681, 685; *Greulich/Rau*, NZG 2008, 284, 288; *K. Schmidt* in: Scholz, GmbHG-Nachtrag MoMiG, 10. Aufl., § 64, Rn. 84.

924 *K. Schmidt* in: Scholz, GmbHG-Nachtrag MoMiG, 10. Aufl., § 64, Rn. 84; *Kleindiek* in: Lutter/Hommelhoff, GmbHG, 17. Aufl., § 64, Rn. 28; a. A. *Hölzle*, GmbHR 2007, 729, 731; wohl auch *Casper* in: Ulmer/Habersack/Winter, GmbHG, § 64, Rn. 109, der bereits einen „geeigneten“ Beitrag ausreichen lässt.

925 *Bitter*, ZInsO 2010, 1505, 1520; *Desch* in: Bunnemann/Zirngibl, Auswirkungen des MoMiG auf bestehende GmbHs, § 8, Rn. 132; *Knof*, DStR 2007, 1536, 1540; *Wicke*, GmbHG, 2. Aufl., § 64, Rn. 29.

926 *Knof*, DStR 2007, 1536, 1540.

927 *Haas* in: Baumbach/Hueck, GmbHG, 19. Aufl., § 64, Rn. 105; vgl. auch *Casper* in: Ulmer/Habersack/Winter, GmbHG, § 64, Rn. 109, der bereits einen „geeigneten“ Beitrag ausreichen lässt; ähnlich vorher bereits *Hölzle*, der schon jede Zahlung genügen lässt, die den „typischen Zeitlauf“ – erst Überschuldung, sodann drohende Zahlungsunfähigkeit, schließlich Zahlungsunfähigkeit – in Gang setzt, *Hölzle*, GmbHR 2007, 729, 731.

928 *Haas* in: Baumbach/Hueck, GmbHG, 19. Aufl., § 64, Rn. 105.

929 *Böcker/Poertzgen*, WM 2007, 1203, 1207.

Gesellschafter weniger als zehn Prozent der fälligen Gesamtverbindlichkeit, wird angenommen, dass die getätigte Zahlung nicht im Sinne des § 64 Satz 3 GmbHG zur Zahlungsunfähigkeit „führen musste" (es sei denn, für den Geschäftsführer war im Zeitpunkt der Zahlung erkennbar, dass die Liquiditätslücke demnächst mehr als zehn Prozent der Gesamtverbindlichkeiten betragen werde). Bewirkt die Zahlung allerdings eine mit an Sicherheit grenzender Wahrscheinlichkeit zu erwartende, bis auf weiteres nicht behebbare Liquiditätslücke von mehr als zehn Prozent der Gesamtverbindlichkeiten, ist nach dieser Ansicht der Ursachenzusammenhang grundsätzlich zu bejahen[930].

d. Stellungnahme

Im Hinblick auf das konzeptionelle Grundverständnis des neuen Haftungstatbestandes und dessen rechtstatsächliche Relevanz ist die Ausformung des erforderlichen Kausalzusammenhangs von erheblicher Bedeutung. Eine extensive Handlungsverantwortung des Geschäftsführers und somit ein weit zu verstehender Kausalzusammenhang ist vom Gesetzgeber offensichtlich nicht gewollt. Aber auch ein zu restriktives Verständnis des Kausalitätserfordernisses ist mit dem Normzweck unvereinbar, der Anwendungsbereich des § 64 Satz 3 GmbHG würde dadurch massiv eingeengt und ginge an den Bedürfnissen der Praxis vorbei.

Überzeugend erscheint es insoweit, den erforderlichen Kausalzusammenhang zwischen Zahlung und Zahlungsunfähigkeit zunächst im Sinne der allgemeinen Schadensregeln (Äquivalenz- und Adäquanzlehre) zu bestimmen, und ihn in einem letzten Schritt mittels einer wertenden Betrachtung einzugrenzen.

Eine Eingrenzung der Geschäftsführerhaftung auf lediglich monokausale Fälle, wonach die Zahlungsunfähigkeit zwingende Folge einer Zahlung im Sinne einer hundertprozentigen Wahrscheinlichkeit sein muss, geht jedoch zu weit und ist daher abzulehnen. Denn zum einen wird eine Insolvenz kaum je auf einer einzigen Ursache beruhen, zum anderen bestünde die Gefahr, dass in der Praxis die Gesellschafter ihr Geld speziell dann aus der Gesellschaft abziehen, wenn sich die Insolvenz bereits abzeichnet oder ankündigt. Letzteres wäre nämlich bei der Annahme einer monokausalen Beziehung (im Vorfeld von Zahlungsunfähigkeit) nicht verboten, denn der Liquiditätsentzug wäre dann nicht mehr einzige Ursache der Zahlungsunfähigkeit; die Insolvenz wurde ja (zumindest auch) durch andere Ursachen ausgelöst[931]. Gerade in diesen Fällen, in denen die

---

930 *Böcker/Poertzgen*, WM 2007, 1203, 1208.

931 In diesem Sinne auch: *Haas* in: Baumbach/Hueck, GmbHG, 19. Aufl., § 64, Rn. 105; *Spliedt*, ZIP 2009, 149, 160.

Neuregelung zum Schutz der Gläubiger besonders wichtig erscheint, würde sie regelmäßig leerlaufen.

Auch der Vorschlag, das tatbestandlich unscharfe Merkmal des „zur Zahlungsunfähigkeit Führen-Müssens“ i. S. d. § 64 Satz 3 GmbHG mittels einer Orientierung an der Rechtsprechung des BGH zum Merkmal der „Zahlungsunfähigkeit“ zu konkretisieren, überzeugt nicht. Die vorgeschlagene Kasuistik lässt im ersten Schritt einen weiten Zurechnungszusammenhang im Sinne einer Äquivalenzkausalität ausreichen, um in einem zweiten Schritt die Geschäftsführerhaftung wertungsgerecht dadurch zu begrenzen, dass bei Eintritt einer Liquiditätslücke von mehr als zehn Prozent der Gesamtverbindlichkeit reflexartig eine Haftung im Sinne des § 64 Satz 3 GmbHG anzunehmen ist. Genau genommen handelt es sich bei diesem Vorschlag lediglich um eine sprachliche Neufassung des Problems und gerade nicht um eine Begrenzung des Zurechnungszusammenhangs. Auch geht diese Ansicht noch vom Tatbestandsmerkmal des „Herbeiführens“ der Zahlungsunfähigkeit entsprechend dem Referentenentwurf aus und ist schon deshalb nicht mit dem offensichtlich enger zu fassenden Zurechnungszusammenhang, für den sich der Gesetzgeber entschieden hat, vereinbar.

Soll die Vorschrift zumindest einen gewissen Abschreckungseffekt erzeugen ohne gleichzeitig eine extensive Handlungsverantwortung des Geschäftsführers auszulösen, muss es ausreichen, wenn die Zahlungsunfähigkeit als Folge der Zahlung an den Gesellschafter ex ante „überwiegend wahrscheinlich“ (mehr als 50 %) war. Die Zahlung muss also nicht die alleinige („monokausale“) Ursache sein. Andererseits kann es aber auch nicht ausreichen, wenn die Zahlung hierzu lediglich „geeignet“[932] war oder einen „wesentlichen“[933] Beitrag geleistet hat, die Zahlungsunfähigkeit aber letztlich nur aufgrund einer Verkettung weiterer, nicht ohne weiteres voraussehbarer Umstände eingetreten ist[934]. Erforderlich ist letztlich eine wertende Betrachtung, in die alle Umstände des Einzelfalls einfließen. So wird man auch einem nahen zeitlichem Zusammenhang zwischen Zahlung und Zahlungsunfähigkeit eine Indizwirkung beimessen müssen; sie kann jedoch nur so weit reichen, wie die Prognose „überwiegender Wahrscheinlichkeit“

---

932 *Casper* in: Ulmer/Habersack/Winter, GmbHG, § 64, Rn. 109.

933 *Haas* in: Baumbach/Hueck, GmbHG, 19. Aufl., § 64, Rn. 105.

934 Für dieses Verständnis einer wertenden ex-ante-Betrachtung spricht auch, dass die Gesetzesbegründung nur die im Zeitpunkt der Leistung noch nicht absehbaren Umstände unberücksichtigt wissen will, den „normalen“ Verlauf der Dinge aber in die Kausalitätsbetrachtung einbezieht, siehe Begr. RegE BT-Drucks. 16/6140, S. 47.

überhaupt möglich ist[935]. Eine positive Kausalitätsvermutung für solche Zahlungen, die ein Jahr (oder mehr) vor der Insolvenz erfolgt sind, ist allerdings abzulehnen[936].

6. *Solvenzprognose und Solvenzerklärung*

a. Überblick

Welche konkreten Anforderungen im Hinblick auf § 64 Satz 3 GmbHG speziell im Hinblick auf das Kausalitätskriterium an den GmbH-Geschäftsführer zu stellen sind, lässt sich vor dem Hintergrund des ungenauen Wortlauts der Vorschrift grundsätzlich nur schwer bestimmen. Sicher ist nach vorherigen Ausführungen zum erforderlichen Kausalzusammenhang allerdings, dass § 64 Satz 3 GmbHG den GmbH-Geschäftsführer zu einer auf den Zahlungszeitpunkt bezogenen (Solvenz-)Prognoseentscheidung verpflichtet. Der Geschäftsführer muss also beurteilen, ob nach der Zahlung an den Gesellschafter der Eintritt der Zahlungsunfähigkeit „überwiegend wahrscheinlich" ist[937].

b. Solvenzprognose

Der Gesetzgeber hat auf konkretisierende Vorgaben zur näheren Ausgestaltung einer solchen Solvenzprognose verzichtet. In der Begründung des RegE-MoMiG wird lediglich auf gewisse Parallelen zum *solvency test* hingewiesen. Dieser Hinweis hilft jedoch bei der Suche nach den inhaltlichen Anforderungen an die Solvenzprognose wenig weiter. Zwar ist der *solvency test* bei der nationalen und europäischen Diskussion um die Zukunft des Kapitalschutzes in aller Munde, ein tatbestandlich einheitlich ausgestalteter Solvenztest hat sich dabei bisher jedoch nicht herausgebildet.

Für § 64 Satz 3 GmbHG wird eine nicht nur vergangenheits- und stichtagsbezogene, sondern eine darüber hinausgehende zeitraumbezogene Analyse als erforderlich

---

935 *Kleindiek* in: Lutter/Hommelhoff, GmbHG, 17. Aufl., § 64, Rn. 28; siehe hierzu auch OLG Celle, Urteil vom 9. 5. 2012–9 U 1/12, DStR 2013, 55, 56, das 13 Monate nach Vornahme der haftungsauslösenden Leistung noch davon ausgeht, dass es sich „naheliegenderweise um ein Geschehen handelt".

936 So aber *Gesmann-Nuissl*, WM 2006, 1756, 1763; ablehnend dagegen auch *K. Schmidt* in: Scholz, GmbHG-Nachtrag MoMiG, 10. Aufl., § 64, Rn. 84; ferner *Greulich/Rau*, NZG 2008, 284, 289, mit der Begründung, dass dem Geschäftsführer die Entlastung in der Praxis aufgrund häufiger non-liquet-Situationen nicht gelingen werde.

937 *Bork* in: Bork/Schäfer, GmbHG, § 64, Rn. 53; *Gehrlein*, Der Konzern 2007, 771, 795; *Kleindiek* in: Lutter/Hommelhoff, GmbHG, 17. Aufl., § 64, Rn. 28; ders., GWR 2010, 75 ff..

angesehen. Im deutschen Schrifttum wird insofern versucht, die bereits entwickelten Kriterien für die Fortbestehensprognose, die bereits für die Prüfung des Vorliegens der drohenden Zahlungsunfähigkeit (§ 18 Abs. 2 InsO) und der Überschuldung (§ 19 Abs. 2 InsO) verwendet werden, auch für die Solvenzprognose in § 64 Satz 3 GmbHG fruchtbar zu machen[938]. Dabei wird vorwiegend auf die hierfür in Rechtsprechung[939] und Schrifttum[940] formulierten Anforderungen zurückgegriffen.

Danach hat der Geschäftsführer von einem schlüssigen Unternehmenskonzept ausgehend zunächst einen fundierten Vermögens-, Finanz- und Ertragsplan zu erstellen[941]. Neben künftigen Geschäftstätigkeiten sind hierbei auch Investitionsprogramme und Sanierungsmaßnahmen zu berücksichtigen, und zwar vor dem Hintergrund der zu erwartenden Entwicklung des Unternehmensumfelds. In die Solvenzprognose einzustellen ist dabei auch ein aufgrund der Zahlung an den Gesellschafter zu erwartendes verändertes Finanzierungsverhalten der Banken oder anderer Geldgeber mit den daraus resultierenden Rückwirkungen auf zukünftige Zahlungsströme der Gesellschaft[942]. Wurde solch ein Finanzstatus und ein darauf aufbauender Finanzplan erstellt, muss der Geschäftsführer im letzten Schritt mit Hilfe des Finanzplans nach eigenem Ermessen feststellen, ob und wann die Gesellschaft zahlungsunfähig wird, wenn man die konkret geplante Auszahlung an einen Gesellschafter zu einem bestimmten Stichtag als Mittelabfluss in die Planrechnung einfließen lässt[943]. Der Geschäftsführer hat demnach, ausgehend vom ermittelten Zahlungsmittelstand, die voraussichtlichen Zahlungsausgänge inklusive der fraglichen Zahlung an den Gesellschafter unsaldiert den (realistischerweise)

---

938 *Casper* in: Ulmer/Habersack/Winter, GmbHG, § 64, Rn. 112; *Gehrlein*, Der Konzern 2007, 771, 795; *Knof*, DStR 2007, 1536, 1541; siehe dazu auch *Schult*, Solvenzschutz der GmbH durch Existenzvernichtungs- und Insolvenzvernichtungshaftung, S. 197; vgl. dazu auch *Hoffmann*, GmbHR, 2010, 203, der von einer normspezifisch ausgestalteten Unternehmens- und Cash-Flow-Planung spricht.

939 BGH, Urt. v. 09.10.2006 – II ZR 303/05, GmbHR 2006, 1334.

940 Im Einzelnen dargestellt bei *Knof*, DStR 2007, 1536, 1541 f.; siehe auch Empfehlungen des IDW-Prüfungsstandards PS 800 für die „Beurteilung eingetretener und drohender Zahlungsunfähigkeit bei Unternehmen", abgedruckt z. B. in WPg Supplement 2/2009, S. 42 ff.

941 BGH, Urt. v. 09.10.2006 – II ZR 303/05, GmbHR 2006, 1334; OLG Schleswig, Urt. v. 11.02.2010–5 U 60/09, GmbHR 2010, 864 (mit Anm. von Blöse); *Uwe H. Schneider*, GmbHR 2010, 57, 61; dagegen auf ein Unternehmenskonzept verzichtend *Bork*, ZIP 2000, 1709, 1712 f.

942 *Schult*, Solvenzschutz der GmbH durch Existenzvernichtungs- und Insolvenzvernichtungshaftung, S. 198.

943 *Knof*, DStR 2007, 1536, 1541.

zu erwartenden Zahlungseingängen gegenüberzustellen[944]. Kommt der Geschäftsführer aufgrund dieser Gegenüberstellung zu der Prognose, dass im Falle der Zahlung an den Gesellschafter die Herbeiführung der Zahlungsunfähigkeit überwiegend wahrscheinlich ist, muss er die Zahlung unterlassen; andernfalls kann sie (jedenfalls mit Blick auf § 64 Satz 3 GmbHG) vorgenommen werden.

Der Übertragung der für die Fortbestehungsprognose entwickelten Anforderungen auf die Solvenzprognose der Insolvenzverursachungshaftung ist wegen der Funktionsgleichheit grundsätzlich zuzustimmen. Insbesondere die Erstellung eines fundierten Finanzplans stellt für den GmbH-Geschäftsführer keine unzumutbare Mehrbelastung dar, sondern ist ohnehin eine aus seiner Geschäftsführungstätigkeit für ihn bestehende Rechtspflicht. Allerdings verbietet sich ein allzu schematischer Rückgriff auf die in Rechtsprechung und Schrifttum formulierten Anforderungen.

So wird man sich für einen Großteil der in der Rechtsform der GmbH firmierten Klein- und Kleinstbetriebe die Frage stellen müssen, inwieweit die aufgestellten Anforderungen hinsichtlich der Prognosegrundlagen und/oder des Prognosezeitraums praxistauglich sind. Von dem kleinen Handwerksbetrieb „an der Ecke" wird man beispielsweise kein ständig für jede „Auszahlung" aktualisiertes Unternehmenskonzept verlangen können, da ein solches häufig nur mit sachverständiger Hilfe erarbeitet werden kann und daher zu unverhältnismäßigen Kosten führen würde. Unterschiede zeigen sich außerdem, wenn man den Zeitraum der mit der Neuregelung verbundenen Solvenzprognose betrachtet. In Anlehnung an den vom IDW PS 800[945] für die Prüfung drohender Zahlungsunfähigkeit empfohlenen Prognosezeitraum sei nach teilweise vertretener Ansicht auch im Rahmen der Solvenzprognose nach § 64 Satz 3 GmbHG die gesamte Finanzlage der Gesellschaft bis zur Fälligkeit aller bestehenden Verbindlichkeiten des laufenden und des darauffolgenden Geschäftsjahres in den Blick zu nehmen[946]. Hiergegen wird jedoch zu Recht eingewandt, dass ein derart weitreichender Prognosezeitraum über das Anforderungsprofil der Solvenzprognose i. S. d. § 64 Satz 3 GmbHG hinausgeht[947]. Letztlich wird der Prognosezeitraum nämlich nur so weit reichen können,

---

944 *Sikora*, NWB 2009, 936, 940.

945 IDW-Prüfungsstandard: „Beurteilung eingetretener und drohender Zahlungsunfähigkeit bei Unternehmen" (PS 800), abgedruckt z. B. in WPg Supplement 2/2009, S. 42 ff.

946 *Gehrlein*, Der Konzern 2007, 795; *Knof*, DStR 2007, 1580, 1582; *Wicke*, GmbHG, 2. Aufl., § 64, Rn. 29.

947 *Kleindiek* in: Lutter/Hommelhoff, GmbHG, 17. Aufl., § 64 Rn. 29; *Rodewald*, GmbHR 2009, 1301, 1306.

wie die Voraussage „überwiegender Wahrscheinlichkeit" überhaupt möglich ist[948]. Eine Orientierung an einem das gegenwärtige und das folgende Geschäftsjahr umfassenden Prognosezeitraum ist in dieser Allgemeinheit daher nicht erforderlich. Hier wird man dem GmbH-Geschäftsführer insofern einen gewissen Ermessensspielraum zugestehen müssen[949].

Festzuhalten bleibt, dass sich die allgemeine wirtschaftliche Selbstprüfungspflicht des GmbH-Geschäftsführers im Falle von Zahlungen an Gesellschafter zu einer Solvenzprüfungspflicht konkretisiert, wonach der Geschäftsführer in der Lage sein sollte, festzustellen, ob die Zahlung i. S. d. § 64 Satz 3 GmbHG überwiegend wahrscheinlich zur Zahlungsunfähigkeit der GmbH führt. Bei der Ausgestaltung der Solvenzprognose wird sich der Geschäftsführer weitestgehend an die in Rechtsprechung und Schrifttum zur Fortbestehensprognose formulierten Anforderungen halten können.

c. Solvenzerklärung

Leistet der Geschäftsführer eine Zahlung an einen oder mehrere Gesellschafter, muss darin nunmehr stets die (jedenfalls konkludente) Erklärung gesehen werden, die Zahlung führt nicht zur Zahlungsunfähigkeit der Gesellschaft (sog. „Solvenzerklärung")[950]. Die Solvenzerklärung des Geschäftsführers wird vom Tatbestand des § 64 Satz 3 GmbHG zwar nicht ausdrücklich erwähnt, ist allgemein aber aus ihrem Normzweck abzuleiten[951].

Eine haftungsbewehrte (schriftlich vorzulegende) Solvenzerklärung, wie man sie aus der Diskussion um einen *solvency test* kennt, ist vom Geschäftsführer jedoch nicht zu verlangen.

---

948 *Kleindiek* in Lutter/Hommelhoff, GmbHG, 17. Aufl., § 64 Rn. 29; *ders.* in: FS K. Schmidt, S. 893, 906 f. (Fn. 70).

949 Für eine Orientierung an die im Unternehmen üblichen bzw. für Unternehmen der jeweiligen Größenordnung branchenüblichen Periode in der Finanzplanung, *Casper* in: Ulmer/Habersack/Winter, GmbHG, § 64, Rn. 111; für einen Prognosezeitraum bis zur Fälligkeit der am längsten laufenden Zahlungspflicht, *Niesert/Hohler*, NZI 2009, 345, 351.

950 *Knof*, DStR 2007, 1536, 1540; kritisch dagegen *Schall*, Kapitalgesellschaftsrechtlicher Gläubigerschutz, S. 204, der eine Solvenzprognose und folglich auch eine (konkludente) Solvenzerklärung nur in Extremfällen (Existenzvernichtung u. Ausplünderungsfällen) für erforderlich hält.

951 *Schult*, Solvenzschutz der GmbH durch Existenzvernichtungs- und Insolvenzvernichtungshaftung, S. 198.

III. Entlastungsmöglichkeit

1. Entlastung nach § 64 Satz 3 Hs. 2 GmbHG

Führt eine Zahlung an einen Gesellschafter trotz konkludent erklärter Solvenzerklärung des Geschäftsführers zur Zahlungsunfähigkeit der Gesellschaft, haftet der Geschäftsführer nur bei eigenem Verschulden, wobei Fahrlässigkeit im Sinne von Erkennbarkeit der herbeigeführten Zahlungsunfähigkeit genügt[952]. Diese Erkennbarkeit wird dabei gem. § 64 Satz 3 Hs. 2 GmbHG (widerleglich) vermutet („es sei denn"), d. h., die Darlegungs- und Beweislast trifft den bzw. die Geschäftsführer[953]. Für den Einwand fehlenden Verschuldens ist demnach zu prüfen, ob die objektive Bedingung der Herbeiführung der Zahlungsunfähigkeit durch die Zahlung an den Gesellschafter für den Geschäftsführer subjektiv aufgrund besonderer Umstände erkennbar war. Ob das der Fall war, beurteilt sich nach dem objektivierten Sorgfaltsmaßstab des § 64 Satz 2 GmbHG. In der Praxis dürfte die Entlastung des Geschäftsführers aufgrund der regelmäßig zu erwartenden Non-liquet-Situationen häufig scheitern. Zu denken ist hier lediglich an solche Ausnahmefälle, in denen sich aufgrund unvorhersehbarer Entwicklungen im Unternehmensumfeld (z. B. Wegfall eines Hauptkunden) die Finanzlage der Gesellschaft dermaßen zugespitzt hat, dass eine im relevanten Leistungszeitpunkt noch unproblematisch erscheinende Leistung letztlich zur Zahlungsunfähigkeit geführt hat (sog. „exogene Schocks")[954]. Der Einwand einer unzureichenden Sachverhaltskenntnis und/oder Solvenzprognose wird den Geschäftsführer dagegen regelmäßig nicht entlasten können.

2. Keine Entlastung nach § 64 Satz 2 GmbHG

Im Schrifttum wird zum Teil die Ansicht vertreten, § 64 Satz 3 GmbHG ließe zudem auch den Entlastungsbeweis nach § 64 Satz 2 GmbHG zu[955]. Danach könnte sich ein Geschäftsführer entsprechend § 64 Satz 2 GmbHG auch mit dem Vorbringen entlasten, die erkennbar die Zahlungsunfähigkeit auslösende Zahlung

---

952 *Casper* in: Ulmer/Habersack/Winter, GmbHG, § 64, Rn. 111; *Kleindiek* in: Lutter/Hommelhoff, GmbHG, 17. Aufl., § 64, Rn. 30; *ders.*, GWR 2010, 75.

953 *Kleindiek* in: Lutter/Hommelhoff, GmbHG, 17. Aufl., § 64, Rn. 30; *K. Schmidt* in: Scholz, GmbHG-Nachtrag MoMiG, 10. Aufl., § 64, Rn. 84 m. w. N.

954 *Kleindiek* in: Lutter/Hommelhoff, GmbHG, 17. Aufl., § 64, Rn. 30; *Knof*, DStR 2007, 1580, 1584; *Seulen/Osterloh*, ZInsO 2010, 881, 886; *Sikora*, NWB 2009, 936, 941.

955 *Haas* in: Baumbach/Hueck, GmbHG, 19. Aufl., § 64, Rn. 106; *Hoffmann*, GmbHR 2010, 203, 204; *K. Schmidt* in: Scholz, GmbHG-Nachtrag MoMiG, 10. Aufl., § 64, Rn. 88; wohl auch *Bork* in: Bork/Schäfer, GmbHG, § 64, Rn. 58; *Böcker/Poertzgen*, WM 2007, 1203 f.; *Kleindiek*, GWR 2010, 75, 77.

sei (ausnahmsweise) mit der Sorgfalt eines ordentlichen Geschäftsmannes vereinbar gewesen, weil sie beispielsweise einer schlüssigen und Erfolg versprechenden Sanierung oder der Abwendung eines Produktionsstillstandes diente. Begründet wird diese Auffassung mit einem Erst-recht-Argument: Wenn bei § 64 Satz 1 GmbHG solche Zahlungen selbst nach Eintritt der Überschuldung oder Zahlungsunfähigkeit als mit der Sorgfalt eines ordentlichen Geschäftsmannes vereinbar gerechtfertigt werden könne, müsse dieses *a maiore ad minus* auch für Zahlungen gelten, durch die die Insolvenz erst herbeigeführt wird[956].

Diese Ansicht überzeugt nicht. Ihr wird von Teilen der Literatur richtigerweise nicht gefolgt[957]. Nach dem Wortlaut des § 64 Satz 3 GmbHG ist der Gegenstand der Erkennbarkeit klar die insolvenzverursachende Zahlung („dies"), und der Verweis auf Satz 2 beschreibt lediglich den für die Erkennbarkeit zugrunde zu legenden Sorgfaltsmaßstab. Einen Entlastungsbeweis, wie ihn § 64 Satz 1 GmbHG zulässt, kann man dem Wortlaut des § 64 Satz 3 GmbHG nicht entnehmen. Und die Begründung des RegE spricht ebenfalls gegen ein solches Verständnis[958]. Auch das von der Gegenansicht vertretene Erst-recht-Argument überzeugt nicht. Bei § 64 Satz 1 GmbHG handelt es sich um ein generelles Zahlungsverbot an Gesellschafter und insbesondere auch an sonstige Dritte. Um die Handlungsfähigkeit der in Schwierigkeiten befindlichen Gesellschaft nicht zu beeinträchtigen, kann insoweit eine Privilegierung vereinzelter Zahlungen nach § 64 Satz 2 GmbHG durchaus angebracht sein (z. B. zur Begleichung von laufenden Wasser-, Strom-, Heiz-, Lohn-, Miet- oder Steuerschulden zur Aufrechterhaltung des Betriebes oder für laufende und aussichtsreiche

---

956 *Böcker/Poertzgen*, WM 2007, 1203 f.; *K. Schmidt* in: Scholz, GmbHG-Nachtrag MoMiG, 10. Aufl., § 64, Rn. 88; *Poertzgen*, ZInsO 2010, 785, 787; vgl. ferner *Bork* in: Bork/Schäfer, GmbHG, § 64, Rn. 58; *Knof*, DStR 2007, 1580, 1584.

957 Vgl. z. B. *Casper* in: Ulmer/Habersack/Winter, GmbHG Erg.-Bd., § 64, Rn. 121 (Fn. 423); *Gesmann-Nuissl*, WM 2006, 1756, 1763; *Seulen/Osterloh*, ZInsO 2010, 881, 886.

958 Begr. RegE BT-Drucks. 16/6140, S. 47: „Satz 2 gibt dem Geschäftsführer eine Entlastungsmöglichkeit, wenn er die Tatbestandsmerkmale des Zahlungsverbots, also insbesondere ihre Geeignetheit, die Zahlungsunfähigkeit herbeizuführen, auch unter Anwendung der Sorgfalt eines ordentlichen Kaufmanns nicht erkennen konnte. Da die Herbeiführung der künftigen Zahlungsunfähigkeit zu den objektiven Bedingungen des Tatbestandes gehört, betrifft der Entlastungsbeweis Fälle, in denen der Geschäftsführer diese subjektiv aufgrund besonderer Umstände nicht erkennen konnte".

Sanierungsbemühungen)[959]. Für Zahlungen an einen Gesellschafter i. S. d. § 64 Satz 3 GmbHG, die erkennbar zur Zahlungsunfähigkeit der Gesellschaft führen mussten, ist dagegen kein Raum ersichtlich, diese nach § 64 Satz 2 GmbHG zu privilegieren. Entweder durfte der Geschäftsführer bei sorgfältiger Solvenzprognose annehmen, dass durch die Zahlung der Eintritt der Zahlungsunfähigkeit vermieden würde, dann kann er sich – selbst wenn die mit der Zahlung angestrebte Sanierung scheitert – auch nach dem hier vertretenen Verständnis auf die Exkulpationsmöglichkeit berufen oder aber er hat die insolvenzverursachende Zahlung an den Gesellschafter zu verweigern[960]. Im letzteren Fall wird man dem (sanierungswilligen) Gesellschafter aufgrund seiner besonderen Beziehung zur Gesellschaft mehr eigenes Engagement in Form etwa einer Zahlungsstundung oder aber einer Kapitalerhöhung zumuten können.

3. Keine Exkulpation durch Gesellschafterbeschluss

Für den Geschäftsführer einer GmbH ist die Frage von zentraler Bedeutung, ob das Weisungsrecht der Gesellschafterversammlung nach § 37 Abs. 1 GmbHG auch für insolvenzverursachende Zahlungen i. S. d. § 64 Satz 3 GmbHG gilt. Der Gesetzgeber hat in seiner Begründung jedoch unmissverständlich klargestellt, dass ein solches Weisungsrecht nicht besteht[961]. Ein mit § 64 Satz 3 GmbHG unvereinbarer Gesellschafterbeschluss (Weisungsbeschluss) bindet den GmbH-Geschäftsführer folglich nicht[962]. Ein solcher Beschluss ist richtigerweise bereits gem. § 241 Nr. 3 AktG analog nichtig[963].

959 *Haas* in: Baumbach/Hueck, GmbHG, 19. Aufl., § 64, Rn. 73; vgl. auch *Seibert*, ZIP 2006, 1157, 1167.

960 In diesem Sinne auch *Seulen/Osterloh*, ZInsO 2010, 881, 886.

961 Begr. RegE BT-Drucks. 16/6140, S. 47: „Die Weisungsgebundenheit endet jedoch dort, wo der Geschäftsführer durch Ausführung der Weisung eine ihn treffende gesetzliche Pflicht verletzen und sich selbst gegenüber der Gesellschaft ersatzpflichtig machen würde. Dementsprechend schneidet § 43 Abs. 3, auf den § 64 verweist, dem Geschäftsführer den Einwand ab, er habe einen Beschluss der Gesellschafter befolgt".

962 *Casper* in: Ulmer/Habersack/Winter, GmbHG, § 64, Rn. 113; *K. Schmidt* in: Scholz, GmbHG-Nachtrag MoMiG, 10. Aufl., § 64, Rn. 69, 89.

963 *Haas/Ziemons* in: Michalski, GmbHG, 2. Aufl., § 43, Rn. 61; differenzierend *K. Schmidt* in: Scholz, GmbHG-Nachtrag MoMiG, 10. Aufl., § 64, Rn. 69; siehe auch bereits 3. Kap., A, I, 2, d, aa.

IV. Leistungsverweigerungsrecht des Geschäftsführers

In der Literatur und Rechtsprechung ist umstritten, ob sich hinter der neuen Haftungsnorm des § 64 Satz 3 GmbHG auch ein Leistungsverweigerungsrecht zu Gunsten des Geschäftsführers verbirgt.

1. Meinungsstand

Gegen ein Leistungsverweigerungsrecht spricht, dass § 64 Satz 3 GmbHG eindeutig als Haftungsnorm ausgestaltet ist, und ein ausdrückliches Zahlungsverbot, aus dem ein Leistungsverweigerungsrecht folgt (wie z. B. bei § 30 Abs. 1 Satz 1 GmbHG), nicht normiert ist[964]. Auch die Gesetzesbegründung verhält sich nicht zu einem Leistungsverweigerungsrecht, sondern erwähnt nur exemplarisch die Möglichkeit des Geschäftsführers, das Amt niederzulegen, um der Haftung zu entgehen[965]. Gegen ein Leistungsverweigerungsrecht wird u. a. in einer Entscheidung des OLG München angeführt, dass § 64 Satz 3 GmbHG außerdem systematisch als Vorverlagerung des aus § 64 Satz 1 GmbHG abgeleiteten Zahlungsverbots zu verstehen sei, so dass die Frage, ob das an den Geschäftsführer gerichtete gesetzliche Zahlungsverbot zu einem Leistungsverweigerungsrecht der Gesellschaft führt, für beide Sätze nur einheitlich beantwortet werden könne[966]. Für § 64 Satz 1 GmbHG sei aber unstreitig, dass dieser nur eine Erstattungspflicht des Geschäftsführers, nicht aber ein Leistungsverweigerungsrecht regelt. Insofern müsse Gleiches auch für § 64 Satz 3 GmbHG gelten.

Eine überwiegende Auffassung, der sich nun auch der BGH angeschlossen hat, leitet ein Leistungsverweigerungsrecht des Geschäftsführers jedoch aus einer teleologischen Auslegung des § 64 Satz 3 GmbHG her[967]. Folge aus der Haftungsnorm des § 64 Satz 3 GmbHG nämlich kein Leistungsverweigerungsrecht, würde

---

964 *Haas*, DStR 2010, 1991.

965 Begr. RegE MoMiG, BT-Drucks. 16/6140, S. 47.

966 OLG München, Urt. v. 06. 05. 2010 – Az. 23 U 1564/10, BB 2010, 1880, 1881 (mit Anm. Desch/Bunnemann); *Haas* in: Baumbach/Hueck, GmbHG, 19. Aufl. § 64, Rn. 107; *ders.*, DStR 2010, 1991.

967 BGH, Urt. v. 9.10. 2012 – II ZR 298/11, NZG 2012, 1379, 1381; LG Berlin, Urt. v. 16. 12. 2009–100 O 75/09, GmbHR 2010, 201 ff. (m. Anm. Hoffmann); *Dahl/Schmitz*, NZG 2009, 567, 569; *Desch*, BB 2010, 2586, 2589 f.; *Desch/Bunnemann*, BB 2010, 1880; *Greulich/Rau*, NZG 2008, 284, 287; *Hölzle*, GmbHR 2007, 729, 732; *K. Schmidt* in: Scholz, GmbHG-Nachtrag MoMiG, 10. Aufl., § 64, Rn. 91; *Seulen/Osterloh*, ZInsO 2010, 881, 888; *Spliedt*, ZIP 2009, 149, 160; *Stadie* in: Heybrock, GmbHG, 2. Aufl., § 64 Rn. 25; monographisch auch *Schuldt*, Solvenzschutz der GmbH durch Existenzvernichtungs- und Insolvenzverursachungshaftung, S. 202.

die Rechtsordnung den Geschäftsführer zu einer Zahlung zwingen und ihm zugleich hierfür eine persönliche Haftung auferlegen[968]. Die an den Geschäftsführer gerichtete Empfehlung der Gesetzesbegründung, den Gesellschaftern in Zweifelsfällen das Amt vor die Füße zu werfen, zeuge von wenig Einfühlungsvermögen in die Wirklichkeit des Krisenmanagements und könne daher auch nicht als Lösung für den im Haftungsdilemma steckenden Geschäftsführer gelten[969]. Das Leistungsverweigerungsrecht müsse daher als ungeschriebene Rechtsfolge von § 64 Satz 3 GmbHG gesehen werden[970].

2. *Stellungnahme*

Letztere Ansicht überzeugt. Sieht man in § 64 Satz 3 GmbHG kein Leistungsverweigerungsrecht verortet, besteht für den Geschäftsführer einer GmbH die Gefahr eines unzumutbaren Haftungsdilemmas. Der vom Gesetzgeber ins Auge gefasste Ausweg einer Amtsniederlegung durch den Geschäftsführer mag zwar die Haftungsgefahr für den aktuellen Geschäftsführer beseitigen, das Problem als solches – insbesondere für seinen Nachfolger – allerdings nicht. Für die Annahme eines Leistungsverweigerungsrechts spricht auch, dass es sich bei § 64 Satz 3 GmbHG rechtspolitisch und rechtstechnisch richtigerweise mehr um eine mit §§ 30, 43 Abs. 3 GmbHG als mit § 64 Satz 1 GmbHG verbundene Regelung im Vorfeld der materiellen Insolvenz handelt[971]. § 64 Satz 3 GmbHG ist daher – anders als § 64 Satz 1 GmbHG – auch als echtes, eigenständiges Zahlungsverbot zu verstehen, welches für den GmbH-Geschäftsführer neben einer Leistungsverweigerungspflicht also auch ein Leistungsverweigerungsrecht begründen muss[972]. In den Fällen, in denen der Anwendungsbereich des § 64 Satz 3 GmbHG eröffnet ist, sprechen letztlich die besseren Argumente dafür, § 64 Satz 3 GmbHG ein Leistungsverweigerungsrecht zu entnehmen.

---

968 *Desch*, BB 2010, 2586, 2590; *Seulen/Osterloh*, ZInsO 2010, 881, 887 f.; ebenfalls Bedenken in diese Richtung äußernd BGH, Urt. v. 9.10.2012 – II ZR 298/11, NZG 2012, 1379, 1138.

969 *Seulen/Osterloh*, ZInsO 2010, 881, 888; kritisch auch *K. Schmidt*, GmbHR 2008, 449, 455.

970 *K. Schmidt* in: Scholz, GmbHG-Nachtrag MoMiG, 10. Aufl., § 64, Rn. 91.

971 Vgl. auch *K. Schmidt* in: Scholz, GmbHG-Nachtrag MoMiG, 10. Aufl., § 64, Rn. 15.

972 LG Berlin, Beschl. v. 16.12.2009–100 O 75/09, GmbHR 2010, 201 ff. (m. Anm. Hoffmann); *K. Schmidt* in: Scholz, GmbHG-Nachtrag MoMiG, 10. Aufl., § 64, Rn. 15.

V. Sonderfälle

1. *Rückzahlung eines Gesellschafterdarlehens: neue Haftungsrisiken durch § 64 Satz 3 GmbHG*

Durch das MoMiG wurde das bisherige gesellschaftsrechtliche Eigenkapitalersatzrecht abgeschafft und durch ein rein insolvenzrechtliches System aus Rangrücktritt und (Insolvenz-)Anfechtung ersetzt. Für den für die Kapitalerhaltung verantwortlichen GmbH-Geschäftsführer stellt § 30 Abs. 1 Satz 3 GmbHG nun klar, dass die absteigenden Finanzströme, ob in Form eines Gesellschafterdarlehens oder gleich zu erachtender Finanzierungsmaßnahmen, aus dem Anwendungsbereich des § 30 GmbHG herausfallen. Im Hinblick auf § 30 GmbHG muss sich der GmbH-Geschäftsführer insoweit keine Gedanken mehr machen, ob ein Gesellschafterdarlehen möglicherweise eigenkapitalersetzenden Charakter hat und deswegen eine Rückzahlung an den Gesellschafter verboten ist oder eine Rückforderung der zur Darlehenstilgung geleisteten Zahlung geboten ist. Für den GmbH-Geschäftsführer bedeutet die Vereinfachung des Rechts der Gesellschafterdarlehen insoweit eine Begrenzung der Verantwortlichkeit, zumindest hinsichtlich der Pflichtaufgabe zur Kapitalerhaltung[973].

Streitig ist aber, ob die Rückzahlung eines Gesellschafterdarlehens im Vorfeld der Insolvenz neuerdings gänzlich unproblematisch ist oder aber solche „Zahlungen" nach neuem Recht zumindest von § 64 Satz 3 GmbHG umfasst werden[974].

Wie bereits beim Tatbestandsmerkmal der Zahlung erörtert, wird in der Literatur teilweise die Auffassung vertreten, dass der Gesetzgeber mit dem „Nichtanwendungsbefehl" des § 30 Abs. 1 Satz 3 GmbHG hinsichtlich der Rechtsprechungsregeln eine endgültige Regelung geschaffen habe und daher auch das Zahlungsverbot des § 64 Satz 3 GmbHG im Zusammenhang mit der Rückzahlung eines Gesellschafterdarlehens keine Rolle spiele[975]. Das neue Recht kenne im Vorfeld der Insolvenz folglich keine Rückzahlungssperre mehr. Die Rückzahlung des Gesellschafterdarlehens sei nach Wegfall der analogen Anwendung der §§ 30, 31 GmbHG a. F. erst in der Insolvenz kritisch, d. h., der Geschäftsführer darf unabhängig vom Bestehen einer Krise Zins- und Tilgungsleistungen an den

973 Siehe dazu bereits 4. Kap., B, I.

974 Siehe zum Problem der Zahlungen auf eine Gesellschafterforderung bereits 5. Kap., A, II, 2, d.

975 *Altmeppen* in: Roth/Altmeppen, GmbHG, Anh §§ 32 a, b, Rn. 50 (§ 64 Rn. 61 ff.); *ders.* in FS Hüffer, S. 1, 12; ihm folgend *Schwab*, DStR 2010, 333, 337; siehe zum Meinungsstreit bereits 5. Kap., A, II, 2, d.

Gesellschafter-Kreditgeber erbringen, solange das allgemeine Zahlungsverbot bei Insolvenzreife nicht eingreift[976].

Richtiger Ansicht nach ist der Anwendungsbereich des § 64 Satz 3 GmbHG auch in Fällen der Rückzahlung eines (eigenkapitalersetzenden) Gesellschafterdarlehens oder auch der Verwertung einer (eigenkapitalersetzenden) Sicherheit nicht gänzlich ausgeschlossen[977].

Zum Teil wird daraus jedoch geschlossen, dass sich die Haftungsrisiken des GmbH-Geschäftsführers trotz Vereinfachung des Eigenkapitalersatzrechts und der Nichtanwendungsvorschrift des § 30 Abs. 1 Satz 3 GmbHG speziell im Falle von „absteigenden Finanzströmen“ dramatisch erweitert hätten[978].

Insbesondere wird dabei kritisiert, dass dem Geschäftsführer keine rechtssichere Strategie an die Hand gegeben wird, um die Haftung zu vermeiden[979]. So dürfe der in der Krise auf Unternehmensfortführung und Sanierung sinnende weisungsgebundene Geschäftsführer einer GmbH die von einem Gesellschafter geforderte Rückzahlung seines Kredits oder einer Sicherheitsverwertung nicht mehr mit dem schlichten Hinweis auf die Bilanz verweigern, sondern könne die Verweigerung im Einzelfall lediglich mit dem Verweis auf den neuen § 64 Satz 3 GmbHG rechtfertigen. Den Geschäftsführern würde damit ein gegenüber den Gesellschaftern leicht darzulegender Einwand aus der Hand geschlagen und gegen ein wegen der von § 64 Satz 3 GmbHG ausgehenden beträchtlichen „Kalamitäten“ weniger überzeugendes Instrument des Selbstschutzes eingetauscht[980].

---

976 *Altmeppen* in: Roth/Altmeppen, GmbHG, 6. Aufl., Anh §§ 32 a, b, Rn. 50.

977 OLG Stuttgart, 14.04.2009–1 Ws 32/09, ZIP 2009, 1864; LG Berlin, Urt. v. 16. 12. 2009–100 O 75/09, GmbHR 2010, 201 ff. (m. Anm. Hoffmann); *Dahl/Schmitz*, NZG 2009, 567, 569; *Goette/Kleindiek*, Gesellschafterfinanzierung im MoMiG, Rn. 53; *Haas* in: Baumbach/Hueck, GmbHG, 19. Aufl., § 64, Rn. 99; *ders.*, GmbHR 2010, 1, 6; *ders.*, DStR 2010, 1991, 1992; *K. Schmidt* in: Scholz, GmbHG, 10. Aufl., § 64 Rn. 77, *Kleindiek*, GWR 2010, 75; *Poertzgen*, ZInsO 2010, 785, 787; *Spliedt*, ZIP 2009, 149, 160; *Seulen/Osterloh*, ZInsO 2010, 881, 884; *Utsch/Utsch*, ZInsO 2009, 2271.

978 So ausdrücklich *K. Schmidt*, GmbHR 2008, 449, 454; vgl. auch *Kindler* NJW 2008, 3249, 3253; *Niesert*, NZI 2009, 345, 351; siehe speziell zum Cash Pooling auch *Spliedt* ZIP 2009, 149, 152.

979 *Böcker/Poertzgen*, WM 2007, 1203, 1204, 1206; *Meyer*, BB 2008, 1742, 1746; *K. Schmidt*, GmbHR 2008, 449, 455; *Schwab*, DStR 2010, 333, 337; kritisch *Greulich/Bunnemann*, NZG 2006, 681, 683 f.

980 *K. Schmidt*, GmbHR 2008, 449, 454; *ders.* in: K. Schmidt/Uhlenbruck, Die GmbH in Krise, Sanierung und Insolvenz, 4. Aufl., Rn. 2.93; siehe zu den Rechtsunsicherheiten im Rahmen der Solvenzprognose 5. Kap., A, II, 6.

Es wird insbesondere befürchtet, dass der Geschäftsführer die Gesellschafter von dem Einwand, gegen § 64 Satz 3 GmbHG zu verstoßen, viel schwerer überzeugen könne. Es entstehe für die Geschäftsführer somit die erhöhte Gefahr, in eine „zwickmühlenähnliche" Situation zu geraten, in der der Geschäftsführer die Auszahlung verweigert und die Gesellschafter als Gläubiger des Rückzahlungsanspruchs Druck auf ihn auszuüben versuchen: Entweder der Geschäftsführer beugt sich dem Druck der Gesellschafter und begibt sich somit in die Gefahr einer Insolvenzverursachungshaftung oder aber er verweigert die Auszahlung und muss notfalls das Amt aus wichtigem Grund niederlegen[981].

Derartige Befürchtungen, die Reform des Eigenkapitalersatzrechts habe die Haftungsrisiken für den Geschäftsführer wegen der von § 64 Satz 3 GmbHG ausgehenden Unsicherheiten dramatisch erhöht, erscheinen jedoch nur teilweise berechtigt.

Wie gesehen ist der Anwendungsbereich des § 64 Satz 3 GmbHG für die Fälle der absteigenden Finanzströme (z. B. Rückzahlung eines Gesellschafterdarlehens) nicht unerheblich eingeschränkt, so dass es sich bei § 64 Satz 3 GmbHG letztlich nicht um eine Generalklausel, sondern lediglich um einen Ausnahmetatbestand handelt. Dort allerdings, wo der Anwendungsbereich des § 64 Satz 3 GmbHG eröffnet ist, wird dem Geschäftsführer kein praktikabler Ausweg gewiesen, sich Weisungen der Gesellschafter zu widersetzen, trotz Insolvenzgefahr Zahlungen an sie zu leisten. Die Vorstellung, der Geschäftsführer solle sein Amt niederlegen[982], zeugt von wenig Einfühlungsvermögen in die Wirklichkeit des Krisenmanagements[983]. Die Gesetzesbegründung verkennt, dass sich der Geschäftsführer regelmäßig in einer Art Zwickmühle zwischen der bindenden Weisung der Gesellschafter, seiner eigenen wirtschaftlichen Abhängigkeit sowie einer persönlichen Haftung befinden wird.

Sollte der Geschäftsführer in eine solche Situation geraten, in der er zu einer kritischen Zahlung auf eine Gesellschafterforderung angewiesen wird, kann ihm daher nur empfohlen werden:

1. seine – auch nur geringsten – Zweifel gegen die Weisung zur Darlehensrückzahlung den Gesellschaftern (schriftlich) vorzutragen und möglichst einen erneuten Gesellschafterbeschluss herbeizuführen,

---

981 *K. Schmidt*, GmbHR 2008, 449, 454 f.

982 So etwa in der Gesetzesbegründung nachzulesen, Begr. RegE MoMiG, BT-Drucks. 16/6140, S. 47.

983 *K. Schmidt*, GmbHR 2008, 449, 455; vgl. dazu auch *Schwab*, DStR 2010, 333,337.

2. bei Bestätigung der Weisung zu überprüfen (bzw. gegebenenfalls Rechtsrat einzuholen), ob ein Verstoß gegen § 64 Satz 3 GmbHG vorliegt, und
3. bei der Annahme eines Verstoßes gegen § 64 Satz 3 GmbHG die Befolgung der Weisung (mit schriftlicher Begründung) zu verweigern[984].

Nur wer sich als Geschäftsführer entsprechend verhält und bei Zweifeln den Mut aufbringt die Rückzahlung eines Gesellschafterdarlehens zu verweigern, kann eine Insolvenzverursachungshaftung nach § 64 Satz 3 GmbHG vermeiden. Ob diese Handlungsanweisung aber immer zur Unternehmenswirklichkeit und den Möglichkeiten des Geschäftsführers passt, erscheint zweifelhaft.

2. Besonderheiten beim Cash Pooling

Während oben bereits im Einzelnen auf die erhöhten Anforderungen an den Geschäftsführer einer am Cash Pooling beteiligten Gesellschaft im Hinblick auf die Kapitalerhaltungspflichten eingegangen wurde, soll nun ein Blick auf die Pflichtaufgaben hinsichtlich § 64 Satz 3 GmbHG geworfen werden.

Der sinnvollen Klarstellung zur Kapitalerhaltung hat der MoMiG-Gesetzgeber mit § 64 Satz 3 eine Verschärfung des in § 64 Satz 1 GmbHG geregelten Auszahlungsverbots gegenübergestellt. Mit dem neuen § 64 Satz 3 GmbHG wird – wie gesehen – der Zeitraum der haftungsträchtigen Zahlungen auf die Zeit vor Eintritt der Zahlungsunfähigkeit ausgedehnt. Unter das Zahlungsverbot fallen dabei – nicht anders als bei § 30 GmbHG – auch Leistungen an solche Dritte, die einem Gesellschafter gleich stehen[985]. Es bedarf insofern keiner besonderen Logik, dass sich hiermit auch zusätzliche Haftungsrisiken für Geschäftsführer im Rahmen eines Cash-Pooling-Systems ergeben. Jede Auszahlung an den durch die Betreibergesellschaft (i. d. R. die Muttergesellschaft) geführten Cash Pool kann, wenn diese Verrechnung i. S. d. § 64 Satz 3 GmbHG zur Zahlungsunfähigkeit der auszahlenden Gesellschaft führen musste, zur Haftung des Geschäftsführers führen[986]. Zwar ist bei einem konzernweiten Cash Pool wegen der erhöhten Gesamtliquidität die Gefahr des Eintritts einer Zahlungsunfähigkeit einer einzelnen Tochtergesellschaft geringer, dies gilt allerdings nur für den Fall, dass die Liquidität der am Cash-Management-System beteiligten Gesellschaften

---

984 Siehe zum Leistungsverweigerungsrecht im Rahmen des § 64 S. 3 GmbHG bereits 5. Kap., A, IV.

985 5. Kap., A, II, 3.

986 Ausführlich dazu *Willemsen/Rechel*, GmbHG 2010, 349 ff.; *Weitzel/Socher*, ZIP 2010, 1069 ff.

bzw. des Cash Pools selbst insgesamt ausreichend gewährleistet ist[987]. Wie zuletzt am Beispiel der weltweiten Finanz- und Wirtschaftskrise gesehen, kann sich die Liquidität eines konzernweiten Cash Pools jedoch in kürzester Zeit derart verschlechtern, dass sich die Geschäftsführer der am Cash Pool beteiligten Gesellschaften schlimmstenfalls täglich fragen müssen, wie sicher ihr Geld im Cash Pool eigentlich ist.

Insoweit ist vom Geschäftsführer einer GmbH im Hinblick auf § 64 Satz 3 GmbHG grundsätzlich bei jeder Darlehensausreichung an eine am Cash Pool beteiligte Gesellschaft eine Solvenzprognose durchzuführen. Hierfür muss er sich über die aktuelle Finanzlage und Liquidität der eigenen Gesellschaft und deren künftige Entwicklung Kenntnisse verschaffen[988]. Ferner hat der Geschäftsführer auch die Gesamtliquidität des Cash Pools, der beteiligten Schwestergesellschaften und der Muttergesellschaft zu beobachten[989]. Welche konkreten Anforderungen hierbei an den Geschäftsführer zu stellen sind, ist bisher nicht endgültig geklärt. Man wird vom Geschäftsführer einer Konzerngesellschaft allerdings verlangen müssen, dass er sich neben dem eigenen Finanzstatus auch über den der Muttergesellschaft sowie der anderen Schwestergesellschaften im Rahmen eines konsolidierten Konzernfinanzstatus informiert[990]. Darauf aufbauend ist ein Finanzplan über die künftige finanzielle Entwicklung der Gesellschaft und auch des Konzerns (Konzern-Liquiditätsplanung) erforderlich. Nur so wird der Geschäftsführer mit der Sorgfalt eines ordentlichen Geschäftsmannes prognostizieren können, ob die jeweilige Darlehensausreichung an den durch die Betreibergesellschaft geführten Cash Pool die Herbeiführung der Zahlungsunfähigkeit der Gesellschaft überwiegend wahrscheinlich macht.

Wie auch im Hinblick auf die Vollwertigkeitsprüfung i. S. d. § 30 Abs. 1 Satz 2 GmbHG wird man als Grundlage für die Beschaffung der für die Solvenzprognose i. S. d. § 64 Satz 3 GmbHG relevanten Finanzdaten Vereinbarungen über Informationspflichten der Betreiber- bzw. Muttergesellschaft verlangen müssen, welche gewährleisten, dass die für die Beurteilung der Liquiditätslage des Cash Pools nötigen Daten regelmäßig und zeitnah verfügbar sind[991]. Der Umfang der Informations- und Auskunftspflichten über die Liquiditätsentwicklung des Cash Pools wird sich dabei am Zustand der Liquiditätslage des Cash Pools orientieren

987 *Willemsen/Rechel*, GmbHG 2010, 349, 352.
988 Siehe zur Solvenzprognose bereits 5. Kap., A, II, 6.
989 *Willemsen/Rechel*, GmbHG 2010, 349, 352.
990 *Erne*, GWR 2009, 387.
991 Siehe zum sog. Informations-, Frühwarn- und Reaktionssystem beim Cash Pooling bereits 4. Kap., B, II, 4, b, aa, (2), (b).

müssen[992]. Es erscheint aber weder nötig noch sachgerecht, die konzernweite Solvenzprognose stets und vor jedem einzelnen Zahlungsvorgang auf dem Cash-Pool-Konto durchzuführen. Beim in der Praxis üblichen physischen Zero Balance Pooling würde das eine tägliche Prüfung bedeuten. Die Intensität und Häufigkeit der Überprüfung ist vielmehr von der wirtschaftlichen Lage abhängig zu machen. Im Schrifttum wird etwa vorgeschlagen, die Liquiditätslage des Cash Pools grundsätzlich quartalsweise zu überprüfen, während bei Eintritt einer Krise auch eine wochenweise Überprüfung bis hin zu einer täglichen Überprüfung angezeigt sein kann[993]. Nur so ist der Geschäftsführer einer an einem Cash-Pooling-System beteiligten Gesellschaft jederzeit in der Lage, festzustellen, ob eine an den Cash Pool gerichtete Zahlung i. S. d. § 64 Satz 3 GmbHG überwiegend wahrscheinlich zur Zahlungsunfähigkeit der GmbH führt.

Kommt der Geschäftsführer im Rahmen seiner Solvenzprognose zu einem solchen Ergebnis, muss er hierauf rechtzeitig reagieren können. Er muss in der Lage sein, die Liquiditätsabfuhr einstweilen auszusetzen und gegebenenfalls den Rahmenvertrag außerordentlich mit sofortiger Wirkung zu kündigen[994].

Fehlt es an einem entsprechend vertraglich geregelten Informations- und Reaktionssystem, kann es dem Geschäftsführer im Falle der Zahlungsunfähigkeit der Gesellschaft zum Nachteil gereichen, dass er auf entsprechende Regelungen nicht hingewirkt und somit die Wahrnehmbarkeit seiner Sorgfaltspflichten nicht abgesichert hat[995].

Gleiches kann auch für die Fälle gelten, dass die Tochtergesellschaft Sicherheiten für den Kontokorrentsaldo ihrer Mutter- oder Betreibergesellschaft bestellt (Upstream-Sicherheiten) und es der Geschäftsführer der Tochtergesellschaften bei Bestellung entsprechender Sicherheiten unterlässt, geeignete vertragliche Verwertungsbeschränkungen (Limitation-Language-Abreden) in die Kreditverträge aufzunehmen[996].

---

992 *Erne*, GWR 2009, 387; *Willemsen/Rechel*, GmbHG 2010, 349, 352.

993 *Erne*, GWR 2009, 387.

994 *Willemsen/Rechel*, GmbHG 2010, 349, 353; mit entsprechenden Formulierungsvorschlägen *Weitzel/Socher*, ZIP 2010, 1069, 1070 f.; vgl. dazu auch bereits 4. Kap., B, II, 4, b, aa, (2), (b).

995 *Willemsen/Rechel*, GmbHG 2010, 349, 352.

996 Zu denken ist etwa an eine Abrede, dass eine Verwertung der Sicherheit weder unmittelbar noch mittelbar zur Zahlungsunfähigkeit der die Sicherheit gewährenden GmbH führen darf, vgl. dazu *Komo*, GmbHR 2010, 230, 236; für Vorschläge zur vertraglichen Gestaltung siehe auch *Kollmorgen/Santelmann/Weiß*, BB 2009, 1818 ff.

Festzuhalten bleibt, dass nach wie vor erhebliche Risiken zum Nachteil der Geschäftsführer im Rahmen von Cash-Pool-Systemen bestehen, insbesondere im Hinblick auf die Insolvenzverursachungshaftung gemäß § 64 Satz 3 GmbHG. Da die Teilnahme an einem solchen Cash-Pool-System selten der freien Willensbildung der einzelnen Geschäftsführer innerhalb eines Konzernverbunds unterliegt, sollten die Geschäftsführer, um die Haftungsrisiken auch im Hinblick auf § 64 Satz 3 GmbHG möglichst zu minimieren, auf eine vorausschauende Planung und Vertragsgestaltung achten.

VI. Zwischenergebnis

Mit der Neuregelung des § 64 Satz 3 GmbHG beabsichtigt der Gesetzgeber, die bestehenden Mechanismen zu ergänzen, die die Gesellschaftsgläubiger gegen Vermögensverschiebungen zwischen Gesellschaft und Gesellschaftern schützen. Insofern hat es der Gesetzgeber hinsichtlich des § 30 GmbHG beim Unterbilanztest belassen und stellt nun mit § 64 Satz 3 GmbHG ergänzend auf einen Solvenztest ab. Die GmbH-Geschäftsführer werden danach neuerdings als Wächter über die Liquidität der Gesellschaft in die Pflicht genommen.

Eine entscheidende Bedeutung hat dabei die Bestimmung des Zurechnungszusammenhangs zwischen der Zahlung und der Zahlungsunfähigkeit. Um dem Schutzzweck des § 64 Satz 3 GmbHG gerecht zu werden, sind von der Vorschrift grundsätzlich nur solche Zahlungen zu erfassen, die „überwiegend wahrscheinlich" die Zahlungsunfähigkeit der Gesellschaft herbeiführen oder deren Eintritt zu beschleunigen. In die wertende Betrachtung sind dabei alle Umstände des Einzelfalls einzubeziehen. Die Geschäftsführer sind insofern verpflichtet, einen Finanzstatus sowie einen darauf aufbauenden Finanzplan zu erstellen, auf dessen Grundlage sie vor jeder Zahlung an einen Gesellschafter eine Prognose über die Entwicklung der Solvenz der Gesellschaft unter Berücksichtigung der beabsichtigten Zahlung abzugeben haben. Kommt der Geschäftsführer im Rahmen seiner Prognose zu dem Ergebnis, dass im Falle der Zahlung an den Gesellschafter die Herbeiführung der Zahlungsunfähigkeit überwiegend wahrscheinlich ist, muss er die Zahlung unterlassen; andernfalls kann sie (jedenfalls mit Blick auf § 64 Satz 3 GmbHG) vorgenommen werden.

Die Neuregelung begründet für den Geschäftsführer ein situatives Leistungsverbot und zugleich ein Leistungsverweigerungsrecht gegenüber dem Gesellschafter hinsichtlich der zur Zahlungsunfähigkeit führenden Zahlungen. Selbst ein mit § 64 Satz 3 GmbHG unvereinbarer Gesellschafterbeschluss (Weisungsbeschluss) bindet den GmbH-Geschäftsführer nicht.

Die Neuregelung stellt somit eine flankierende Maßnahme zum Schutz der GmbH bei all jenen Vermögens- bzw. Liquiditätsverschiebungen im Vorfeld der Insolvenz dar, die nicht von § 30 Abs. 1 GmbHG erfasst werden und die die Liquidität der Gesellschaft in existenzgefährdender Weise schädigen. Die mit § 64 Satz 3 GmbHG verbundene Stärkung des Gläubigerschutzes ist im Ansatz rechtspolitisch plausibel und fügt sich auch gut in das bestehende Gläubigerschutzsystem ein. Problematisch erscheint allerdings die Haftungserweiterung, die dem GmbH-Geschäftsführer durch § 64 Satz 3 GmbHG aufgebürdet wird. Zwar wird in der Regierungsbegründung darauf hingewiesen, dass die Neuregelung in ihrem Anwendungsbereich eng begrenzt sei und für den Geschäftsführer daher auch keine Überforderung darstelle, doch geht die tatsächliche Reichweite des § 64 Satz 3 GmbHG wegen des weit gefassten Wortlauts der Vorschrift über die vom Gesetzgeber vorrangig in den Blick genommenen Konstellationen der Existenzvernichtungs- und Ausplünderungsfälle hinaus. Von § 64 Satz 3 GmbHG umfasst sind nicht nur Fälle der klassischen Ausschüttung; auch die tagtägliche Kontoglattstellung im Rahmen eines Cash-Pooling-Systems oder die Zahlung auf eine fällige Gesellschafterforderung können unter den oben dargestellten Voraussetzungen eine Insolvenzverursachungshaftung begründen.

Besonders im Vorfeld der Insolvenz ist der GmbH-Geschäftsführer jedenfalls gut beraten, vor einer Zahlung an einen Gesellschafter eine sorgfältige und eher von pessimistischen Grundannahmen ausgehende Solvenzprognose aufzustellen und diese auch ausführlich zu dokumentieren. Speziell im Falle eines Cash-Pooling-Systems ist zudem an eine vorausschauende Planung und Vertragsgestaltung zu denken.

B. Verbot des existenzvernichtenden Eingriffs

Bekanntlich begründet ein missbräuchlicher, die Insolvenz der GmbH herbeiführender oder vertiefender kompensationsloser Eingriff in das der Zweckbindung zur vorrangigen Befriedigung der Gesellschaftsgläubiger dienende Gesellschaftsvermögen (existenzvernichtender Eingriff) nach höchstrichterlicher Rechtsprechung eine Innenhaftung der Gesellschafter gegenüber der Gesellschaft wegen sittenwidriger Schädigung gem. § 826 BGB (Existenzvernichtungshaftung)[997]. Als Adressat der Existenzvernichtungshaftung gilt allerdings nur der an dem

997 Grundlegend BGH, Urt. v. 16.07. 2007 – II ZR 3/04, DStR 2007, 1586 (mit Anm. Goette); seither BGH, Urt. v. 28.04. 2008 – II ZR 264/06, DStR 2008, 1293; dazu etwa auch *Altmeppen* ZIP 2008, 1201; siehe zur Entwicklung bis zur Entscheidung „Trihotel" z. B. *Bitter*, ZInso 2010, 1505, 1520 ff.

existenzvernichtenden Eingriff mitwirkende Gesellschafter, nicht auch der Geschäftsführer. Der Geschäftsführer ist aber geradezu notwendigerweise in die Fälle der Existenzvernichtung verwickelt. Überwiegend wird daher eine Haftung des Geschäftsführers zumindest als Teilnahme i. S. d. § 830 BGB in Betracht gezogen[998]. Die Teilnahmehandlung des Geschäftsführers wird darin gesehen, dass er den Vermögensentzug zu Gunsten des Gesellschafters selbst mit bewirkt oder zumindest duldet[999]. Voraussetzung für eine solche Haftung als Teilnehmer gem. §§ 826, 830 BGB ist auf subjektiver Ebene ein doppelter Vorsatz, d. h., sowohl die Teilnahmehandlung als auch der existenzvernichtende Eingriff muss zumindest vom Eventualvorsatz getragen sein[1000]. Im Vergleich zur Haftung nach § 64 Satz 3 GmbHG, wonach der GmbH-Geschäftsführer bereits für Fahrlässigkeit in Anspruch genommen werden kann, ist eine Haftung auf deliktsrechtlicher Grundlage insofern nur unter strengeren Voraussetzungen möglich. Der Unterschied zwischen einer Haftung nach §§ 826, 830 BGB und einer Haftung nach § 64 Satz 3 GmbHG ist allerdings darin zu sehen, dass sie nicht nur auf Rückgewähr der verbotenen Zahlungen gerichtet ist, sondern auch die über den Betrag der Zahlung hinausgehenden negativen Folgen umfasst. Zusätzliche Relevanz wird man der Haftung nach §§ 826, 830 BGB im Vergleich zu § 64 Satz 3 GmbHG auch dort beimessen müssen, wo der Einzeleingriff aufgrund der Dichte der vom Geschäftsführer vorgenommenen Maßnahmen nicht bestimmt werden kann[1001]. Ein abschließender Charakter der insolvenzrechtlichen Vorschrift des § 64 Satz 3 GmbHG, der allgemeine deliktsrechtliche Grundsätze verdrängt, dürfte im Übrigen nicht anzunehmen sein.

---

998 *Bauer*, Die GmbH in der Krise, 3. Aufl., Rn. 1045; *Gehrlein*, WM 2008, 761, 764; *Haas/Ziemons* in: Michalski, GmbHG, 2. Aufl., § 43, Rn. 258a; *Strohn*, ZInsO 2008, 706, 709; *Uwe. H. Schneider* in: Scholz, GmbHG, 10. Aufl., § 43, Rn. 287a; *Vetter*, BB 2007, 1965, 1969; *Weller*, ZIP 2007, 1681, 1687; *Zöllner/Noack* in: Baumbach/Hueck, GmbHG, 19. Aufl., § 43, Rn. 62a; a. A. *Casper* in: Ulmer/Habersack/Winter, GmbHG, § 64, Rn. 101.

999 Vgl. *Haas/Ziemons* in: Michalski, GmbHG, 2. Aufl., § 43, Rn. 258a; auch *Vetter*, BB 2007, 1965, 1969, der einen existenzvernichtenden Eingriff eines Gesellschafters ohne aktive Mitwirkung oder zumindest bewusstes Dulden der Geschäftsführer als kaum möglich ansieht.

1000 *Gehrlein*, WM 2008, 761, 764; *Strohn*, ZInsO 2008, 706, 709; *Weller*, ZIP 2007, 1681, 1687; *Zöllner/Noack* in: Baumbach/Hueck, GmbHG, 19. Aufl., § 43, Rn. 62a;so auch *Casper* in: Ulmer/Habersack/Winter, GmbHG, Anh. § 77, Rn. 123, der die Geschäftsführerhaftung aufgrund des doppelten Vorsatzerfordernisses regelmäßig ausscheiden lässt.

1001 *Haas* in: Baumbach/Hueck, GmbHG, 19. Aufl., § 64, Rn. 176.

C. Verbot (sonst) verantwortungslos riskanten Verhaltens

Sowohl das Kapitalerhaltungsgebot nach §§ 43 Abs. 3, 30, 31 GmbHG als auch die neue Insolvenzverursachungshaftung nach § 64 Satz 3 GmbHG sowie schließlich auch die Haftung des Geschäftsführers als Teilnehmer eines existenzvernichtenden Eingriffs haben gemeinsam, dass sie nur solche Zahlungen erfassen, die in die Sphäre der Gesellschafter gelangen. Sie sind somit allesamt Auszahlungsschranken mit im Einzelnen unterschiedlichen Schutzzwecken[1002]. Damit stellt sich die Frage: Sind die Geschäftsführer und Gesellschafter jenseits dieser Auszahlungsschranken frei darin, die Gesellschaft durch leichtfertiges bzw. verantwortungsloses Verhalten zu ruinieren, solange nur rechtzeitig Insolvenz beantragt wird? Oder sind dem Vermögensabzug auch andere Formen eines leichtfertigen Umgangs mit dem Gesellschaftsvermögen gleichzustellen, die das Insolvenzrisiko in unvertretbarer Weise erhöhen? Konkreter gefragt: Besteht für den Geschäftsführer einer GmbH möglicherweise auch jenseits der einschlägigen Auszahlungsschranken eine Rechtspflicht, verantwortungsloses Verhalten zu Lasten des Gesellschaftsvermögens zu vermeiden? Besonders in Insolvenznähe, wenn Gesellschafter, aber auch Fremdgeschäftsführer nichts mehr zu verlieren haben, sind Spekulationen auf Kosten der Gläubiger denkbar[1003].

Eine dem englischen Verbot des „wrongful trading" (IA 1986, S. 214) oder dem französischen Haftungsmodell der „action en comblement du passif" (Art. 651-2 Code de Commerce 2006) vergleichbare Regelung, wonach dem Geschäftsleiter (haftungsbewehrte) Pflichten zum Schutz der Gläubiger auch bereits im Vorfeld der Insolvenz auferlegt sind, fehlt im deutschen Recht[1004]. Der allgemeinen Pflicht zur ordnungsgemäßen Geschäftsführung lässt sich jedoch grundsätzlich das Gebot entnehmen, verantwortungslos riskante Geschäfte und Spekulationen zu vermeiden[1005]. Wann jedoch eine unternehmerische Entscheidung verantwortungslos hohe Risiken birgt und somit als pflichtwidrig anzusehen ist, erscheint fraglich und ist zuletzt auch unter dem Eindruck der Finanz- und Wirtschaftskrise zunehmend in den Mittelpunkt des juristischen Interesses gerückt[1006]. So

---

1002 *Weller*, DStR 2007, 116, 120.

1003 *Veil*, ZGR 2006, 374, 392.

1004 Siehe zu dieser Problematik ausführlich *Haas* in: Verhandlungen des 66. DJT, Bd. I, E 25 ff.

1005 *Haas/Ziemons* in: Michalski, GmbHG, 2. Aufl., § 43, Rn. 72; siehe dazu auch bereits 3. Kap., A, II, 4, b.

1006 Überblick zu den Organpflichten bei bestandsgefährdenden Risiken *Redeke*, ZIP 2010, 159 ff; *Freund*, GmbHR 2011, 238, 242 f.

sehen sich nicht nur die Vorstände und Aufsichtsräte deutscher Banken, sondern vielfach auch die Geschäftsleiter, die keinen Kreditinstituten vorstehen, vermehrt der Geltendmachung von Schadensersatzansprüchen wegen fehlgeschlagener Spekulationen mit beispielsweise ausländischen Wertpapieren oder wegen sonstiger existenzgefährdender Fehlentscheidungen gegenüber[1007].

I. Risikoentscheidungen

Jedes unternehmerische Handeln ist naturgemäß auch risikobehaftet. Die Eingehung typischer unternehmerischer Risiken widerspricht daher grundsätzlich auch nicht einer ordnungsgemäßen Geschäftsführung[1008]. Es widerspräche dem Sinn und Zweck des § 43 GmbHG, dieses (normale) mit jeder Tätigkeit verbundene Risiko auf den Geschäftsführer abzuwälzen[1009]. Rechtsprechung und h. M. in der Literatur billigen dem Geschäftsführer einer GmbH im operativen wie im finanzstrategischen Bereich daher im gewissen Umfang einen unternehmerischen Handlungsspielraum zu; dieser ist allerdings durch die Pflicht zur Vorlage wichtiger Grundentscheidungen an die Gesellschafter im Vergleich zum Vorstand einer Aktiengesellschaft erheblich eingeschränkt[1010].

II. Anerkannte Grenzen des Ermessens bei Risikoentscheidungen

Gewagte bzw. riskante Geschäfte sind dem GmbH-Geschäftsführer grundsätzlich nicht verwehrt. Erst wenn die Grenzen des erlaubten Risikos überschritten werden, handelt der Geschäftsführer pflichtwidrig. Generalisierungsfähige Kriterien lassen sich hierfür aber nicht bzw. nur schwer formulieren[1011].

1. Unverhältnismäßige Risiken

Die Grenze des „erlaubten Risikos" wird grundsätzlich erst dann als überschritten angesehen, wenn der Geschäftsführer die Bereitschaft, unternehmerische

---

1007 *Fleischer*, NJW 2009, 2337, Lutter, ZIP 2009, 197; *ders.*, BB 2009, 786; vgl. auch *Redeke*, ZIP 2010, 159 ff.

1008 Vgl. z. B. BGH, Urt. v. 21.04.1997 - II ZR 175/95, BB 1997, 1169, 1171; ferner *Uwe H. Schneider* in: Scholz, GmbHG, Aufl. 10, § 43, Rn. 93.

1009 Vgl. z. B. BGH, Urt. v. 21.04.1997 - II ZR 175/95, BB 1997, 1169, 1171; OLG Zweibrücken, Urt. v. 22. 12. 1998–8 U 98/98, NZG 1999, 506, 507; siehe zum unternehmerischen Leitungsermessen bereits 3. Kap., A, II, 4.

1010 Vgl. *K. Schmidt* in: K. Schmidt/Uhlenbruck, Die GmbH in Krise, Sanierung und Insolvenz, 4. Aufl., Rn. 11. 93.

1011 *Kleindiek* in: Lutter/Hommelhoff, GmbHG, 17. Aufl., § 43, Rn. 20 m. w. N.

Risiken einzugehen, in nicht verantwortlicher Weise überspannt[1012]. Von der Geschäftsführung werden insofern eine gewisse Vorbereitung, die Verhältnismäßigkeit der Entscheidung und die Beachtung gesetzlicher und satzungsmäßiger Vorgaben verlangt. Besonders das Kriterium des angemessenen Verhältnisses zwischen möglichen Vor- und Nachteilen als Ermessensgrenze wirft einige Probleme auf[1013].

Der Geschäftsführer hat danach in die Abwägung nicht nur die Folgerisiken, sondern auch das Eintrittsrisiko, d. h. die Wahrscheinlichkeit der Risikoverwirklichung in seine Entscheidungsfindung einzubeziehen. Der Geschäftsführer überspannt die Bereitschaft, unternehmerische Risiken einzugehen, erst dann in unzulässiger Weise, wenn die Wahrscheinlichkeit des Fehlschlags deutlich überwiegt oder aber wenn dem (vergleichsweise hohen) Risiko nur eine geringe oder gar keine Gewinnquote gegenübersteht[1014]. Zu nennen ist hier etwa die Ausstellung von Gefälligkeitswechseln in Millionenhöhe ohne angemessene Sicherheiten[1015].

2. Bestandsgefährdende Entscheidungen

a. Meinungsstand

Nach der wohl überwiegenden Ansicht ist die Grenze pflichtgemäßen Verhaltens insbesondere auch dort überschritten, wo die Eingehung einer Risikoentscheidung im Falle ihres Misslingens die Gesellschaft in ihrem Bestand „gefährden" würde[1016]. Dabei mache es auch keinen Unterschied, ob die Verwirklichung der Risiken nur sehr unwahrscheinlich und die Chance des Geschäfts verlockend sind. Bereits die Eingehung „abstrakt" bestandsgefährdender Risiken schließt

1012 3. Kap., A, II, 4, e.

1013 *Oltmanns*, Geschäftsleiterhaftung und unternehmerisches Ermessen, S. 243 f.

1014 *Drescher*, Die Haftung des GmbH-Geschäftsführer, 6. Aufl., § 1, Rn. 67 f.; *Haas/Ziemons* in: Michalski, 2. Aufl., § 43, Rn. 81 m. w. N.

1015 BGH, Urt. v. 21. 12. 1979 - II ZR 244/78, NJW 1980, 1629; *Haas/Ziemons* in: Michalski, 2. Aufl., § 43, Rn. 82; *Uwe H. Schneider* in: Scholz GmbHG, 10. Aufl., § 43, Rn. 104.

1016 Vgl. z. B. BGH, Urt. v. 04.07.1977 - II ZR 150/75, NJW 1977, 2311; OLG Düsseldorf, Beschl. v. 9. 12. 2009–6 W 45/09, AG 2010, 126, 129; ferner *Altmeppen* in: Roth/Altmeppen, GmbHG, 6. Aufl., § 43, Rn. 16; *Jungmann* in: FS K. Schmidt, S. 831, 839, Fn. 53.; *Kleindiek* in: Lutter/Hommelhoff, GmbHG, 17. Aufl., § 49, Rn. 16; *Lutter*, GmbHR 2000, 301, 305; *ders.* ZIP 2009, 197, 199; *Mertens* in: Hachenburg, GmbHG, § 43 Rn. 27; monographisch auch *Drenckhan*, Gläubigerschutz in der Krise der GmbH, S. 152.

nach dieser Auffassung ein Handeln im guten Glauben und somit im Rahmen unternehmerischen Ermessens aus.

Gegen diese wohl vorherrschende Auffassung wird eingewandt, dass der Bestand insbesondere kleinerer Unternehmen ständig zumindest abstrakt bedroht sei und demnach eine ganze Reihe praktisch häufig vorkommender, vom Geschäftsführer zu treffender Entscheidungen abstrakt bestandsgefährdenden Charakter habe[1017]. Das Problem, ob und inwieweit auch bereits abstrakt bestands- bzw. existenzgefährdende Geschäftsführermaßnahmen per se als pflichtwidrig zu qualifizieren sind, zeige sich insbesondere in der unternehmerischen Krise[1018]. Befindet sich die Gesellschaft in einer wirtschaftlichen Abwärtsbewegung, wird der Geschäftsführer meist versucht sein, einen Turnaround zu schaffen. Die dabei praktisch vorkommenden Entscheidungen haben dann aber regelmäßig zumindest abstrakt bestandsgefährdenden Charakter. Spitzt sich die Krisensituation zu, wird der Geschäftsführer meist nur noch zwischen Maßnahmen wählen können, die (jede für sich genommen oder zumindest kumuliert) mit abstrakt bestands- bzw. existenzgefährdenden Risiken behaftet sind[1019]. Um dem Risiko einer persönlichen Haftung zu entgehen, müsste der mit der Sorgfalt eines ordnungsgemäßen Geschäftsmannes handelnde Geschäftsführer selbst für die Gesellschaft (möglicherweise) vorteilhafte Geschäfte unterlassen, wenn er damit auch nur das kleinste Risiko einer Bestandsgefährdung einginge[1020]. Insbesondere in sog. „Sanierungsfällen", bei denen das bestandsgefährdende Risiko eine Chance bietet, am Markt zu verbleiben, statt in absehbarer Zeit aufgeben zu müssen, wird eine generelle Beschränkung der Handlungsbefugnis als unsachgemäß erachtet und daher zum Teil gar über eine Ausnahmeregelung nachgedacht[1021]. Abstrakt bestandsgefährdende Maßnahmen könnten daher nicht per se als unzulässig und somit pflichtwidrig qualifiziert werden[1022]. Die Bereitschaft,

---

1017 *Redeke*, ZIP 2010, 159, 160; vgl. auch *Haas/Ziemons* in: Michalski, GmbHG, 2. Aufl., § 43, Rn. 80.

1018 *Redeke*, ZIP 2010, 159, 160 m. w. N.

1019 *Hopt/Roth* in: Großkomm. z. AktG, 4. Aufl., Nachtrag zu § 93, Rn. 36; *Raiser/Veil*, Recht der Kapitalgesellschaften, 5. Aufl., § 14, Rn. 68.

1020 *Oltmanns*, Geschäftsleiterhaftung und unternehmerisches Ermessen, S. 248.

1021 Zweifelnd zur AG auch *Hopt* in: Großkomm. z. AktG, 4. Aufl., § 93, Rn. 82; *Hopt/Roth* in: Großkomm. z. AktG, 4. Aufl., Nachtrag zu § 93, Rn. 36.

1022 *Paefgen* in: Ulmer/Habersack/Winter, GmbHG, § 43, Rn. 70 f.; im Grundsatz auch *Redeke*, ZIP 2010, 159, 167; für die AG *Hopt/Roth* in: Großkomm. z. AktG, 4. Aufl., Nachtrag zu § 93, Rn. 36; *Spindler*, NZG 2010, 281, 284; zweifelnd auch *Oltmanns*, Geschäftsleiterhaftung und unternehmerisches Ermessen, S. 247.

unternehmerische Risiken einzugehen, wird nach dieser Ansicht in der Regel erst dann als in unverantwortlicher Weise überspannt angesehen, wenn die Realisierung des bestandsgefährdenden Risikos aus der Ex-ante-Sicht überwiegend wahrscheinlich und demgemäß von einer konkreten Bestandsgefährdung auszugehen ist[1023]. Die Eingehung lediglich abstrakt bestandsgefährdender Risiken könne demnach ausnahmsweise dann pflichtgemäß sein, wenn dies nach einer hinreichenden Abwägung von Chancen und Risiken vertretbar erscheint[1024].

b. Stellungnahme

Eine allgemeine Aussage lässt sich, zumindest für die GmbH, nur schwer treffen. Die GmbH-Geschäftsführer haben sich im Rahmen ihrer unternehmerischen Entscheidungen stets von den Interessen der Gesellschaft leiten zu lassen[1025]. Richtigerweise werden diese zumindest bei der GmbH als Privatgesellschaft vorrangig von den Gesellschaftern definiert[1026]. Die Gesellschafter einer GmbH haben es daher grundsätzlich selbst in der Hand, den Geschäftsführern den notwendigen Anreiz zu geben, Entscheidungen besonders risikoavers oder aber besonders risikofreudig zu fällen. Selbst wenn es an entsprechenden Regelungen im Gesellschaftsvertag fehlt, bleibt es den Gesellschaftern unbenommen, den Geschäftsführern entsprechende Weisungen zu erteilen.

Fehlt es aber an etwaigen internen Vorgaben, haben sich die GmbH-Geschäftsführer am Unternehmensinteresse als Resultat verschiedener im Unternehmen zusammengefasster Interessenträger zu orientieren. Im Normalfall ist das Unternehmensinteresse dann auf Bestanderhaltung und Rentabilität gerichtet[1027]. Die GmbH-Geschäftsführer haben demnach auch bereits solche Risiken zu vermeiden, die die Gesellschaft abstrakt in ihrem Bestand gefährden. Denn sowohl den Gesellschaftern, die sich als Shareholder für die Gründung einer Gesellschaft mit erwerbswirtschaftlicher Zwecksetzung entscheiden, als auch den Stakeholdern (Geschäftspartner, Arbeitnehmer, Kunden etc.), die in der Regel nur mit einem zumindest mittelfristig rentablen und liquiden Partner ein Vertragsverhältnis eingehen wollen, kann allgemein nicht der Wille entnommen werden, die Gesellschaft durch risikofreudige Geschäfte in ihrem Bestand

1023 *Redeke*, ZIP 2010, 159, 167; für die AG *Hopt/Roth* in: Großkomm. z. AktG, 4. Aufl., Nachtrag zu § 93, Rn. 36.

1024 *Haas/Ziemons* in: Michalski, GmbHG, 2. Aufl., § 43, Rn. 80; *Hopt/Roth* in: Großkomm. z. AktG, 4. Aufl., Nachtrag zu § 93, Rn. 36.

1025 3. Kap., A, II, 4, b.

1026 3. Kap., A, II, 3, b, bb.

1027 3. Kap., A, II, 3, b.

zu gefährden. Das Unternehmensinteresse geht im Normalfall dahin, die Gewinnerzielung langfristig zu optimieren und für eine dauerhafte Rentabilität zu sorgen, so dass sich das Unternehmen dauerhaft am Markt halten kann. Das Risiko, nur wegen einer unternehmerischen Fehlentscheidung unterzugehen, ist mit dem Unternehmensinteresse insoweit nicht vereinbar. Kommt der Geschäftsführer im Rahmen einer Risikoentscheidung auf der Grundlage angemessener Information und Sachprüfung zu dem Ergebnis, dass im Worst-Case-Szenario eine Bestandsgefährdung droht, muss von der Maßnahme abgesehen werden oder aber der Geschäftsführer hat den Konsens der Gesellschafter einzuholen. Die wohl vorherrschende Ansicht liegt insoweit richtig, wenn sie grundsätzlich auch bereits abstrakt bestandsgefährdende Geschäftsführungsmaßnahmen mit den Unternehmens- bzw. Gesellschaftsinteressen als unvereinbar und somit als pflichtwidrig i. S. d. § 43 GmbHG wertet.

3. *Dispositionsfreiheit der Gesellschafter und ihre Grenzen*

Zur allgemeinen Pflicht zur ordnungsgemäßen Geschäftsführung zählt es, satzungsmäßige Vorgaben (z. B. Zustimmungsvorbehalte bei riskanten Geschäften) und die Kompetenzordnung innerhalb der Gesellschaft zu beachten. Den Gesellschaftern bleibt es somit unbenommen, den Geschäftsführern Weisungen zu erteilen, sofern besonders risikoreiche Entscheidungen zu treffen sind. In diesem Fall sind die Geschäftsführer, solange die Weisung nicht zu beanstanden ist, nicht selbst für die Maßnahme verantwortlich, sondern die Gesellschafterversammlung.

Dem GmbH-Geschäftsführer steht somit jederzeit die Möglichkeit offen, den Gesellschaftern eine Risikoentscheidung selbständig zur Entscheidung vorzulegen (vgl. § 49 Abs. 1 GmbHG)[1028]. Ein solches Verhalten empfiehlt sich insbesondere dann, wenn der Geschäftsführer einer GmbH von einer besonders riskanten Geschäftsführungsmaßnahme wegen der damit verbundenen erheblichen Chancen nicht Abstand nehmen möchte, ohne gleichzeitig in die Gefahr der persönlichen Haftung geraten zu müssen[1029]. Allein die Gesellschafter sind dann als „Herren der Gesellschaft" befugt, darüber zu entscheiden, ob mit der Maßnahme besondere Vorteile für die Gesellschaft verbunden sind, die das Eingehen der drohenden Risiken rechtfertigen. Entscheiden sich die Gesellschafter für die vorgeschlagene Risikomaßnahme, sind die Geschäftsführer, sofern die

---

1028 *Römermann* in: Michalski, GmbHG, 2. Aufl., § 49, Rn. 69.
1029 Vgl. *Krause*, BB 2009, 1370, 1373.

Weisung nicht zu beanstanden ist, nicht selbst für die Maßnahme verantwortlich und handeln mithin pflichtgemäß.

Für den Geschäftsführer besteht aber nicht nur das Recht, sondern häufig auch die Pflicht, eine Gesellschafterversammlung hinsichtlich bestimmter Geschäftsführungsmaßnahmen einzuberufen (§ 49 Abs. 2 GmbHG) oder zumindest eine Beschlussfassung im schriftlichen Verfahren (§ 48 Abs. 2 GmbHG) herbeizuführen. Eine solche Pflicht wird allgemein dort angenommen, wo einer Geschäftsführungsmaßnahme grundlegende Bedeutung für die Gesellschaft beizumessen ist und eine Billigung durch die Gesellschafter objektiv zweifelhaft und im Interesse der Gesellschaft im Vorhinein erforderlich erscheint[1030]. Das wird in der Regel auch dann der Fall sein, wenn die Maßnahme mit besonderen Risiken verbunden ist und dadurch der Bestand, die finanzielle Situation oder die Marktstellung nachhaltig beeinflusst werden[1031]. Auch bereits abstrakt bestandsgefährdende Maßnahmen können den Geschäftsführer, abhängig von der Realstruktur der Gesellschaft und den der Geschäftsführung im Einzelfall überlassenen Freiräumen, insofern zur vorherigen Vorlage an die Gesellschafter verpflichten[1032]. Eine eigenständige Entscheidung ohne Einwilligung der Gesellschafter wäre in diesen Fällen schon mangels Zuständigkeit pflichtwidrig[1033].

Wird den Gesellschaftern eine Risikomaßnahme zur Entscheidung vorgelegt, haben die Geschäftsführer ihre Bedenken geltend zu machen und die Gesellschafter angemessen über die Risiken zu informieren[1034]. Entscheiden sich die Gesellschafter für eine bestandsgefährdende Geschäftsführungsmaßnahme, muss der Geschäftsführer gleichwohl prüfen, ob sich die Weisung im Rahmen von Gesetz, Satzung und guten Sitten bewegt[1035]. Der durch eine Gesellschafterweisung

---

1030 *Bayer* in: Lutter/Hommelhoff, GmbHG, 17. Aufl., § 49, Rn. 13 m. w. N.

1031 *Hüffer* in: Hachenburg, GmbHG, 8. Aufl., § 49, Rn. 20; *Paefgen*, in: Ulmer/Habersack/Winter, GmbHG, § 43, Rn. 71; *Zöllner/Noack* in: Baumbach/Hueck, GmbHG, 19. Aufl., § 37, Rn. 11; siehe zuletzt auch *Freund*, GmbHR 2011, 238, 243.

1032 *Freund*, GmbHR 2011, 238, 243 mit Verweis auf *Paefgen* in: Ulmer/Habersack/Winter, GmbHG, § 43, Rn. 71; vgl. dazu auch *Drenckhan*, Gläubigerschutz in der Krise der GmbH, S. 152.

1033 *Drenckhan*, Gläubigerschutz in der Krise der GmbH, S. 152; vgl. auch *K. Schmidt* in: K. Schmidt/Uhlenbruck, Die GmbH in Krise, Sanierung und Insolvenz, 4. Aufl., Rn. 11. 93.

1034 OLG Jena, Urt. v. 01. 09. 1998–5 U 1816/97, NZG 1999, 121, 122; *Altmeppen* in: Roth/Altmeppen, GmbHG, 6. Aufl., § 43, Rn. 16; *Kleindiek* in: Lutter/Hommelhoff, GmbHG, 17. Aufl., § 43, Rn. 32; *Krause*, BB 2009, 1370, 1373.

1035 *Malk*, Geschäftsführerverantwortlichkeit und Auswirkungen der Existenzvernichtung, S. 128; siehe dazu bereits 3. Kap., A, I, 2, c.

erweiterte haftungsfreie Handlungsspielraum eines GmbH-Geschäftsführers findet nämlich spätestens dort seine absolute Grenze, wo der Gesetzgeber oder die Rechtsprechung verbindliche gläubigerschützende Vorgaben setzt. Zu nennen ist hier insbesondere die Insolvenzantragspflicht des § 15a Abs. 1 InsO (mit eventueller über § 823 Abs. 2 BGB vermittelter Schadensersatzpflicht) sowie das Masseschmälerungsverbot des § 64 Satz 1 GmbHG, die bei Eintritt der Insolvenz die Grenze für das freie Wirtschaften der Betreiber erklären. Im Vorfeld der Insolvenz fehlen dagegen Regelungen zur Verhinderung von Spekulationsgeschäften. Die Insolvenzverursachungshaftung nach § 64 Satz 3 GmbHG etwa setzt stets einen Solvenzeingriff bzw. Kapitalabzug zu Gunsten eines Gesellschafters oder eines mit ihm verbundenen Dritten voraus und kommt daher bei den hier beschriebenen sog. „Spekulationsgeschäften" zu Lasten der Gläubiger regelmäßig nicht in Betracht[1036].

Fehlt es an dem Merkmal der Zahlung zu Gunsten eines Gesellschafters, endet der Spekulationsspielraum rechtmäßigen Verhaltens meist erst dort, wo der Dispositionsbefugnis der Gesellschafter absolute Grenzen gesetzt sind. Im Hinblick auf unangemessene, spekulative oder nachteilige Geschäfte bzw. Entscheidungen wird eine solche absolute Grenze richtigerweise erst dann zu bejahen sein, wenn eine Haftung des Geschäftsführers wegen sittenwidriger Schädigung nach § 826 BGB[1037] (siehe aber auch § 823 Abs. 2 BGB i. V. m. § 283 StGB[1038]) in Betracht kommt. Diese Schwelle ist hoch. Sie wird regelmäßig erst dann erreicht sein, wenn konkret bestands- bzw. existenzgefährdende Risiken eingegangen werden, die Realisierung der bestands- bzw. existenzgefährdenden Risiken aus Ex-ante-Sicht also überwiegend wahrscheinlich ist[1039]. Zu denken ist hier etwa an Geschäfte mit spekulativem Charakter, deren Risiken außer Verhältnis zu

---

1036 Ebenso wird hier mangels „Eingriffs" regelmäßig auch kein Fall der höchstrichterlich anerkannten sog. Existenzvernichtungshaftung vorliegen.

1037 OLG Frankfurt, Urt. v. 07.02.1997–24 U 88/95, GmbHR 1997, 346; *Altmeppen*, ZIP 2008, 1201 ff.; *K. Schmidt* in: Die GmbH in Krise, Sanierung und Insolvenz, Rn. 11.89; *Uwe H. Schneider* in: Scholz, GmbHG, 10. Aufl., § 43, Rn. 123; *Veil*, ZGR 2006, 374, 394; weitere Nachweise für eine Geschäftsführerhaftung nach § 826 BGB wegen insolvenzverursachenden Missmanagement bei *Haas/Ziemons* in: Michalski, GmbHG, 2. Aufl., § 43, Rn. 295 ff.

1038 Siehe dazu *Haas/Ziemons* in: Michalski, GmbHG, 2. Aufl., § 43, Rn. 293 f.

1039 In diesem Sinne auch *Haas/Ziemons* in: Michalski, GmbHG, 2. Aufl., § 43, Rn. 19 u. 76, *Ziemons*, Haftung der Gesellschafter für Einflussnahmen auf die Geschäftsführung der GmbH, S. 97 ff., 135; *ders.* in: Oppenländer/Trölitzsch, Praxishandbuch der GmbH-Geschäftsführung, 2. Aufl., § 22, Rn. 10, 14; grundlegend auch *Priester,* ZGR 1993, 513, 518.

den Vermögensverhältnissen der Gesellschaft stehen und deshalb im Verwirklichungsfall die Gläubiger treffen müssen[1040]. Ein solcher Fall wird beispielsweise angenommen, wenn der Geschäftsführer für eine GmbH mit einem Jahresumsatz von 400.000 Euro einen Vertrag im Volumen von 200.000 Euro auf einem Gebiet abschließt, auf dem er keinerlei Erfahrungen besitzt und er es zudem unterlässt, eine Rentabilitäts- und Wirtschaftlichkeitsprüfung anzustellen[1041].

III. Kein Erfordernis von Sonderregelungen im Vorfeld der Insolvenz

Besonders im Vorfeld der Insolvenz machen sich häufig die negativen Verhaltensanreize der Haftungsbeschränkung in Form eines zunehmend riskanten Wirtschaftens der Unternehmensführung bemerkbar[1042]. Während die grundsätzliche Annahme eines Gleichlaufs zwischen Gesellschafts- und Gläubigerinteressen im „unternehmerischen Normalbereich“[1043] die Eingehung überproportional riskanter Geschäfte regelmäßig verhindert, sind in der unternehmerischen Krise vermehrt Fälle zu beobachten, in denen die Gesellschafter im kollusiven Zusammenwirken mit den Geschäftsführern übermäßig risikoreiche Geschäfte und Spekulationen zu Lasten der Gesellschaftsgläubiger tätigen (sog. „gambling for resurrection“)[1044]. Laufen die Geschäfte schlechter und gerät die Gesellschaft zunehmend in die Krise, haben die Gesellschafter häufig kein Interesse mehr an der Risikoneutralität des Geschäftsführers, sondern sind stattdessen versucht, das Steuer „noch einmal rumzureißen“ und die Geschäftsführer dafür notfalls zu übermäßig risikoreichen Geschäften und Spekulationen anzuweisen[1045]. Das System der Binnenverantwortung des Geschäftsführers mit der oben beschriebenen

---

1040 BGH, Urt. v. 31. 01. 2000 – II ZR 189/99, NJW 2000, 1571, 1572 = NZG 2000, 544, 545 (m. Anm. Haas); *Kleindiek* in: Lutter/Hommelhoff, GmbHG, 17. Aufl., § 43, Rn. 72; siehe zur Organhaftung wegen Spekulation in ausländische Wertpapiere *Lutter*, ZIP 2009, 197.

1041 Vgl. Beispielsfall bei *Haas/Ziemons* in: Michalski, GmbHG, 2. Aufl., § 43, Rn. 295.

1042 *Veil*, ZGR 2006, 374, 392; siehe zu den negativen Verhaltensanreizen der Haftungsbeschränkung bei Eintritt der Krise z. B. *Teichmann*, Binnenmarktkonformes Gesellschaftsrecht, S. 482 f.; *ders.* NJW 2006, 2444, 2448.

1043 *Meyer*, Haftungsbeschränkung im Recht der Handelsgesellschaften, S. 959; siehe zum Interssengleichlauf im „unternehmerischen Normalbereich“ auch *Teichmann*, Binnenmarktkonformes Gesellschaftsrecht, S. 484.

1044 *Raiser/Veil*, Recht der Kapitalgesellschaften, 5. Aufl., § 14, Rn. 68; mit Verweis auf das französische Recht („action en comblement du passif“) *Haas*, WM 2006, 1417, 1421.

1045 *Roth*, DNotZ 2006, 166, 172; siehe zu den Verhaltensanomalien in der unternehmerischen Krise *Teichmann*, Binnenmarktkonformes Gesellschaftsrecht, S. 483 f.

Ausprägung des Geschäftsleiterermessens, das die Gläubigerinteressen zumindest reflexartig mit schützt, greift in diesen Fällen meist zu kurz und ist insofern auch nicht in der Lage, das „Spekulationsverhalten" zu Lasten der Gläubiger aufzufangen[1046]. Entfällt aber die von § 43 Abs. 2 GmbHG ausgehende Steuerungs- und Ausgleichsfunktion ersatzlos, so haben die Gesellschaftsgläubiger gegenüber dem „Normalfall" ein erhöhtes Insolvenzrisiko zu tragen[1047].

Zum Teil wird daher mit Verweis auf ausländische Rechtsordnungen darüber nachgedacht, Sonderregeln für die Geschäftsleiterpflichten zu entwickeln, damit die Geschäftsführer auch bereits im Vorfeld der Insolvenztatbestände nicht nur als Vertreter der Gesellschafterinteressen agieren, sondern auch im Interesse sonstiger Interessensträger darauf hinwirken, den Bestand der Gesellschaft zu gewährleisten[1048]. So sieht beispielsweise im französischen Recht Art. 651–2 Code de Commerce 2006 vor, dass den Geschäftsführern im Wege der action en comblement du passif Verbindlichkeiten der Gesellschaft auferlegt werden können, wenn diesen ein Fehlverhalten („faute de gestion") nachzuweisen ist und die Gläubiger deshalb im eröffneten Verfahren einen Ausfall erlitten haben[1049]. Die Bestimmung erfasst eine große Bandbreite von Geschäftsführungsfehlern auch bereits vor Eintritt der materiellen Insolvenz. Hierzu zählen insbesondere die Fälle des verantwortungslosen Spekulationsverhaltens auf Kosten der Gläubiger[1050].

Vergleicht man das französische Haftungsmodell mit dem deutschen Recht, bei dem die absolute Grenze des haftungsfreien Handlungsspielraums – grundsätzlich – erst durch das Deliktsrecht (insbesondere § 826 BGB) gezogen wird, so scheint die Schwelle für eine Haftung des Geschäftsführers – zumindest auf den ersten Blick – (deutlich) höher zu liegen[1051]. Zum einen reicht für die französische Ausfallhaftung bereits ein einfaches Fehlverhalten („faute légère") aus[1052].

1046 In diesem Sinne auch *Haas* in: Verhandlungen des 66. DJT, Bd. I, E 42; *Schall*, Kapitalgesellschaftlicher Gläubigerschutz, S. 314.

1047 *Haas*, NZG 2000, 544, 545.

1048 *Raiser/Veil*, Recht der Kapitalgesellschaften, 5. Aufl., § 14, Rn. 69; *Veil*, ZGR 2006, 374, 393 ff.; siehe zum Vorschlag einer zusätzlichen Direktorenhaftung im neuen Companies Act *Gower/Davies*, Principles of Modern Company Law, 7. Aufl., S. 373; Überlegungen zum einheitlichen Haftungstatbestand nach französischem Vorbild auch bei *Haas* in: Verhandlungen des 66. DJT, Bd. I, E 42.

1049 Vgl. dazu *Haas* in: Verhandlungen des 66. DJT, Bd. I, E 38 ff.

1050 *Haas* in: Verhandlungen des 66. DJT, Bd. I, E 38 f.

1051 *Haas* in: Verhandlungen des 66. DJT, Bd. I, E 40 f.; *ders.*, WM 2006, 1417, 1421.

1052 *Haas* in: Verhandlungen des 66. DJT, Bd. I, E 41.

Zum anderen werden auch die subjektiven Anforderungen an eine Haftung des Geschäftsführers nach § 826 BGB als strenger angesehen[1053]. *Haas* weist jedoch zu Recht darauf hin, dass die Unterschiede in der Praxis nicht überschätzt werden sollten[1054]. So schließe der BGH häufig bereits aus der Gefährlichkeit der Handlung auf den bedingten Vorsatz i. S. des § 826 BGB. Außerdem weist er darauf hin, dass die Fälle, in denen die französische Rechtsprechung einen „faute de gestion" (Geschäftsführungsfehler) i. S. d. „action en comblement du passif" annimmt, nach deutschem Recht vielfach im unmittelbaren Umfeld der Sittenwidrigkeit angesiedelt seien, die Haftung des Geschäftsführers nach § 826 BGB also nur dort hinter dem französischen Recht zurückbleibe, wo sie am Vorsatzerfordernis des deutschen Deliktsrechts scheitert. Die Lücke könne aber, falls nicht schon das System der Binnenverantwortung des Geschäftsführers nach § 43 Abs. 2 GmbHG greifen sollte, in aller Regel mithilfe des § 823 Abs. 2 BGB i. V. m. § 283 StGB (oder anderen Schutzgesetzen) geschlossen werden, die – anders als § 826 BGB – nicht notwendigerweise eine vorsätzliche Tatbegehung in Schädigungsabsicht voraussetzen[1055].

Nach den vorstehenden Überlegungen ist festzustellen, dass das deutsche (Delikts-) Recht *de lege lata* die Gläubiger bereits hinreichend vor verantwortungslosem „Spekulationsverhalten" in der Unternehmenskrise schützt. Die Implementierung zusätzlicher, verschärfter Sonderregelungen erscheint insofern nicht erforderlich und würden im Übrigen auch die Gefahr bergen, dass die Vorteile des freien Wirtschaftens in der haftungsbeschränkten Form unangemessen beeinträchtigt würden[1056]. Die Haftungsbeschränkung in § 13 Abs. 2 GmbHG sollte nämlich nur dort durchbrochen werden, wo sich die GmbH so weit vom gesetzlichen Leitbild entfernt hat, dass ein ergänzender Gläubigerschutz notwendig wird.

IV. Zwischenergebnis

Festzuhalten ist, dass den GmbH-Geschäftsführer auch im Vorfeld der Insolvenz die Pflicht trifft, unverhältnismäßig riskante oder bestandsgefährdende Geschäfte zu unterlassen. Selbst abstrakt bestandsgefährdende Geschäfte, bei denen die Verwirklichung der Risiken nur sehr unwahrscheinlich ist, sind regelmäßig mit

1053 *Haas* in: Verhandlungen des 66. DJT, Bd. I, E 41.

1054 *Haas* in: Verhandlungen des 66. DJT, Bd. I, E 41; *ders.*, WM 2006, 1417, 1421.

1055 *Haas* in: Verhandlungen des 66. DJT, Bd. I, E 41 f.; *ders.*, WM 2006, 1417, 1421.

1056 Im Ergebnis auch *Veil*, ZGR 2006, 374, 393 f., der insofern keine signifikanten Rechtsschutzdefizite sieht.

dem Unternehmensinteresse und somit auch mit der allgemeinen Geschäftsführungsaufgabe unvereinbar. Das heisst aber nicht, dass (abstrakt) bestandsgefährdende Risiken bei der GmbH zwingend unterbleiben müssen. Sie unterfallen nur nicht mehr dem Ermessensspielraum der Geschäftsführer. Möchte der GmbH-Geschäftsführer unverhältnismäßige oder bestandsgefährdende Risiken eingehen, hat er die Entscheidung daher mit den Eigentümern der Gesellschaft, den Gesellschaftern, abzusprechen (§ 49 Abs. 2 GmbHG). Das dem GmbH-Geschäftsführer im operativen wie im finanzstrategischen Bereich grundsätzlich eingeräumte weite Handlungsermessen wird durch die Pflicht zur Vorlage wichtiger Grundsatzentscheidungen an die Gesellschafter insofern erheblich eingeschränkt.

Wurde der Geschäftsführer durch einen Gesellschafterbeschluss zur Eingehung bestandsgefährdender Risiken angewiesen, erweitert sich sein (haftungsfreier) Handlungsspielraum. Die Schwelle der pflichtwidrigen Bestands- bzw. Gläubigergefährdung ist dann erst dort als überschritten anzusehen, wo – sieht man einmal von der Regelung des § 64 Satz 3 GmbHG und der Möglichkeit einer Schutzgesetzverletzung gem. § 823 Abs. 2 BGB i. V. m. § 283 StGB ab – eine Haftung wegen sittenwidriger Schädigung in Betracht kommt (§ 826 BGB). Diese Schwelle liegt hoch. Sie gewährleistet jedoch, dass dem Geschäftsführer die Vorteile der Haftungsbeschränkung nur dann genommen werden, wenn die Gesellschaft als Zurechnungsträger von Gefahren und Risiken zu Lasten der Gesellschaftsgläubiger missbraucht wird. Eine (Krisen-)Sonderregelung, wonach der Geschäftsführer zum Schutz sonstiger Interessenträger auch bereits weniger riskante Geschäfte zu unterlassen bzw. zu unterbinden hat, erscheint für die Rechtsform der GmbH nicht gerechtfertigt.

D. Haftung

I. Haftung gegenüber der GmbH – Innenhaftung

1. Haftung gem. § 64 Satz 3 GmbHG

Hat der Geschäftsführer eine Zahlung an einen Gesellschafter geleistet, die die Zahlungsunfähigkeit i. S. d. § 64 Satz 3 GmbHG herbeigeführt hat, so ist er zum „Ersatz der Zahlung“ verpflichtet. Die h. M. sieht hierin einen Anspruch eigener Art[1057]. Der Anspruch ist danach auf die ungekürzte Erstattung der entgegen § 64

1057 *Kleindiek* in: Lutter/Hommelhoff, GmbHG, 17. Aufl., § 64, Rn. 20; *Niesert/Hohler*, NZI 2009, 345, 351; *Wicke*, GmbHG, 2. Aufl., § 64, Rn. 26; ferner *Knof*, DStR 2007, 1580, 1584 m. w. N.

Satz 3 GmbHG vorgenommenen Zahlungen an die Masse Zug-um-Zug gegen Abtretung etwaiger Ersatz- oder Ausgleichsansprüche gerichtet[1058]. Er knüpft mit der sich an § 64 Satz 1 GmbHG anlehnenden h. M. insofern nur an die Höhe der vom Geschäftsführer vorgenommenen Zahlung im Sinne des Zahlungsmittelabflusses an, so dass der Umfang die Höhe eines Schadensersatzanspruches übersteigen kann und der Einwand rechtmäßigen Alternativverhaltens nicht in Betracht kommt[1059]. § 64 Satz 3 GmbHG führt zu einer Erstattung durch den Geschäftsführer gegenüber der Gesellschaft und ist somit als Innenhaftung konzipiert. Der Anspruch der Gesellschaft gegen den Geschäftsführer ist im eröffneten Insolvenzverfahren gem. § 92 InsO durch den Insolvenzverwalter geltend zu machen[1060]. Kommt es mangels Masse nicht zur Insolvenzeröffnung, können sich die Gläubiger den der GmbH zustehenden Anspruch pfänden und überweisen lassen.

2. *Haftung gem. § 43 Abs. 2 GmbHG*

Nach h. M. kommt in Konkurrenz zu § 64 Satz 3 GmbHG in Höhe der Zahlung eine allgemeine Schadensersatzpflicht aus § 43 Abs. 2 GmbHG in Betracht[1061]. Eine insolvenzverursachende Zahlung i. S. d. § 64 Satz 3 GmbHG stellt letztlich einen Sonderfall des § 43 GmbHG, begrenzt auf den durch die Zahlung herbeigeführten Schaden, dar[1062]. Eine Zahlung, die wegen ihrer Gefährlichkeit für den Fortbestand der Gesellschaft ausdrücklich verboten ist, verletzt zwingend auch die allgemeine Sorgfaltspflicht i. S. d. § 43 Abs. 1 GmbHG[1063]. Die bloße Verletzung des § 43 GmbHG genügt jedoch nicht, um den Geschäftsführer für den darüber hinausgehenden gesamten Insolvenzverursachungsschaden aufkommen zu lassen[1064]. Die Bestimmung ist auf die Haftung für die durch einzelne Geschäftsführer herbeigeführten Schäden zugeschnitten. Insofern kommt eine

1058 *Knof*, DStR 2007, 1580, 1584; *Niesert/Hohler*, NZI 2009, 345, 351; *Wicke*, GmbHG, 2. Aufl., § 64, Rn. 26.

1059 *Niesert/Hohler*, NZI 2009, 345, 351.

1060 *Casper* in: Ulmer/Habersack/Winter, GmbHG, § 64, Rn. 102; *Wicke*, GmbHG, 2. Aufl., § 64, Rn. 26.

1061 Siehe z. B. *Haas* in: Baumbach/Hueck, GmbHG, 19. Aufl., § 64, Rn. 175; *K. Schmidt* in: Scholz, GmbHG-Nachtrag MoMiG, 10. Aufl., § 64, Rn. 97.

1062 *Strohn*, ZHR 173 (2009), 589, 590 m. w. N.

1063 *Hölzle*, GmbHR 2007, 729, 731; *Strohn*, ZHR 173 (2009), 589, 590.

1064 *K. Schmidt* in: Scholz, GmbHG-Nachtrag MoMiG, 10. Aufl., § 64, Rn. 97; *ders.* in: K. Schmidt/Uhlenbruck, Die GmbH in Krise, Sanierung und Insolvenz, 4. Aufl., Rn. 11. 93.

Insolvenzverursachungshaftung im Rahmen des § 43 Abs. 2 GmbHG nur für den Fall in Betracht, dass ein unvertretbares Geschäftsführerverhalten unmittelbar in die Insolvenz geführt hat[1065].

3. *Existenzvernichtungshaftung gem. §§ 826, 830 BGB*

Denkbar ist im Übrigen auch eine Haftung des Geschäftsführers nach § 830 BGB als Teilnehmer an einer vorsätzlichen sittenwidrigen Schädigung eines GmbH-Gesellschafters (Existenzvernichtungshaftung)[1066]. § 64 Satz 3 GmbHG schließt eine solche Haftung nicht aus[1067]. Der Anspruch steht in diesem Fall der Gesellschaft (und nicht den Gläubigern) zu[1068].

4. *Haftung gem. §§ 823 Abs. 2 BGB i. V. m. 266 StGB*

Im Falle einer insolvenzverursachenden Zahlung i. S. d. § 64 Satz 3 GmbHG kommt überdies auch eine Haftung des Geschäftsführers wegen Untreue gem. §§ 823 Abs. 2 BGB i. V.m. 266 StGB in Betracht[1069]. Auch dieser Anspruch geht im Grunde nur auf Ersatz der Zahlung.

II. Haftung gegenüber Dritten

Eine Außenhaftung über § 823 Abs. 2 BGB kommt im Falle einer insolvenzverursachenden Zahlung nicht in Betracht, da das Zahlungsverbot durch § 64 Satz 3 GmbHG speziell sanktioniert ist[1070]. Als Außenhaftung kommt allerdings § 826 BGB in Betracht, falls der Geschäftsführer mit der insolvenzverursachenden Zahlung an den Gesellschafter zugleich seine gegenüber der Gesellschaft geschuldete Pflicht, für eine ordnungsgemäße Kalkulation und Wirtschaftlichkeitsprüfung zu sorgen, leichtfertig und in sittenwidriger Weise verletzt und

---

1065 *K. Schmidt* in: K. Schmidt/Uhlenbruck, Die GmbH in Krise, Sanierung und Insolvenz, 4. Aufl., Rn. 11. 93.

1066 *Fleischer*, NJW 2009, 2337, 2341; *Haas* in: Baumbach/Hueck, GmbHG, 19. Aufl., § 64, Rn. 176; *Strohn*, ZHR 173 (2009), 589, 590; *Weller*, ZIP 2007, 1681, 1687; hierzu bereits 5. Kap., B.

1067 *Greulich/Rau*, NZG 2008, 284, 286; *Kleindiek* in: FS K. Schmidt, S. 893, 901.

1068 BGH, Urt. v. 16. 07. 2007 – II ZR 3/04, NJW 2007, 2689, 2690; kritisch *Haas* in: Baumbach/Hueck, GmbHG, 19. Aufl., § 64, Rn. 178.

1069 OLG Stuttgart, Beschl. v. 14.04.2009–1 Ws 32/09, ZIP 2009, 1864, BB 2009, 1833 (mit Anm. von Hohl); *Haas* in: Baumbach/Hueck, GmbHG, 19. Aufl., § 64, Rn. 175; *ders.* ZIP 2006, 1373, 1380 f.

1070 *K. Schmidt* in: Scholz, GmbHG-Nachtrag MoMiG, 10. Aufl., § 64, Rn. 99.

eine Schädigung der Gesellschaftsgläubiger zumindest mit bedingtem Vorsatz in Kauf genommen hat[1071]. Im Vorfeld der Insolvenz kommt eine Haftung nach § 826 BGB schließlich auch dort in Betracht, wo der GmbH-Geschäftsführer die Gesellschaft als Zurechnungsträger von Gefahren und Risiken durch (sonst) verantwortungslos riskantes Verhalten zu Lasten der Gesellschaftsgläubiger missbraucht[1072]. Die Anforderungen an die Haftung nach § 826 BGB sind in der Praxis dabei jedoch nicht zu überschätzen. Die Rechtsprechung gewährt den Dritten als Gläubiger der (Ausfall-)Haftung nach § 826 BGB erhebliche Beweiserleicherungen hinsichtlich Vorsatz und Sittenwidrigkeit. So schließt die Rechtsprechung häufig bereits aus der Gefährlichkeit der Handlung bzw. aus der Art und Weise, in der sich das sittenwidrige Verhalten kundgibt, auf den bedingten Vorsatz[1073]. Fehlt es am subjektiven Tatbestandsmerkmal der Schädigungsabsicht, ist schließlich noch an eine (Außen-)Haftung nach § 823 Abs. 2 BGB i. V. m. § 283 StGB zu denken, etwa wenn durch verantwortungslos riskante Geschäfte i. S. d. § 283 Abs. 1 Nr. 2 StGB eine Überschuldung oder Zahlungsunfähigkeit der Gesellschaft herbeigeführt wird[1074].

E. Ergebnis zum 5. Kapitel

Im Vorfeld der Insolvenz wird der GmbH-Geschäftsführer zunehmend auch zum Solvenz- und Existenzschutz in die Pflicht genommen.

Im Rahmen der jüngsten MoMiG-Reform hat der Gesetzgeber mit § 64 Satz 3 GmbHG die schon bislang anerkannte Pflicht der Geschäftsleiter zur ständigen Solvenzüberwachung (vor allem in der Krise der Gesellschaft) besonders hervorgehoben. Der Gesetzgeber beabsichtigt mit der Neuregelung die bestehenden Mechanismen zu ergänzen, die die Gesellschaftsgläubiger gegen Vermögensverschiebungen zwischen Gesellschaft und Gesellschaftern schützen. Neben der an die Gesellschafter adressierten Existenzvernichtungshaftung ist die Neuregelung eine flankierende Maßnahme zum Schutz der GmbH bei all jenen

---

1071 *Haas* in: Baumbach/Hueck, GmbHG, 19. Aufl., § 64, Rn. 176; *Haas/Ziemons* in: Michalski, GmbHG, 2. Aufl., § 43, Rn. 295; *K. Schmidt* in: Scholz, GmbHG-Nachtrag MoMiG, 10. Aufl., § 64, Rn. 99; *Kleindiek* in: Lutter/Hommelhoff, GmbHG, 17. Aufl., § 64, Rn. 20.

1072 Siehe dazu bereits 5. Kap., C.

1073 OLG Frankfurt a.M., Urt. v. 03. 04. 2003–16 U 68/98, NJW-RR 2003, 1044, 1045; vgl. auch *Haas* in: Verhandlungen des 66. DJT, Bd. I, E 41 m. w. N.

1074 *Haas/Ziemons* in: Michalski, GmbHG, 2. Aufl., § 43, Rn. 293a; siehe zu den Voraussetzungen des 283 StGB auch *Fischer*, StGB, 57. Aufl., § 283, Rn. 7 ff. (31 f.).

Vermögensverschiebungen, die nicht von § 30 Abs. 1 GmbHG erfasst werden und die vor Eintritt der Insolvenzreife die Liquidität der Gesellschaft in existenzgefährdender Weise schädigen.

Die mit § 64 Satz 3 GmbHG verbundene Stärkung des Gläubigerschutzes ist im Ansatz rechtspolitisch plausibel und fügt sich auch gut in das bestehende Gläubigerschutzsystem ein. Problematisch erscheint allerdings die Haftungserweiterung, die den GmbH-Geschäftsführern durch § 64 Satz 3 GmbHG aufgebürdet wird. So birgt nicht nur der in seinen Details immer noch unscharfe Begriff der „Zahlungen", sondern vor allem der weiterhin noch kaum kalkulierbare Kausalzusammenhang zwischen Zahlung und späterer Zahlungsunfähigkeit erhebliches Haftungspotenzial. In der Regierungsbegründung wird zwar darauf hingewiesen, dass die Neuregelung in ihrem Anwendungsbereich eng begrenzt sei und für den Geschäftsführer daher auch keine Überforderung darstelle, doch wird man die tatsächliche Reichweite des § 64 Satz 3 GmbHG wegen des weit gefassten Wortlauts der Vorschrift über die vom Gesetzgeber vorrangig in den Blick genommenen Konstellationen hinaus anerkennen müssen. § 64 Satz 3 GmbHG stellt eine Liquiditätsschutznorm dar. Um dem Schutzzweck des § 64 Satz 3 GmbHG gerecht zu werden, sind daher nicht nur Existenzvernichtungs- und Ausplünderungsfälle als von § 64 Satz 3 GmbHG umfasst anzusehen, sondern grundsätzlich jegliche Zahlung, die „überwiegend wahrscheinlich" die Zahlungsunfähigkeit der Gesellschaft herbeiführen. Als solche Zahlungen kommen nicht nur klassische Ausschüttungen und Kapitalrückzahlungen (d. h. auch fällige Darlehensrückzahlungen) in Betracht, sondern selbst die tagtägliche Kontoglattstellung im Rahmen eines Cash-Pooling-Systems kann unter den dargestellten Voraussetzungen gegebenenfalls eine insolvenzverursachende Zahlung i. S. d. Vorschrift darstellen.

Um eine Insolvenzverursachungshaftung zu vermeiden, wird der GmbH-Geschäftsführer vor einer Zahlung an einen Gesellschafter insoweit eine Solvenzprognose stellen müssen. Hierin hat er nach eigenem Ermessen zu beurteilen, ob die jeweilige Zahlung überwiegend wahrscheinlich die Zahlungsunfähigkeit der GmbH zur Folge hat. Bei der Ausgestaltung der Solvenzprognose wird sich der Geschäftsführer dabei weitestgehend an die in Rechtsprechung und Schrifttum zur Fortbestehensprognose formulierten Anforderungen halten können. Kommt der Geschäftsführer im Rahmen seiner Prognose zu dem Ergebnis, dass im Falle der Zahlung an den Gesellschafter die Herbeiführung der Zahlungsunfähigkeit überwiegend wahrscheinlich ist, muss er die Zahlung verweigern. § 64 Satz 3 GmbHG ist – anders als § 64 Satz 1 GmbHG – als echtes, eigenständiges Zahlungsverbot zu verstehen, weshalb dem GmbH-Geschäftsführer richtigerweise auch ein Leistungsverweigerungsrecht gewährt wird. Eine

Weisung der Gesellschafterversammlung ist in diesem Fall unbeachtlich und darf auch bei noch so großem Druck der Gesellschafter nicht befolgt werden. Andernfalls haftet ausschließlich der Geschäftsführer – zwar nicht auf Schadensersatz, wohl aber auf Rückgewähr des an den Gesellschafter Geleisteten.

Neben der Insolvenzverursachungshaftung gemäß § 64 Satz 3 GmbHG kommt gleichzeitig auch eine Haftung des Geschäftsführers wegen Teilnahme an einem existenzvernichtenden Eingriff gemäß §§ 826, 830 BGB nach den Grundsätzen der Existenzvernichtungshaftung in Betracht.

Jenseits des sachlichen Anwendungsbereichs des Kapitalerhaltungsgebots nach §§ 43 Abs. 3, 30, 31 GmbHG, der Insolvenzverursachungshaftung nach § 64 Satz 3 GmbHG und auch der Existenzvernichtungshaftung nach den Regeln der Rechtsprechung (§§ 826, 830 BGB), die jeweils als Auszahlungsschranken ausgestaltet sind, kennt das GmbH-Recht keine besonderen Regelungen zum Schutz vor sonst bestandsgefährdendem bzw. insolvenzverursachendem Verhalten. Die vorliegende Arbeit hat jedoch gezeigt, dass die Unternehmensführung jenseits dieser Auszahlungsschranken nicht frei darin ist, die Gesellschaft durch leichtfertiges bzw. verantwortungsloses Verhalten zu ruinieren. Denn bereits aus der allgemeinen Pflicht zur ordnungsgemäßen Geschäftsführung ergibt sich die Pflicht eines jeden GmbH-Geschäftsführers, im Interesse des Solvenz- und Existenzschutzes unverhältnismäßig riskante oder bestandsgefährdende Geschäfte zu unterlassen. Selbst abstrakt bestandsgefährdende Geschäfte, bei denen die Verwirklichung der Risiken nur sehr unwahrscheinlich ist, sind regelmäßig mit dem Unternehmensinteresse und somit auch mit der allgemeinen Geschäftsführungsaufgabe unvereinbar. Möchte der GmbH-Geschäftsführer unverhältnismäßige oder bestandsgefährdende Risiken eingehen, hat er die Entscheidung grundsätzlich den Gesellschaftern vorzulegen. Diese können als Eigentümer der Gesellschaft darüber entscheiden, ob sie das Risiko auf sich nehmen wollen. Wurde der Geschäftsführer durch einen Gesellschafterbeschluss zur Eingehung solcher Risiken angewiesen, erweitert sich sein (haftungsfreier) Handlungsspielraum. Die Schwelle des pflichtwidrigen Verhaltens ist dann grundsätzlich erst dort als überschritten anzusehen, wo eine Haftung wegen sittenwidriger Schädigung i. S. d. § 826 BGB (oder wegen Bankrottdelikts nach § 823 Abs. 2 BGB i. V. m. § 283 StGB) in Betracht kommt. Gerade für das Vorfeld der Insolvenz, in dem sich die negativen Verhaltensanreize der Haftungsbeschränkung in Form eines zunehmend riskanten Wirtschaftens der Unternehmensführung bemerkbar machen, wird häufig über Sonderregelungen nachgedacht. Das geltende Recht mit den weit gefassten Grenzen der Business Judgement Rule und den absoluten Grenzen des Deliktsrechts ist jedoch als ausreichend und elastisch genug anzusehen.

6. Kapitel: Zusammenfassung

Die Ausführungen haben gezeigt, dass sich für die Geschäftsführer einer GmbH bereits im Vorfeld der Insolvenz besondere Verantwortlichkeiten ergeben. Neben der Grundpflicht zur ordnungsgemäßen Geschäftsführung treffen den Geschäftsführer in dieser Phase auch eine Vielzahl von besonderen Krisenpflichten. Speziell das MoMiG hat hier zu einer gesteigerten Verantwortung des GmbH-Geschäftsführers beigetragen und reiht sich damit in die in Europa vorherrschende Entwicklung ein, die erhöhte Attraktivität der kleinen Kapitalgesellschaft mit der Ausformung verschärfter Haftungsstandards für die Geschäftsleiter im Vorfeld der Insolvenz zu kompensieren, man denke an das britische „wrongful trading", die französische „action en comblement du passif" oder auch die österreichische „Unternehmensreorganisationshaftung".

Die Arbeit hat darüber hinaus den Nachweis geführt, dass sich die im Gesetz nur vereinzelt vorkommenden und nicht aufeinander bezogenen Regeln im Wege einer Gesamtschau zu einem schlüssigen System aus verschiedenen Verhaltenspflichten verbinden lassen, die bereits im Vorfeld der Insolvenz greifen, aber sachlich eine mögliche Insolvenz in den Blick nehmen. Dieses die Gesellschaftsgläubiger teils mittelbar und teils unmittelbar schützende System lässt sich dabei in drei Regelungs- bzw. Pflichtenkreise unterteilen: die allgemeinen Pflichten des Geschäftsführers mit besonderer Fokussierung auf ihre Ausgestaltung hinsichtlich der Unternehmenskrise (krisenorientierte Pflichten) (1), die besonderen Pflichten des Geschäftsführers im Zusammenhang mit der Kapitalerhaltung (2) und die besonderen Pflichten des Geschäftsführers im Zusammenhang mit dem Solvenz- und Existenzschutz (3).

A. „Unternehmenskrise"

Will man die Verantwortlichkeiten des GmbH-Geschäftsführers im Vorfeld der Insolvenz erörtern und systematisch erfassen, ist hierfür ein klares Verständnis der Unternehmenskrise erforderlich. Es ist nämlich nicht zu verkennen, dass sich die Anforderungen an den Geschäftsführer einer GmbH ändern, wenn eine Unternehmenskrise eintritt: Die allgemeine Pflicht zur ordnungsgemäßen Geschäftsführung wird ab diesem Zeitpunkt zum Teil modifiziert und zum Teil um spezielle Krisenpflichten erweitert. An die Stelle des normalen Geschäftsgangs tritt dann die Abwehr oder Überwindung der Krise („krisenorientierte Pflichten"). Außerdem erlangen in dieser Phase die Pflichtenkreise „Kapitalerhaltung" und „Solvenz- und Existenzschutz" zunehmend an Bedeutung.

Eine allgemeinverbindliche Definition und Darstellung der Unternehmenskrise hat sich bislang jedoch nicht herausgebildet. Denn dem Phänomen Unternehmenskrise liegt zumeist ein komplexes prozesshaftes Geschehen zu Grunde, welches – je nach methodischer Sicht und konkreter Eigenheit des Unternehmens (z. B. Größe, Komplexität etc.) – unterschiedlich bewertet werden kann. So hat der Terminus der Unternehmenskrise sowohl bei Ökonomen als auch bei Juristen verschiedene Deutungen und Auslegungen erfahren. Während die Betriebswirtschaftslehre bei der Beschreibung der Unternehmenskrise ihren Blick allein auf die wirtschaftliche Situation des Unternehmens richtet, legt die Rechtswissenschaft ihren Fokus primär auf eine rechtliche Betrachtung der Gesellschaftssituation. Zwischen beiden Krisenbegriffen sind allerdings keine großen Unterschiede festzustellen. Denn auch eine rechtliche Krise ist eng verbunden mit der wirtschaftlichen Situation der Gesellschaft. Sie liegt – nach dem hier vertretenen weiten Verständnis – vor, wenn die Gefährdung der Gesellschaft und somit zumindest auch mittelbar der Gläubiger so stark erhöht ist, dass der Gesetzgeber an diese Situationen besondere Rechtsfolgen zum unmittelbaren oder auch nur mittelbaren Schutz der Gläubiger knüpft.

Die rechtliche Krise beginnt danach regelmäßig – auch wenn diese zeitliche Abfolge nicht zwingend ist – mit Eintritt einer Bestandsgefährdung i. S. v. § 91 Abs. 2 AktG (bzw. § 321 Abs. 1 Satz 3 HGB). Werden keine Maßnahmen zur Krisenbewältigung ergriffen, schreitet die Krise häufig bis zur drohenden Insolvenz fort. Das Endstadium der wirtschaftlichen Talfahrt ist erreicht, wenn die Gesellschaft überschuldet oder zahlungsunfähig ist. Bis zur Insolvenzreife durchläuft das Unternehmen dabei in der Regel verschiedene gesetzliche Krisensituationen. Zu nennen sind hier insbesondere die an die Stammkapitalziffer anknüpfenden Krisensituationen Unterbilanz i. S. d. § 30 Abs. 1 GmbHG und hälftiger Stammkapitalverlust i. S. d. § 49 Abs. 3 GmbHG.

B. Krisenorientierte Pflichten

Vor und in der Unternehmenskrise bestehen für den GmbH-Geschäftsführer besondere krisenorientierte Geschäftsführerpflichten (Pflichten zur Krisenvorsorge, -früherkennung, -vermeidung und -bewältigung), die in jüngerer Zeit vermehrt auch in das Blickfeld des juristischen Schrifttums geraten sind[1075].

1075 Vgl. z. B. *Bork*, ZIP 2011, 101 ff.; *Drenckhan*, Gläubigerschutz in der Krise der GmbH, S. 38 ff.; *Fleischer* in: MüKo-GmbHG, § 43, Rn. 63 f.; *Kleindiek* in: Lutter/Hommelhoff, GmbHG, 17. Aufl., § 43, Rn. 24 ff.; *ders.* in: W. Bayer/E. Koch, Das neue GmbH-Recht, S. 89 ff.; *K. Schmidt* in: Die GmbH-Reform in der Diskussion,

Die vorliegende Arbeit hat gezeigt, dass dieser Pflichtenkreis de lege lata nur unvollkommen und vielfach auch nur mittelbar zum Ausdruck kommt. Eine rechtliche Grundlage erfahren die krisenorientierten Pflichten meist erst durch Ableitung aus der allgemeinen Pflicht zur ordnungsgemäßen Geschäftsführung und vor dem Hintergrund spezifischer Organpflichten, die das Gesetz an anderer Stelle normiert (z. B. §§ 49 Abs. 2 und 3, 64 Satz 1 u. 3 GmbHG, § 15a Abs. 1 InsO).

Die Pflicht zur ordnungsgemäßen Geschäftsführung stellt insoweit die „Grundpflicht" dar, die als ständiger Begleiter des GmbH-Geschäftsführers sowohl in als auch außerhalb der Unternehmenskrise gilt. Aus dieser „Grundpflicht" lassen sich zahlreiche krisenorientierte Unterpflichten entnehmen bzw. entwickeln:

Um Krisen zu vermeiden und das Unternehmen in seinem Bestand zu erhalten, hat der GmbH-Geschäftsführer nicht nur für eine sachgerechte Unternehmensplanung zu sorgen, also entsprechende Vorschläge auszuarbeiten und die Planung umzusetzen, sondern er ist darüber hinaus dafür verantwortlich, dass potenzielle Unternehmenskrisen frühzeitig erkannt werden. Hierzu treffen den GmbH-Geschäftsführer vor allem die Pflicht zur wirtschaftlichen Selbstprüfung und die Pflicht zur Unternehmensorganisation und Kontrolle der betrieblichen Abläufe. Der Geschäftsführer muss danach bereits vor Eintritt der Unternehmenskrise die Finanz- und Vermögenslage der Gesellschaft mit besonderer Sorgfalt ständig beobachten. Die alljährliche Buchführung und Bilanzierung reicht hierzu in der Regel nicht aus. Der Geschäftsführer ist vielmehr verpflichtet je nach Eigenheit des Unternehmens (z. B. Größe, Komplexität, wirtschaftliche Situation etc.) Maßnahmen zu treffen, die zur Erkennung einer Unternehmenskrise geeignet sind. „Wie" diese Maßnahmen im konkreten Einzelfall auszusehen haben, steht mangels gesetzlicher Vorgaben weitestgehend im Ermessen des Geschäftsführers. Es besteht für ihn insbesondere keine Verpflichtung, ein umfassendes Risikomanagementsystem einzurichten.

Falls eine Krise trotz aller Krisenvermeidungs- und Früherkennungsmaßnahmen dennoch eintreten sollte, erweitert sich das krisenorientierte Pflichtenprogramm des GmbH-Geschäftsführers nicht unerheblich. Mit Eintritt der unternehmerischen Krise verdichtet sich die wirtschaftliche Selbstprüfungspflicht eines GmbH-Geschäftsführers zu einer eingehenden Solvenzprüfungspflicht.

S. 143 ff.; *Poertzgen*, ZInsO 2010, S. 785 ff.; *Rodewald*, GmbHR 2009, 1301; *Strohn*, NZG 2011, 1161 ff.; *Uwe H. Schneider*, GmbHR 2010, 57 ff.; siehe auch ZGR-Symposion vom 13./14. Januar 2006 in Kronberg/Ts. zur Krisenvermeidung und Krisenbewältigung in der GmbH, abgedruckt in ZGR 2006, 259 ff.

Neben der Aufstellung einer Zwischenbilanz oder eines Vermögensstatus hat der Geschäftsführer gegebenenfalls eine Überschuldungsbilanz zu erstellen und fortlaufend fortzuschreiben. Außerdem hat der GmbH-Geschäftsführer in dieser Situation über eine umfassende betriebliche und finanzielle Sanierungsprüfung nachzudenken. Im Mittelpunkt des Pflichtenprogramms zur Krisenbewältigung steht die Krisenwarn- und Berichtspflicht nach § 49 Abs. 2 und 3 GmbHG. Danach ist der Geschäftsführer verpflichtet unverzüglich die Gesellschafterversammlung einzuberufen, wenn er von dem Verlust des hälftigen Stammkapitals oder einer sonstigen Bestandsgefährdung für das Unternehmen Kenntnis erlangt. Sinn und Zweck der Krisenwarn- und Berichtspflicht ist es, den Gesellschaftern ein Warnsignal zu geben, um über zur Krisenabwehr geeignete Maßnahmen beratschlagen zu können. Hinsichtlich etwaiger Krisenbewältigungsmaßnahmen wird für den GmbH-Geschäftsführer zudem eine eingeschränkte Sanierungspflicht angenommen. Bereits im Vorfeld der Insolvenztatbestände ist er danach verpflichtet, eine etwaige Sanierung sorgsam zu prüfen, auszuloten, aufzuzeigen und vorzubereiten. Er muss die Gesellschafter insoweit sachgemäß beraten, damit diese von dem in § 49 Abs. 2 und 3 GmbHG verankerten „Frühwarnsystem" auch sinnvoll Gebrauch machen können. Sprechen sich die Gesellschafter für eine Sanierung aus, so muss die Geschäftsführung das beschlossene Sanierungskonzept umsetzen oder die erforderlichen Maßnahmen nach ihrem Ermessen einleiten.

Die Arbeit hat gezeigt, dass das Pflichtenprogramm zur Krisenerkennung, -vermeidung und -bewältigung im Vorfeld der Insolvenz für ihren Adressaten, den Geschäftsführer, de lege lata nur schwer zu bestimmen ist. Inwieweit die Lockerung des strengen Systems der Kapitalaufbringung und -erhaltung durch das MoMiG zu einer zunehmenden haftungsrechtlichen Bedeutung dieser krisenorientierten Geschäftsführerpflichten führt, bleibt abzuwarten. Eine gesetzliche Konkretisierung der krisenorientierten Geschäftsführerpflichten, namentlich solcher zur wirtschaftlichen Selbstprüfung, zur Krisenfrüherkennung sowie zur eingeschränkten Sanierung, ist allerdings wünschenswert. Aber auch die bestehende gesetzliche Konkretisierung der allgemeinen Geschäftsführungsaufgabe in § 49 Abs. 3 GmbHG (Krisenwarn- und Berichtspflicht) erscheint reformbedürftig, um einen besseren und punktgenaueren Beitrag zur Insolvenzprophylaxe leisten zu können. Insoweit ist auch darüber nachzudenken, die vorinsolvenzliche Sanierungspflicht des GmbH-Geschäftsführers mit der Krisenwarn- und Berichtspflicht gesetzlich enger zu verzahnen, etwa indem dem Geschäftsführer aufgegeben wird, mit Einberufung der „Krisenversammlung" den Gesellschaftern zugleich auch ein zumindest grobes Sanierungskonzept vorzulegen. Möchte man eine rechtspolitische Diskussion über die krisenorientierten Organpflichten eines GmbH-Geschäftsführers vor und in der Krise ernsthaft führen, ist auch zu klären, wann diese Pflichten spätestens eingreifen sollten. Hier erscheint insoweit eine Anknüpfung an das situative Krisenmerkmal der „Bestandsgefährdung" geeignet.

Ferner ist daran zu denken, die Geschäftsführerhaftung als Ex-post-Instrument zu stärken. Wie gesehen geht es bei den hier diskutierten Pflichten überwiegend um Binnenpflichten des GmbH-Geschäftsführers, die, soweit nicht gleichzeitig § 64 GmbHG oder § 30 GmbHG berührt sind, sämtlich durch die Gesellschafter abdingbar sind. Die Gesellschafter sind also weitgehend frei darin zu entscheiden, wie bzw. ob die Geschäftsführung ihre krisenorientierten Pflichten erfüllt. De lege lata sind es also im Wesentlichen die Fremdgeschäftsführer, die die skizzierten Krisenvermeidungs- und Krisenbewältigungsanstrengungen unternehmen werden, während die Alleingesellschafter-Geschäftsführer neben dem Investitionsverlust kaum rechtliche Sanktionen fürchten müssen, wenn sie dies unterlassen. Da die krisenorientierten Pflichten erheblich zur Insolvenzprävention beitragen und somit auch zumindest mittelbar dem Gläubigerschutz dienen, sollte darüber nachgedacht werden, die Haftung in diesem Bereich nicht dispositiv, sondern zwingend auszugestalten. Denn ein starker Gläubigerschutz auf der Ebene der Pflichtbegründung bringt wenig, wenn sich die Pflichten praktisch nicht durchsetzen lassen. Zu denken ist hier etwa an eine Neuausrichtung des § 43 Abs. 3 GmbHG.

C. Kapitalerhaltung

Zu den Verantwortlichkeiten des GmbH-Geschäftsführers im Bereich der Insolvenzprävention vor und in der Unternehmenskrise zählen unter anderem auch die besonderen Pflichten im Zusammenhang mit der Kapitalerhaltung.

Diese haben durch das MoMiG erhebliche Änderungen erfahren, obwohl der deutsche Gesetzgeber grundsätzlich am System des gesetzlichen Mindestkapitals und den Grundsätzen der Kapitalaufbringung und Kapitalerhaltung festgehalten hat. Nach wie vor darf das zur Erhaltung des Stammkapitals erforderliche Vermögen nicht an die Gesellschafter ausgezahlt werden, § 30 Abs. 1 Satz 1 GmbHG. Nimmt der Geschäftsführer gleichwohl eine solche Zahlung an die Gesellschafter vor, ist er der Gesellschaft nach § 43 Abs. 3 GmbHG zum Ersatz verpflichtet. Durch die sog. „Rückkehr zur bilanziellen Betrachtungsweise" in § 30 Abs. 1 Satz 2 GmbHG und die Abschaffung des Eigenkapitalersatzrechts haben sich die Verantwortlichkeiten bei der GmbH allerdings erheblich zu Lasten der Geschäftsführer verschoben.

Während der GmbH-Geschäftsführer im Falle von absteigenden Finanzströmen wegen des neuen § 30 Abs. 1 Satz 3 GmbHG aus der Verantwortlichkeit für die Kapitalerhaltung entlassen wurde, ist dem Geschäftsführer im Falle von aufsteigenden Finanzströmen neuerdings aufgetragen, sich künftig nicht nur intensiv mit der wirtschaftlichen Situation der eigenen Gesellschaft, sondern auch mit derjenigen der Gesellschafter auseinanderzusetzen. Gem. § 30 Abs. 1 Satz 2 Hs. 2. GmbHG ist eine Leistung nunmehr nur zulässig, wenn diese durch einen vollwertigen Gegenleistungs- oder Rückgewähranspruch gedeckt ist. Dieses Bekenntnis des MoMiG-Gesetzgebers zur bilanziellen Betrachtung in § 30 GmbHG verlangt von den Geschäftsführern neben der Unterbilanzprüfung neuerdings auch eine Vollwertigkeitsprüfung hinsichtlich des jeweiligen Gegenleistungs- oder Rückgewähranspruchs. Der Geschäftsführer hat danach in Fällen der Darlehensgewährung (sog. „upstream-loans") zu prüfen, ob unter Berücksichtigung des individuellen Kreditrisikos des Schuldners an der Einbringlichkeit der Forderung Zweifel bestehen. Dabei kommt es auf eine Gesamtbetrachtung an. Aus einem „AAA"-Rating allein ergibt sich noch nicht die Vollwertigkeit. Relevant können im Einzelfall u. a. die Verzinsung und Besicherung der Forderung, die Finanzierungsstruktur des Schuldners oder bei Cash-Pool-Systemen die Einrichtung eines effektiven Informations-, Frühwarn- und Reaktionssystems sein. Werden Sicherheiten zu Gunsten eines Gesellschafters bestellt, kommt es für die Vollwertigkeit des Rückgriffs- oder Freistellungsanspruchs regelmäßig auch darauf an, ob mit dem Sicherungsnehmer zusätzlich vertragliche Verwertungsbeschränkungen bis zur Höhe des Stammkapitals der GmbH abgeschlossen wurden (sog. Limitation-Language-Abreden) bzw. der Rückgriffsanspruch zusätzlich abgesichert wurde.

Maßgeblicher Zeitpunkt für die Vollwertigkeit ist derjenige der „Auszahlung"; nur für diesen kann dem für die Leistung und die Beurteilung der Gegenleistung verantwortlichen Geschäftsführer eine – gelegentlich auch Zukunftsprognosen umfassende – Entscheidung über das Vorliegen der Voraussetzungen zugemutet werden. Bei aufsteigenden Darlehen ist danach der Zeitpunkt der Valutierung entscheidend, während bei aufsteigenden Sicherheiten auf den Zeitpunkt der Bestellung abzustellen ist. Etwas anderes gilt beim Cash Pool, wenn die Leitungsbefugnisse hinsichtlich der Abwicklung des Cash Pools durch einen Rahmenvertrag (Cash-Pool-Abrede) von den einzelnen Konzerngesellschaften auf die Betreibergesellschaft übertragen wurden und sich die Gesellschaften für eine gewisse Dauer und nicht einseitig widerruflich verpflichten, ihre Liquidität tagtäglich an die Betreibergesellschaft abzuführen. In diesen Fällen ist bereits der Zeitpunkt des (Rahmen-) Vertragsschlusses als „Auszahlung" zu werten, so dass der Geschäftsführer der am Cash Pool beteiligten Gesellschaft bereits zu diesem Zeitpunkt prüfen muss, ob die Durchsetzbarkeit der künftig auflaufenden Gegenleistungs- oder Rückgewähransprüche absehbar in Frage steht.

Im Anschluss an die „Auszahlung" obliegt der Geschäftsführung darüber hinaus eine fortlaufende Beobachtungs- und Reaktionspflicht. Der Geschäftsführer muss fortlaufend beobachten, ob der ursprünglich vollwertige Rückgewähranspruch (im Fall der Sicherheitengewährung der ursprünglich vollwertige Freistellungs- bzw. Regressanspruch) diese Qualifizierung weiterhin verdient. Zeichnet sich ab, dass die Vollwertigkeit des Gegenleistungs- oder Rückgewähranspruchs nicht länger gegeben ist und ist dies geeignet, auf Ebene der Gesellschaft eine Unterbilanz herbeizuführen, ist die Geschäftsführung verpflichtet, die gewährte Leistung umgehend zurückzufordern oder die Bestellung entsprechender zur Deckung geeigneter Sicherheiten zu verlangen. Hier bleibt abzuwarten, ob die Verletzung der Beobachtungs- und Reaktionspflichten lediglich eine disponible Haftung nach § 43 Abs. 2 GmbHG oder aber eine zwingende Haftung (analog) § 43 Abs. 3 GmbHG zeitigt. Da die Beobachtungs- und Reaktionspflicht vorrangig dem Gläubigerschutz dient, spricht einiges für eine analoge Anwendbarkeit des § 43 Abs. 3 GmbHG.

Mit Blick auf die Kapitalerhaltung ist die Situation für den GmbH-Geschäftsführer seit dem MoMiG somit nicht einfacher geworden. Der grundsätzlich zu Weisungsgebundenheit und Gesetzesgehorsam verpflichtete Geschäftsführer kann bei der Verweigerung einer Kreditausreichung (bzw. der Sicherheitengewährung) nicht mehr allein auf die Bilanz hinweisen, sondern muss nunmehr auch den Einwand fehlender Vollwertigkeit erheben. Die daraus resultierenden Konflikte sind absehbar. Man braucht nicht viel Fantasie, um sich vorzustellen, wie die Reaktion des (Mehrheits-) Gesellschafters ausfällt, wenn der Geschäftsführer ihm erklärt, er könne die angewiesene Darlehensausreichung nicht tätigen bzw. er müsse das gewährte Darlehen zurückverlangen, und zwar mit der Begründung, der (Mehrheits-)Gesellschafter sei nicht bzw. nicht mehr kreditwürdig. Der Geschäftsführer, von dem normalerweise Gehorsamkeit eingefordert wird und der in der Unternehmenskrise ohnehin in zunehmenden Maße dem „Druck von oben" ausgesetzt ist, muss in dieser Situation Rückgrat zeigen und notfalls die Courage haben, das Amt niederzulegen. Nur wer sich entsprechend verhält und bei Zweifeln an der Vollwertigkeit die Gewährung aufsteigender Darlehen oder Sicherheiten verweigert und erforderlichenfalls bestehende finanzielle Verflechtungen rechtzeitig beendet, kann auch in der Unternehmenskrise ohne Haftungsrisiko von den neuen Gestaltungsfreiräumen Gebrauch machen.

Das Kreditgewährungsverbot in § 43a GmbHG ist durch die Reform im Jahr 2008 unberührt geblieben. Insofern ist bei § 43a GmbHG ohne Belang, ob der Kreditnehmer kreditwürdig und die Rückzahlung gefährdet ist, oder nicht; denn das Gesetz fingiert die Wertlosigkeit des Rückzahlungsanspruchs. Während Darlehen an Gesellschafter unter der Voraussetzung der Vollwertigkeit i. S. d. § 30 Abs. 1 Satz 2 GmbHG neuerdings zulässig sind, ist gem. § 43a GmbHG die Kreditausreichung an einen (Gesellschafter- oder Fremd-) Geschäftsführer in der Phase der Unterdeckung stets untersagt. Wird gleichwohl Kredit gewährt, so ist die Folge nicht nur, dass der Kredit sofort zurückzugewähren ist, sondern auch die Haftung der Geschäftsführer auf Schadensersatz. Durch die „Rückkehr zur bilanziellen Betrachtungsweise" in § 30 GmbHG hat sich der Anwendungsbereich des § 43a GmbHG im Verhältnis zu § 30 GmbHG somit faktisch erweitert. Immer dann, wenn ein Gesellschafter zugleich geschäftsführend tätig ist, ist zwingend auch § 43a GmbHG im Auge zu behalten.

D. Solvenz- und Existenzschutz

Das Schutzsystem im Vorfeld der Insolvenz sieht ferner besondere Pflichten des Geschäftsführers zum Solvenz- und Existenzschutz vor.

Im Vordergrund steht hier der neue § 64 Satz 3 GmbHG. Mit § 64 Satz 3 GmbHG wird die schon bislang anerkannte Pflicht der Geschäftsleiter zur ständigen Solvenzüberwachung besonders hervorgehoben. Der Gesetzgeber beabsichtigt mit der Neuregelung die bestehenden Mechanismen zu ergänzen, die die Gesellschaftsgläubiger gegen Vermögensverschiebungen zwischen Gesellschaft und Gesellschaftern schützen. Neben der an die Gesellschafter adressierten Existenzvernichtungshaftung ist die Neuregelung eine flankierende Maßnahme zum Schutz der GmbH bei all jenen Vermögensverschiebungen, die nicht von § 30 Abs. 1 GmbHG erfasst werden und die vor Eintritt der Insolvenzreife die Liquidität der Gesellschaft in existenzgefährdender Weise schädigen. Die mit § 64 Satz 3 GmbHG verbundene Stärkung des Gläubigerschutzes ist im Ansatz rechtspolitisch plausibel und fügt sich auch gut in das bestehende Gläubigerschutzsystem ein. Festzustellen ist allerdings, dass die Regelung des § 64 Satz 3 GmbHG in vielen Einzelpunkten umstritten bleibt.

Eine Haftung nach § 64 Satz 3 GmbHG liegt vor, wenn eine Zahlung an den Gesellschafter die Zahlungsunfähigkeit der GmbH herbeiführen musste. Der Begriff der Zahlung knüpft dabei an den schon in § 64 Satz 1 GmbHG verwendeten Zahlungsbegriff an und soll neben Geldzahlungen auch vergleichbare Leistungen an die Gesellschafter umfassen, soweit diese der Gesellschaft Liquidität entziehen. Bei § 64 Satz 3 GmbHG handelt es sich insofern um eine

Liquiditätsschutznorm, die nicht bei der Schmälerung des Gesellschaftsvermögens durch offene oder verdeckte Ausschüttungen an die Gesellschafter ansetzt, sondern bei der Liquiditätsgefährdung durch jedwede Zahlung an die Gesellschafter. Auch die tagtägliche Kontoglattstellung im Rahmen des Cash Poolings, sowie Zahlungen auf fällige Gesellschafterforderungen sollen davon umfasst werden.

Eine besondere Bedeutung hat bei § 64 Satz 3 GmbHG die Bestimmung des Kausalzusammenhangs zwischen Zahlung und Zahlungsunfähigkeit. In der Regierungsbegründung wird zwar darauf hingewiesen, dass die Neuregelung in ihrem Anwendungsbereich eng begrenzt sei und für den Geschäftsführer daher auch keine Überforderung darstelle, doch muss man die tatsächliche Reichweite des § 64 Satz 3 GmbHG wegen des weit gefassten Wortlauts der Vorschrift über die vom Gesetzgeber vorrangig in den Blick genommenen Konstellationen hinaus anerkennen. Um dem Schutzzweck des § 64 Satz 3 GmbHG gerecht zu werden, sind nämlich nicht nur Existenzvernichtungs- und Ausplünderungsfälle als von der Vorschrift umfasst anzusehen, sondern grundsätzlich alle Zahlungen, die „überwiegend wahrscheinlich" die Zahlungsunfähigkeit der Gesellschaft herbeiführen oder deren Eintritt beschleunigen. In die wertende Betrachtung fließen dabei alle Umstände des Einzelfalls ein. Eine positive zeitliche Kausalitätsvermutung im Sinne beispielsweise einer Jahresfrist ist allerdings abzulehnen.

Um eine Insolvenzverursachungshaftung zu vermeiden, muss der GmbH-Geschäftsführer vor einer Zahlung an einen Gesellschafter insoweit eine Solvenzprognose stellen. Hierin hat er nach eigenem Ermessen zu beurteilen, ob die jeweilige Zahlung überwiegend wahrscheinlich zur Zahlungsunfähigkeit der GmbH führt. Bei der Ausgestaltung der Solvenzprognose wird sich der Geschäftsführer dabei weitestgehend an die in Rechtsprechung und Schrifttum zur Fortbestehensprognose formulierten Anforderungen halten können. Kommt der Geschäftsführer im Rahmen seiner Prognose zu dem Ergebnis, dass im Falle der Zahlung an den Gesellschafter die Herbeiführung der Zahlungsunfähigkeit überwiegend wahrscheinlich ist, muss er die Zahlung verweigern. § 64 Satz 3 GmbHG ist – anders als § 64 Satz 1 GmbHG – als echtes, eigenständiges Zahlungsverbot zu verstehen, weshalb dem GmbH-Geschäftsführer ein Leistungsverweigerungsrecht gewährt wird. Eine Weisung der Gesellschafterversammlung ist in diesem Fall unbeachtlich und darf auch bei noch so großem Druck der Gesellschafter nicht befolgt werden. Anderenfalls haftet ausschließlich der Geschäftsführer, zwar nicht auf Schadensersatz, wohl aber auf Rückgewähr des an den Gesellschafter Geleisteten.

Gerät die GmbH in eine unternehmerische Krise, birgt § 64 Satz 3 GmbHG künftig zusätzliche Haftungsrisiken, auch wenn die tatsächliche Wirkungskraft von § 64 Satz 3 GmbHG rechtstatsächlich bislang nicht belegt ist[1076]. Der GmbH-Geschäftsführer ist in dieser per se schon haftungsträchtigen Phase insofern gut beraten, vor einer Zahlung an einen Gesellschafter eine sorgfältige und eher von pessimistischen Grundannahmen ausgehende Solvenzprognose aufzustellen und diese auch eingehend zu dokumentieren. Beim Cash Pooling sollte die Geschäftsführung darüber hinaus an eine vorausschauende Planung und Vertragsgestaltung denken, um nicht in die Gefahr einer Haftung nach § 64 Satz 3 GmbHG zu geraten. Angesichts der Vielschichtigkeit und zum Teil hohen Komplexität der zu behandelnden Sachverhalte ist dem Geschäftsführer im Falle von zweifelhaften Auszahlungen dringend anzuraten, eine externe fachlich qualifizierte Beratung einzuholen.

Jenseits des sachlichen Anwendungsbereichs des Kapitalerhaltungsgebots nach §§ 43 Abs. 3, 30, 31 GmbHG, der Insolvenzverursachungshaftung nach § 64 Satz 3 GmbHG und auch der Existenzvernichtungshaftung nach den von der Rechtsprechung entwickelten Regeln (§§ 826, 830 BGB), die jeweils als Auszahlungsschranken ausgestaltet sind, kennt das GmbH-Recht keine besonderen Regelungen zum Schutz vor sonst bestandsgefährdendem bzw. insolvenzverursachendem Verhalten. Im Rahmen dieser Arbeit stellte sich also die Frage, ob die Unternehmensführung jenseits dieser Auszahlungsschranken frei darin ist, die Gesellschaft durch leichtfertiges bzw. verantwortungsloses Verhalten zu ruinieren. Diese Frage nach den Organpflichten bei unverhältnismäßigen bzw. bestandsgefährdenden Risiken ist zuletzt auch im Zuge der Finanz- und Wirtschaftskrise in den Mittelpunkt des juristischen Interesses gerückt. Für den GmbH-Geschäftsführer ist festzuhalten, dass bereits die allgemeine Pflicht zur ordnungsgemäßen Geschäftsführung von ihm verlangt, im Interesse des Solvenz- und Existenzschutzes unverhältnismäßig riskante oder bestandsgefährdende Geschäfte zu unterlassen. Selbst abstrakt bestandsgefährdende Geschäfte, bei denen die Verwirklichung der Risiken nur sehr unwahrscheinlich ist, sind im „Normalfall" mit dem Unternehmensinteresse und somit auch mit der allgemeinen Geschäftsführungsaufgabe unvereinbar. Möchte der GmbH-Geschäftsführer unverhältnismäßige oder bestandsgefährdende Risiken eingehen, hat er die Entscheidung grundsätzlich den Gesellschaftern vorzulegen. Diese können als Eigentümer der Gesellschaft darüber befinden, ob sie das Risiko auf sich nehmen

---

1076 Vgl. *Strohn*, NZG 2011, 1161, 1168, der auf die bislang geringe praktische Relevanz hingeweist.

wollen. Entscheiden sich die Gesellschafter für die Eingehung solcher Risiken und erteilen dem Geschäftsführer eine entsprechende Weisung, entfällt die von § 43 Abs. 2 GmbHG ausgehende Steuerungs- und Ausgleichsfunktion ersatzlos. In diesen „GmbH-spezifischen" Fällen ist die Schwelle des pflichtwidrigen Geschäftsführerverhaltens regelmäßig erst dort als überschritten anzusehen, wo eine Haftung wegen sittenwidriger Schädigung i. S. d. § 826 BGB oder wegen Bankrottdelikts nach § 823 Abs. 2 BGB i. V. m. § 283 StGB in Betracht kommt.

Das geltende Recht mit den weit gefassten Grenzen der Buisness Judgement Rule und den absoluten Grenzen des Deliktsrechts ist insoweit ausreichend und elastisch genug, um – jenseits der Auszahlungsschranken – dem bestandsgefährdenden bzw. insolvenzverursachenden Verhalten von GmbH-Geschäftsführern zu begegnen. (Krisen-)Sonderregelungen zum Existenz- und Solvenzschutz, wonach der GmbH-Geschäftsführer auch bereits weniger riskante Geschäfte zu unterlassen bzw. zu unterbinden hat, sind daher nicht erforderlich und ließen sich mit der Rechtsform der GmbH letztlich auch nur schwer vereinbaren.

Literaturverzeichnis

Altmeppen, Holger: Neues zum Finanzplan- und zum Sanierungskredit, in: Festschrift für Walter Sigle zum 70. Geburtstag, 2000, S. 211–227; zit.: *Altmeppen* in: FS Sigle, S.

Altmeppen, Holger: Die Grenzen der Zulässigkeit des Cash Pooling, ZIP 2006, S. 1025–1026.

Altmeppen, Holger: Das neue Recht der Gesellschafterdarlehen in der Praxis, NJW 2008, S. 3601–3607.

Altmeppen, Holger: „Upstream-loans", Cash Pooling und Kapitalerhaltung nach neuem Recht – Zugleich Besprechung BGH v. 01.12.2008 – II ZR 102/07, ZIP 2009, S. 49–56.

Altmeppen, Holger: Cash Pooling und Kapitalerhaltung im faktischen Konzern, NZG 2010, S. 401–407.

Altmeppen, Holger: Die rätselhafte Haftung von Geschäftsleitern für insolvenzbegründende „Zahlungen" an Gesellschafter, in: Festschrift für Uwe Hüffer zum 70. Geburtstag, 2010, S. 1–14, zit.: *Altmeppen* in: FS Hüffer, S.

Bähr, Biner; Hoos, Jan-Philipp: Anmerkung zum Urteil des BGH v. 24.11.2003 – II ZR 171/01, GmbHR 2004, S. 302–305.

Bauer, Joachim: Die GmbH in der Krise – Rechtsfragen der Unternehmenssanierung, 3. Auflage, 2010; zit.: *Bauer*, Die GmbH in der Krise, 3. Aufl., Rn.

Baumbach, Adolf; Hopt, Klaus J.: Handelsgesetzbuch, 34. Auflage, 2010; *Bearbeiter* in: Baumbach/Hopt, 34. Aufl., §, Rn.

Baumbach, Adolf; Hueck, Alfred: GmbH-Gesetz, Gesetz betreffend die Gesellschaften mit beschränkter Haftung, 19. Auflage, 2010; zit.: *Bearbeiter* in: Baumbach/Hueck, 19. Aufl., GmbHG, §, Rn.

Beck'scher Bilanz-Kommentar: Handels- und Steuerbilanz, §§ 238 bis 339, 342 bis 342e HGB mit IFRS-Abweichungen, 7. Auflage, 2010; zit.: *Bearbeiter* in: BeckBilKomm, 7. Aufl., §, Rn.

Biletzki, Gregor C.: Das Prinzip der gesellschaftspolaren Haftungsorientierung – ein die Außenhaftung des GmbH-GF beschränkender Grundsatz?, NZG 1999, S. 286–291.

Bitter, Georg: Haftung von Gesellschaftern und Geschäftsführern in der Insolvenz ihrer GmbH – Teil 1, ZInsO 2010, S. 1505–1524.

Bitter, Georg: Haftung von Gesellschaftern und Geschäftsführern in der Insolvenz ihrer GmbH - Teil 2, ZInsO 2010, S. 1561–1582.

Blasche, Sebastian: Die Mindestanforderungen an ein Risikofrüherkennungs- und Überwachungssystem nach § 91 Abs. 2 AktG, S. 62–66.

Blasche, Sebastian; König, Mirko: Upstream-Darlehen vor dem Hintergrund des neuen § 30 Abs. 1 GmbHG, GmbHR 2009, S. 897–902.

Böcker, Philipp; Poertzgen, Christoph: Kausalität und Verschulden beim künftigen § 64 Satz 3 GmbHG, WuB 2007, S. 1203–1208.

Bork, Reinhard: Wie erstellt man eine Fortbestehensprognose?, ZIP 2000, S. 1709–1713.

Bork, Reinhard: Grundfragen des Restrukturierungsrechts, ZIP 2010, S. 397–413.

Bork, Reinhard: Pflichten der Geschäftsführung in Krise und Sanierung, ZIP 2011, S. 101–109.

Bork, Reinhard; Schäfer, Carsten (Hrsg.): Kommentar zum GmbHG, 2010; zit.: *Bearbeiter* in: Bork/Schäfer, GmbHG, §, Rn.

Bormann, Michael; Ulrichs, Marc: Kapitalaufbringung und Kapitalerhaltung nach dem MoMiG, GmbHR-Sonderheft Oktober 2008, S. 37–51.

Brebeck, Frank; Herrmann, Dagmar: Zur Forderung des KonTraG-Entwurfs nach einem Frühwarnsystem und zu den Konsequenzen für die Jahres- und Konzernabschlußprüfung, WPg 1997, S. 381–391.

Brocker, Moritz; Rockstroh, Maria: Upstream-Darlehen und Cash-Pooling in der GmbH nach der Rückkehr zur bilanziellen Betrachtungsweise, BB 2009, S. 730–733.

Buck-Heeb, Petra: Selbstregulierung im Gesellschaftsrecht – Corporate Governance-Regeln für die GmbH?, in: Festschrift für Harm Peter Westermann zum 70. Geburtstag, 2008, S. 846–860; zit.: *Buck-Heeb* in: FS Westermann, S.

Bunnemann, Jan; Zirngibl, Nikolas: Auswirkungen des MoMiG auf bestehende GmbHs, 2008; zit.: *Bearbeiter* in: Bunnemann/Zirngibl, Auswirkungen des MoMiG auf bestehende GmbHs, §, Rn.

Buth, Andrea K.; Hermanns, Michael (Hrsg.): Restrukturierung, Sanierung, Insolvenz, Handbuch, 3. Auflage, 2008; zit.: *Bearbeiter* in: Buth/Hermanns, RSI, 3. Aufl., §, Rn.

Cahn, Andreas: Das richterrechtliche Verbot der Kreditvergabe an Gesellschafter und seine Folgen, Der Konzern 2004, S. 235–245.

Dahl, Michael; Schmitz, Jan: Probleme von Überschuldung und Zahlungsunfähigkeit nach FMStG und MoMiG, NZG 2009, S. 567–570.

David, Sven: Externes Krisenmanagement aus Sicht der Banken, 2001, zugl.: Wien, Univ., Diss., 2001; zit.: *David*, Externes Krisenmanagement aus Sicht der Banken, S.

Davies, Paul L.: Gower and Davies' Principles of Modern Company Law, 7. Auflage, 2003; zit.: Gower/Davies, Principles of Modern Company Law, 7. Aufl., S.

Desch, Wolfram: Haftung des Geschäftsführers einer GmbH nach § 64 S. 3 GmbHG bei Rückzahlung von Gesellschafterdarlehen, BB 2010, S. 2586–2589.

Desch, Wolfram; Bunnemann, Jan: Anmerkung zum Urteil des OLG München vom 06.05.2010–23 U 1564/10, BB 2010, S. 1880–1882.

Diem, Andreas: Akquisitionsfinanzierungen – Kredite für Unternehmenskäufe, 2. Auflage, 2009; zit.: *Diem*, Akquisitionsfinanzierungen, 2. Aufl., §, Rn.

Dreher, Meinrad: Die Vorstandsverantwortung im Geflecht von Risikomanagement, Compliance und interner Revision, in: Festschrift für Uwe Hüffer zum 70. Geburtstag, 2010, S. 161–178; zit.: *Dreher* in: FS Hüffer, S.

Drenckhan, Helke: Gläubigerschutz in der Krise der GmbH, 2006, zugl.: Heidelberg, Univ., Diss., 2005; zit.: Drenckhan, Gläubigerschutz in der Krise, S.

Drescher, Ingo: Die Haftung des GmbH-Geschäftsführers, 6. Auflage, 2009; zit.: Drescher, Die Haftung des GmbH-Geschäftsführers, 6. Aufl., §, Rn.

Drygala, Tim; Drygala, Anja: Wer braucht ein Frühwarnsystem? Zur Ausstrahlungswirkung des § 91 Abs. 2 AktG, ZIP 2000, S. 297–305.

Drygala, Tim; Kremer, Thomas: Alles neu macht der Mai - Zur Neuregelung der Kapitalerhaltungsvorschriften im Regierungsentwurf zum MoMiG, ZIP 2007, S. 1289–1296.

Ebenroth, Carsten Thomas; Boujong, Karlheinz; Joost, Detlev; Strohn, Lutz (Hrsgg.): Ebenroth, Carsten Thomas/Boujong, Karlheinz/Joost, Detlev/Strohn, Lutz, Handelsgesetzbuch, Bd 1: §§ 1–342e, 2. Auflage, 2008; zitiert: *Bearbeiter* in: Ebenroth/Boujong/Joost/Strohn, HGB, 2. Aufl., §, Rn.

Ebenroth, Carsten Thomas; Lange, Knut Werner: Sorgfaltspflichten und Haftung des Geschäftsführers einer GmbH nach § 43 GmbHG, GmbHR 1992, S. 69–76.

Eggemann, Gerd; Konradt, Thomas: Risikomanagement nach dem KonTraG aus dem Blickwinkel des Wirtschaftsprüfers, BB 2000, S. 503–509.

Eidenmüller, Horst: Die GmbH im Wettbewerb der Rechtsformen, ZGR 2007, S. 168–211.

Eidenmüller, Horst: Reformperspektiven im Restrukturierungsrecht, ZIP 2010, S. 649–660.

Eisolt, Dirk: Erstellung von Sanierungskonzepten nach dem neuen IDW S. 6, BB 2010, S. 427–432.

Engert, Andreas: Kreditgewährung an GmbH-Gesellschafter und bilanzorientierter Kapitalschutz – Ökonomische Begründbarkeit der BGH Rechtsprechung und Zukunft des Cash Pooling, BB 2005, S. 1951–1958.

Engert, Andreas: Solvenzanforderungen als gesetzliche Ausschüttungssperre bei Kapitalgesellschaften, ZHR 170 (2006), S. 296–335.

Erne, Roland: Haftungsvermeidung des Geschäftsführers durch Frühwarnsysteme bei Nutzung von Cash Pooling, GWR 2010, S. 314 ff.

Evertz, Derik; Krystek, Ulrich (Hrsg.): Restrukturierung und Sanierung von Unternehmen, 2010; zit.: *Evertz/Krystek*, Restrukturierung und Sanierung von Unternehmen, S.

Fischer, Gero: Krisenbewältigung durch Insolvenzrecht, ZGR 2006, S. 403–418.

Fischer, Thomas: Strafgesetzbuch und Nebengesetze, 57. Auflage, 2010; zit.: Fischer, StGB, 57. Aufl., §, Rn.

Fleck, Hans-Joachim: Der Grundsatz der Kapitalerhaltung – seine Ausweitung und seine Grenzen, in: Festschrift 100 Jahre GmbHG, 1992, S. 391–419; zit: *Fleck* in: FS 100 Jahre GmbHG, S.

Fleischer, Holger: Die „Business Judgment Rule" im Spiegel von Rechtsvergleichung und Rechtsökonomie, in: Festschrift für Herbert Wiedemann zum 70. Geburtstag, 2002, S. 827–850; zit.: *Fleischer* in: FS Wiedemann, S.

Fleischer, Holger: Grundfragen der ökonomischen Theorie im Gesellschafts- und Kapitalmarktrecht, ZGR 2001, S. 1–32.

Fleischer, Holger: Aktuelle Entwicklungen der Managerhaftung, NJW 2009, S. 2337–2343.

Fleischer, Holger: Vertrauen von Geschäftsleitern und Aufsichtsratsmitgliedern auf Informationen Dritter. Konturen eines kapitalgesellschaftsrechtlichen Vertrauensgrundsatzes, ZIP 2009, S. 1397–1406.

Fleischer, Holger: Zum Inhalt des „Unternehmensinteresses" im GmbH-Recht, GmbHR 2010, S. 1307–1312.

Freund, Stefan: Organhaftung von Vorständen und Geschäftsführern – Ein Überblick mit Hinweisen aus der Praxis, GmbHR 2009, S. 1185–1190.

Freund, Stefan: Konturierungen der Organpflichten von Geschäftsführern und Vorständen, GmbHR 2011, S. 238–243.

Fromm, Rüdiger: Rückforderung von Krediten an GmbH-Leitungspersonen wegen Verstoßes gegen den Kapitalerhaltungsgrundsatz - Die Bedeutung von § 43a GmbHG und seine prozessuale Durchsetzung -, GmbHR 2008, S. 537–540.

Fuhrmann, Lambertus: Kreditgewährung an Gesellschafter: Ende des konzernweiten Cash-Managements?, NZG 2004, S. 552–555.

Füser, Karsten; Gleißner, Werner; Meier, Günter: Risikomanagement (KonTraG) – Erfahrungen aus der Praxis, DB 1999, S. 753–758.

Gehrlein, Markus: Der aktuelle Stand des neuen GmbH-Rechts, Der Konzern 2007, S. 771–796.

Gehrlein, Markus: Die Behandlung von Gesellschafterdarlehen durch das MoMiG, BB 2008, S. 846–852.

Gehrlein, Markus: Die Existenzvernichtungshaftung im Wandel der Rechtsprechung, WM 2008, S. 761–769.

Geißler, Markus: Begrenzungen bei der Weisungsbindung des GmbH-Geschäftsführers, GmbHR 2009, S. 1071–1076.

Geißler, Markus: Die Einberufung der Gesellschafterversammlung in der Krise der UG (haftungsbeschränkt), DZWIR 2010, S. 98–101.

Geißler, Markus: Die gesetzlichen Veranlassungen zur Einberufung einer GmbH-Gesellschafterversammlung, GmbHR 2010, S. 457–461.

Geißler, Markus: Verhaltensmaßnahmen und Rechtspflichten des Geschäftsführers in der Krise der GmbH, DZWiR 2011, S. 309–317.

Gernoth, Jan: Die Überwachungspflichten des Aufsichtsrats im Hinblick auf das Risiko-Management und die daraus resultierenden Haftungsfolgen für den Aufsichtsrat, DStR 2001, S. 299–309.

Gernoth, Jan: Aufsichtsrat und Prüfungsausschuss: Praktische Auswirkungen des Bilanzrechtsmodernisierungsgesetzes auf die Corporate Governance der GmbH, NZG 2010, S. 292–295.

Gesmann-Nuissl, Dagmar: Quo vadis GmbH? – zum Entwurf des Gesetzes zur Modernisierung des GmbH-Rechts und zur Bekämpfung von Missbräuchen (MoMiG), WM 2006, S. 1756–1764.

Goette, Wulf: Das Organverhältnis des GmbH-Geschäftsführers in der Rechtsprechung des Bundesgerichtshofs, DStR 1998, S. 938–943.

Goette, Wulf: Haftung des Geschäftsführers in Krise und Insolvenz der GmbH, ZInsO 2001, S. 529–537.

Goette, Wulf: Die GmbH, 2. Auflage, 2002; zit.: *Goette*, Die GmbH, 2. Aufl., S.

Goette, Wulf: Krisenvermeidung und Krisenbewältigung in der GmbH – Überblick, ZGR 2006, S. 261–280.

Goette, Wulf: Chancen und Risiken der GmbH-Novelle, WPg 2008, S. 231–238.

Goette, Wulf: Gläubigerschutz nach dem MoMiG, in: Teichmann (Hrsg.), Aktuelle Entwicklungen im Gesellschaftsrecht, Tagungsband des Symposiums des Instituts für Notarrecht an der Universität Würzburg, Deutsche Notarrechtliche Vereinigung e.V., 2009; zit.: Goette in: Aktuelle Entwicklungen im Gesellschaftsrecht, S.

Goette, Wulf: Anmerkung zum Urteil des BGH vom 26. 10. 2009 - II ZR 222/08, DStR 2010, S. 64–65.

Goette, Wulf; Habersack, Mathias (Hrsg.): Das MoMiG in Wissenschaft und Praxis, 2009; zit.: *Bearbeiter* in: Goette/Habersack, Das MoMiG in Wissenschaft und Praxis, Rn.

Goette, Wulf; Kleindiek, Detlef: Gesellschafterfinanzierung nach MoMiG und das Eigenkapitalersatzrecht in der Praxis, 6. Auflage, 2010; zit.: *Goette/Kleindiek*, Gesellschafterfinanzierung nach MoMiG und das Eigenkapitalersatzrecht in der Praxis, 6. Aufl., S.

Gottwald, Peter (Hrsg.): Insolvenzrechts-Handbuch, 4. Auflage, 2010; zit.: *Bearbeiter* in: Gottwald, Insolvenzrechts-Hdb., 4. Aufl., §, Rn.

Greulich, Sven; Bunnemann, Jan: Geschäftsführerhaftung für zur Zahlungsunfähigkeit führende Zahlungen an die Gesellschafter nach § 64 II 3 GmbHG-RefE – Solvenztest im deutschen Recht?, NZG 2006, S. 681–687.

Greulich, Sven; Rau, Thomas: Zur partiellen Insolvenzverursachungshaftung des GmbH-Geschäftsführers nach § 64 Satz 3 GmbHG-RegE, NZG 2008, S. 284–289.

Gundlach, Ulf; Frenzel, Volkhard; Strandmann, Uwe: Die Insolvenzverwaltung nach den Änderungen durch das MoMiG, NZI 2008, S. 647–652.

Haas, Ulrich: Geschäftsführerhaftung und Gläubigerschutz, 1997, zugl.: Regensburg, Univ., Habil.-Schr., 1996; zit.: *Haas*, Geschäftsführerhaftung und Gläubigerschutz, S.

Haas, Ulrich: Anmerkung zum Urteil des BGH vom 31. 01. 2000 – II ZR 189/99, NZG 2000, S. 544–546.

Haas, Ulrich: Die Haftung des GmbH-Geschäftsführers in der Krise der Gesellschaft, in: Heintzen/Kruschwitz (Hrsg.), Unternehmen in der Krise, 2004, S. 73–107; zit. *Haas* in: Heintzen/Kruschwitz, Unternehmen in der Krise, S.

Haas, Ulrich: Die Disziplinierung des GmbH-Geschäftsführers im Interesse der Gesellschaftsgläubiger - Teil I -, WM 2006, S. 1369–1416.

Haas, Ulrich: Die Disziplinierung des GmbH-Geschäftsführers im Interesse der Gesellschaftsgläubiger- Teil II -, WM 2006, S. 1417–1464.

Haas, Ulrich: Gutachten E, Reform des Gesellschaftsrechtlichen Gläubigerschutzes, Verhandlungen des 66. Deutschen Juristentages Stuttgart 2006, Band I, 2007; zit.: Haas in: Verhandlungen des 66. DJT, Bd. I, E.

Haas, Ulrich: Gewährt die Haftungsnorm in § 64 Satz 3 GmbHG ein Leistungsverweigerungsrecht?, DStR 2010, S. 1991–1992.

Haas, Ulrich: Aktuelle Fragen zur Krisenhaftung des GmbH-Geschäftsführers nach § 64 GmbHG, GmbHR 2010, S. 1–8.

Habersack, Mathias: Aufsteigende Kredite im Lichte des MoMiG und des „Dezember"-Urteils des BGH, ZGR 2009, S. 347–365.

Habersack, Mathias; Schürnbrand, Jan: Cash Management und Sicherheitenbestellung bei AG und GmbH im Lichte des richterrechtlichen Verbots der Kreditvergabe an Gesellschafter, NZG 2004, S. 689–696.

Hachenburg, Max: Gesetz betreffend die Gesellschaften mit beschränkter Haftung (GmbHG), Großkommentar, 8. Auflage, 1992; zit.: *Bearbeiter* in: Hachenburg, GmbHG, 8. Aufl., §, Rn.

Hafner, Thomas: Früherkennung von Unternehmenskrisen mit mathematisch-statistischen Methoden und Methoden der künstlichen Intelligenz: eine vergleichende empirische Untersuchung dargestellt am Beispiel des Unternehmensbereichs Produktion, 1997, zugl.: Mainz, Univ., Diss., 1997; zit.: *Hafner*, Früherkennung von Unternehmenskrisen, S.

Hahn, Volger: Zum Spannungsverhältnis von Kapitalerhaltung und Cash Pool im Konzern, Der Konzern 2004, S. 641–646.

Hangebrauck, Ralf: Kapitalaufbringung, Kapitalerhaltung und Existenzschutz bei konzernweiten Cash-Pooling-Systemen, 2008, zugl.: Hamburg, Univ., Diss., 2007, zit.: *Hangebrauck*, Kapitalaufbringung, Kapitalerhaltung und Existenzschutz bei konzernweiten Cash-Pooling-Systemen, S.

Hanke, Jörg: Grundlagen und Grenzen der Geschäftsleiterhaftung in Deutschland und England, 2008, zugl.: Göttingen, Univ., Diss., 2007; zit.: Hanke,

Grundlagen und Grenzen der Geschäftsleiterhaftung in Deutschland und England, S.

Hauschka, Christoph E.: Ermessensentscheidungen bei der Unternehmensführung, GmbHR 2007, S. 11–16.

Heckschen, Heribert: Das MoMiG in der notariellen Praxis, 2009; zit.: *Heckschen*, Das MoMiG in der notariellen Praxis, Rn.

Heckschen, Heribert; Heidinger, Andreas: Die GmbH in der Gestaltungs- und Beratungspraxis, 2. Auflage, 2009; zit.: *Bearbeiter* in: Heckschen/Heidinger, Die GmbH in der Gestaltungs- und Beratungspraxis, 2. Aufl.

Hennrichs, Joachim: Zur Zukunft der Kapitalerhaltung: Bilanztest – Solvenztest – oder beides?, Der Konzern 2008, S. 42–50.

Hennrichs, Joachim: IFRS und Mittelstand – Auswirkungen der GmbH-Reform und Zukunft der Kapitalerhaltung, ZGR 2008, S. 361–380.

Hentzen, Matthias: Konzerninnenfinanzierung nach BGHZ 157, 72, ZGR 2005, S. 480–518.

Henze, Hartwig: Leitungsverantwortung des Vorstands -Überwachungspflicht des Aufsichtsrats, BB 2000, S. 209–216.

Henze, Hartwig: Konzernfinanzierung und Besicherung – Das Upstream-Risiko aus Gesellschafter- und Bankensicht, WM 2005, S. 717–727.

Heybrock, Hasso (Hrsg.): Praxiskommentar zum GmbH-Recht, 2. Auflage, 2010; zit.: *Bearbeiter* in: Heybrock, GmbHG, 2. Aufl., §, Rn.

Hillebrandt, Werner: Das Früherkennungs- und Überwachungssystem bei Kapitalgesellschaften, 2005, zugl.: Göttingen, Univ., Diss., 2004; zit.: *Hillebrandt*, Das Früherkennungs- und Überwachungssystem bei Kapitalgesellschaften, S.

Hirte, Heribert: Kapitalgesellschaftsrecht, 5. Auflage, 2006; zit.: *Hirte*, Kapitalgesellschaftsrecht, 5. Aufl., §, Rn.

Hirte, Heribert: Referat P, Reform des Gesellschaftsrechtlichen Gläubigerschutzes, Verhandlungen des 66. Deutschen Juristentages Stuttgart 2006, Band II/1 Sitzungsberichte, 2007, P 11–44; zit.: *Hirte* in: Verhandlungen des 66. DJT, Bd. II/1, P.

Hirte, Heribert: Neuregelungen mit Bezug zum gesellschaftsrechtlichen Gläubigerschutz und im Insolvenzrecht durch das Gesetz zur Modernisierung des GmbH-Rechts und zur Bekämpfung von Missbräuchen (MoMiG), ZInsO 2008, S. 689–702.

Hoffmann, Dietrich; Liebs, Rüdiger: Der GmbH-Geschäftsführer Handbuch für die Praxis des Unternehmers und Managers, 3. Auflage, 2009; zit. *Hoffmann/Liebs*, Der GmbH-Geschäftsführer, 3. Aufl., Kap., Rn.

Hoffmann, Ralf: Anmerkung zum Beschluss des LG Berlin vom 16. 12. 2009 – 100 O 75/09, GmbHR 2010, S. 203–204.

Hoffmann-Becking, Michael: Zur rechtlichen Organisation der Zusammenarbeit im Vorstand der AG, ZGR 1998, S. 497–519.

Hölzle, Gerrit: Gesellschafterfremdfinanzierung und Kapitalerhaltung im Regierungsentwurf des MoMiG, GmbHR 2007, S. 729–736.

Hommel, Ulrich; Knecht, Thomas C.; Wohlenberg, Holger: Sanierung der betrieblichen Unternehmenskrise in: *Hommel/Knecht/Wohlenberg* (Hrsg.), Handbuch Unternehmensrestrukturierung: Grundlagen, Konzepte, Maßnahmen, 2006; zit.: Hommel/Knecht/Wohlenberg in: Hdb. Unternehmensrestrukturierung, S.

Hommelhoff, Peter: Jahresabschluß und Gesellschafterinformation in der GmbH, ZIP 1983, S. 383–392.

Hommelhoff, Peter: Risikomanagement im GmbH-Recht, in: Festschrift für Otto Sandrock zum 70. Geburtstag, 2000, S. 373–384; zit.: *Hommelhoff* in: FS Sandrock, S.

Hommelhoff, Peter; Mattheus, Daniela: Risikomanagementsystem im Entwurf des BilMoG als Funktionselement der Corporate Governance, BB 2007, S. 2787–2791.

Hommelhoff, Peter; Schwab Martin: Zum Stellenwert betriebswirtschaftlicher Grundsätze ordnungsgemäßer Unternehmensleitung und -überwachung im Vorgang der Rechtserkenntnis, in: Grundsätze ordnungsmäßiger Unternehmungsführung (GoF) für die Unternehmungsleitung (GoU), Überwachung (GoÜ) und Abschlußprüfung (GoA), hrsg. von Axel v. Werder, Sonderheft 36/1996 der ZfbF, S. 149–178.

Hopt, Klaus J.: Das Unternehmen in der Krise – Probleme der Insolvenzvermeidung aus rechtsvergleichender Sicht, in: Birk/Kreuzer (Hrsg.), Das Unternehmen in der Krise, 1986, S. 11–73; zit.: *Hopt* in: Birk/Kreuzer, Das Unternehmen in der Krise, S. 29.

Huber, Ulrich; Habersack, Mathias: Zur Reform des Rechts der kapitalersetzenden Gesellschafterdarlehen, in: Lutter (Hrsg.), Das Kapital der Aktiengesellschaft in Europa, ZGR-Sonderheft 17, 2006, S. 372–432; zit.: *Huber/Habersack* in: Lutter, Das Kapital der Aktiengesellschaft in Europa, S.

Hüffer, Uwe: Aktiengesetz, 9. Auflage, 2010; zit.: *Hüffer*, AktG, 9. Aufl., §, Rn.

Huth, Mark-Alexander: Die Vorstandspflicht zur Risikoüberwachung, 2007, zugl.: Bonn, Univ., Diss., 2006; zit.: *Huth*, Die Vorstandspflicht zur Risikoüberwachung, S.

Jauernig, Othmar (Hrsg.): Bürgerliches Gesetzbuch, 13. Auflage, 2009; zit.: *Bearbeiter* in: Jauernig, BGB, 13. Aufl., §, Rn.

Jungmann, Carsten: Solvenztest- versus Kapitalschutzregeln – Zwei Systeme im Spannungsfeld von Gläubigerschutz und Finanzierungsfreiheit der Kapitalgesellschaft, ZGR 2006, S. 638–682.

Jungmann, Carsten: Die Business Judgment Rule – ein Institut des allgemeinen Verbandsrechts?, in: Festschrift für Karsten Schmidt zum 70. Geburtstag, 2009, S. 831–856, zit.: *Jungmann* in: FS K. Schmidt, S.

Kiefner, Alexander; Theusinger, Ingo: Aufsteigende Darlehen und Sicherheitenbegebung im Aktienrecht nach dem MoMiG, NZG 2008, S. 801–806.

Kindler, Peter: Grundzüge des neuen Kapitalgesellschaftsrechts – Das Gesetz zur Modernisierung des GmbH-Rechts und zur Bekämpfung von Missbräuchen (MoMiG), NJW 2008, S. 3249–3256.

Klein, Johannes: Anforderungen an Sanierungskonzepte: Analyse bestehender Anforderungen und Leitfaden zur zukünftigen Ausgestaltung von Sanierungskonzepten, 2008, zugl.: Berlin, Univ., Diss., 2008; zit.: *Klein*, Anforderungen an Sanierungskonzepte, S.

Kleindiek, Detlef: Krisenvermeidung in der GmbH: Gesetzliches Mindestkapital, Kapitalschutz und Eigenkapitalersatz, ZGR 2006, S. 335–365.

Kleindiek, Detlef: Referat P, Reform des Gesellschaftsrechtlichen Gläubigerschutzes, Verhandlungen des 66. Deutschen Juristentages Stuttgart 2006, Band II/1 Sitzungsberichte, 2007, P 45–74; zit.: *Kleindiek* in: Verhandlungen des 66. DJT, Bd. II/1, P.

Kleindiek, Detlef: Geschäftsführerpflichten und Geschäftsführerhaftung in der Krise der GmbH, in: W. Bayer/E. Koch (Hrsg.), Das neue GmbH-Recht, Tagungsband, 2008, S. 89–106; zit.: *Kleindiek* in: W. Bayer/E. Koch, Das neue GmbH-Recht, S.

Kleindiek, Detlef: Geschäftsführerhaftung nach der GmbH-Reform, in: Festschrift für Karsten Schmidt zum 70. Geburtstag, 2009, S. 893–907, zit.: *Kleindiek* in: FS K. Schmidt, S.

Kleindiek, Detlef: Die Geschäftsführerhaftung nach § 64 Satz 3 GmbHG – eine Zwischenbilanz, GWR 2010, S. 75–77.

Knof, Béla: Die neue Insolvenzverursachungshaftung nach § 64 Satz 3 RegE-GmbHG (Teil I), DStR 2007, S. 1536–1586.

Knof, Béla: Die neue Insolvenzverursachungshaftung nach § 64 Satz 3 RegE-GmbHG (Teil II), DStR 2007, S. 1580–1586.

Koller, Ingo; Roth, Wulf-Henning; Morck, Winfried: Handelsgesetzbuch, 7. Aufl, 2011; zit.: *Bearbeiter* in: Koller/Roth/Morck, 7. Aufl., §, Rn.

Kollmorgen, Alexander; Santelmann, Matthias; Weiß, Olaf: Upstream-Besicherung und Limitation Language nach Inkrafttreten des MoMiG, BB 2009, S. 1818–1822.

Komo, Daniel: Vermeidung von Haftungsrisiken für Geschäftsführer bei Gewährung von Upstream Securities, GmbHR 2010, S. 230–236.

Konzen, Horst: Geschäftsführung, Weisungsrecht und Verantwortlichkeit in der GmbH und GmbH & Co KG, NJW 1989, S. 2977–2987.

Kornblum, Udo: Bundesweite Rechtstatsachen zum Unternehmens- und Gesellschaftsrecht (Stand 1.1.2010), GmbHR 2010, S. 739–748.

Kort, Michael: Corporate Governance-Grundsätze als haftungsrechtlich relevante Verhaltensstandards, in: Festschrift für Karsten Schmidt zum 70. Geburtstag, 2009, S. 945–964, zit.: *Kort* in: FS K. Schmidt, S.

Kort, Michael: Risikomanagement nach dem Bilanzrechtsmodernisierungsgesetz, ZGR 2010, S. 440–471.

Krause, Nils: Managerhaftung und Strategien zur Haftungsvermeidung, BB 2009, S. 1370–1375.

Krieger, Gerd; Schneider, Uwe H. (Hrsg.): Handbuch Managerhaftung, 2. Auflage, 2010; zit.: *Bearbeiter* in: Krieger/Uwe H. Schneider, Hdb. Managerhaftung, 2. Aufl., §, Rn.

Kropff, Bruno: Einlagenrückgewähr und Nachteilsausgleich im faktischen Konzern, NJW 2009, S. 814–817.

Krystek, Ulrich: Unternehmungskrisen: Beschreibung, Vermeidung und Bewältigung überlebenskritischer Prozesse in Unternehmungen, 1987, zit.: *Krystek*, Unternehmenskrisen, S.

Krystek, Ulrich; Klein, Johannes: Erstellung von Sanierungskonzepten (Teil 1): Kritische Würdigung bestehender Standards, speziell IDW S. 6, Der Betrieb 2010, S. 1769–1775.

Krystek, Ulrich; Moldenhauer, Ralf: Handbuch Krisen- und Restrukturierungsmanagement – Generelle Konzepte, Spezialprobleme, Praxisberichte, 2007, zit.: *Krystek/Moldenhauer*, Hdb. Krisen- und Restrukturierungsmanagement, S.

Kuntz, Thilo: Geltung und Reichweite der Business Judgment Rule in der GmbH, GmbHR 2008, 121–128.

Leinekugel, Rolf; Skauradszun, Dominik: Geschäftsführerhaftung bei eigenmächtig gestelltem Insolvenzantrag wegen bloß drohender Zahlungsunfähigkeit – Das Spannungsfeld zwischen Sanierungspflicht und Insolvenzantragspflicht -, GmbHR 2011, S. 1121–1128.

Leuering, Dieter; Dornhegge, Stefanie: Geschäftsverteilung zwischen GmbH-Geschäftsführern, NZG 2010, S. 13–17.

Leuering, Dieter; Rubner, Daniel: Geschäftsverteilung zwischen GmbH-Geschäftsführern, NJW-Spezial 2009, S. 239–240.

Lück, Wolfgang: Managementrisiken im Risikomanagementsystem, DB 2000, S. 1473–1477.

Lutter, Marcus: Haftung und Haftungsfreiräume des GmbH-Geschäftsführers – 10 Gebote an den Geschäftsführer, GmbHR 2000, S. 301–312.

Lutter, Marcus: Bankenkrise und Organhaftung, ZIP 2009, S. 197–201.

Lutter, Marcus: Zur Rechtmäßigkeit von internationalen Risikogeschäften durch Banken der öffentlichen Hand, BB 2009, S. 786–791.

Lutter, Marcus; Hommelhoff, Peter: GmbH-Gesetz: Kommentar, 15. Auflage, 2000; 17. Auflage, 2009; zit.: *Bearbeiter* in: Lutter/Hommelhoff, GmbHG, Aufl., §, Rn.

Malk, Wolfgang: Geschäftsführerverantwortlichkeit und Auswirkungen der Existenzvernichtungshaftung, 2009, zugl.: Trier, Univ., Diss., 2007; zit.: *Malk*, Geschäftsführerverantwortlichkeit und Auswirkungen der Existenzvernichtungshaftung, S.

Markwardt, Karsten: Kapitalaufbringung nach dem MoMiG, BB 2008, S. 2414–2422.

Medicus, Dieter: Deliktische Außenhaftung der Vorstandsmitglieder und Geschäftsführer, ZGR 1998, S. 570–585.

Mertens, Hans-Joachim: Zur Bankenhaftung wegen Gläubigerbenachteiligung, ZHR 143 (1979), S. 174–194.

Meyer, Justus: Haftungsbeschränkungen im Recht der Handelsgesellschaften, 2000; zit.: *Meyer*, Haftungsbeschränkungen im Recht der Handelsgesellschaften, S.

Meyer, Justus: Die Insolvenzanfälligkeit der GmbH als rechtspolitisches Problem, GmbHR 2004, S. 1417–1428.

Meyer, Susanne: Die Verantwortlichkeit des Geschäftsführers für Gläubigerinteressen – Veränderungen durch das MoMiG, BB 2008, S. 1742–1748.

Michalski, Lutz (Hrsg.): Kommentar zum Gesetz betreffend die Gesellschaften mit beschränkter Haftung (GmbH-Gesetz), Band II: §§ 35–85 GmbHG, 2. Auflage, 2010; zit.: *Bearbeiter* in: Michalski, GmbHG, 2. Aufl., §, Rn.

Michelfeit, Paul: Kapitalaufbringung und -erhaltung nach dem MoMiG – Welche Grenzen zieht § 43 a GmbHG?, MittBayNot 2009, S. 435–442.

Morsch, Stephan: Probleme der Kapitalaufbringung und der Kapitalerhaltung im Cash-Pool, NZG 2003, S. 97–107.

Mülbert, Peter O.: Sicherheiten einer Kapitalgesellschaft für Verbindlichkeiten ihres Gesellschafters, ZGR 1995, S. 578–612.

Mülbert, Peter O.: Zukunft der Kapitalaufbringung/Kapitalerhaltung, Der Konzern 2004, S. 151–162.

Mülbert, Peter O.; Leuschner, Lars: Aufsteigende Darlehen im Kapitalerhaltungs- und Konzernrecht – Gesetzgeber und BGH haben gesprochen, NZG 2009, S. 281–288.

Müller, Rainer: Krisenmanagement in der Unternehmung: Vorgehen, Maßnahmen und Organisation, 2. Aufl., 1986; zit.: *R. Müller*, Krisenmanagement in der Unternehmung, S.

Müller, Stefan; Weller, Niels: Der Krisenbegriff innerhalb der Rechnungslegung, KSI, S. 160–165.

Müller, Welf: Der Verlust der Hälfte des Grund- oder Stammkapitals, ZGR 1985, S. 191–213.

Münchener Kommentar: Münchener Kommentar zum Bürgerlichen Gesetzbuch, Band 5, Schuldrecht, Besonderer Teil III, §§ 705–853, 5. Auflage, 2009; Band 3, Schuldrecht, Besonderer Teil, §§ 433–610, 5. Auflage, 2008; zit.: *Bearbeiter* in: MüKo-BGB, 5. Aufl., §, Rn.

Münchener Kommentar: Münchener Kommentar zum Handelsgesetzbuch, Band 4, Drittes Buch, §§ 238–342e, 2. Auflage, 2008; zit.: *Bearbeiter* in: MüKo-HGB, 2. Aufl., §, Rn.

Münchener Kommentar: Münchener Kommentar zum Gesetz betreffend die Gesellschaften mit beschränkter Haftung - GmbHG, Band 1, §§ 1–34, 2010; Band 2, §§ 35–52, 2012; Band 3, §§ 53–85, 2011; zit.: *Bearbeiter* in: MüKo-GmbHG, §, Rn.

Münchener Kommentar: Münchener Kommentar zum Aktiengesetz, Band 2, §§ 76–117, 3. Auflage, 2008; zit.: *Bearbeiter* in: MüKo-AktG, 3. Aufl., §, Rn.

Niesert, Burkhard; Hohler, Anne: Die Haftung des Geschäftsführers für die Rückzahlung von Gesellschafterdarlehen und ähnliche Leistungen - Zugleich ein Beitrag zur Auslegung des § 64 Satz 3 GmbHG, NZI 2009, S. 345–351.

Noack, Ulrich: Reform des deutschen Kapitalgesellschaftsrechts: Das Gesetz zur Modernisierung des GmbH-Rechts und zur Bekämpfung von Missbräuchen, DB 2006, S. 1475–1483.

Nowotny, Anders: Verlust des halben Stammkapitals, in: Festschrift für Johannes Semler zum 70. Geburtstag, 1993, S. 231 ff.; zit.: *Nowotny* in: FS Semler, S.

Olk, Sebastian; Nikoleyczik, Tobias: Anmerkung zum Urteil des OLG Düsseldorf v. 14.04.2010 - I-15 U 1/09, GWR 2010, S. 320.

Oltmanns, Martin: Geschäftsleiterhaftung und unternehmerisches Ermessen: die Business Judgment Rule im deutschen und im amerikanischen Recht, 2001, zugl.: Bonn, Univ., Diss., 2000; zit.: *Oltmanns*, Geschäftsleiterhaftung und unternehmerisches Ermessen, S.

Oppenländer, Frank; Trölitzsch, Thomas (Hrsg.): Praxishandbuch der GmbH-Geschäftsführung, 2. Auflage, 2011; zit.: *Bearbeiter* in: Oppenländer/Trölitzsch, Praxishandbuch der Geschäftsführung, 2. Aufl., §, Rn.

Paefgen, Walter G.: Kapitalerhaltungshaftung von GmbH-Geschäftsführern und Gesellschaftern, DZWiR 2009 S. 177, 180.

Pauker, Werner: Unternehmen - Risiko - Haftung. Die Funktion der Geschäftsleiterhaftung vor dem Hintergrund der Steuerung und Verteilung unternehmerischer Risiken, 2008, zugl.: Eichstätt-Ingolstadt, Kath. Univ., Diss., 2008; zit.: *Pauker*, Unternehmen - Risiko - Haftung, S.

Peltzer, Martin; Bell, Martin: Besicherung von Gesellschafterkrediten mit dem GmbH-Vermögen?, ZIP 1993, S. 1757–1758.

Pelz, Christian: Die persönliche Haftung des Geschäftsführers einer GmbH, RNotZ 2003, S. 415–433.

Picot, Gerhard; Aleth, Franz: Unternehmenskrise und Insolvenz - Vorbeugung, Turnaround, Sanierung –, 1999; zit.: *Picot/Aleth*, Unternehmenskrise und Insolvenz, 1999, S.

Poertzgen, Christoph: Organschaftliche Krisenpflichten – in der (Wirtschafts-) Krise?

Preußner, Joachim; Becker, Florian: Ausgestaltung von Risikomanagementsystemen durch die Geschäftsleitung – Zur Konkretisierung einer haftungsrelevanten Organisationspflicht, NZG 2002, S. 846–851.

Preußner, Joachim; Zimmermann, Dörte: Risikomanagement als Gesamtaufgabe des Vorstandes – Zugleich Besprechung des Urteils des LG Berlin v. 03.07.2002–2 O 358/01, AG 2002, S. 657–662.

Priester, Hans-Joachim: Die eigene GmbH als fremder Dritter – Eigensphäre der Gesellschaft und Verhaltenspflichten ihrer Gesellschafter, ZGR 1993, S. 512–533.

Priester, Hans-Joachim: Verlustanzeige und Eigenkapitalersatz – Zur Funktion der §§ 92 Abs. 1 AktG, 49 Abs. 3 GmbHG, ZGR 1999, S. 533–547.

Priester, Hans-Joachim: Kapitalaufbringung beim Cash-Pool – Kurswechsel durch das MoMiG?, ZIP 2006, S. 1557–1561.

Raiser, Thomas; Veil, Rüdiger: Recht der Kapitalgesellschaften, 5. Aufl., 2010; *Raiser*/Veil, Recht der Kapitalgesellschaften, §, Rn.

Redeke, Julian: Zu den Voraussetzungen unternehmerischer Ermessensentscheidungen, NZG 2009, S. 496–498,

Redeke, Julian: Zu den Organpflichten bei bestandsgefährdenden Risiken, ZIP 2010, S. 159–167.

Reuter, Alexander: Krisenrecht im Vorfeld der Insolvenz – das Beispiel der börsennotierten AG, BB 2003, S. 1797–1804.

Rischbieter, Gerhard; Gröning, Maximilian: Gründung und Leben der GmbH nach dem MoMiG, 2009; zit.: *Bearbeiter* in: Rischbieter/Gröning, Gründung und Leben der GmbH nach dem MoMiG, Kap., Rn.

Rodewald, Jörg: Alte und neue Haftungsrisiken für GmbH-Geschäftsführer vor und in der Krise oder Insolvenz, GmbHR 2009, S. 1301–1307.

Roth, Günter H.: Vermögensschutz oder Risikoschutz: Insolvenzprophylaxe bei der GmbH, DNotZ 2006, S. 166–174.

Roth, Günter H.: Unterkapitalisierung und persönliche Haftung, ZGR 1993, S. 170–209.

Roth, Günter H.; Altmeppen, Holger: Gesetz betreffend die Gesellschaften mit beschränkter Haftung (GmbHG), 6. Auflage, 2009; zit.: *Bearbeiter* in: Roth/Altmeppen, GmbHG, 6. Aufl., §, Rn.

Roth, Jürg: Reform des Kapitalersatzrechts durch das MoMiG – Der Verzicht auf das Krisenkriterium und seine Folgen, *J. Roth*, GmbHR 2008, S. 1184–1192.

Rowedder, Heinz; Schmidt-Leithof, Christian (Hrsg.): Gesetz betreffend die Gesellschaften mit beschränkter Haftung, 4. Auflage, 2002; zit.: *Bearbeiter* in: Rowedder/Schmidt-Leithoff, GmbHG, 4. Aufl., §, Rn.

Saenger, Ingo; Inhester, Michael (Hrsg.): Handkommentar – GmbHG, 2010; zit.: *Bearbeiter* in: Saenger/Inhester, GmbHG, §, Rn.

Sandmann, Bernd: Die Haftung von Arbeitnehmern, Geschäftsführern und leitenden Angestellten, 2001, zugl.: Augsburg, Univ., Habil.-Schr., 2000; zit.: *Sandmann*, Die Haftung von Arbeitnehmern, Geschäftsführern und leitenden Angestellten, S.

Schäfer, Carsten: Darlehensgewährung an Gesellschafter als verbotene Ausschüttung i. S. v. § 30 GmbHG – Todesstoß für das konzernweite Cash Pooling?, GmbHR 2005, S. 133–138.

Schall, Alexander: Kapitalgesellschaftsrechtlicher Gläubigerschutz – Grund und Grenzen der Haftungsbeschränkung nach Kapitaldebatte, MoMiG und Trihotel, 2009, teilw. zugl.: Hamburg, Univ., Habil.-Schr., 2007 u. d. T.: Gläubigerschutz im Umbruch; zit.: *Schall*, Kapitalgesellschaftsrechtlicher Gläubigerschutz, S.

Scharpf, Paul: Die Sorgfaltspflichten des Geschäftsführers einer GmbH – Pflicht zur Errichtung eines Risikomanagement- und Überwachungssystems aufgrund der geplanten Änderung des AktG auch für den GmbH-Geschäftsführer –, DB 1997, S. 737–743.

Schaumberger, Michael: Richtiges GmbH-Management, BuW 2003, S. 290–292.

Schelo, Sven: Neue Restrukturierungsregeln für Banken, NJW 2011, S. 186–191.

Schickerling, Falco; Blunk, Andreas: Die Haftung im Zusammenhang mit Upstream Loans – quo vadis?, GmbHR 2009, S. 1294–1301.

Schluck-Amend, Alexandra; Walker, Thilo: Neue Haftungsrisiken für GmbH-Geschäftsführer durch Pflicht zur Erstellung eines Insolvenzplans?, GmbHR 2001, S. 375–381.

Schmidt, Karsten: Vom Eigenkapitalersatz in der Krise zur Krise des Eigenkapitalersatzrechts?, GmbHR 2005, S. 797–807.

Schmidt, Karsten: Eigenkapitalersatz, oder Gesetzesrecht versus Rechtsprechungsrecht?, ZIP 2006, S. 1925–1934.

Schmidt, Karsten: Verantwortlichkeit der Geschäftsführer – Ausweitung des Ausschlusses bestimmter Personen von der Geschäftsführung – Haftung im Vorfeld der Krise, in: Gesellschaftsrechtliche Vereinigung (Hrsg.), Die GmbH-Reform in der Diskussion, Sondertagung der Gesellschaftsrechtlichen Vereinigung, 2006, S. 143–163; zit.: *K. Schmidt* in: Die GmbH-Reform in der Diskussion, S.

Schmidt, Karsten: Reform der Kapitalsicherung und Haftung in der Krise nach dem Regierungsentwurf des MoMiG – Sechs Leitsätze zu § 30 GmbHG-E, § 64 GmbHG-E und § 15a InsO-E, GmbHR 2007, S. 1072–1080.

Schmidt, Karsten: GmbH-Reform auf Kosten der Geschäftsführer? Zum (Un-)Gleichgewicht zwischen Gesellschafterrisiko und Geschäftsführerrisiko im Entwurf eines MoMiG und in der BGH-Rechtsprechung, GmbHR 2008, S. 449–458.

Schmidt, Karsten; Uhlenbruck, Wilhelm (Hrsg.): Die GmbH in Krise, Sanierung und Insolvenz. 4. Auflage, 2009, zit.: *Bearbeiter* in: Die GmbH in Krise, Sanierung und Insolvenz, 4. Aufl., Rn.

Schmolke, Klaus Ulrich: Kapitalerhaltung in der GmbH nach dem MoMiG: Kommentierung zu §§ 30, 31 GmbHG, 2009; zit.: *Schmolke*, Kapitalerhaltung in der GmbH nach dem MoMiG, §, Rn.

Schneider, Sven H. : Unternehmerische Entscheidungen als Anwendungsvoraussetzung für die Business Judgement Rule, DB 2005, S. 707–712.

Schneider, Uwe H.: Die Pflichten des Geschäftsführers in der Krise der GmbH – Zwölf Handlungsanweisungen an den Geschäftsführer zur Haftungsvermeidung, GmbHR 2010, S. 57–63.

Schneider, Uwe H.; Schneider, Sven H.: Die zwölf goldenen Regeln des GmbH-Geschäftsführers zur Haftungsvermeidung und Vermögenssicherung GmbHR 2005, S. 1229–1235.

Scholz, Franz: Kommentar zum GmbH-Gesetz, Band II: §§ 35–52, 10. Auflage, 2007, Band III: §§ 53–85, 10. Auflage, 2010; zit.: *Bearbeiter* in: Scholz, GmbHG, 10. Aufl., §, Rn.

Schuhmann, Helmut: Der GmbH-Geschäftsführer und die Sorgfalt, GmbHR 2009, S. 535–537.

Schult, Ludger: Solvenzschutz der GmbH durch Existenzvernichtungs- und Insolvenzvernichtungshaftung, 2009, zugl.: Freiburg, Univ., Diss., 2009; zit.: *Schult*, Solvenzschutz der GmbH durch Existenzvernichtungs- und Insolvenzvernichtungshaftung, S.

Schwab, Martin: Missbrauchsbekämpfung durch die GmbH-Reform: Schutzinstrumente und Schutzlücken; DStR 2010, S. 333–339.

Seibert, Ulrich: Die Entstehung des § 91 Abs. 2 AktG im KonTraG – „Risikomanagement“ oder „Frühwarnsystem“?, in: Festschrift für Gerold Bezzenberger zum 70. Geburtstag, 2000, S. 427–438; zit.: *Seibert* in: FS Bezzenberger, S.

Seibert, Ulrich: GmbH-Reform: Der Referentenentwurf eines Gesetzes zur Modernisierung des GmbH-Rechts und zur Bekämpfung von Missbräuchen – MoMiG, ZIP 2006, S. 1157–1168.

Seulen, Günter; Osterloh, Falk: Die Haftung des Geschäftsführers für Zahlungen an den Gesellschafter – zur Reichweite von § 64 Satz 3 GmbHG, ZInsO 2010, S. 881–889.

Sikora, Karl: Neue Haftungsrisiken und Verhaltenspflichten für GmbH-Geschäftsführer – Die Insolvenzverursachungshaftung –, NWB 2009, S. 936–942.

Spliedt, Jürgen: MoMiG in der Insolvenz – ein Sanierungsversuch, ZIP 2009, S. 149–161.

Statistisches Bundesamt: Statistisches Bundesamt (2010): Insolvenzen und Insolvenzhäufigkeiten von Unternehmen nach Rechtsformen, Internet: http://www.destatis.de/jetspeed/portal/cms/Sites/destatis/Internet/DE/Navigation/Statistiken/UnternehmenGewerbeInsolvenzen/Insolvenzen/Insolvenzen.psml (02.02.2012); zit.: Statistisches Bundesamt (2010): Insolvenzen und Insolvenzhäufigkeiten von Unternehmen nach Rechtsformen, http://www.destatis.de/

Steffek, Felix: Gläubigerschutz in der Kapitalgesellschaft – Krise und Insolvenz im englischen und deutschen Gesellschafts- und Insolvenzrecht, 2011, zugl.: Heidelberg, Univ., Diss., 2007; zit.: *Steffek*, Gläubigerschutz in der Kapitalgesellschaft, S.

Strohn, Lutz: Organhaftung im Vorfeld der Insolvenz, NZG 2011, S. 1161–1170.

Strohn, Lutz: Existenzvernichtungshaftung, §§ 30, 31, 43 GmbHG und § 64 Satz 3 GmbHG – Koordinierungsbedarf?, ZHR 173 (2009), S. 589–595.

Teichmann, Christoph: Binnenmarktkonformes Gesellschaftsrecht, 2006, zugl.: Heidelberg, Univ., Habil.-Schr., 2004; zit.: *Teichmann*, Binnenmarktkonformes Gesellschaftsrecht, S.

Teichmann, Christoph: Reform des Gläubigerschutzes im Kapitalgesellschaftsrecht, NJW 2006, S. 2444–2451.

Theusinger, Ingo; Liese, Jens: Besteht eine Rechtspflicht zur Dokumentation von Risikoüberwachungssystemen i. S. des § 91 II 1 AktG?, NZG 2008, S. 289–291.

Tillman, Tobias: Upstream-Sicherheiten der GmbH im Lichte der Kapitalerhaltung – Ausblick auf das MoMiG, NZG 2008, S. 401–405.

Tillmann, Tobias: Der Entwurf des „MoMiG“ und die Auswirkungen auf die Gesellschafterfremdfinanzierung – Verstrickte und privilegierte Darlehen, GmbHR 2006, S. 1289–1295.

Timm, Wolfram: Die Sanierung von Unternehmen – Eine Untersuchung zur Rechtslage zwischen Krise und Insolvenz –, Bonn, Univ., Habil.-Schr., 1984, abrufbar: http://www.jura.uni-muenster.de/index.cfm?objectid=7E3BA53C-AC86-2E78-4C7AB602694F9D3C (16.02.2012); zit.: *Timm*, Die Sanierung von Unternehmen, S.

Uhlenbruck, Wilhelm: Die neue Insolvenzordnung, Auswirkungen auf das Recht der GmbH & Co KG, Teil II, GmbHR 1995, S. 195–211.

Uhlenbruck, Wilhelm: Das neue Insolvenzrecht als Herausforderung für die Beratungspraxis, BB 1998, S. 2009–2021.

Uhlenbruck, Wilhelm: Die Bedeutung des neuen Insolvenzrechts für GmbH-Geschäftsführer, GmbHR 1999, S. 313–327.

Ulmer, Peter; Habersack, Mathias; Winter, Martin (Hrsg.): Gesetz betreffend die Gesellschaften mit beschränkter Haftung – Großkommentar, Band II: §§ 29–52, 2006; Band III: §§ 53–87, 2008; Ergänzungsband MoMiG, 2010; zit.: *Bearbeiter* in: Ulmer/Habersack/Winter, GmbHG, §, Rn.

Utsch, Guido; Utsch, Nadja: Die Haftung des Geschäftsführers nach § 64 GmbHG, ZInsO 2009, S. 2271–2276.

Veil, Rüdiger: Krisenbewältigung durch Gesellschaftsrecht – Verlust des halben Kapitals, Pflicht zur ordnungsgemäßen Liquidation und Unterkapitalisierung, ZGR 2006, S. 374–397.

Vetter, Jochen: Grundlinien der GmbH-Gesellschafterhaftung, ZGR 2005, S. 788–831.

Vetter, Jochen: Referat P, Reform des Gesellschaftsrechtlichen Gläubigerschutzes, Verhandlungen des 66. Deutschen Juristentages Stuttgart 2006, Band II/2 Sitzungsberichte, 2007, P 75–139; zit.: *Vetter* in: Verhandlungen des 66. DJT, Bd. II/1, P.

Vetter, Jochen: Die neue dogmatische Grundlage des BGH zur Existenzvernichtungshaftung, BB 2007, S. 1965–1970.

von Werder, Axel: Management: Mythos oder regelgeleitete Kunst des Möglichen?, DB 1995, S. 2177–2183.

Wand, Peter; Tillmann, Tobias; Heckenthaler, Stephan: Aufsteigende Darlehen und Sicherheiten bei Aktiengesellschaften nach dem MoMiG und der MPS-Entscheidung des BGH, AG 2009, S. 148–161.

Weber, Jürgen; Weißenberger, Barbara E.; Liekweg, Arnim: Ausgestaltung eines unternehmerischen Chancen- und Risikomanagements nach dem KonTraG, DStR 1999, S. 1710–1716.

Weber-Rey, Daniela: Gesellschafts- und aufsichtsrechtliche Herausforderungen an die Unternehmensorganisation – Aktuelle Entwicklungen im Bereich Corporate Governance, Compliance und Risikomanagement, AG 2008, S. 345–359.

Weitnauer, Wolfgang: Die Akquisitionsfinanzierung auf dem Prüfstand der Kapitalerhaltungsregeln, ZIP 2005, S. 790–797.

Weitzel, Mike; Socher, Oliver: Cash-Pooling-Risiken für die GmbH-Geschäftsführung und ihre Vermeidung, ZIP 2010, S. 1069–1071.

Weller, Marc-Philippe: Die Neuausrichtung der Existenzvernichtungshaftung durch den BGH und ihre Implikationen durch die Praxis – Zugleich Besprechung BGH Urt. v. 16.07.2007 – II ZR 3/04, ZIP 2007, S. 1552–1689.

Weller, Marc-Philippe: Solvenztest und Existenzvernichtungshaftung – Zwei grundverschiedene Gläubigerschutzfiguren, DStR 2007, S. 116–122.

Westermann, Harm Peter: Gesellschafter- und Geschäftsführerpflichten im Vorfeld der Insolvenz nach gegenwärtigem und künftigem Recht, DZWIR 2006, S. 485–494.

Wicke, Hartmut: Gesetz betreffend die Gesellschaft mit beschränkter Haftung (GmbHG), 2. Aufl., 2011; zit.: *Wicke*, GmbHG, §, Rn.

Wicke, Hartmut: Kontinuität und Wandel im Recht der GmbH, MittBayNot 2011, S. 23–32.

Wiedemann, Herbert: Gesellschaftsrecht, Band 1, Grundlagen, 1980; zit.: *Wiedemann*, GesR, Bd1, S.

Wilhelmi, Rüdiger: Der Grundsatz der Kapitalerhaltung im System des GmbH-Rechts: eine Untersuchung anhand des Auszahlungsverbots des § 30 I GmbHG, 2001, zugl.: Tübingen, Univ., Diss., 2000; zit.: *Wilhelmi*, Der Grundsatz der Kapitalerhaltung im System des GmbH-Rechts, S.

Willemsen, Reinhard; Rechel, Janine: Cash-Pooling und die insolvenzrechtliche Anfechtbarkeit absteigender Darlehen – Unterschätzte Risiken für Gesellschafter, BB 2009, S. 2215–2221.

Willemsen, Reinhard; Rechel, Janine: Erweiterte Geschäftsführerhaftung beim Cash-Pooling – Ausweitung der Insolvenzpräventionspflichten in § 64 GmbHG, GmbHR 2010, S. 349–355.

Winstel, Marc: Anmerkung zum Urteil des OLG München v. 06.05.2010–23 U 1564/10, DZWIR 2010, S. 437–440.

Winter, Michael: Upstream-Finanzierung nach dem MoMiG-Regierungsentwurf – Rückkehr zum bilanziellen Denken – DStR 2007, S. 1484–1491.

Witte, Eberhard: Die Unternehmenskrise – Anfang vom Ende oder Neubeginn? in: Bratschitsch/Schnellinger, Unternehmenskrisen – Ursachen, Frühwarnung, 1981; S. 7–24; zit.: *Witte* in: Bratschitsch/Schnellinger, Unternehmenskrisen – Ursachen, Frühwarnung, S.

Wolz, Matthias: Zum Stand der Umsetzung von Risikomanagementsystemen aus der Sicht börsennotierter Aktiengesellschaften und ihrer Prüfer, WPg 2001, 789–801.

Ziemons, Hildegard: Die Haftung der Gesellschafter für Einflußnahmen auf die Geschäftsführung der GmbH, 1996, zugl.: Bonn, Univ., Diss., 1996; zit.: Ziemons, Die Haftung der Gesellschafter für Einflußnahmen auf die Geschäftsführung der GmbH, S.

Schriftenreihe zum deutschen und europäischen Gesellschafts- und Wirtschaftsrecht

Herausgegeben von Christoph Teichmann
Begründet von Günter Christian Schwarz †

Band 1 Matthias Scheifele: Die Gründung der Europäischen Aktiengesellschaft (SE). 2004.

Band 2 Julia Zwiener: Die Auswirkungen der Verordnung Nr. 1/2003 auf das europäische und deutsche Kartellverfahren. 2005.

Band 3 Cornelius Koke: Die Finanzverfassung der Europäischen Aktiengesellschaft (SE) mit Sitz in Deutschland. 2005.

Band 4 Martin Weger: Haftungsgrundlagen bei kompetenzwidriger Geschäftsführung im Personen- und Kapitalgesellschaftsrecht. Ein Beitrag zur Transformation des bürgerlich-rechtlichen Rechtsinstituts der Geschäftsführung ohne Auftrag in das Gesellschaftsrecht. 2005.

Band 5 Axel Zang: Sitz und Verlegung des Sitzes einer Europäischen Aktiengesellschaft mit Sitz in Deutschland. 2005.

Band 6 Björn Holland: Das amerikanische „board of directors" und die Führungsorganisation einer monistischen SE in Deutschland. Amerikanische Erfahrungen in Fragen der Corporate Governance als Beitrag zur Ausgestaltung der Unternehmensführung und Unternehmenskontrolle in einer Deutschen SE. 2006.

Band 7 Nils K. Roitsch: Auflösung, Liquidation und Insolvenz der Europäischen Aktiengesellschaft (SE) mit Sitz in Deutschland. Art. 63–65 SE-VO. 2006.

Band 8 Timo Wanner: Die GmbH in der Krise. Geschäftsführerverantwortlichkeit im Vorfeld der Insolvenz. 2015.

www.peterlang.com

www.ingramcontent.com/pod-product-compliance
Ingram Content Group UK Ltd.
Pitfield, Milton Keynes, MK11 3LW, UK
UKHW021838290926
8980IPUK00004B/524

9 783631 662335